新时代
技术
新未来

Eviews
Data Analysis Practice

Eviews
实战与数据分析

李宗璋　著

清华大学出版社
北京

内 容 简 介

本书结合实战案例介绍了 Eviews 软件的使用方法。首先介绍了 Eviews 软件的整体架构和设计理念，然后围绕截面数据、时间序列、面板数据 3 种典型类型的数据，介绍了 Eviews 软件的功能。通过配合实战案例，本书重点介绍了 Eviews 的操作步骤、指令和输出结果的解读。

本书分为 23 章，主要内容有 Eviews 简介、Eviews 的安装、初识 Eviews、工作文件、对象、序列、组、样本、图形、图形工具、截面数据的基础性分析、回归分析、定性因变量模型、受限因变量模型、分位数回归模型、工具变量、岭回归和 LASSO、主成分分析、因子分析、时间序列的基础性分析、ARIMA 模型、GARCH 模型、面板数据模型。

本书内容通俗易懂，案例丰富，实用性强，特别适合 Eviews 的入门用户和进阶用户阅读，也适合对经济计量学、金融计量学、统计学感兴趣的读者阅读。另外，本书也适合政府部门、研究机构从事经济管理工作的人士使用。

图书在版编目 (CIP) 数据

Eviews 实战与数据分析 / 李宗璋著 . —北京：清华大学出版社，2023.10
（新时代·技术新未来）
ISBN 978-7-302-63600-7

Ⅰ . ① E… Ⅱ . ①李… Ⅲ . ①计量经济学－应用软件 Ⅳ . ① F224.0-39

中国国家版本馆 CIP 数据核字 (2023) 第 092799 号

责任编辑：刘 洋
封面设计：徐 超
版式设计：方加青
责任校对：王凤芝
责任印制：杨 艳

出版发行：清华大学出版社
   网 址：http://www.tup.com.cn，http://www.wqbook.com
   地 址：北京清华大学学研大厦 A 座   邮 编：100084
   社 总 机：010-83470000   邮 购：010-62786544
   投稿与读者服务：010-62776969，c-service@tup.tsinghua.edu.cn
   质 量 反 馈：010-62772015，zhiliang@tup.tsinghua.edu.cn
印 装 者：大厂回族自治县彩虹印刷有限公司
经 销：全国新华书店
开 本：187mm×235mm   印 张：22.25   字 数：517 千字
版 次：2023 年 12 月第 1 版   印 次：2023 年 12 月第 1 次印刷
定 价：118.00 元

产品编号：098635-01

学习Eviews的意义

Eviews 是一款数据分析软件，集成了统计分析、经济计量分析、金融计量分析的主流方法，在金融机构、政府部门、学术机构中有着广泛的应用。Eviews 的操作灵活简便、交互界面友好，用户只需单击菜单或者少量代码即可完成图形输出、统计计算、模型的估计和检验。

近年来，随着数字经济的发展，熟练运用 Eviews 已经成为进行数据分析、经济管理决策及经济学、金融学学术研究的重要技能。

笔者使用体会

Eviews 经过多年的发展，在众多数据分析类软件中形成了自身独特的优势。Eviews 的优势主要体现在以下 3 个方面。

第一，Eviws 操作灵活，用户既可单击菜单操作又可执行命令。Eviews 命令语法简洁明了，易学易用，不容易遗忘。Eviews 容易入门，学习难度明显低于同类软件（如 Stata、SAS、R 等）。

第二，Eviews 软件中的分析工具涵盖了统计学、经济计量学、金融计量学的主流方法，功能强大，更新速度快，不断融合前沿方法。

第三，Eviews 运行稳定，结果可靠。Eviews 已在业界赢得广泛认同和良好声誉，分析结果稳健可靠。同类软件 Stata 和 R 中的分析工具大多依赖于开源扩展包，扩展包在运行中容易报错。基于同样分析目的，不同开发者开发的扩展包可能会输出不一致的估计结果，让用户面临选择的困境。

此外，Eviews 软件可获得性强。Eviews 官网提供了免费的学生版，初级用户无须付费即可使用最新版本的 Eviews。

本书特色

- **从零开始**：本书从 Eviews 的下载、安装开始讲解，详细介绍 Eviews 的菜单操作步骤、常用命令，入门门槛低。
- **经验总结**：本书全面归纳和整理了笔者多年的 Eviews 使用和教学经验，归纳了相关的实战技巧及技术要点。

- **内容全面**：本书涵盖了 Eviews 中有关截面数据、时间序列和面板数据的主流分析工具，不仅可以作为 Eviews 学习用书，也可以作为 Eviews 工具书。
- **实战案例**：本书结合大量基于现实问题真实数据的实战案例进行讲解，为读者提供真实的应用场景。
- **内容新颖**：本书基于最新版本 Eviws 12（截至本书撰写时）进行讲解。此外，Eviews 软件整体风格稳定，本书介绍的主要界面和操作对 Eviews 10 及其以上版本都适用。

本书内容

本书内容分为 5 篇，第 1 篇是 Eviews 概览，第 2 篇是 Eviews 入门，第 3 篇至第 5 篇介绍了截面数据、时间序列和面板数据的 Eviews 分析工具。

第 1 篇首先介绍了 Eviews 的发展历程、优势、学习资源和本书框架，然后介绍了 Eviews 的安装，最后介绍了 Eviews 的界面、窗口和插件。

第 2 篇介绍了 Eviews 的核心设计理念、工作文件和对象的创建，以及序列、组、样本和图形 4 种对象的常用操作。

第 3 篇围绕截面数据，介绍了图形工具、基础性统计分析、回归分析、定性因变量模型、受限因变量模型、分位数回归模型、工具变量、岭回归和 LASSO、主成分分析和因子分析在 Eviews 中的实现。

第 4 篇围绕时间序列，介绍了基础性分析、ARIMA 模型和 GARCH 模型在 Eviews 中的实现。

第 5 篇围绕面板数据，介绍了如何利用 Eviews 实现面板数据方程的估计、检验和诊断。

本书读者对象

- Eviews 零基础入门人员；
- Eviews 进阶人员；
- 从事商业分析、数据分析工作的人员；
- 政府部门从事经济管理工作的人员；
- 开展经济学、金融学定量研究的人员；
- 各类院校学习统计学、经济计量学、金融计量学的学生；
- Eviews 培训学员。

作　者

目录

第 1 篇
Eviews 概览

● **本篇包括第 1 章至第 3 章。**

◎ 第 1 章介绍 Eviews 的发展历程；Eviews 相比较于同类软件的优势，以及 Eviews 的学习资源。

◎ 第 2 章介绍 Eviews 的安装环境；不同版本的差异，以及如何获取 Eviews 12 学生版。

◎ 第 3 章介绍 Eviews 的界面、窗口和插件的安装。

第1章 Eviews 简介

Eviews 是一款数据分析软件，具有统计分析、经济计量分析、时间序列预测等功能，在金融机构、政府部门、学术机构中有着广泛的应用。Eviews 具有简洁、易用的用户界面，可以使用户快速、高效地管理数据、开展统计分析或经济计量分析、输出美观且规范的图形和表格。

本章的主要内容包括：

- Eviews 的发展历程。
- Eviews 的优势。
- Eviews 的学习资源。
- 本书框架。

1.1 Eviews 的发展历程

定量微软（Quantitative Micro Software，QMS）公司在 1994 年发布了 Eviews 1，其前身是世界上第一个基于个人计算机的时间序列分析软件（Time Series Processor，TSP）。麻省理工学院的研究人员罗伯特·霍尔在 1965 年开发了 TSP 编程语言，用于对经济模型进行估计和模拟。QMS 公司在 TSP 主要功能的基础上开发了 Eviews。Eviews 是一款图形交互软件，承袭了 TSP 的优点，目前已经成为经济计量学、金融计量学、时间序列分析领域使用较广泛的软件。

2010 年 5 月，全球著名的信息提供商信息处理服务（Information Handling Services, IHS）集团收购了 QMS。IHS 集团每 2 至 3 年会推出 Eviews 的新版本，2020 年 11 月发布了最新的 Eviews 12。

1.2 Eviews 的优势

Eviews 经过多年的发展，在众多数据分析类软件中形成了自身独特的优势。Eviews 的优势主要体现在以下几个方面。

（1）Eviews 操作形式灵活。用户既可以通过单击菜单或对话框操作，也可以执行命令。无论是对初级用户还是对深度用户，Eviews 都非常友好。初级用户可先学习图形交互界面的操作，Eviews 会自动将用户在菜单和对话框中的操作过程记录为命令。用户通过阅读和学习 Eviews 自动记录的命令，可以实现独立编写命令，继而让 Eviews 批量执行这些命令，提高使用效率。

（2）Eviews 设计开发以对象（Object）为核心。对象包括序列、组、表格、图形、方程等类型，每一种对象类型都有其独特的分析工具。只要打开对象窗口，用户就可以执行与这类对象相关的所有分析，与 Eviews 的交互非常便捷。

（3）Eviews 提供了强大的分析工具，几乎涵盖了统计学、经济计量学中的主流分析方法。统计分析工具包括图表绘制、描述性统计量计算、参数和非参数检验等工具，经济计量学分析工具包括单方程回归分析、时间序列分析、面板数据分析、联立方程组分析等工具。

（4）Eviews 输出的图表元素丰富、形式规范。用户利用图表窗口交互式的工具可以修改图表中的字体、配色等，也可将图表复制到 Word 或 Excel 中，或者将图表导出为 HTML、PDF、PNG、BMP 等格式的文件。

（5）Eviews 易学、易用。Eviews 比起同类软件中的 STATA、R 来讲，学习难度低，容易入门。STATA 和 R 都需通过命令来执行，每个命令有复杂的参数设置，对于初学者来讲入门的难度大，学习曲线陡峭。若长时间不使用 STATA 和 R，用户很可能遗忘命令用法。Eviews 的菜单交互界面易用性强，用户只要用过某个工具，即使间隔很长时间，再次使用时也很容易找到该工具。此外，Eviews 会记录与单击菜单相对应的命令，用户查看 Eviews 记录的相应命令，可以快速切换到命令运行模式。

1.3　Eviews 的学习资源

Eviews 开发人员为 Eviews 提供了丰富的学习资源，主要包括以下几类。

（1）Eviews 安装目录下的 Docs 文件夹中的文档。这些文档包括简明的 Eviews 使用说明（如 Get Started、Users Illustrated）、详细的 Eviews 用户手册（如 Users Guide I、Users Guide II）、Eviews 命令和编程参考（如 Command and Programming Reference）、Eviews 对象索引（如 Object Reference）。

（2）Eviews 官网上的帮助网站（https://www.eviews.com/help/helpintro.html）。该网站将 Docs 文件夹中的文档排版成网页格式，用户可按关键词搜索，查阅更加方便。

（3）Eviews 官网的用户论坛（http://forums.eviews.com）。该论坛是 Eviews 用户的交流平台。用户在该平台可交流在使用 Eviews 的过程中遇到的问题，还可以得到 Eviews 开发人员的回复。

1.4　本书框架

本书适用于想使用 Eviews 开展数据分析的人士，通过本书的学习能够掌握 Eviews 中常用的数据分析工具，全面、深入地了解 Eviews 的架构。本书框架如图 1.1 所示。

图 1.1　本书框架

　　每一章的写作思路如下：首先介绍数据分析方法的核心思想和原理；然后基于现实数据设计一个实战案例，讲解该方法在 Eviews 图形界面的操作，解释 Eviews 输出结果，并归纳实战技巧；最后总结每一章的 Eviews 命令，解释命令语法。

　　读者在使用本书时，建议先根据本书的指引同步操作实战案例，然后针对感兴趣的问题收集数据开展类似研究，通过模仿式学习，达到熟练操作 Eviews 的目的。纸上得来终觉浅，绝知此事要躬行。祝各位读者收获满满！

第 2 章　Eviews 的安装

用户可以从 Eviews 官网（https://www.eviews.com/download/download.shtml）下载 Eviews 安装文件，也可以免费申请 Eviews 试用权限（https://register1.eviews.com/demo/）。Eviews 的安装界面简洁，用户在 Eviews 安装向导中逐步单击"下一步"按钮，即可完成安装。

本章的主要内容包括：
- Eviews 的安装环境。
- Eviews 的版本。
- 免费获取 Eviews 12 学生版。

2.1　Eviews 的安装环境

用户在 Windows 系统和 Mac OS 系统下都可以安装 Eviews。Eviews 12 的安装环境如表 2.1 所示。

表 2.1　Eviews 12 的安装环境

性　　能	Windows	Mac OS
CPU	Pentium 或以上	Intel 或 M1
操作系统	Windows 10 Windows 8 Windows 7 Windows Vista	OS 12.0(Monterey) OS 11.0(Big Sur) OS X.15(Catalina)
内存	512 MB	512 MB
硬盘	380 MB	890 MB

2.2　Eviews 的版本

Eviews 分为企业版（Enterprise）、标准版（Standard）、校园版（University）和学生版（Student Version Lite）。上述 4 个版本的 Eviews 界面和操作完全一致，只是对工作文件中可容纳的序列个数、监测单元个数等有不同的限制，以及在部分功能和价格上有所差异。表 2.2 列出了这些版本的差异。

表 2.2　Eviews 不同版本的比较

比 较 项	企 业 版	标 准 版	校 园 版	学 生 版
序列个数 / 监测单元个数	1200 万	1200 万	400 万	1500
监测值总数	无限制	无限制	无限制	15000
对象个数	无限制	无限制	无限制	60

续表

比 较 项	企 业 版	标 准 版	校 园 版	学 生 版
工作文件中页面个数	无限制	无限制	无限制	3
是否能保存 / 导出工作文件	是	是	是	否
是否可批量执行命令文件	是	是	是	否
是否可以安装 Eviews 插件	是	是	是	否
是否能在 Windows 系统安装	是	是	是	是
是否能在 mac OS 系统安装	否	否	是	是
注册用户使用期限	永久	永久	6 个月	1 年
是否需要联网认证？	否	否	是	是
价格 / 美元	2050	1695	49.95	免费

数据来源：Eviews 官网。

2.3　免费获取 Eviews 12 学生版

Eviews 是一个商业付费软件。为了方便用户学习和使用，Eviews 提供了免费的 Eviews 12 学生版（Student Version Lite）。

首先，访问 Eviews 官网的申请页面，填写个人信息，通过审核后，会在邮件中收到 Eviews 下发的序列号。

然后，访问安装文件下载页面，下载安装文件。

最后，按安装文件的提示安装 Eviews。在安装过程中需填入序列号，安装程序会自动发送用户认证信息给 Eviews，因此安装时计算机需要接入互联网。

Eviews 12 学生版有两项限制：一是工作文件无法保存，但用户可将指令或者输出复制到 Word、Excel 或 TXT 文档保存。二是用户不能批量执行命令，一次只能执行一行命令。尽管 Eviews 12 学生版存在使用限制，但优点是完全免费，用户只需申请即可获取序列号，可以免费使用 Eviews。Eviews 12 学生版的序列号有效期为 1 年，过期可以重新申请。

第 3 章 初识 Eviews

Eviews 为用户提供了友好的交互方式，用户既可以通过单击菜单、窗口的功能按钮实现操作，也可以执行命令。对于初学者而言，Eviews 的图形交互界面功能丰富，简单易学；对于经验丰富的用户而言，可以批量运行命令，提高操作效率。

本章的主要内容包括：

● Eviews 界面。

● Eviews 窗口。

● Eviews 插件。

3.1 Eviews 界面

1. Eviews 欢迎页

双击 Eviews 12 图标，启动 Eviews，弹出图 3.1 所示的 Eviews 欢迎页。Eviews 欢迎页引导用户根据自己的使用需求选择对应的操作。

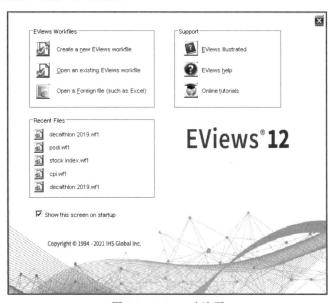

图 3.1 Eviews 欢迎页

欢迎页有 3 个栏目。

左上方栏目"Eviews Workfiles"中有 3 个选项：一是创建新的工作文件；二是打开已经存在的工作文件；三是打开外部文件（如 Excel 文件）。

左下方栏目"Recent Files"中列示了最近打开过的文件，单击相应文件名，即可打开对应文件。

右上方栏目"Support"中罗列了帮助资源。单击"Eviews Illustrated"将打开 Eviews 简明使用手册，单击"Eviews help"将打开帮助索引，单击"Online tutorials"将跳转到 Eviews 在线帮助网站。

在该窗口最下方，若不勾选"Show this screen on startup"复选框，则以后启动 Eviews 时将不显示此欢迎页。

单击图 3.1 中的"Open an existing Eviews workfile"，打开"open"对话框，在本书提供的数据文件夹中，双击"decalthlon 2019.wf1"，打开 Eviews 主界面，如图 3.2 所示。

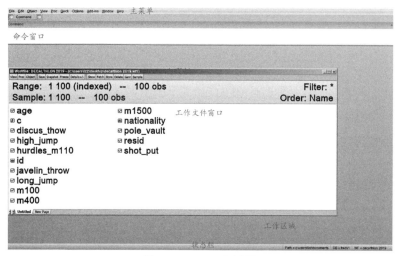

图 3.2   Eviews 主界面

Eviews 窗口的最上面一栏是主菜单，主菜单下方是命令（Command）窗口。中间是工作区域（Work Area）。工作文件窗口的标题栏显示了工作文件"decalthlon 2019.wf1"的名称和存储路径。

Eviews 主界面的最下方是状态栏。"Path="显示了 Eviews 当前的工作路径，Eviews 在该路径下查找数据文件或者命令文件，双击该区域可更改工作路径。

"DB ="显示了默认数据库。本书使用的是 Eviews 12 校园版，默认数据库是 fredv1，是美国联邦储备系统的数据库。若读者使用的是学生版，则这里显示"DB = none"。当需要从数据库中提取数据时，可在此指定数据库的名称。

"WF="显示了处于激活状态的工作文件名称。Eviews 可以同时打开多个工作文件，要对某个工作文件进行操作，都需要单击该工作文件的标题栏。处于激活状态的工作文件的标题栏是深蓝色的。

2. Eviews 主菜单

Eviews 主菜单栏中一共有 10 个菜单，如图 3.3 所示。下面主要介绍"File"菜单、"Edit"菜单、"Object"菜单、"Quick"菜单和"Help"菜单的功能。"Window"菜单控制窗口的布局及窗口之间的切换，其详细功能将在 3.2 节介绍。"Add-ins"菜单与插件有关，其用法将在 3.3 节介绍。"Options"菜单控制 Eviews 软件的设置，如界面风格、字体、输出表格的格式等，将在 3.4 节介绍。

图 3.3　Eviews 主菜单

"File"菜单中有新建文件（New）、打开文件（Open）、保存文件（Save）、另存文件（Save As...）、导入外部文件（Import）、导出外部文件（Export）等条目，这些功能与其他软件相似。在 Eviews 中，常见的文件类型有工作文件（文件名称的扩展名是"wf1"）、命令文件（文件名称的扩展名是"prg"）。

"Edit"菜单中有撤销（Undo）、剪切（Cut）、复制（Copy）、复制特殊项（Copy Special...）、粘贴（Paste）、粘贴特殊项（Paste Special...）、删除（Delete）、查找（Find...）、替换（Replace...）等命令，与 Word 中的编辑菜单类似。

"Object"菜单中有新建对象（New Object...）、创建序列（Generate Series...）、重命名对象（Rename selected...）、删除对象（Delete selected...）等功能。

"Quick"菜单中集合了常用的分析工具，包括设置样本范围（Sample...）、创建序列（Generate Series...）、打开对象（Show...）、画图（Graph...）、序列的统计分析（Series Statistics）、组的统计分析（Group Statistics）、估计方程（Estimate Equation...）等。

"Help"菜单用于获取帮助信息，包括访问在线帮助（Online Eviews Help）、打开帮助索引（Eviews Help Topics...）、打开 Eviews 的用户手册（PDF Docs）、访问 Eviews 论坛（Eviews User Forum）、检查更新（Eviews Update...）、查看版本号和注册用户信息（About Eviews）。

注意：在下拉菜单中，灰色的条目是当前不适用的工具，黑色的条目是可以调用的工具。

3.2　Eviews 窗口

1. Eviews 的命令窗口

Eviews 的命令（Command）窗口如图 3.4 所示。该窗口下方有两个选项卡，第 1 个选项卡是"Command"选项卡，单击该选项卡，光标在空白区域闪动，即可输入命令。在图 3.4 中，"age.hist"是绘制"age"序列的直方图的命令，按下 Enter 键即可执行该行命令。

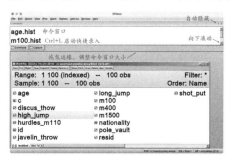

图 3.4　Eviews 的命令窗口

同时按下 Ctrl 键和 L 键，可启动快捷录入，Eviews 将列出备选命令。用户可通过鼠标选用需要的命令，提高命令录入效率。

同时按下 Ctrl 键和"向上箭头",将显示上一条执行的命令。

若持续按住 Ctrl 键和"向上箭头",将一一显示之前执行的命令。

同时按下 Ctrl 键和 J 键,将显示最近执行的 30 行命令。用户可以通过"向上箭头"或"向下箭头"选用这些命令。

单击命令窗口右上角的大头针形状按钮,可以自动隐藏命令窗口。若大头针形状按钮呈垂直方向,则命令窗口将一直呈现在 Eviews 窗口中。若大头针形状按钮呈水平方向,命令窗口处于非激活状态,则命令窗口将自动被收起。单击"Command"选项卡,命令窗口才会再次展开。

Eviews 命令窗口的"Capture"选项卡用于自动记录用户通过菜单或者对话框执行的所有操作。单击"Capture"选项卡,如图 3.5 所示,显示打开工作文件"decalthlon 2019.wf1"的命令。"Capture"窗口的命令可以复制、粘贴到"Command"窗口,方便用户对其进行修改和编辑。

图 3.5   Eviews 的"Capture"窗口

2. Eviews 的"Window"菜单

"Window"菜单可以控制窗口的布局,常用方式有层叠(Cascade)和平铺(Tile)。在"decalthlon 2019.wf1"工作文件窗口单击"age"序列、"M100"序列,打开这两个序列。单击主菜单"Window/Cascade","decalthlon 2019.wf1"工作文件、"age"序列和"M100"序列 3 个窗口层叠排列,如图 3.6 所示。

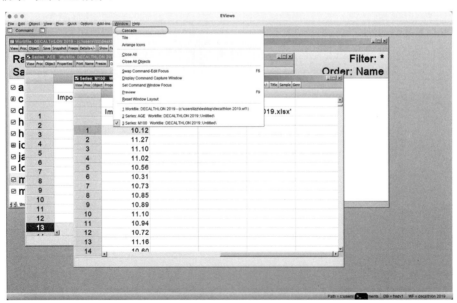

图 3.6   窗口层叠排列

"M100"序列窗口标题栏呈深蓝色，表明该窗口处于激活状态。"decalthlon 2019.wf1"工作文件窗口和"age"序列窗口的标题栏呈灰色，表明这两个窗口处于非激活状态。"Windows"菜单最下方罗列了 3 个打开的窗口的名称，"M100"序列前有一个勾选标记，表明该窗口处于激活状态。当打开的窗口很多时，可以在此迅速切换到需要查看的窗口。同时按下"Ctrl"键和"Tab"键，可在打开的窗口之间逐一切换激活状态。

在使用 Eviews 时，要注意当前处于激活状态的是哪个窗口，因为所有的菜单操作都是针对激活窗口的对象进行的。若某个窗口未被激活，则无法对其中的对象进行操作。

依次单击主菜单"Window/Tile"，"decalthlon 2019.wf1"工作文件、"age"序列和"M100"序列 3 个窗口平铺排列，如图 3.7 所示。

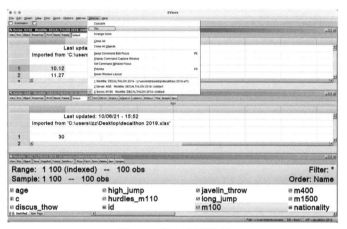

图 3.7　窗口平铺排列

单击"decalthlon 2019.wf1"工作文件窗口，同时按下 Ctrl 键和 A 键，选中"decalthlon 2019.wf1"工作文件中的所有对象，然后单击菜单"Window/Preview"，或者按下 F9 功能键，打开预览窗口。预览（Preview）功能可以让用户快速查看对象的详细信息，如图 3.8 所示。

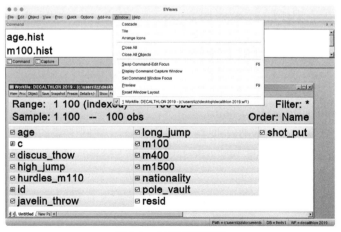

图 3.8　打开预览窗口

"Age"序列的预览窗口如图 3.9 所示。窗口的标题栏显示序列名称和工作文件名称。窗口中间的表格显示预览对象的名称、类型、更新时间等。左下方显示"Age"序列的观测值，右下方显示该序列的图像。单击右下角向后翻页按钮，可预览下一个对象。

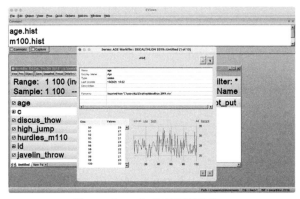

图 3.9 "Age"序列的预览窗口

3.3 Eviews 插件

Eviews 插件是集成了一系列命令的程序文件。调用 Eviews 插件，即可批量执行命令。插件（Add-ins）菜单如图 3.10 所示。

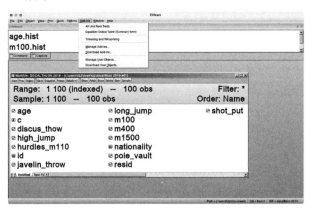

图 3.10 插件（Add-ins）菜单

单击菜单"Add-ins/Download Add-ins..."，即可打开"Add In Objects"对话框，如图 3.11 所示。"Available"选项卡的列表框中罗列了可从 Eviews 官网下载的插件，包括插件的名称（Name）、类型（Type）、发布时间（Published）、版本（Version）和状态（Status）。

单击"urall"插件，"Add In Objects"对话框最下方显示该插件的功能，对单个或多个序列进行单位根检验。单击"Install"按钮，打开"Install"对话框，提示正在下载"urall"，如图 3.12 所示。

等待数秒后，打开图 3.13 所示的对话框，用户可在此处设置插件的安装路径，也可使用默认的路径，单击"OK"按钮，完成插件安装。

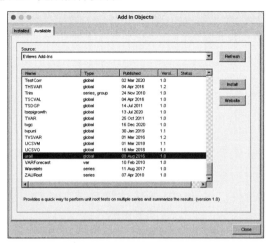

图 3.11　"Add In Objects"对话框

图 3.12　下载插件

图 3.13　安装插件

重复上述步骤，继续安装"trim"插件。如图 3.14 所示，在"Add In Objects"对话框中单击"Installed"选项卡，可以看到已安装插件的程序（Proc）、类型（Type）、版本（Version）、文件名称（File name）、菜单文本（Menu Text）。

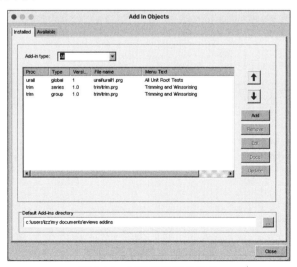

图 3.14　浏览已安装的插件

Eviews 插件分为全局插件和特定对象插件两种类型。全局插件适用于多种类型的对象，安装后，用户可通过菜单"Add-ins"调用该插件。特定对象插件只适用于特定类型的对象。

图 3.14 中显示的"trim"插件只适用于序列或组这两种类型的对象。安装后，只有在序列或组处于激活状态时，用户才能通过菜单"Add-ins"调用"trim"插件。

如图 3.15 所示，工作文件处于激活状态，单击主菜单"Add-ins/All Unit Root Tests"，即可调用"urall"插件。然而，此时是无法通过菜单"Add-ins"调用"trim"插件的，因为"trim"插件只适用于序列或组，不是全局插件。

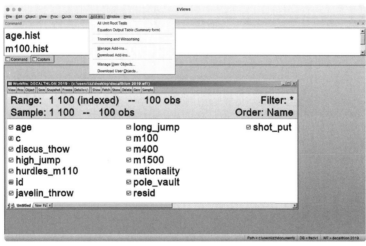

图 3.15　调用"urall"插件

如图 3.16 所示，"age"序列处于激活状态时，依次单击主菜单"Add-ins/Trimming and Winsorising"，可调用"trim"插件。

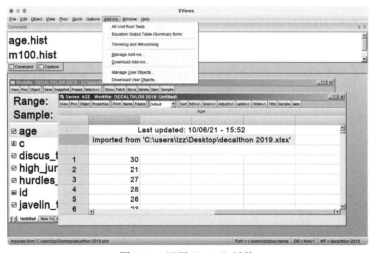

图 3.16　调用"trim"插件

第 2 篇

Eviews 入门

● **本篇包括第 4 章至第 9 章。**

◎ 第 4 章介绍工作文件的创建和常用工具。

◎ 第 5 章介绍了什么是对象、对象的类型、对象的
　 基本操作。

◎ 第 6 章至第 9 章介绍了序列、组、样本和图形这
　 4 种对象的含义、创建及分析工具。通过本篇的
　 学习，读者将认识 Eviews 软件的核心设计理念，
　 熟悉 Eviews 的图形交互界面，以及关于序列、
　 组、样本和图形的命令。

第4章 工 作 文 件

工作文件（Workfile）是 Eviews 特有的文件类型。创建工作文件是数据分析的首要步骤。工作文件的功能与文件夹相似，用于存储 Eviews 的数据、图形、表格、方程估计结果等。

本章的主要内容包括：

● 创建工作文件。

● Workfile 窗口。

4.1 创建工作文件

创建工作文件有 3 种方法：一是录入数据，二是导入 Excel 文件，三是从剪贴板复制、粘贴。第一种方法虽然略为烦琐，却很有必要学习。初学者学习如何录入数据创建工作文件，能加深对 Eviews 软件设计理念的理解；第二种方法较为常用，因为数据最普遍的存储格式是 Excel 文件；第三种方法较方便、快捷。

1. 录入数据创建工作文件

录入数据创建工作文件分为三大步：首先创建工作文件，然后创建序列，最后录入数据。工作文件像一个大盒子，序列是大盒子中的小盒子，数据存储在小盒子中。因此，要录入数据，必须先让数据有容身之处，即先创建工作文件和序列，这是初学者必须体会的 Eviews 软件设计理念。

下面以图 4.1 中 10 个同学的数据为例，说明录入数据创建工作文件的步骤。

（1）双击 Eviews 图标，打开 Eviews。

（2）依次单击菜单"File/New/Workfile..."，打开图 4.2 所示的"Workfile Create"对话框。

	A	B
1	hour	grade
2	1	76
3	2	80
4	4	82
5	3	85
6	6	87
7	6	90
8	4	92
9	5	93
10	8	95

图 4.1　要录入的数据　　　　　图 4.2　"Workfile Create"对话框

　　要录入的 10 个同学的数据是截面数据。如图 4.2 所示，在"Workfile structure type"下拉列表中依次选择"Unstructured/Undated"，在"Observations"文本框中输入数据容量 10。在"Workfile names"下方输入工作文件（WF）的名称"student"，输入页（page）的名称"page1"，这两项是选填项目，不是必填项目，可待将来保存工作文件时再对其命名。

　　说明：一个工作文件可包含多个页，每个页相当于工作文件的一个子文件夹，其中可以存放不同结构的数据。

　　（3）单击"OK"按钮，打开工作文件窗口，如图 4.3 所示。窗口的标题栏显示了工作文件的名称"STUDENT"和存储路径。工作文件的第 1 页为"page1"。page1 中有 Eviews 自动创建的两个对象：一是系数向量（c），用于存储回归方程系数的估计值；二是序列残差（resid），用于存储回归模型的残差。当创建或打开任何一个工作文件时，都会看到系数向量和序列残差这两个对象，相当于 Eviews 为回归分析准备好了两个小盒子，用来存放回归分析的估计结果。

　　（4）在工作文件窗口的空白区右击，在弹出的快捷菜单中选择"New Object"，如图 4.4 所示。打开的"New Object"对话框，如图 4.5 所示，在"Type of object"列表框中选择"Series"，在"Name for object"文本框中输入"grade"，单击"OK"按钮。在图 4.6 中可以看到创建的"grade"序列。此时，已经完成了数据录入之前的准备工作。

图 4.3　工作文件窗口

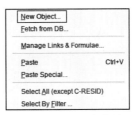

图 4.4　右键快捷菜单

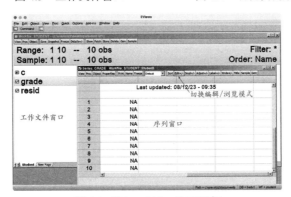

图 4.5　"New Object"对话框

　　（5）右击工作文件窗口中的"grade"序列，在弹出的快捷菜单中选择"open"，打开序列窗口，如图 4.6 所示。序列窗口最左边一列中的 1、2……10 是每个同学的标识，由 Eviews 自动生成。白色表单的第一列都是 NA，意为 Not Available，即没有数值。

Eviews 为了防止用户不小心修改数据，对序列启动了保护机制，当打开序列时，默认其处于浏览模式，无法输入数据。

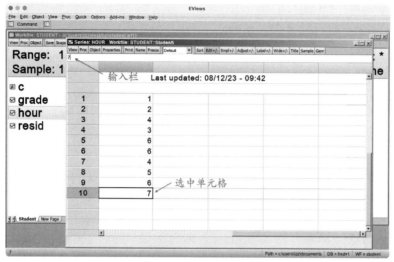

图 4.6　序列窗口

（6）单击图 4.7 中的 "Edit+/-" 按钮，进入编辑模式，逐一选中单元格，在输入栏或单元格中输入数据。也可从 Excel 文件中复制 hour 下方的 10 个数值，选中第一个单元，按 Ctrl+V 组合键粘贴数据。重复第 4 ～ 6 步，创建 "grade" 序列，为其输入数值。

图 4.7　处于编辑模式的序列窗口

本例输入的是截面数据。创建工作文件时，将工作文件的结构设置为非结构化（unstructured）/ 非时序（undated）。如图 4.8 所示，如果输入时间序列，则在 "Workfile structure type" 下拉列表中选择 "Dated-regular frequency"；在 "Frequency" 下拉列表中设置观测间隔，如年度（Annual）、半年度（Semi-annual）、月度（Monthly）或季度（Quaterly）等；在 "Start date"（起始时间）文本框和 "End date"（终止时间）文本框中设置观测期间。

如图 4.9 所示，如果输入面板数据，则在 "Workfile structure type" 下拉列表中选择 "Balanced Panel"，并分别设置观测间隔、起始时间、终止时间和截面单元的个数。

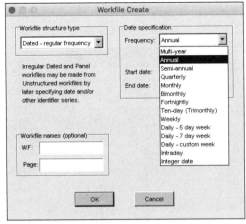

图 4.8　创建时间序列工作文件

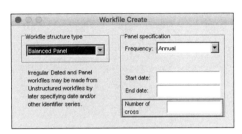

图 4.9　创建面板数据工作文件

2. 打开 Excel 数据创建工作文件

下面以 Excel 文件"student.xlsx"为例，介绍打开 Excel 数据创建工作文件的步骤。

（1）依次单击菜单"File/open/Foreign Data as Workfile..."，打开文件对话框，在"Files of type"下拉列表中选择"Excel file"。找到要打开的文件"student.xlsx"，单击"Open"按钮。

（2）在图 4.10 中可以预览将要导入的数据，重点关注第一行是否是变量名，数值与变量名是否对齐。Eviews 默认读取 Excel 文件的第一张表单的数据。如果要读取其他表单的数据，可在"Predefined range"下拉列表中选择相应的表单名称。

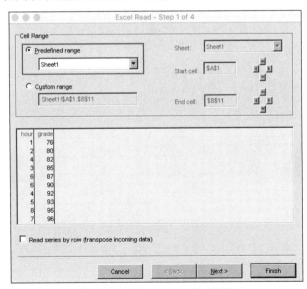

图 4.10　读取 Excel 文件对话框

如果预览时发现数据形式不对，如图 4.11 所示，Eviews 自动识别的数据区域是 Excel 文件的 \$B\$2 至 \$D\$13，而实际上需要读取的数据区域是 \$C\$3 至 \$D\$13，则点选"Cell Range"组合框中的"Custom range"单选按钮,在"Start cell"文本框中输入"C3",在"End cell"文本框中输入"D13",或者单击右侧的四个方向按钮,调整读取区域的坐标值。

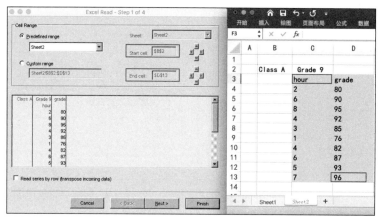

图 4.11   设置读取区域

(3)通过预览确认导入的数据无误后,单击"Finish"按钮,打开图 4.12 所示的信息提示对话框:导入的序列是否与外部数据关联?此处建议单击"No"按钮,即不关联,意思是当外部数据更新时,已经导入的序列不会随之更新。

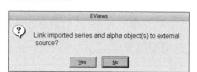

图 4.12   导入外部数据后的提示信息

3. 从剪贴板创建工作文件

从剪贴板直接创建工作文件,如图 4.13 所示,打开"population 2000 2019.txt"。首先复制该文件的所有内容,然后回到 Eviews 主界面,在蓝色区域右击,在弹出的快捷菜单中选择"Paste as new Workfile",打开工作文件窗口。

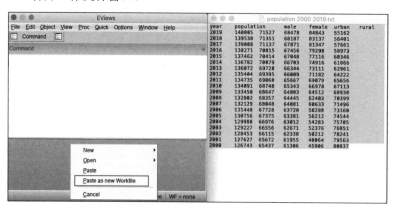

图 4.13   从剪贴板创建工作文件

如图 4.14 所示，Eviews 将剪贴板的数据读取到工作文件，自动将其识别为时间序列，实现了数据在文本文件和 Eviews 间的无缝切换。

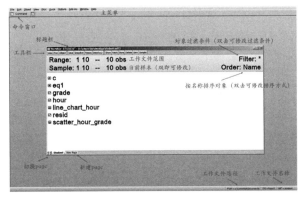

图 4.14　时间序列工作文件

工作文件创建后，单击"File"菜单下的"Save As..."或"Save..."保存工作文件。工作文件是 Eviews 特有的文件类型，其文件名的扩展名是"wf1"。

4.2　工作文件窗口

下面介绍工作文件窗口不同区域的功能，以及工具栏中的常用工具。

1. 工作文件窗口的界面

打开或创建工作文件后，窗口如图 4.15 所示。该窗口的最上方是标题栏，显示了工作文件的名称和存储路径，标题栏的下方是工具栏。

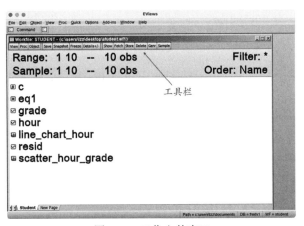

图 4.15　工作文件窗口

"Range"反映工作文件的数据结构和数据容量。截面数据显示监测单元编号的初值和终值。时间序列显示观测时间的起点和终点。双击"Range"，可以修改工作文件的结构类型。

"Sample"显示工作文件当前的样本范围。双击"Sample"，可以设置过滤条件，修改样本范围。

注意："Range"显示的"10 obs"是工作文件的数据容量。"Sample"显示的"10 obs"是当前操作的样本容量。一旦导入数据，除非补充或增加观测单元，工作文件的数据容量是固定的；但在分析中可以根据研究需要，随时调整样本容量。

2. 工作文件窗口的工具栏

工作文件窗口的工具栏是一系列工具按钮，排列在工作文件窗口标题栏的下方，如图 4.16 所示。工具栏集合了 13 个工具，其中"Proc""Fetch""Store"很少使用，接下来将一一介绍其余 10 个工具的用途。

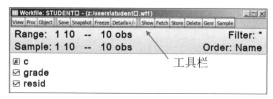

图 4.16　工作文件窗口的工具栏

1）视图工具（View）

视图工具用于设置工作文件的视图。图 4.16 的视图是目录形式，列出了工作文件中所有对象的名称和类型。单击"View"按钮，展开图 4.17 所示的列表。

（1）单击图 4.17 中的"Display Filter..."，设置过滤条件，则工作文件只显示满足该条件的对象。单击图 4.16 中"Filter"也可实现此项设置。

（2）单击图 4.17 中的"Display Order..."，设置工作文件中的对象的排列顺序，可以设置对象按名称、类型或更新时间排序。单击图 4.16 中"Order"也可实现此项设置。

（3）单击图 4.17 中的"Name Display"，设置对象名称以大写字母还是小写字母显示。

（4）单击图 4.17 中的"Statistics"，将显示工作文件的统计信息，包括工作文件的创建时间、名称，包含几页（page），以及工作文件的数据结构、样本容量，每种类型对象的个数。如图 4.18 所示，该工作文件中有 3 个序列、1 个系数向量、1 个方程、2 个图形。依次单击"View/Workfile Directory"可以返回到目录形式。

图 4.17　"View"工具

图 4.18　工作文件的统计视图

2）对象工具（Object）

对象工具用于设置与对象有关的操作，如对象的新建、删除和重命名等。

3）保存工具（Save）

保存工具用于保存工作文件。单击"Save"按钮，打开"Workfile Save"对话框，如图 4.19 所示。在"Series storage"组合框中可以设置以单精度还是双精度保存工作文件。Eviews 默认以双精度保存工作文件。

如果勾选"Use compression"复选框，Eviews 将根据序列中数值的形式为每个序列设置最佳且无损精度的存储格式，减小工作文件占用的磁盘空间。对于大型数据，尤其是有很多 0–1 观测值的序列，勾选"Use compression"复选框，将使工作文件显著缩小。注意，采用压缩方式保存的工作文件不能在 Eviews 5 之前的版本中打开。

Eviews 默认勾选了"Prompt on each Save.（Options can be set in Global Options.）"复选框，因此每次保存工作文件，该对话框都会弹出，取消勾选后，该对话框将不弹出。单击菜单"Options/General Option..."，在"Data storage/Workfile save"下也可以实现上述设置。

4）快照工具（Snapshot）

快照工具能让用户快速查看工作文件的历史状态。Eviews 每隔一段时间以快照的形式备份工作文件。若需手动保存快照，可单击"Snapshot"按钮，打开图 4.20 所示的"Create Snapshot"对话框。在该对话框中可以为快照添加标签和描述。

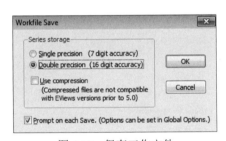

图 4.19　保存工作文件

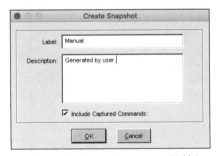

图 4.20　"Create Snapshot"对话框

若要查看保存的快照，可单击工具栏中的"View"按钮，选择"Snapshots..."，单击快照标签，即可查看该快照存储的所有对象。

依次单击菜单"Options/General Option.."，打开图 4.21 所示的"General Options"对话框。单击"Snapshots"，可以设置自动保存快照的时间间隔、存储路径等。

5）冻结工具（Freeze）

冻结工具用于保存图像或表格，将在 6.3 节详细介绍其用法。

6）详情工具（Details+/-）

详情工具用于显示工作文件的所有对象的名称、类型、更新时间和标签。

7）打开工具（Show）

单击"Show"按钮，输入对象名称，即可打开相应对象。

8）删除工具（Delete）

删除工具用于删除对象。

9）生成工具（Genr）

生成工具用于对序列进行数学变换，生成新的序列。单击"Genr"按钮，打开"Generate Series by Equation"对话框，如图 4.22 所示。在"Enter equation"文本框中填写新序列的数学表达式。

10）样本工具（Sample）

样本工具用于设置样本范围。单击"Sample"按钮，打开"Sample"对话框，如图 4.23 所示。"Sample range pairs（or sample object to copy）"文本框中的"@

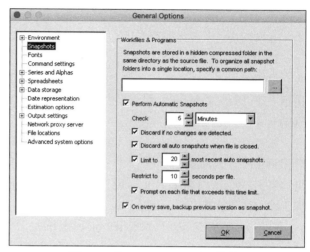

图 4.21　"General Options"对话框

all"，代表样本包括工作文件的所有观测单元。输入成对的观测单元编号，如"2 9"，代表样本包括第 2～9 个观测单元，输入"2 5 7 9"代表样本包括第 2、3、4、5、7、8、9 个观测单元。"IF condition"文本框用于设置条件表达式，样本将只包括满足条件的观测单元。

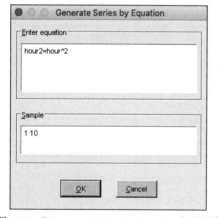

图 4.22　"Generate Series by Equation"对话框

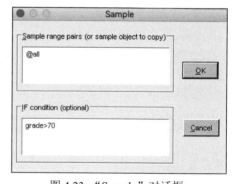

图 4.23　"Sample"对话框

本章 Eviews 实战技巧

- 打开 Excel 文件创建工作文件，在文件读取窗口预览 Eviews 识别的数据区域是否正确。
- 通过复制、粘贴数据可以快速创建工作文件。
- 工作文件窗口的工具栏集成了常用的工具按钮。

第5章 对　　象

Eviews 是以对象（Object）为导向进行设计的。对象就像一个容器，存储了数据、图形、表格和统计结果。

本章的主要内容包括：

● 什么是对象？
● 对象的类型。
● 对象的基本操作。
● 对象窗口的工具栏。

5.1　什么是对象？

对象是 Eviews 的基本操作单元，存储了与特定分析有关的一系列信息。有的对象存储的信息类型单一，例如，序列（Series）、矩阵（Matrix）、向量（Vector）对象存储数值信息。有的对象存储的信息类型丰富，例如，图形（Graph）对象存储了数值、文本和格式信息；方程（Equation）对象存储了回归方程的设定、系数估计值、残差的图像，以及与回归分析有关的一系列统计量。

5.2　对象的类型

对于不同类型的对象，能对其进行的操作和分析工具大不相同。在工作文件窗口中，每个对象名称的前面都有代表其类型的图标。表 5.1 列出了常用的对象类型的图标，以及该类对象存储的信息。

表 5.1　不同类型的对象

图　　标	对　象　类　型	存　储　信　息
abc	文本序列（Alpha Series）	单个字符串变量的观测值
☑	序列（Series）	单个数值变量的观测值
G	组（Group）	序列的集合
↔	样本（Sample）	所有观测单元的子集
F	因子（Factor）	因子分析中的因子
=	方程（Equation）	回归方程的设定、估计及检验结果
β	系数向量（Coef）	回归模型中估计的系数
M	模型（Model）	联立方程模型的估计结果
#	标量（Scalar）	单个的数值
P	面板数据（Pool）	不同观测单元不同时点的数据集合

续表

图　标	对象类型	存储信息
var	Var 模型	Var 模型的设定、估计及检验结果
ⅲ	图形（Graph）	图形
⊞	表格（Table）	表格
ℒ	似然函数（Logl）	似然函数

5.3　对象的基本操作

本节介绍对象的基本操作，包括创建对象、打开对象、复制和粘贴对象、删除对象、预览对象。

1. 创建对象

创建的对象需要存储在工作文件中。在创建对象之前，需要先创建工作文件，或者打开一个工作文件。如图 5.1 所示，单击菜单"Object/New Object..."，打开"New Object"对话框，在"Type of object"列表框中选择对象类型，在"Name for object"文本框中输入对象名称，单击"OK"按钮，如图 5.1 所示。

Eviews 会根据选择的对象类型，打开相应的窗口，以便用户对该对象进行详细设置。如果创建序列，则 Eviews 会打开新建序列的窗口；如果创建方程，则 Eviews 会打开创建方程的窗口。

2. 打开对象

（1）双击对象名称，将在新窗口打开对象。

（2）右击对象，在弹出的快捷菜单中选择"Open"或"Open as"。如图 5.2 所示，"grade"序列可以表格（as Spreadsheet）、折线图（as Line Graph）或者直方图（as Histogram and Stats）3 种形式打开。

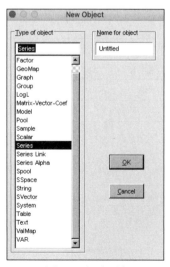

图 5.1　新建对象

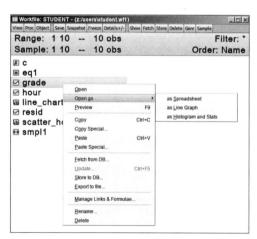

图 5.2　打开对象

（3）单击主菜单"Quick/Show..."，或者单击工具栏中的"Show"按钮，在打开的窗口中输入对象名称。

3. 复制和粘贴对象

选中对象，右击，在弹出的快捷菜单中选择"Copy"。在工作文件空白区右击，在弹出的快捷菜单中选择"Paste"，打开"Object Copy"对话框，如图 5.3 所示，在"Destination"文本框中输入新对象的名称，单击"OK"按钮。用 Ctrl+C 组合键和 Ctrl+V 组合键也可以实现对象的复制和粘贴。

4. 删除对象

选中对象，右击，在弹出的快捷菜单中选择"Delete"，打开是否确认删除该对象的信息提示对话框，如图 5.4 所示，单击"Yes"按钮删除该对象。

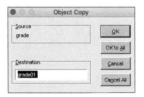

图 5.3　复制和粘贴对象

图 5.4　删除对象

5. 预览对象

预览工具能让用户迅速了解工作文件的全貌。单击预览窗口的切换按钮可以逐一查看工作文件的每个对象。比起逐个打开对象查看，再逐个关闭对象这一系列重复操作，通过预览工具查看对象信息更加快捷。

单击主菜单"Window/Preview"，或者按 F9 键，打开图 5.5 所示的预览窗口。窗口上方显示了对象名称、对象类型、最后更新时间等信息。窗口下方是"grade"序列的观测值和图形。

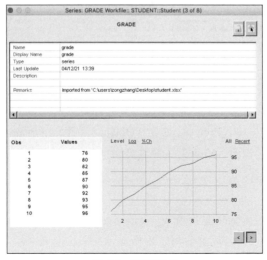

图 5.5　预览对象

预览窗口可以显示 3 种形式的数据："Level"显示原始序列，"Log"显示对数变换后的序列；"%Ch"显示序列的相对变化百分比。

单击该窗口右下角向前或向后的箭头，将切换到上一个或下一个对象的预览窗口。

5.4　对象窗口

本节首先介绍对象窗口界面的布局，比较方程对象窗口和序列对象窗口的异同，然后介绍对象的视图和冻结工具。

1. 对象窗口界面

打开对象后，对象将在一个单独的窗口呈现，这个窗口就是对象窗口。不同类型的对象的窗口界面会有所不同。

图 5.6 是方程窗口。最外层窗口是 Eviews 主界面，中间窗口是工作文件窗口。这两个窗口都处于非激活状态，窗口的标题栏都呈灰色。最前面的窗口是方程窗口，其标题栏呈深色，处于激活状态。激活某个对象窗口后，才能对其进行操作。

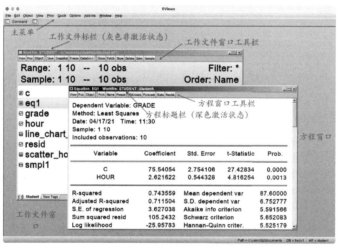

图 5.6　方程窗口

图 5.7 是序列窗口。方程和序列是两种不同类型的对象，能对其进行的操作不同，因此二者窗口的工具栏集合了不同的工具。然而，几乎所有类型的对象窗口的工具栏都包括以下 6 种工具：视图（View）、程序（Proc）、对象（Object）、打印（Print）、命名（Name）和冻结（Freeze），其中较常用的是视图（View）工具和冻结（Freeze）工具。

2. 视图工具和冻结工具

1）视图工具（View）

利用视图工具可以改变对象的呈现方式。如图 5.8 所示，打开"grade"序列，在序列窗口中单击菜单"View/SpreadSheet"，观测值将以表格显示；单击总菜单"View/Graph..."，序列将以图形呈现。

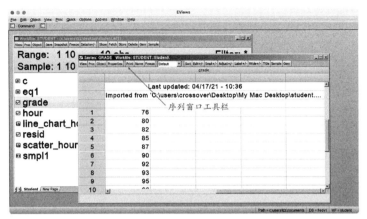

图 5.7 序列窗口

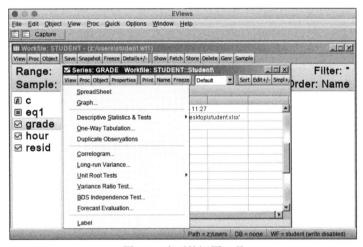

图 5.8 序列的视图工具

当要对对象进行分析时，无论是画图还是统计计算、检验，都可以单击菜单"View"，然后在列表中选择相应的功能。

注意：视图工具只是改变了对象的呈现方式，并没有改变对象的类型。单击菜单"View/Graph..."，选择图表类型"Line & Symbol"，得到图 5.9。此时，"grade"序列以线图的形式呈现。从标题栏可以看出，"grade"的类型仍然是序列，只是呈现方式发生改变。

2）冻结工具（Freeze）

下面将以序列对象为例，介绍冻结工具的使用方法。

（1）将序列冻结为表格

打开"grade"序列，单击菜单"View/Descriptive Statistics & Tests/Stats Table"，打开序列窗口。如图 5.10 所示，序列窗口呈现了"grade"序列的均值、中位数、标准差等描述性统计量的数值，单击"Freeze"按钮，打开表格窗口。

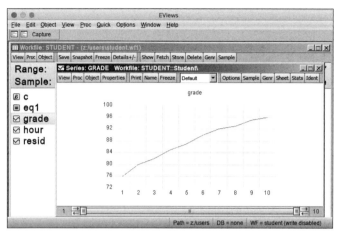

图 5.9　序列的图形视图

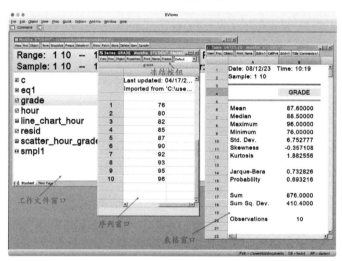

图 5.10　将序列冻结为表格

表格窗口的标题栏显示为"Table: UNTITLED"，表明此窗口中的对象类型是表格，该对象还没有命名。单击"Name"按钮，对其命名后，工作文件中会新增一个表格对象。

注意：如图 5.10 所示，虽然序列窗口和表格窗口显示的内容相同，但两个窗口中的对象类型不同。

（2）将序列冻结为图形

如图 5.11 所示，在序列窗口中单击"Freeze"按钮，打开"Auto Update Options"对话框。在"Graph updating"组合框中点选"Automatic-Update whenever update condition is met"单选按钮，在"Update condition"组合框中点选"Update when data or the workfile sample changes"单选按钮，那么当序列的数据发生变动时，该图形会自动更新。勾选最下面的复选框，将上述设置设为默认选项，以后单击"Freeze"按钮保存图形时将不再打开该对话框。

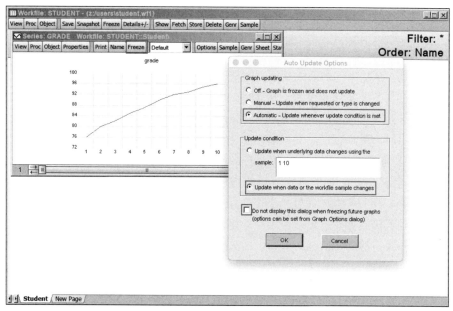

图 5.11　将序列冻结为图形

单击 "OK" 按钮，打开图形窗口，如图 5.12 所示。该窗口的标题是 "Graph: UNTITLED"，表明对象的类型是图形，单击图形窗口的 "Name" 按钮，可为其命名。

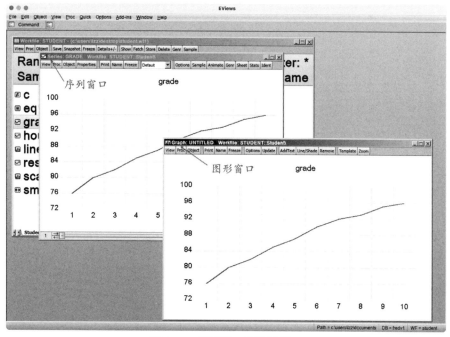

图 5.12　序列窗口和图形窗口

注意：在图 5.12 中，虽然序列窗口和图形窗口显示的内容相同，但两个窗口中的对象类型不同。

3）视图工具和冻结工具的区别

视图工具能让对象以不同的形式呈现，但呈现的内容并没有被工作文件保存下来。例如，通过视图工具依次查看某个序列的线图、直方图、描述性统计分析表格及其分布的检验，用户会在序列窗口中依次看到四张图表，但这四张图表并没有存储到工作文件当中。当用户会下次又想查看该序列的直方图时，用户会还需要再次单击 "View/Graph..."。

冻结工具可以将窗口 "所见" 保存为表格或图形对象，并将其存储到工作文件中，方便用户以后查看。也就是说，对于对象窗口的内容，用户今后还想再次查看，此时就需要单击 "Freeze" 按钮，将 "所见" 及时保存到工作文件中，以避免大量重复操作。

Freeze 工具对于初学者而言是一个难点，建议初学者在实操中多体验。单击 "Freeze" 按钮后，查看工作文件窗口的变化情况，多操作几次，用户就能理解 Eviews 中 "冻结" 的含义了。

本章 Eviews 实战技巧

- 在工作文件窗口选中对象，右击，可打开、预览、复制、重命名或删除该对象。
- 在对象窗口中单击 "View" 按钮，可以改变对象的呈现方式，对对象作图、进行统计运算或检验。
- 单击对象窗口中的 "Freeze" 按钮，可将窗口 "所见" 保存为图形或表格对象。

第6章 序 列

序列（Series）是工作文件中最重要的对象，序列存储了变量的观测值，是数据存储的基本单元。

本章的主要内容包括：

- 什么是序列？
- 创建序列。
- 序列窗口的工具栏。
- 数值代码与 Valmap。

6.1 什么是序列？

序列是单个变量的观测值的集合。序列只能存储数值，不能存储文本。数值既包括定量变量的观测值，也包括定性变量的数值代码。

如果定性变量的观测值是文本，Eviews 会将其识别为文本序列；如果定性变量的观测值是数值代码，Eviews 才会将其识别为序列。例如，性别的值为"男"和"女"，Eviews 会将性别识别成文本序列；如果性别的值为"0"和"1"，Eviews 才会将性别识别成序列。

文本序列和序列是两种完全不同的对象类型。文本序列主要用于标识观测单元，以及进行字符串运算，能参与的数值分析有限；只有序列才能参与数值分析。因此，将外部数据导入 Eviews 时，要特别注意外部数据中的定性变量的表现形式，如果定性变量是文本形式的，建议先将其转换为数值代码，再将其导入 Eviews。

6.2 创建序列

创建序列有 3 种常用方法，一是通过导入外部数据创建序列，二是通过新建对象创建序列，三是通过对序列进行数学变换创建序列。

本节将以数据文件"students 210.xlsx"为例，介绍上述操作方法的实现。

1. 通过导入外部数据创建序列

如图 6.1 所示，将数据文件"students 210.xlsx"导入 Eviews，数值形式的变量都被转换成了工作文件中的序列，序列的图标是一小段折线图。

"name"存储的名字是文本字符串，转换为工作文件中的文本序列后，其图标是"abc"。

2. 通过新建对象创建序列

创建工作文件后，如图 6.1 中箭头所示，单击主菜单"Object/New object..."，或者单击工作文件窗口工具栏中的"Object"按钮，打开新建对象的对话框，选择对象类型为"Series"，即可创建序列。

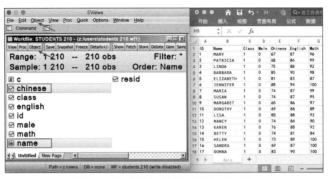

图 6.1　通过导入外部数据创建序列

注意：序列是存储在工作文件中的。要创建序列，需要先创建工作文件。如果 Eviews 中没有打开的工作文件，单击主菜单"Object"，将无法选择"New Object..."，如图 6.2 所示。

3. 通过对序列进行数学变换创建序列

依次单击主菜单"Quick/Generate Series..."，或者单击工作文件窗口工具栏中的"Genr"按钮，打开图 6.3 所示的对话框，在"Enter equation"文本框中输入形如"series_name = formula"的表达式，"series_name"是新序列的名称，"formula"是数学表达式。

图 6.2　新建对象

图 6.3　输入数学表达式创建序列

以"x"序列为例，表 6.1 列示了对序列进行数学变换的表达式。

表 6.1　序列的数学变换

数 学 变 换	表 达 式
x 的平方	x^2
x 的平方根	sqrt(x) 或 @sqrt(x)
x 的绝对值	abs(x) 或 @abs(x)
x 的自然对数	log(x)
x 的滞后 1 期	$x(-1)$ 或 @lag(x,1)
x 的先行 1 期	$x(1)$

续表

数 学 变 换	表 达 式
x 的一阶差分	d(x) 或 x−x(−1)
x 的 n 阶差分	d(x, n)
x 的自然对数的一阶差分	dlog(x)
e 的 x 次方	exp(x)
x 的倒数	@inv(x) 或 1/x
x 的阶乘	@fact(x)
x 四舍五入取整	@round(x)
x 的符号	@sign(x)
pai	@pi

6.3　序列窗口的工具栏

本节介绍序列窗口工具栏中的工具，包括视图（View）、程序（Proc）、对象（Object）、属性（Properties）、打印（Print）、命名（Name）、冻结（Freeze）、排序（Sort）、切换编辑模式（Edit+/−）、切换样本（Smpl+/−）、切换调整模式（Adjust+/−）、切换标签显示（Label+/−）、切换宽窄显示（Wide+/−）、标题（Title）、样本（Sample）、创建新序列（Genr）和实时统计量（Live Statistics）。

1. 序列窗口的工具栏概览

序列窗口的工具栏是一系列工具按钮，排列在序列窗口标题栏的下方，如图 6.4 所示。工具栏中集合了 16 个工具，下面将一一对其进行介绍。

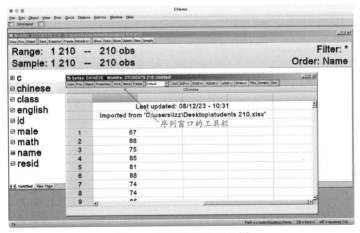

图 6.4　序列窗口的工具栏

本节以数据文件"students 210.xlsx"为例，其数据结构如图 6.5 所示。该文件是 210 名同学的资料，包括学生编号（ID）、姓名（Name）、班级（Class，Class 的值为数字代码 1、2、3、4，分别代表 4 个班级）、性别（Male，1 代表男生，0 代表女生），以及语文、数学、外语 3 门课程的成绩。

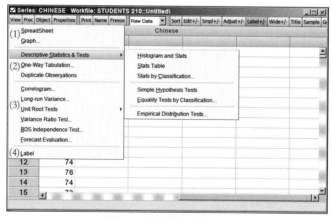

图 6.5　"students 210.xlsx" 的数据结构

将 "students 210.xlsx" 导入 Eviews，创建工作文件，单击 "Chinese" 序列，打开图 6.4 所示的窗口。

2. 序列窗口工具栏中的工具简介

1）视图工具

单击序列窗口工具栏中的 "View" 按钮，下拉菜单罗列了序列的视图工具（见图 6.6），分为 4 栏，每一栏的主要功能如下。

图 6.6　序列的视图工具

（1）表单和图形

单击 "SpreadSheet"，序列中的数据将以表单形式呈现，这也是 Eviews 默认的打开序列后的呈现形式。

单击 "Graph..."，打开新建图形的对话框，可以对序列绘制线图、直方图、点图等。

（2）截面数据的描述性统计分析和检验

第二栏的工具主要适用于截面数据，包括直方图和描述性统计量（Histogram and Stats）、统计量表格（Stats Table）、分组统计量（Stats by Classification...）、单个总体参数的假设检验（Simple Hypothesis Tests）、多个总体参数是否相等的假设检验（Equality Tests by Classification...）、检验序列是否服从某种分布（Empirical Distribution Tests...）、频数分布表（One-Way Tabulation...）、重复观测值的检测（Duplicate Observations）。

关于上述工具的具体使用方法，详见第 11 章。此处主要是让读者快速了解 Eviews 对序列的视图工具设计了哪些功能。

（3）时间序列的检验和预测

第三栏的工具主要适用于时间数据，包括序列相关检验（Correlgoram...）、长期方差（Long-run Variance...）、单位根检验（Unit Root Tests...）、方差比检验（Variance Ratio Test...）、BDS 独立性检验（BDS Independency Test...）、预测评估（Forecast Evaluation...）。

关于上述工具的具体使用方法，详见第 21 章。

（4）标签

单击"Label"，序列窗口显示如图 6.7 所示。"Name"是工作文件中序列对象的名称，"Display Name"是显示名称。显示名称（Display Name）主要用于图形和表格中的标题。序列的名称（Name）中不能有空格等特殊字符，但是显示名称则不受上述限制，能使图标标题更加完整。如图 6.7 所示，对"Chinese"序列设置显示名称后，绘制其直方图。

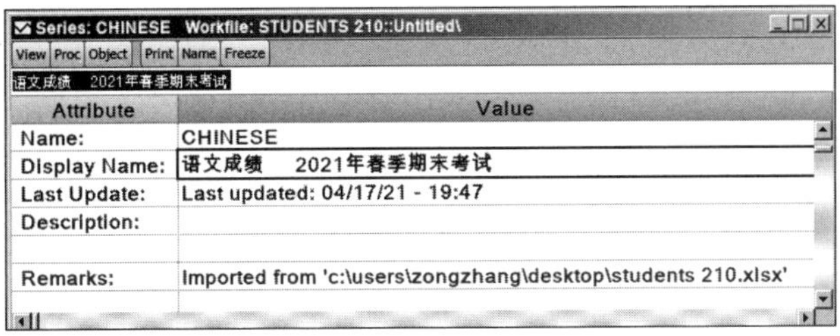

图 6.7 序列的标签视图

图 6.8（a）是"Chinese"序列的直方图，图形的标题是"Chinese"序列的显示名称，图 6.8（b）是"Math"序列的直方图。因为没有对"Math"序列设置显示名称，所以直方图的标题就是序列的名称。

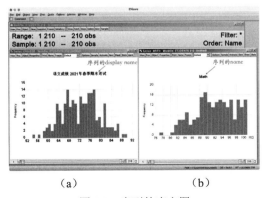

（a）　　　　　　　　　（b）

图 6.8 序列的直方图

2）程序工具

单击序列窗口工具栏中的"Proc"按钮，下拉菜单列示中工具分为 3 栏，第一栏是创建序列的工具，包括通过方程创建（Generate by Equation）、通过分组创建序列（Generate by Classification）、再抽样（Resample...）和插值（Interpolate...）。第二栏是关于时间序列的分析模块。第三栏是可调用的插件。

本部分将介绍通过分组创建序列（Generate by Classification）功能，该功能可以将数值型的定量变量转换为顺序型的定性变量（见图 6.9）。在研究中引入定性变量，能够进行更多元化的分析。

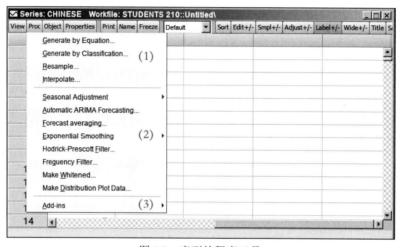

图 6.9　序列的程序工具

打开"Chinese"序列，单击"Proc/Generate by Classification"按钮，打开"Series Classify"对话框，如图 6.10 所示。"Method"下拉列表框中有 4 种方法，即设置组距（Step Size）、组数（Number of Bins）、划分成几个等分组（Quantile Values）、各组分界点（Limit Values）。

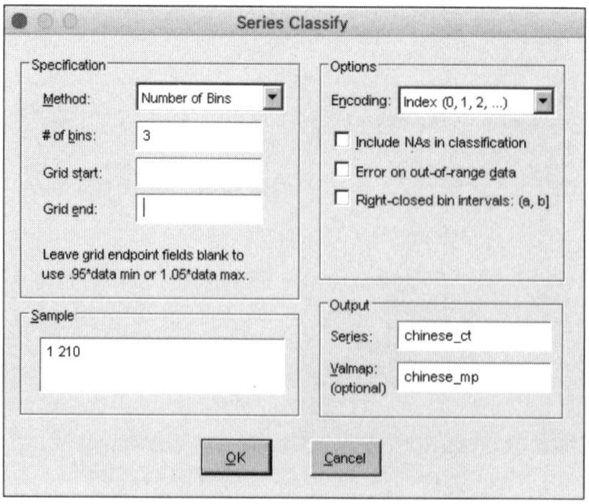

图 6.10　"Series Classify"对话框

如图 6.10 所示，在"Method"下拉列表框中选择"Number of Bins"，设置组数（# of bins）为 3，在"Encoding"下拉列表框中选择"Index (0,1,2,...)"，单击"OK"按钮。注意，"Output"组合框中相关参数的设置，表明将生成一个序列对象，名为"chinese_ct"，生成一个 Valmap 对象，名为"chinese_mp"。

　　图 6.11 所示的窗口并列显示了 3 个对象，左边是"Chinese"序列，中间是"chinese_ct"序列，右边是"chinese_mp"Valmap。Valmap 反映了"chinese"序列和"chinese_ct"序列的对应关系。若某位同学的语文成绩落在最低的那个区间，那么该同学的"chinese_ct"值为 1；若其语文成绩落在中间区间，则对应的"chinese_ct"值为 2；若其语文成绩落在最大区间，则对应的"chinese_ct"值为 3。语文成绩原本是一个定量变量，通过分组转换为一个顺序型的定性变量。

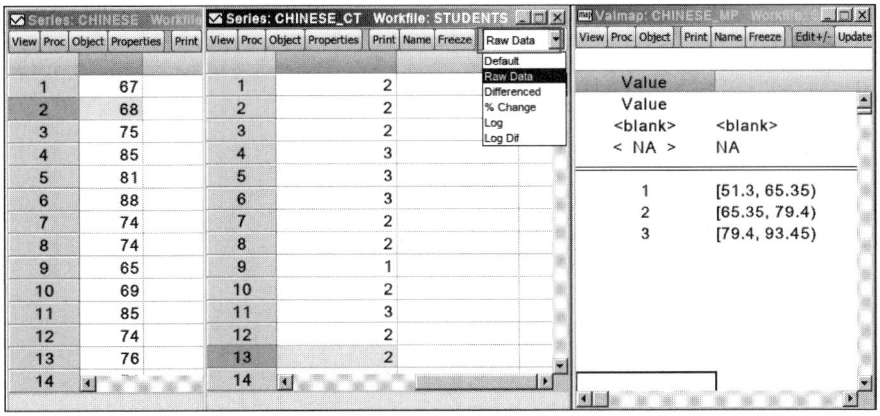

图 6.11　序列窗口对象

　　注意，"chinese_ct"序列窗口中有一个下拉按钮，控制值的显示方式。若设置控制值的显示方式为"Raw Data"，则"chinese_ct"序列的值就会显示成 1、2 或 3；若设置控制值的显示方式为"Default"，则"chinese_ct"序列的值会显示成该界面单元所在组的区间，即 [51,3, 65.35] 这种形式。

　　3）对象工具

　　单击"Object"按钮，可以对对象进行复制、删除、重命名等操作。

　　4）属性工具

　　单击"Properties"按钮，打开"Properties"对话框，如图 6.12 所示。在"Properties"对话框中选择"Display"选项卡，这里显示 3 个选项组，分别是序列的数值显示（Numeric display）、列宽（Column width）和对齐方式（Justification）。

　　在"Numerical display"选项组中单击"Data displayed as:"下拉按钮，打开的下拉列表中有水平（Level）、百分比变化（% change）、自然对数（Logarithm）3 个选项，选择"Logarithm"，单击下方的下拉按钮，在打开的下拉列表中选择"Fixed decimal"，在"Decimal places"文本框中输入"3"，单击"OK"按钮，打开图 6.13 所示的窗口。此时，"Chinese"序列窗口显示的是其取自然对数后的值，保留 3 位小数。

"Properties"对话框中的"Value Map"选项卡可以用于给数值型代码添加文本标签，关于"Value Map"选项卡的介绍详见 6.4 节。

"Properties"对话框中的其他选项卡还可以设置字体颜色、单元格颜色，设置界面简洁明了，在此不一一赘述。

5）打印工具

单击"Print"按钮，打开"Print"对话框，如图 6.14 所示，可以设置打印机输出或者输出为 RTF 文件。

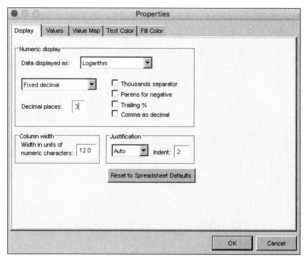

图 6.12　"Properties"对话框

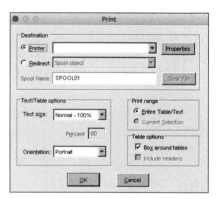

图 6.13　"Chinese"序列窗口　　　　　图 6.14　"Print"对话框

6）命名工具

单击"Name"按钮，可以对对象进行命名或重命名。

7）冻结工具

单击"Freeze"按钮，可以把对象的视图保存为表格或图形。关于冻结工具的功能，详见 5.4 节。

8）排序工具

单击"Sort"按钮，打开"Sort Order"对话框，可以对对象进行排序设置，可以设置排序字段、升序或降序，默认按观测单元的编号（Observation Order）升序排列，也可以按序列的数值大小排序，如图 6.15 所示。

9）切换编辑模式工具

单击"Edit+/−"按钮，可以切换到编辑模式，修改序列中的数值。

10）切换样本工具

单击"Smpl+/−"按钮，序列窗口中的数据将在子样本和全样本之间切换。

如图 6.16 所示，在工作文件窗口将"Sample"设置为 4 班的同学，序列窗口将只显示 4 班的 54 位同学的语文成绩。单击序列窗口的"Smpl+/−"按钮，序列窗口将显示工作文件中 210 位同学的语文成绩，再次单击"Smpl+/−"按钮，序列窗口又将切换到 54 位同学的语文成绩。

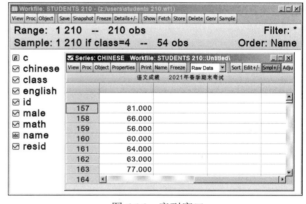

图 6.15　"Sort Order"对话框　　　　　　　　图 6.16　序列窗口

11）切换调整模式工具

单击"Adjust+/−"按钮，序列窗口进入调整模式，可以对序列中的监测值进行调整。

（1）单个调整。如图 6.17 所示，单击"CHINESE"下方第 5 行单元格，输入"90"，"Delta"显示的是调整后的值与未调整的值（Unadjusted）的差，"Delta%"显示的是调整的百分比。未经调整的值是白色底色，调整过的值以红色显示。

图 6.17　单个调整

在"Delta"或"Delta%"下方输入调整幅度，或者调整百分比，序列中的值也随之变换。

（2）批量调整。如图 6.18 所示，单击列标题"Delta"，选中"Delta"整列，然后在输入栏中输入"=5"，则所有同学的语文成绩都将加 5。若选中"Delta%"整列，然后在输入栏中输入"=10"，则所有同学的语文成绩都将提高 10%。

图 6.18　批量调整

再次单击"Adjust+/ 按钮"按钮，将退出调整模式，此时会打开信息提示对话框，提示"序列已经被修改，是否保存修改？"。若选择保存，则调整的数据将被保存到序列中。

切换调整模式工具提供了一个可视化的窗口，可以设置调整的幅度或百分比，实现对观测值的逐个或批量调整。

12）切换标签显示工具

单击"Label+/-"按钮，可控制序列窗口是否显示标签信息。如图 6.19 所示，上方窗口显示了"English"序列的标签信息，下方窗口没有显示"Math"序列的标签信息。

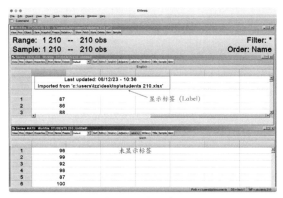

图 6.19　序列窗口

13）切换宽窄显示工具

单击"Wide+/-"按钮，序列窗口在宽窄两种方式之间切换。如图 6.20 所示，在上方窗口中，序列显示在 1 列中，即窄型显示，这是序列在表单中默认的显示形式；在下方窗口中，序列显示在 5 列中，即宽型显示。当数据容量较大时，采用宽型形式显示数据，能快速浏览数据全貌。

14）标题工具

单击"Title"按钮，打开"Table Title"对话框，输入标题，单击"OK"按钮，则序列窗口工具栏的下面将显示设置的表格标题，如图 6.21 所示。

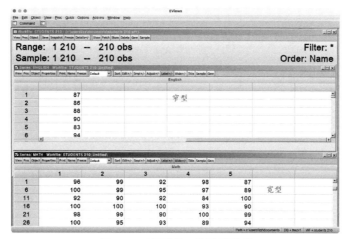

图 6.20　序列窗口的显示形式

图 6.21　设置表格标题

15）样本工具

单击"Sample"按钮，可以设置样本的筛选条件。关于样本筛选条件的设置方法，详见 8.1 节。

16）创建新序列工具

单击"Genr"按钮，可以在打开的对话框中输入数学表达式以创建新序列，详见 6.2 节，这里不再赘述。

3. 实时统计量工具

双击序列窗口的底部，打开"Series Info"对话框，勾选需要显示的统计量（最多选 6 项），然后单击"OK"按钮，如图 6.22 所示。

如图 6.23 所示，在序列窗口中，单击观测值所在的列标题栏，选中整列，此时序列窗口下方的状态栏显示该列观测值的均值、中位数、最大值、最小值、标准差和观测值的个数。如果只选中 5 个单元，那状态栏将显示这 5 个观测值的上述统计量的结果。

实时统计量工具虽然没有设置在工具栏中，但是其使用简便，且能实时报告观测值的描述性统计量的信息，是非常有用的工具。

图 6.22　选择实时统计量

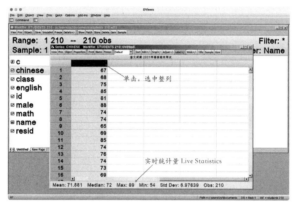

图 6.23　实时统计量

此外，单击 Eviews 主菜单"Options/General Options..."，打开图 6.24 所示"General Options"对话框，选择"Live statistics"，然后勾选需要显示的统计量，单击"OK"按钮。该设置对工作文件中的所有序列都有效。打开任何一个序列，其窗口的状态栏都会显示勾选的统计量的值。

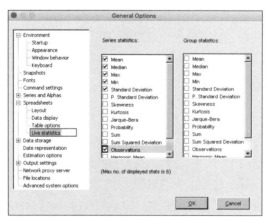

图 6.24　"General Options"对话框

6.4　数值代码与 Valmap

Valmap 存储的是数值代码与数值的映射关系。在 6.3 节中，利用"Proc/Generated by Classification..."将数值型定量变量转换为顺序型定性变量这一过程中就生成了 Valmap。

本节将介绍如何为数值代码创建 Valmap，让数值代码所代表的信息能在分析结果中显示出来。

沿用 6.3 节中的例子，将数据文件"students 210.xlsx"导入 Eviews，创建工作文件。性别（Male）序列中的观测值是数值代码，1 代表男生，0 代表女生。

打开"Male"序列，单击"View/One-way Table..."，打开图 6.25 所示的窗口，表中是"Male"序列的频数分布表，"Value"一列是"Male"序列的数值代码 0 和 1。若"Value"一列能显示数值代码的含义"女生"和"男生"，则表格信息会更加直观。

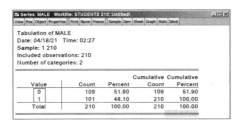

图 6.25　"Male"序列的频数分布表

图 6.26 是按"Male"序列分组后绘制的"Math"序列的箱线图。分类轴显示的是"Male"的数值代码，若要让分类轴显示成"女生"和"男生"，需要创建 Valmap，建立数值代码与代码标签的映射关系。

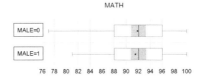

图 6.26　"Math"序列的箱线图

单击主菜单"Object/New object..."，选择序列类型为"Valmap"，打开图 6.27 所示的窗口，在箭头所指处输入数值代码和代码标签，单击"Name"按钮，将其命名为"Male_map"，最后单击"Update"按钮，使映射关系生效。

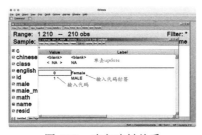

图 6.27　建立映射关系

然后打开"Male"序列，单击"Properties"按钮，打开"Properties"对话框，如图 6.28 所示。选择"Value Map"选项卡，在"ValMap name"文本框中输入"male_map"，单击"OK"按钮。

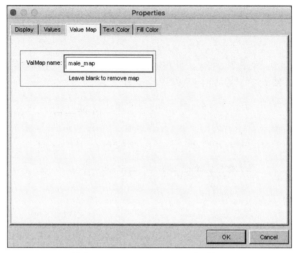

图 6.28　"Properties"对话框

重新查看"Male"序列的频数分布表，表中"Value"一列显示的是"FEMALE"和"MALE"，如图 6.29 所示。

			Cumulative	Cumulative
Value	Count	Percent	Count	Percent
FEMALE	109	51.90	109	51.90
MALE	101	48.10	210	100.00
Total	210	100.00	210	100.00

图 6.29　"Male"序列的频数分布表

绘制根据"MALE"序列分组的"Math"序列的箱线图，分类轴也显示为"FEMALE"和"MALE"，达到了显示代码含义的效果，如图 6.30 所示。

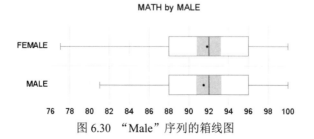

图 6.30　"Male"序列的箱线图

本章介绍的关于序列操作的工具看似繁杂，或许会让初学者感到眼花缭乱，甚至产生怀疑：这么多工具，我能学会吗？初学者大可打消此类顾虑。初学者不需要立即掌握每一个关于序列操作的工具。本章的介绍可让初学者管中窥豹，了解 Eviews 以对象为导向的开发理念，领略 Eviews 的强大功能，感受 Eviews 的简洁设计。用户通过单击按钮或者菜单，就能实现想做的分析。

　　用户可以在实践中慢慢去体验和熟悉这些工具。当打开一个序列后，用户可多单击工具栏中的按钮，尝试不同的设置，在实践中积累经验，逐渐达到熟练。

　　序列是 Eviews 工作软件中最重要的对象类型。学习了序列窗口的工具，其他类型的对象（如组、表格、图形窗口的工具）也有相通之处，用户可以举一反三，触类旁通。

本章 Eviews 实战技巧

- 序列窗口下的"View"工具集成了对单个序列作图、报告描述性统计量、参数检验、时间序列的平稳性检验、自相关诊断等一系列功能。

- 双击序列窗口的底部，打开"Series Info"对话框，勾选需要显示的统计量（通过主菜单"Options/General Options..."下也可实现此设置），则序列窗口下方的状态栏会实时显示序列的描述性统计量。

- 单击序列窗口的"Proc/Generate by Classification"，可将定量变量转换为顺序型的定性变量。在研究中引入定性变量后，可以使用更丰富的研究工具。

- 创建 Valmap，在数值代码与代码标签之间建立映射关系，单击"Update"按钮，该映射关系才生效。

第7章 组

组（Group）和序列都是工作文件中存储数据的容器。序列存储单个变量的数值型观测值，而组可以存储多个变量的观测值，既可以存储数值型数据，也可以存储文本数据。对组的操作分为两类，一是批量处理多个序列，如一次性报告多个序列的描述性统计量、一次性绘制多个序列的图像；二是分析组包含的序列之间的关系。

本章的主要内容包括：
- 创建组。
- 组窗口的工具栏。

7.1 创建组

组是序列或文本序列的集合，组在工作文件中的图标是大写的字母 G。

将序列组合在一起形成一个新的对象，这一过程就称为创建组。创建组的方法主要有两种：一是通过序列创建组，二是通过新建对象创建组。

1. 通过序列创建组

在工作文件窗口中单击"Chinese"序列，按下 Ctrl 键的同时单击"Math"序列、单击"English"序列。按下 Ctrl 键的同时单击序列，是为了选择多个不相邻的对象。如果不按下 Ctrl 键，则只能选择一个对象。

选择了要纳入组中的序列后，右击，在弹出的快捷菜单中选择"Open/as Group"，如图 7.1 所示。注意：单击序列的顺序，就是组成员在组内从左到右的排列顺序。组中保存的数据可以视为矩阵，矩阵中的列是不能随意调换位置的，所以在创建组时要注意序列的排列顺序。

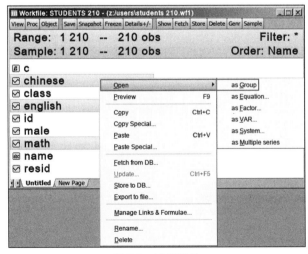

图 7.1　快捷菜单

通过前述步骤创建的组会在一个新的窗口中打开，如图 7.2 所示。窗口的标题栏是"Group: UNTITILED"，表明这个窗口中的对象类型是组，该对象还未命名，单击"Name"按钮，可以对其命名。

图 7.2　组窗口

依次单击图 7.1 中的"View/Group Members..."，打开图 7.3 右边的组成员视图窗口。选中某个序列，右击，可以删除或增加序列，或单击"Edit Members..."，在编辑框内输入成员名称。也可从工作文件窗口拖拽序列到组窗口。

图 7.3　组成员

2. 通过新建对象创建组

依次单击主菜单"Object/New object.."，选择对象类型为组，在打开的"Series List"对话框中，输入序列名称，序列之间用空格隔开，如图 7.4 所示。注意，在该对话框中也可以输入组的名称，或者序列的数学表达式。

图 7.4　"Series List"对话框

7.2　组窗口的工具栏

1. 组窗口的工具栏概览

组窗口的工具栏是一系列工具按钮，排列在组窗口标题栏的下方，如图 7.5 所示。工具栏中集合了 13 个工具，其中"Object""Print""Name""Freeze""Sort""Edit+/−""Title""Smpl+/−""Sample"这 9 个工具的功能与序列窗口上述工具的功能一样，此处不赘述。本节将介绍"View""Proc""Compare+/−""Transpose+/−"这 4 个工具的使用方法。

图 7.5　组窗口的工具栏

2. 组窗口工具栏中的工具简介

1）视图工具

单击组窗口工具栏中的"View"按钮，下拉菜单列示了组的视图工具（见图 7.6），分为 4 栏，每一栏的主要功能如下。

图 7.6　组的视图工具

（1）表单和图形

组成员（Group Members）工具在 7.1 节中已作介绍，在此不赘述。

单击"SpreadSheet"，组中的数据将以表单形式呈现，这也是 Eviews 默认的打开组后的呈现形式。

"Dated Data Table"适用于年度、半年度、季度和月度时间序列，以表格形式呈现各年各季度时间序列的观测值。

将图 7.2 中的组命名为"G1"，其中包括语文、数学和英语 3 个序列，用直方图展示这 3 科成绩的分布差异。

单击"Graph…"，打开"Graph Options"对话框，如图 7.7 所示。在"Graph type"选项组的"General"下拉列表中选择"Basic graph"，在"Specific"列表框中选择"Distribution"，在"Details"选项组的"Distribution"下拉列表中选择"Histogram"。注意，在"Multiple series"下拉列表中选择"Single graph"，意思是在同一个坐标下绘制 3 个序列的直方图，单击"OK"按钮，得到图 7.8。

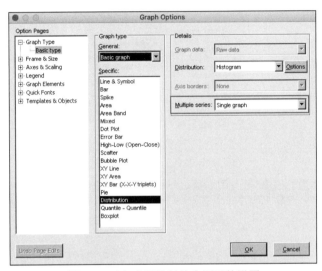

图 7.7　对多序列绘制单个图形的设置

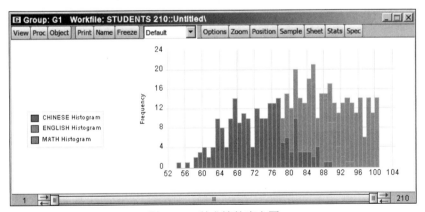

图 7.8　3 科成绩的直方图

如图 7.8 所示，从 3 科成绩的直方图，可以看出，数学成绩整体高于英语成绩，语文成绩整体在 3 科成绩中最低。把要对比的序列集合在一个组中，利用组的画图工具，可以很方便地对序列的分布进行比较；比起对 3 个序列绘制 3 幅直方图，将 3 个序列的直方图呈现在一张图形中，对比更加直接明了。

若要对比男生和女生的 3 科成绩的分布差异，性别是分组因子，如图 7.9 设置各选项，得到图 7.10。

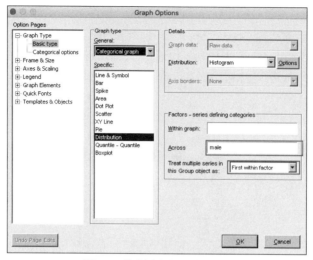

图 7.9　绘制分组图形的设置

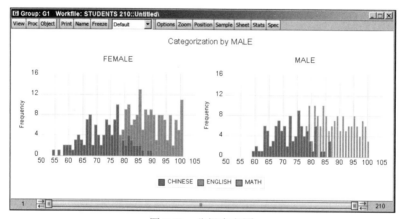

图 7.10　分组直方图

组的图形工具很强大，在此仅举两例让读者领略对组作图与对单个序列作图的不同效果。关于图形工具的使用方法，详见第 10 章。

（2）描述统计、列联表和重复值

如图 7.6 所示，依次单击"View/Descriptive Stats"后会展开"Common Sample"和"Individual Samples"两个分支。若序列中存在缺失值，选择"Common Sample"，则所有序列的样本容量都相同，在任何一个序列上存在缺失值的个案都将被剔除；若选择"Individual Samples"，则各个序列的样本容量不同。

"N-Way Tabulation"对组中的序列做列联表，主要用于存储数值代码，也就是本质上是定性变量的序列。创建"G2"组，其中包括性别（Male）和班级（Class）两个序列，在"G2"窗口，依次单击"View/N-Way Tabulation"，如图 7.11 所示，窗口显示了样本中学生在性别和班级上的分布、两个变量的相关系数，以及独立性检验的结果。

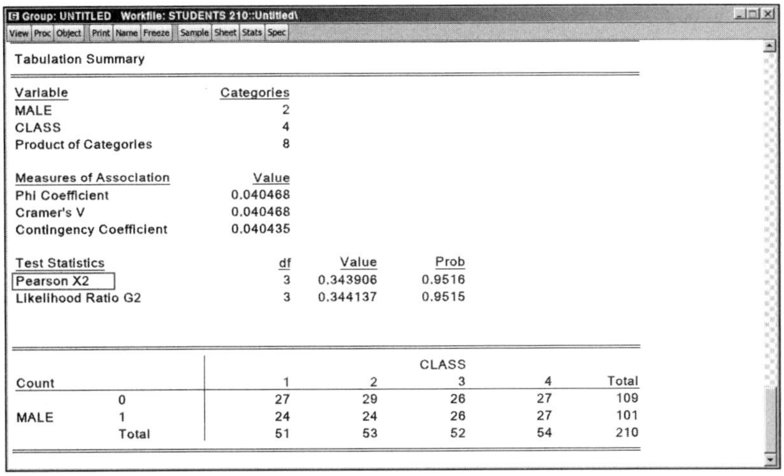

图 7.11　性别和班级的列联表

"Duplicate Observations"用于查看组中是否有观测值完全相同的个案，并将其罗列出来。打开"G1"组，在"G1"窗口中，依次单击"View/Duplicate Observations"，则"G1"窗口显示重复值报告，如图 7.12 所示。

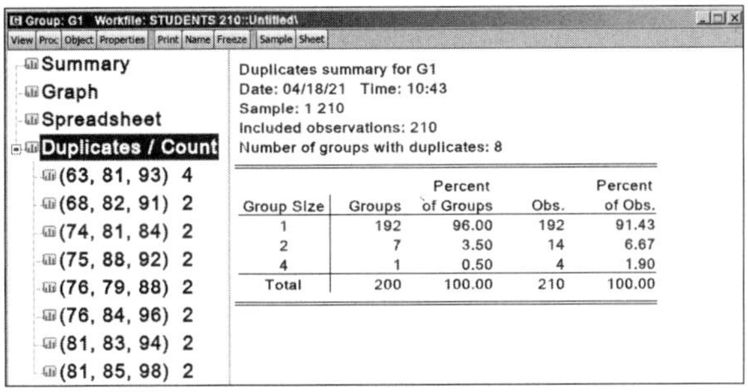

图 7.12　重复值报告

如图 7.12 所示，在 210 位同学中，4 位同学 3 科成绩都相同，7 对同学 3 科成绩两两相同，192 位同学 3 科成绩互不相同。单击目录中的条目，右边窗口将显示哪几位同学的成绩相同，如图 7.13 所示。

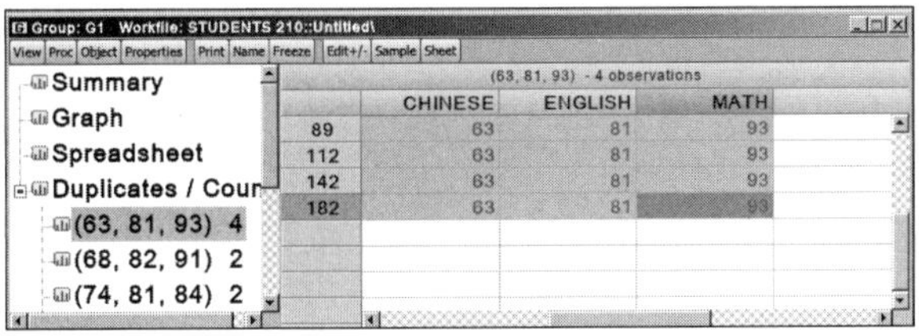

图 7.13　重复值列表

重复值查找工具能帮助研究者查看样本数据中是否有重复的个案，是在数据处理和数据清洗阶段经常使用的工具。

（3）分析序列之间的关系

视图工具列表的第三栏是分析序列之间关系的工具，包括协方差分析（Covariance Analysis...）、参数是否相等的检验（Tests of Equality...）、主成分分析（Principal Components...）。

（4）时间序列分析

视图工具列表的第四栏工具适用于时间序列，包括自相关检验（Correlogram...）、交叉相关检验（Cross Correlation...）、长期协方差分析（Long-run Covariance...）、单位根检验（Unit Root Test...）、协整检验（Cointegration Test）和格兰杰因果检验（Granger Causality）。

2）程序工具

单击组窗口工具栏中的"Proc"按钮，下拉菜单列示了程序工具，这里集成了新建方程（Make Equation...）、因子分析（Make Factor...）、联立方程组（Make System...）、向量自回归（Make Vector Autoregression...）、重复抽样（Resample...）、主成分分析（Make Principal Components）等工具，如图 7.14 所示。

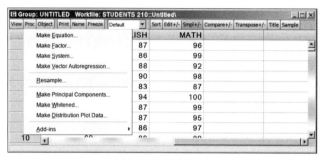

图 7.14　程序工具

3）比较工具

比较工具可以显示观测值完全一致的观测单元。若某个观测单元在所有序列上的观测值都相等，比较工具会在表单中将其突出显示。如果组中只有两个序列，比较工具还会计算出每个观测单元在这两个序列上的差距和百分比差距。

创建一个包含语文成绩和数学成绩的组，将其打开，单击"Compare+/-"按钮，进入比较模式，如图 7.15 所示。编号为 92 的同学的语文成绩和数学成绩相同，"Delta"一列显示每位同学语文成绩和数学成绩的差，"Delta%"一列显示百分比差距。再次单击"Compare+/-"按钮，窗口将切换为原始窗口。

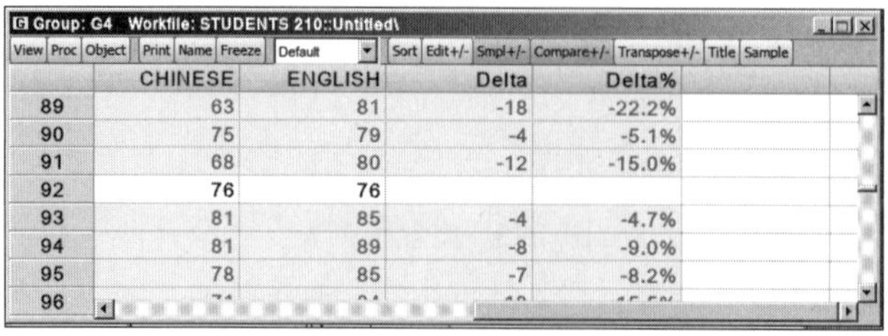

图 7.15　比较模式

4）转置工具

单击组窗口工具栏中的"Transpose+/-"按钮，组中的序列将发生转置，再次单击"Transpose+/-"按钮，组中的序列将还原。例如，"G1"组中是 3 列 210 行观测值，转置后，就变为 210 列 3 行观测值。

3. 右键菜单

打开组以后，选中列标题，右击，弹出的快捷菜单中有控制显示格式（Display format...）、插入序列（Insert Series）、移除序列（Remove Series）、导出数据（Save table to disk）等工具，如图 7.16 所示。

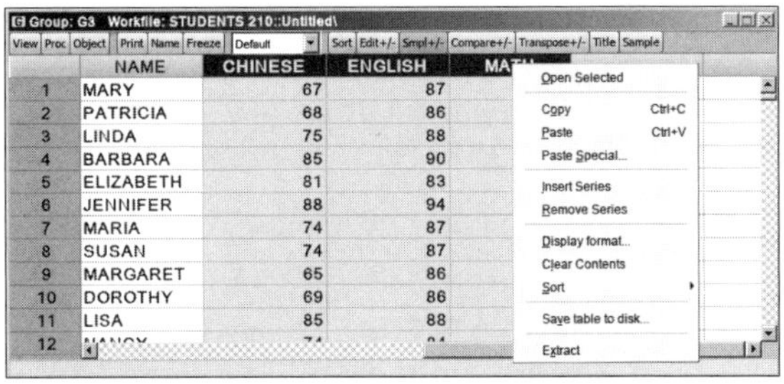

图 7.16　组窗口中的右键菜单

4. 实时统计量工具

双击组窗口的底部，将打开设置实时统计量的窗口，勾选需要显示的统计量（不超过 6 项）然后单击"OK"按钮。如图 7.17 所示，单击列标题"CHINESE"，下方状态栏显示相应的实时统计量，报告了 210 位同学的语文成绩的均值、中位数和标准差。选中不同的区域，状态栏显示的统计量会随数据区域实时变化。

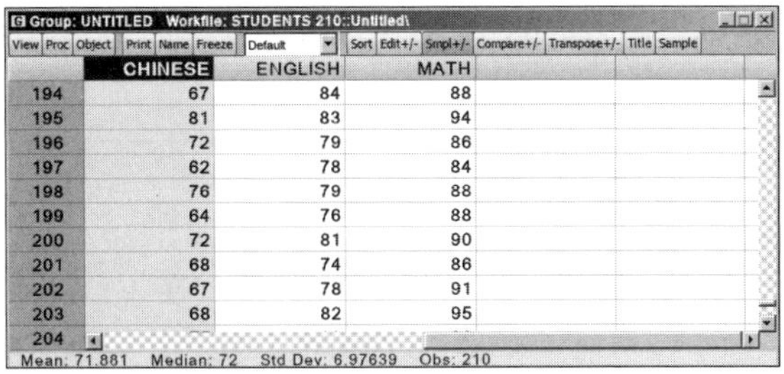

图 7.17　组的实时统计量

本章 Eviews 实战技巧

● 如果要分析两个或多个序列之间的关系，可以将这些序列创建为一个组，在组窗口中能快速找到分析多维数据的工具。

● 组窗口的视图工具集成了对多个序列作图、报告描述性统计量、序列间关系的检验等功能。

● 组窗口的程序工具集成了对多个序列建立回归模型、联立方程组、降维分析等功能。

第8章 样　　本

当创建工作文件后，Eviews 默认工作文件样本（Sample）是所有的观测单元，Eviews 在后续操作中将使用所有观测单元的数据集合。

当操作只需要利用一部分观测单元时，需重新设置当前的工作文件样本。然而，若在分析中要经常变更样本，或者对每一项操作需使用不同的样本，就要频繁地对工作文件样本进行设置，费时耗力。Eviews 针对上述场景提供了解决方案：创建样本对象，然后调用样本对象，再执行操作，该项操作的样本就是样本对象所包含的观测单元。样本对象在工作文件中的图标是一小段两端是箭头的直线。

本章的主要内容包括：

- 创建样本对象。
- 调用样本对象。

8.1　创建样本对象

创建样本对象可通过菜单实现，也可通过 Eviews 命令实现，下面将分别进行介绍。

1. 菜单操作步骤

本节以数据文件"students 210.xlsx"为例，介绍如何通过菜单创建样本对象，具体操作步骤如下。

（1）将数据文件"students 210.xlsx"导入 Eviews，创建工作文件。

（2）单击 Eviews 主菜单"Object/New Object..."，或者在工作文件窗口工具栏中单击"Object"按钮，选择对象类型为"Sample"，在"Name for object"文本框中输入"mysample1"，单击"OK"按钮，打开图 8.1 所示的对话框。

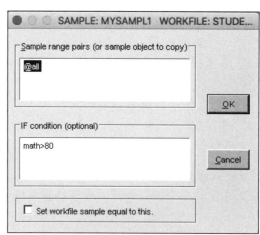

图 8.1　创建样本对象

（3）"Sample range pairs（or sample object to copy）"文本框默认设置的"@all"代表所有观测单元都是当前样本。可以将其修改为成对的观测单元编号。

在"IF Condition（optional）"文本框中输入条件表达式。本例输入"math>80"，代表将数学成绩大于 80 分的观测单元纳入样本。

（4）单击"OK"按钮，返回工作文件窗口，双击样本对象"mysample1"，打开样本对象窗口，如图 8.2 所示。样本对象窗口显示的是样本对象的设定。单击"View"按钮查看样本对象的设定（Specification）和标签（Label）。单击"Proc/Set Sample..."会打开图 8.1 所示的对话框。

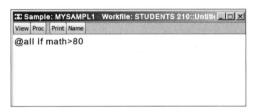

图 8.2　样本对象窗口

2. Eviews 命令

1）语法

```
sample smpl_name [smpl_statement]
```

smpl_name: 样本对象名称。

smpl_statement：样本范围或者条件表达式，如果该项省略，则默认把样本对象设置为当前工作文件样本。

```
smpl_name.set [smpl_statement]
```

作用：修改样本对象的设置。

2）示例

```
sample mysample1 @all if math>80
```

说明：创建样本对象"mysample1"，其中包含 math>80 的观测单元。

```
sample mysample2 @all if male=1 and class=4
```

说明：创建样本对象"mysample2"，其中包含 male=1 和 class=4 的观测单元。

```
sample mysample3 @first 50
```

说明：创建样本对象"mysample4"，其中包含第 1 个至第 50 个观测单元。

```
sample mysample4 @last-49 @last
```

说明：创建样本对象"mysample4"，其中包含最后 50 个观测单元。

```
sample mysample5 30 60 90 150
```

说明：创建样本对象"mysample5"，其中包含第 30 个至第 60 个、第 90 个至第 150 个观测单元。

```
sample boys @all if male=1
```

```
sample class1 @all if class=1
sample mysample6 @all if boys and not class1
```

说明：可用已存在的样本对象作为创建样本对象的条件。创建样本对象"mysample6"，包含样本"boys"，但不在样本"class1"中的观测单元。

```
sample mysample6 @all if male=1
mysample6.set @all if class=1
```

说明：先创建样本对象"mysample6"，其构成是男生，然后对其进行修改，其构成是1班的所有同学。

8.2　调用样本对象

创建样本对象后，需要调用样本对象，这样 Eviews 才会将调用的样本对象视为工作文件样本。

1. 菜单操作步骤

双击创建的样本对象"mysample1"，在打开的对话框中依次单击"Proc/Set Sample..."，勾选"Set workfile sample equal to this."复选框。

如图 8.3 所示，工作文件窗口显示的样本范围是 210 个观测单元，单击"OK"按钮，Eviews才会将样本对象"mysample1"作为其工作文件样本。

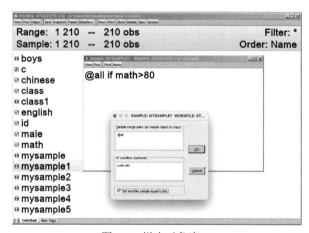

图 8.3　样本对象窗口

2. Eviews 命令

1）语法

smpl sample_name

smpl_name: 样本对象的名称。

smpl smp_spec

smp_spec：工作文件样本。

2）举例

```
smpl mysample1
```

说明：将样本对象"mysample1"设置为工作文件样本。

```
smpl @all if male=1 and class=4
```

说明：将 male=1 和 class=4 的观测单元设置为工作文件样本。

本章 Eviews 实战技巧

- 如果在操作中要频繁切换样本，则首先创建样本对象，然后调用该样本对象，最后执行操作。
- 创建样本对象后，需要调用样本对象，这样 Eviews 才会将调用的样本对象视为工作文件样本。

第9章 图　形

在 Eviews 中，图形（Graph）是一种保存图形元素的对象类型，其图标是一个小的条形图。注意图形视图与图形对象的区别，对象的图形视图是短暂的，并没有保存在工作文件中，当切换到该对象的其他视图后，之前的视图就会消失。冻结对象的图形视图，就创建了图形对象，图形对象被保存在工作文件中。关于冻结工具和视图工具的比较，详见 5.4 节。

本章的主要内容包括：

● 创建图形对象。

● 图形修饰。

● 图形选项。

● 批量修改多图。

● 图形模板。

● 图形输出。

9.1　创建图形对象

当对象以图形视图打开时，单击对象窗口中的"Freeze"按钮，就会创建一个图形对象。

本节将以工作文件"traveller.wf1"为例，介绍有关图形对象的操作。工作文件"traveller. wf1"是月度时间序列，其中存储的"road"序列、"rail"序列和"airline"序列是 2005 年 1 月至 2021 年 2 月各个月份我国公路、铁路和航空旅客客运量，观测值的单位是万人。

打开工作文件"traveller.wf1"，双击"rail"序列，序列窗口以表单视图呈现"rail"序列的观测值，单击"View/Graph..."，选择"Line & Symbol"，打开"rail"序列的时序图。注意：此时窗口显示的是"rail"序列的图形视图，单击"Freeze"按钮，将图形视图冻结为图形对象。此时打开"Auto Update Options"对话框（见图 9.1），询问创建的图形对象是否保持更新。

若点选"Off"单选按钮，图形对象将不更新，该图形对象始终都是其创建时的形式，即一幅静态的图形；若点选"Automatic"和"Manual"单选按钮，当序列的数值或者样本范围发生变化时，图形对象将实时更新。

在图 9.2 中，若选择关闭图形更新功能，则得到左边窗口的图形对象"GRAPH01"，标题栏的图标是绿色的；若选择打开图形自动更新功能，则得到右边窗口的图形对象"GRAPH02"，其标题栏的图标是黄色的。在工作文件中，这两个图形对象的图标分别是绿色的和蓝色的。通过图形对象图标颜色的差异，用户能分辨某个图形对象是否实时更新。

此时，双击工作文件的"Sample"，将样本范围修改为 2010 年 1 月至 2020 年 12 月。观察下方两个窗口的横轴，左边窗口图形不变，仍然是 2005 年 1 月至 2021 年 1 月"rail"序列的时序图，右边窗口图形则只显示 2010 年 1 月至 2020 年 12 月的观测值。

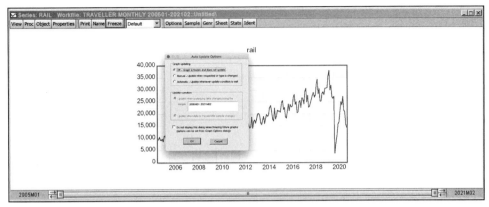

图 9.1　自动更新选项

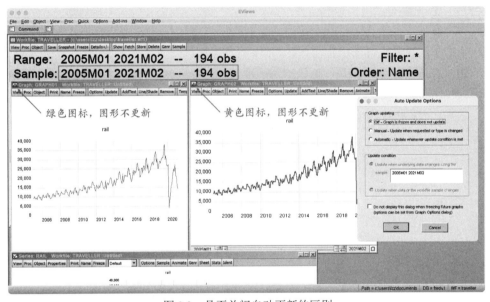

图 9.2　是否关闭自动更新的区别

9.2　图形修饰

当创建图形对象后，为图形添加辅助线、阴影、箭头和文本等可以突出显示图形的特征，能够更好地表达图形传递的信息。本节将介绍如何修饰图形。

1. 添加辅助线

单击图形对象窗口中的"Line/Shade"按钮，或者单击"Proc/Add lines & Shadings..."，打开图 9.3 所示的对话框。在"Type"选项组中设置添加辅助线（Line）及辅助线的颜色、线型、粗细；在"Orientation"选项组中设置添加垂直还是水平的辅助线，在"Position"选项组中设置添加辅助线的位置。

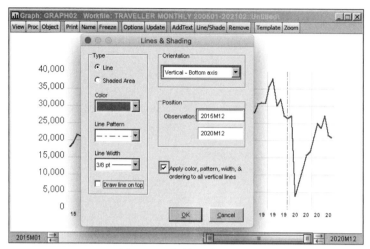

图 9.3   添加辅助线对话框

图 9.3 所示的窗口底部有一个滑动条，左右拖动，将改变图形的时间区间，可以观察某个局部时段的序列的变化。为了观察时间序列的周期性变化，按照上述方法在每一年的 12 月份添加一条垂直线，作为年度分割线，如图 9.4 所示。

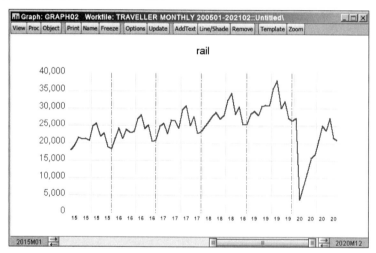

图 9.4   添加年度分割线

2. 添加阴影

如图 9.5 所示，对阴影的各项属性进行设置。例如，为 2020 年 1 月至 2020 年 4 月期间添加阴影，以反映此期间铁路客运量的变化。在 "Position" 选项组中设置阴影的左右边界的横坐标。勾选 "Apply color to all vertical shaded areas" 复选框，设置的颜色将适用于所有的垂直阴影。

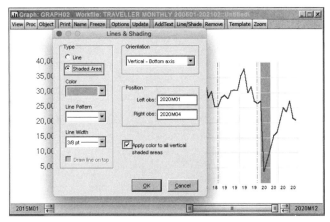

图 9.5　添加阴影对话框

3. 添加箭头

在图形对象窗口中单击"Proc/Draw/Draw Arrow"，此时光标呈十字形，拖拽光标，即可添加箭头。双击箭头，打开图 9.6 所示的对话框，设置箭头的端点、颜色和线型等。

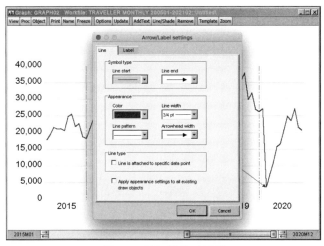

图 9.6　添加箭头对话框

4. 添加文本

单击图形对象窗口中的"AddText"，或者单击"Proc/Add text..."，打开图 9.7 所示的对话框，输入文本内容。

添加文本对话框的大部分设置都很明了，如文本框的对齐方式、边框、填充色、字体。"Position"下拉列表中有"左上、左下、右上、右下"等备选位置供用户选择，用户也可以自定义文本框的坐标。坐标系的原点在图形左上角，坐标单位是英寸（1 英寸≈2.54 厘米）。

按图 9.7 进行设置后，得到图 9.8，图中箭头指示了全国铁路月度客运量在 2020 年 2 月降至 3732 万人。

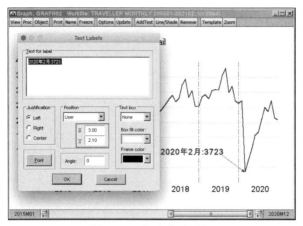

图 9.7　添加文本对话框

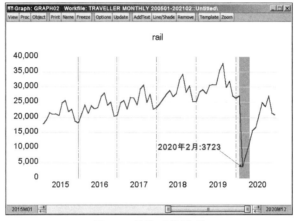

图 9.8　修饰后的图形

若要删除添加的辅助线、阴影、箭头或文本，选中要删除的对象，单击图形对象工具栏中的"Remove"按钮即可。

9.3　图形选项

图形选项（Graph Options）对话框集成了设置图形属性的工具，包括图形的类型、边框和大小、坐标轴和刻度、图例、图形元素、字体、模板和对象等。

本节主要介绍图形选项中色彩、坐标轴、图形模板的设置，这些设置几乎在所有类型的图形中都会用到。本节不介绍特定图形的绘制，本书将在第 10 章和第 21 章分别介绍截面数据和时间序列的图形绘制。

1. 色彩

如图 9.9 所示，在"Graph Options"（图形选项）对话框中依次单击"Frame & Size/Color & Border"，在"Color"选项组的"Frame fill"下拉列表中设置横轴和纵轴包围的矩形区域。在

"Background"下拉列表中设置坐标轴外围的区域。在"Frame border"选项组中设置图形区域的边框，选择 L 形边框，突出显示坐标轴。

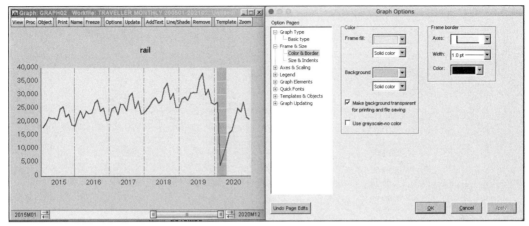

图 9.9　图形色彩的设置

单击"Apply"按钮，将设置应用到图形中，可以预览设置效果，若满意再单击"OK"按钮；若不满意，则继续调整，待满意后再单击"OK"按钮。单击"Undo Page Edits"按钮，将还原到默认设置。

2. 坐标轴

在"Graph Options"对话框中单击"Axes & Scaling/Obs/Date axis"，如图 9.10 所示，在"Observations to label"下拉列表中选择月份，间距 6 个月，在"Date format"下拉列表中设置日期显示格式，在"Label angel"下拉列表中设置标签角度为 15°，在"Label Font"中设置标签的字体和颜色。

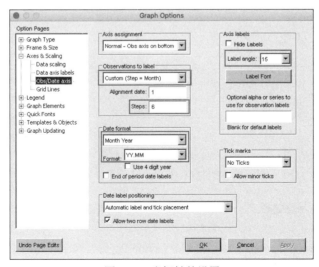

图 9.10　坐标轴的设置

3. 网格线

在"Graph Options"对话框中，依次单击"Axes & Scaling/Grid lines"，如图 9.11 所示，在"Obs & Date axis grid lines"下拉列表中选择自定义月份步长（Custom (Step =Month)），设置步长为 3，意思是每隔 3 个月添加一条垂直网格线，在"Line attributes"选项组中设置网格线的线型、线宽和颜色。

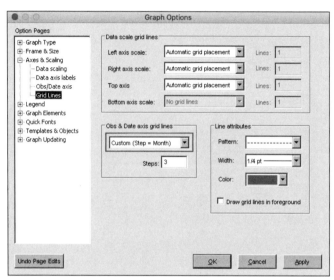

图 9.11   网格线的设置

按图 9.4、图 9.5、图 9.10 和图 9.11 进行设置后，得到图 9.12。

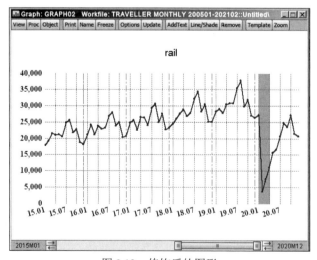

图 9.12   修饰后的图形

表 9.1 列出了"Graph Options"对话框中"Option Pages"目录树下所有的图形属性，单击目录树的结点加号，可展开下级目录。

表 9.1　"Option Pages"目录中的图形属性

一级目录	二级目录	设置的图形属性
Graph Type	Basic type	单个序列的图形类型，如线图、点图和分布图
	Categorical Options（仅限分组数据）	分组数据的图形类型，选择分组变量
Frame & Size	Color & Border	背景区域的填充色、渐变效果、边框颜色和线条宽度。
	Size & Indents	图形的高度、宽度、长宽比，图形的位置
Axes & Scaling	Data scaling	数值坐标轴的位置
	Data axis labels	坐标轴的刻度和标签
	Obs/Date axis	个案编号或者日期坐标轴
	Grid Lines	网格线
Legend	Attribute	图例的位置、边框和格式
Graph Elements	Lines & Symbols	图形线条的颜色、线型、宽度，标记的形状和大小
	Fill Areas	图形的填充色、阴影和填充图案
	Bar-Area-Pie	条形图的类型、填充区域、标签
	Boxplots	箱线图各种图形元素的颜色、线型和宽度，中位数、均值、异常值等的标记形状
Quick Fonts	General	坐标轴、图例和文本的字体和大小
Templates & Objects	Apply template	调用图形模板
	Manage templates	删除或增加图形模板
	Object options	设置文本框的填充色、边框的颜色、线型和线条宽度
Graph Updating	Update rules	设置图形是手动更新还是自动更新

图形选项的大多数设置选项很直观，本书不一一赘述。在实践中，建议用户多尝试，双击要修改的图形元素，即可打开修改该项图形元素的"Graph Options"对话框，经过"修改—预览—修改"，达到满意的图形效果。

9.4　批量修改多图

若要批量修改多个图形，使其达到一致风格和显示效果，可以把多个图形合并到一个图形对象中，进行批量修改。

在工作文件"traveller.wf1"中创建序列图形对象"graph05"、"graph06"和"graph07"，它们分别是"rail"序列、"airline"序列和"road"序列的点图。如图 9.13 所示，选中 3 个图形对象，右击，在弹出的快捷菜单中选择"open"，在弹出的窗口中有 3 幅点图，生成一个新的图形对象，将其命名为"graph08"。

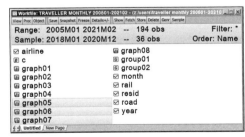

图 9.13　工作文件"traveller.wf1"窗口

在图形对象"graph08"窗口中单击"Proc",打开图 9.14 所示的菜单。选择"Options on all graphs...",如 9.3 节的介绍设置图形的坐标轴标签;选择"Add lines & shading to all graphs...",如 9.2 节的介绍添加线条和阴影。这些设置对 3 幅图形同步生效,得到图 9.15。

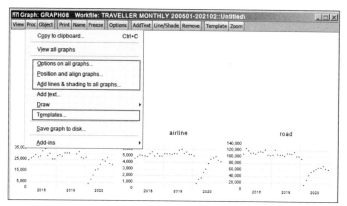

图 9.14   批量修改图形菜单

调用模板"Templates...",也将对 3 幅图形同步生效。"Position and align graphs..."用于设置窗口 3 幅图形的排列方式。

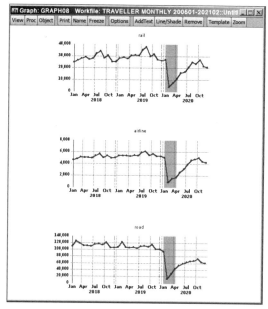

图 9.15   批量修改后的图形

9.5   图形模板

Eviews 可将图形对象储存为图形模板,也可让用户调用内置的图形模板,提高美化图形的效率。下面将介绍如何创建和调用图形模板。

1. 创建图形模板

打开一个图形对象，双击图形区域，打开"Graph Options"对话框，如图 9.16 所示单击"Templates & Objects/Manage templates"，"Graph to add to predefined templates"列表框中罗列了工作文件中的图形对象，选中要创建模板的图形，在"Name for template"文本框中对模板进行命名，然后单击"Add"按钮，即创建了图形模板。"Predefined templates"列表框中会列出添加的模板。

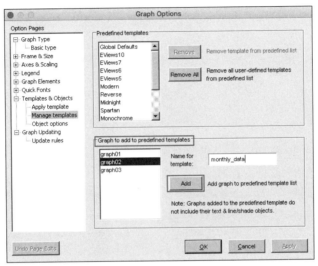

图 9.16　创建图形模板

2. 调用图形模板

在"Graph Options"对话框中，依次单击"Templates & Objects/Apply template"，如图 9.17 所示。在"Predefined templates"列表框中选择"Magazine"模板，单击"OK"按钮，得到图 9.18。

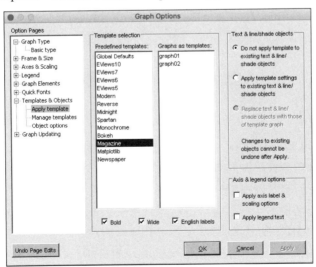

图 9.17　调用图形模版

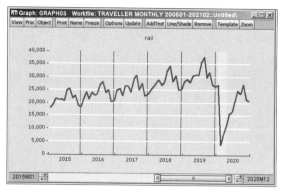

图 9.18　调用"Magazine"模板后的图形

9.6　图形输出

在图形对象窗口中单击"Proc"，或者在空白区域右击，在弹出的快捷菜单中选择"Save graph to disk..."，打开图形文件保存对话框，如图 9.19 所示，设置图片的大小、是否锁定图形长宽比、是否选用白色背景色。图形文件可以保存为 pdf、png、gif、jpeg 或 tex 的格式。

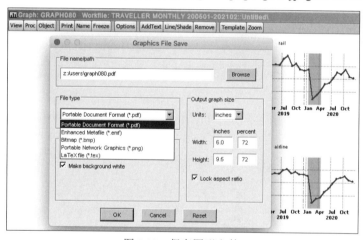

图 9.19　保存图形文件

本章 Eviews 实战技巧

- 在图形对象窗口空白区域右击，可以调出对图形进行修饰（添加辅助线、阴影、箭头、文本、调用模板等）的菜单。
- 若要修改图形元素，双击该元素，即可修改其设置。
- 在图形选项对话框中对图形进行设置后，单击"Apply"按钮，预览图形效果，若满意，再单击"OK"按钮。
- 若要修改多幅图形至统一的风格，可将其同时选中后打开，创建新的图形对象，进行批量修改。

第 3 篇
截面数据

　　本篇介绍截面数据，按照数据分析的思路，先运用描述性统计方法，再运用推断统计方法，先进行单个变量的分析，再进行多个变量的分析。每一章首先引入实战案例，提出研究目标，然后围绕如何实现研究目标对 Eviews 软件的使用方法进行介绍。首先介绍菜单操作，然后介绍 Eviews 命令，最后总结本章 Eviews 实战技巧。

● **本篇的章节安排如下。**

◎ 第 10 章 截面数据的图形工具。

◎ 第 11 章 截面数据的基础性统计分析。

◎ 第 12 章 回归分析基础工具。

◎ 第 13 章 定性因变量模型。

◎ 第 14 章 受限因变量模型。

◎ 第 15 章 分位数回归模型。

◎ 第 16 章 工具变量。

◎ 第 17 章 岭回归、LASSO 回归和 ELastic Net 回归。

◎ 第 18 章 主成分分析。

◎ 第 19 章 因子分析。

第 10 章 截面数据的图形工具

数据可视化是数据分析的重要环节。通过数据可视化，用户可以直观了解数据分布，能全景式了解研究对象，选择适当的统计分析方法。Eviews 有强大的图形工具，本章介绍截面数据的图形工具。

本章的主要内容包括：

- 直方图、核密度图、箱线图、Quantile-Quantile 图（简称"Q-Q 图"）、条形图。
- 散点图、分组直方图、分组核密度图、分组箱线图。
- 矩阵散点图、气泡图和分组散点图。
- 图形工具命令。

10.1 实战案例：基金经理特征分析

实战案例：分析基金经理从业年限和业绩的特征，对研究对象进行可视化呈现。利用直方图、核密度图、箱线图和 Q-Q 图展示基金经理从业年限的分布特点，利用条形图展示基金经理的专业分布。利用分组直方图、分组箱线图比较按学历、性别分组的基金经理从业年限、业绩的差异。利用散点图、气泡图展示基金经理从业年限、业绩、任职时长之间的关系。

研究目标：

- 分析基金经理的从业年限分布、专业分布。
- 比较本科、硕士和博士学历的基金经理从业年限、业绩分布的差异。
- 分析基金经理从业年限、业绩、任职时长之间的关系。

数据简介：从锐思（RESET）数据库中提取自 2020 年 1 月 1 日至 2020 年 8 月 31 日期间到任的 505 位基金经理的数据。表 10.1 列出了"fund_manager.wf1"数据文件中的变量名、变量含义及数值代码。

表 10.1 "fund_manager.wf1"数据文件中的变量和代码含义

变 量 名	变量含义及数值代码	单 位
ID	基金经理序号	
Fund_Code	基金经理管理的基金代码	
Type	基金类型，1—ETF，2—封闭式基金，3—开放式基金	
Male	基金经理的性别，1—男性，0—女性	
Edu	基金经理的学历，1—本科，2—硕士，3—博士	
Career	基金经理的从业年限	年
Tenure	基金经理的任职时长	天
Return	基金年化收益率	%
Major	基金经理的专业，1—金融，2—管理，3—理工，4—其他	

变 量 名	变量含义及数值代码	单　位
Univ985	基金经理是否从 985 高校毕业，1—是，2—否	
Univ211	基金经理是否从 211 高校毕业，1—是，2—否	
Overseas_Study	基金经理是否有海外求学经历，1—是，2—否	

10.2　单个序列的图形工具

本节以基金经理从业年限（Career）为例，介绍如何绘制直方图、核密度图、箱线图和 Q-Q 图；以基金经理的专业（Major）为例，介绍如何绘制条形图。

1. 直方图

直方图展示数值型数据的分布，横轴代表分组区间，纵轴代表落在每个区间的观测值个数。

1）绘制直方图

（1）打开"fund_manager.wf1"工作文件，打开"Career"序列，在序列窗口中单击"View/Graph…"，打开"Graph Options"对话框，如图 10.1 所示。

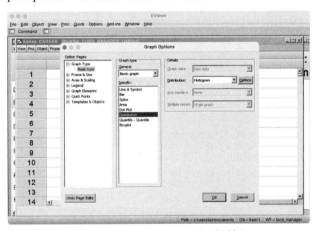

图 10.1　"Graph Options"对话框

（2）在"Option Pages"列表框中依次单击"Graph Type/Basic type"，在"General"下拉列表中选择"Basic graph"，在"Specific"列表框中选择"Distribution"。

（3）在"Distribution"下拉列表中选择"Histogram"，单击"OK"按钮，生成直方图，如图 10.2 所示。

直方图的分组区间以 3 为起点，组距为 1，从业年限集中的区间是 10～11 年，少数基金经理的从业年限超过 25 年，是右偏分布。

2）自定义直方图的分组界限、背景和颜色

（1）在图 10.1 中，单击"Details"选项组中的"Options"按钮，打开"Distribution Plot Customize"对话框，如图 10.3 所示。

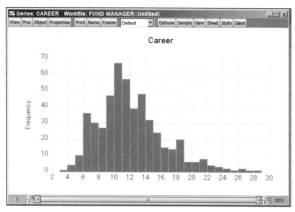

图 10.2　基金经理从业年限直方图

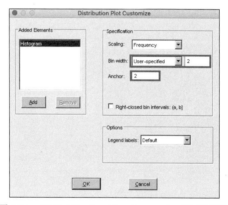

图 10.3　"Distribution Plot Customized"对话框

（2）在图 10.3 中设置"Scaling"为"Frequency"，设置"Bin width"为"User-specified"，在后面文本框中输入"2"，设置"Anchor"为"2"。

标度（Scaling）代表纵轴，有频数（Frequency）、相对频数（Relative Frequency）、密度（Density）3 个选项。组距（Bin width）代表数据分组区间的宽度，有默认（Eviews Default）、四分位距（IQR）、用户自定义（User-specified）3 个选项。锚点（Anchor）选项用于设置第 1 组分组区间的下限，通常设置为比最小值略小的数值。

勾选"Right-closed bin intervals:(a,b]"复选框，定义分组区间是左开右闭的形式。

选项（Options）用于设置图例（Legend labels）的显示方式，有默认（Default）、无（None）、精简（Short）、详细（Detail）4 个选项。

（3）单击"OK"按钮，得到以 2 为分组区间起点、组距为 2 的直方图，如图 10.4 所示。

（4）双击图 10.4 中的直方图，打开"Graph Options"对话框，如图 10.5 所示。在"Option Pages"列表框中单击"Frame & Size/ Color & Border"，设置"Frame fill"为灰色，设置渐变效果为"light at top"，设置"Width"为 1.5 磅，单击"Apply"按钮，单击"OK"按钮，生成渐变背景的直方图，如图 10.6 所示。

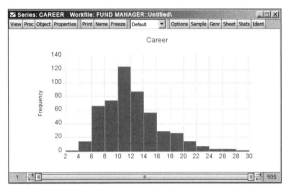

图 10.4　调整了组距和锚点的直方图

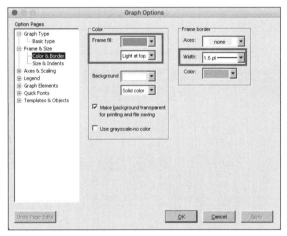

图 10.5　图形区域底色的设置

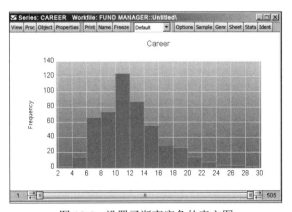

图 10.6　设置了渐变底色的直方图

（5）如图 10.7 所示，在"Option Pages"列表框中单击"Graph Elements/ Fill Areas"，设置"Color"和"Hatch"，单击"Apply"按钮，单击"OK"按钮，生成湖蓝色斜纹图案的直方图，如图 10.8 所示。

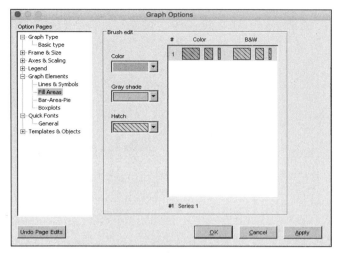

图 10.7   设置直方图条块填充的颜色和条纹

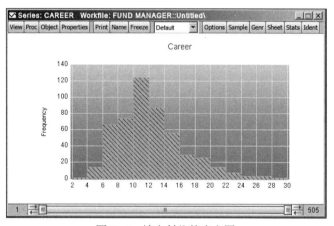

图 10.8   填充斜纹的直方图

注意： 设置图形元素后，单击 "Apply" 按钮，设置才生效。

2. 核密度图

基于样本数据，采用非参数方法估计随机变量的概率密度函数，绘制出的概率密度曲线就是核密度图。核密度图是对总体分布的推断。

1）绘制核密度图

如图 10.9 所示，单击 "Graph Options" 对话框中的 "Distribution" 下拉按钮，选择 "Kernel Density"，单击 "OK" 按钮，生成图 10.10 所示的核密度图。从业年限的概率密度曲线一直拖向右侧，存在极大值，是右偏分布。

2）在核密度图中增加图形元素

（1）在图 10.9 中，单击 "Options" 按钮，打开 "Distribution Plot Customize" 对话框，如图 10.11 所示。

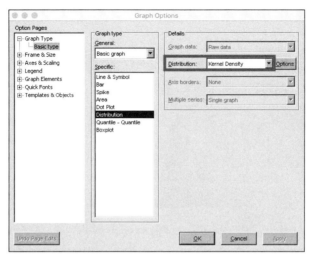

图 10.9　设置分布图形为核密度图

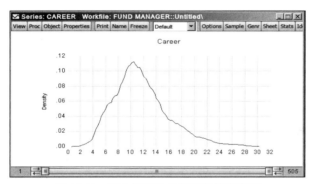

图 10.10　基金经理从业年限的核密度图

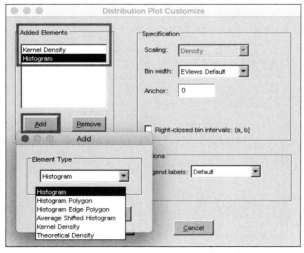

图 10.11　基金经理从业年限的核密度图

（2）单击"Add"按钮，在"Element Type"下拉列表中选择"Histogram"，单击"OK"按钮，即可在核密度图中添加直方图，如图 10.12 所示。

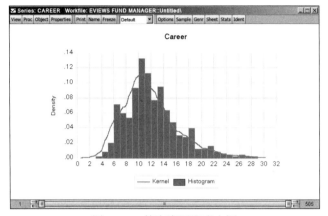

图 10.12　核密度图和直方图

注意：在"Graph Options"对话框中单击"Option Pages"下的细目，可以设置核密度图的背景、线条、图例、坐标等。

3. 箱线图

箱线图是根据一组数据的最大值、上四分位数、中位数、下四分位数和最小值绘制的。箱体（Box）长度代表上四分位数与下四分位数的差（四分位距）的大小，箱体两端的须（Whisker）连接的是去除异常值以外的最大值和最小值。

1）绘制箱线图

如图 10.13 所示，在"Graph Options"对话框的"Specific"列表框中选择"Boxplot"，单击"Orientation"下拉按钮，选择"Normal-obs axis on bottom"，单击"OK"按钮，生成图 10.14 所示的垂直箱线图。

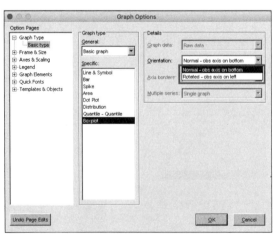

图 10.13　箱线图的设置

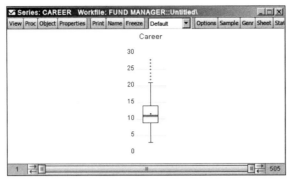

图 10.14　垂直箱线图

2）自定义箱线图细节

（1）双击箱线图，打开"Graph Options"对话框，如图 10.13 所示，单击"Orientation"下拉按钮，选择"Rotated-obs axis on left"，设置箱线图方向为水平。

（2）如图 10.15 所示，在"Option Pages"列表框中单击"Graph Elements/Boxplot"。对话框右侧列示了箱线图的设置细节，可以设置中位数（Median）、均值（Mean）、近异常值（Near outliers）、远异常值（Far outliers），以及须（Whiskers）的标记形状、线型和粗细、颜色等。在"Preview"预览窗口中可以预览图形效果。

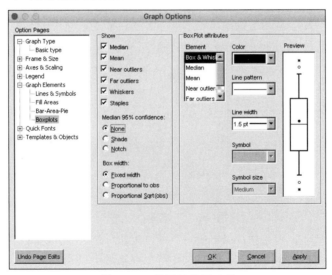

图 10.15　设置箱线图元素

（3）单击"Apply"按钮，单击"OK"按钮，生成水平箱线图，如图 10.16 所示。

箱体中的实心圆点代表均值，实线代表中位数，箱体右侧延伸出的须的外侧的空心小圆圈代表近异常值。

注意：箱线图能够诊断数据中是否存在异常值，圆圈和星号标记的点是 Eviews 自动识别的异常值。

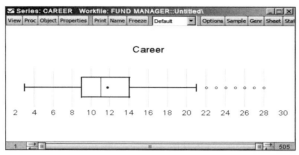

图 10.16　水平箱线图

4. Q-Q 图

Q-Q 图能够探查数据是否服从某种理论分布。在 Q-Q 图中，如果散点落在一条直线上，表明序列分布与理论分布非常接近；散点离直线越远，表明序列分布与理论分布差距越大。

1）绘制 Q-Q 图考察序列是否服从正态分布

（1）如图 10.17 所示，在"Graph Options"对话框的"Specific"列表框中选择"Quantile-Quantile"，单击"Quantile-Quantile"按钮，打开"Quantile-Quantile Plot Customize"对话框。

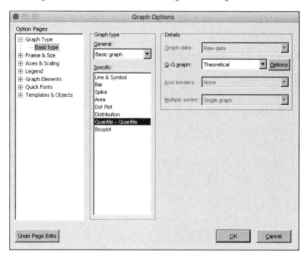

图 10.17　选择 Q-Q 图

（2）如图 10.18 所示，单击"Distribution"下拉按钮，选择"Normal"，考察从业年限是否服从正态分布。正态分布概率密度函数下方有两个空格，可以设置期望与标准差，如果省略，Eviews 会根据样本数据自动估计期望与标准差。

（3）勾选"Display fit line"复选框，将在 Q-Q 图中添加一条拟合直线。

（4）在"Legend labels"下拉列表中选择"Detailed"，Q-Q 图将显示 Eviews 估计的正态分布的期望和标准差。

（5）单击"OK"按钮，生成 Q-Q 图，如图 10.19 所示，散点与直线发生了较大的偏离，说明从业年限分布不是正态分布。

图 10.18　设置理论分布为正态分布

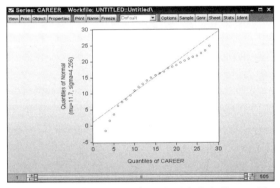

图 10.19　基金经理从业年限和正态分布的 Q-Q 图

2）绘制 Q-Q 图考察序列是否服从卡方分布

图 10.12 绘制的从业年限直方图是右偏分布，可将其与卡方分布对比，因为卡方分布在自由度小于 30 时是典型的右偏分布。

如图 10.18 所示，单击"Distribution"下拉按钮，选择"Chi-Square"，单击"OK"按钮，生成图 10.20，Q-Q 图的散点几乎都落在直线上，可以推断从业年限分布近似服从卡方分布。

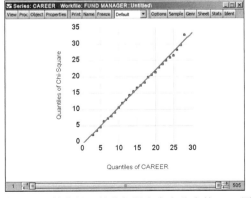

图 10.20　基金经理从业年限和卡方分布的 Q-Q 图

注意： Q-Q 图不仅能够检验数据是否服从正态分布，还能检验数据是否服从指数分布、logistic 分布、均匀分布、帕累托分布、威布尔分布、伽马分布、T 分布等。

5. 条形图

直方图、核密度图、箱线图和 Q-Q 图适用于展示定量变量的分布。本节将介绍展示定性变量分布的工具：条形图。

（1）打开工作文件"fund_manager.wf1"，双击"major"序列，单击序列窗口的"View/Graph..."，打开"Graph Options"对话框，如图 10.21 所示。

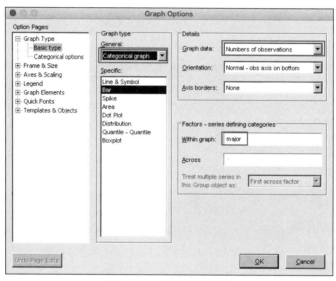

图 10.21　条形图的设置

（2）如图 10.21 所示，在"Graph type"下拉列表中选择"Categorical graph"，在"Specific"列表框中选择"Bar"。在"Details"选项组的"Graph data"下拉列表中选择"Numbers of observations"，在"Within graph"文本框中输入"major"，单击"OK"按钮，得到图 10.22。

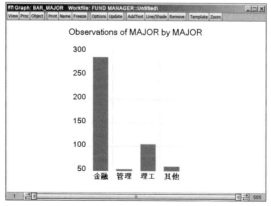

图 10.22　基金经理专业分布的条形图

在图 10.22 中，横轴代表专业分类，纵轴代表每个专业的人数。横轴显示的不是"major"序列的数值代码，而是数值代码对应的专业名称。这是因为"major"序列关联了 Valuemap，在数值代码与专业名称间建立了映射关系，条形图能显示不同组别的文字标签，更加直观地反映了分组信息。关于 Valuemap 的使用方法，详见 6.4 节。

本节 Eviews 实战技巧

- 双击生成的图形，可以打开"Graph Options"对话框。
- 单个序列的常用绘图工具有直方图、核密度图、箱线图、Q-Q 图和条形图。
- 单击"Graph Options"对话框中目录树中的加号，可以展开下级目录，设置图形属性。

10.3　两个序列的图形工具

本节介绍展示两个序列的图形工具，包括展示两个定量变量关系的散点图，展示定性变量和定量变量关系的分组直方图、分组核密度图和分组箱线图，以及分组统计量的图示。

1. 两个定量变量：散点图

散点图呈现两个定量变量之间的关系，反映相关关系的形态和程度强弱。

1）分析目标

通过散点图考察基金经理的任职时长（Tenure）与其管理的基金收益率（Return）之间的关系，探查基金经理的任职时长是否对其管理的基金收益率有影响，用可视化图形呈现这两个变量之间的关系。

注意，下文的操作步骤主要介绍各种图形的生成，并没有介绍图形的修饰和美化。因此，读者按操作步骤做出来的图形样式是 Eviews 默认设置的，会与本书呈现的图形效果有所不同。本书呈现的图形是作者对图形进行了细节设置后的效果。关于图形细节的设置，详见第 9 章，在此不一一赘述。

2）操作步骤

（1）打开"fund_manager.wf1"工作文件，选中"Tenure"序列和"Return"序列，右击，在弹出的快捷菜单中选择"Open/as Group..."，此时这两个序列创建了对象组，将其命名为"g1"。

因为要考察任职时长对基金收益率的影响，任职时长是散点图的横轴变量，基金收益率是纵轴变量，因此在选择序列时，要先选"Tenure"，后选"Return"。Eviews 将把先选的序列作为横轴变量，把后选的序列作为纵轴变量。

（2）单击"g1"窗口的"View/Graph..."，打开"Graph Options"对话框。在"Graph type"选项组的"General"下拉列表中选择"Basic graph"，在"Specific"列表框中选择"Scatter"。如图 10.23 所示，在"Details"选项组的"Fit lines"下拉列表中选择"Regression Line"，将在散点图中添加一条回归线。在"Axis borders"下拉列表中选择"Boxplot"，将在坐标轴旁添加变量的箱线图。

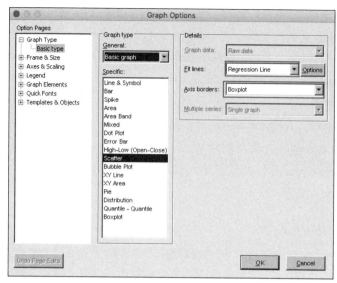

图 10.23   散点图的设置

（3）单击"OK"按钮，打开图形窗口，如图 10.24 所示。

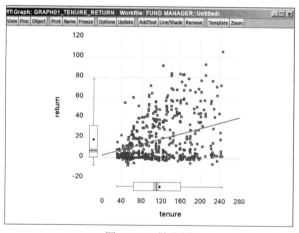

图 10.24   散点图

观察图 10.24 中散点的分布，发现基金经理任职时长越长，基金收益率越高，但二者相关强度较弱。在横轴和纵轴分别添加了"Tenure"和"Return"的箱线图：一可以展示这两个变量各自的分布特征，观察数据中是否有异常值存在，二可以分区间考察两个变量的关系。

2. 定量变量和定性变量：分组直方图 / 分组核密度图 / 分组箱线图

根据定性变量的取值，研究对象可分为不同的组别。用户可以通过不同的图形考察不同组别数据的分布是否存在差异。

1）分组直方图

分析目标：比较男性和女性基金经理从业年限分布的差异。

操作步骤如下。

（1）打开"fund_manager.wf1"工作文件，双击"Career"序列，打开序列窗口。

（2）在"Career"序列窗口单击"View/Graph..."，打开"Graph Options"对话框。如图 10.25 所示，在"Graph type"选项组的"General"下拉列表中选择"Categorical graph"在"Specific"列表框中选择"Distribution"。在"Details"选项组中设置图形的细节，默认的图形是直方图，单击"Options"按钮，可以添加核密度图、频数折线图等。

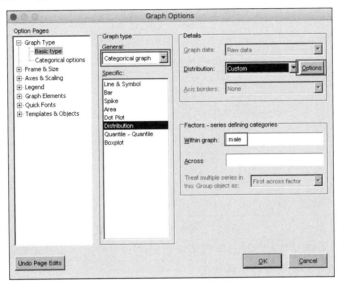

图 10.25　分组直方图的设置

（3）在"Within graph"文本框中输入分组变量"male"，单击"OK"按钮。

图 10.26 呈现了男性和女性基金经理从业年限的直方图和核密度图。二者的分布都是右偏分布，二者的中心非常相近。男性核密度图的峰形比女性核密度图的峰型更尖，说明男性的从业年限分布比女性的更为集中，变异程度较小。

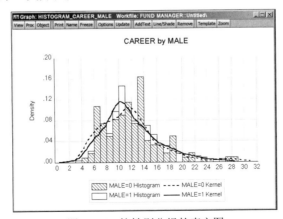

图 10.26　按性别分组的直方图

2）分组核密度图

操作步骤与前述"分组直方图"类似。如图 10.27 所示，在"Graph Options"对话框中进行如下设置：在"Within graph"文本框中输入分组变量"major"，单击"OK"按钮。

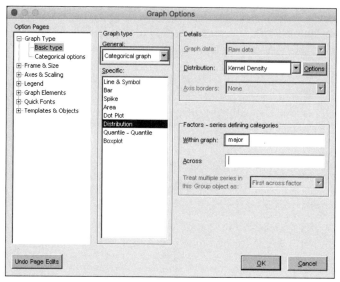

图 10.27　分组核密度图的设置

如图 10.28 所示，理工专业的基金经理从业年限的分布最集中，管理专业的分布最分散；管理专业的从业年限最长，其他专业比较接近。

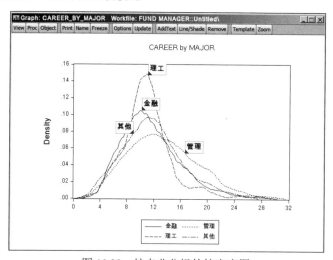

图 10.28　按专业分组的核密度图

图 10.29 中有 4 条核密度图，为其添加标签，让图形更加明了。将鼠标指针置于线条上，直至标签出现。标签显示的是该点的横纵坐标。右击，在弹出的快捷菜单中选择"Pin flyover"，标签就会固定在图像上。双击标签，打开标签设置对话框，可以对标签内容和格式进行修改。

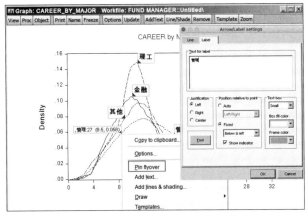

图 10.29　给核密度曲线添加标签

3）分组箱线图

操作步骤与前述"分组直方图"类似。如图 10.30 所示，在"Graph Options"对话框中进行设置，在"Within graph"文本框中输入"male"，在"Across"文本框中输入"major"，单击"OK"按钮。

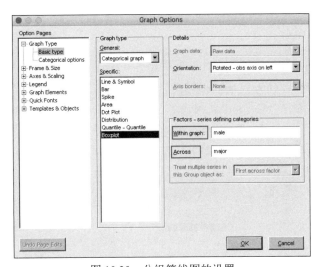

图 10.30　分组箱线图的设置

Eviews 将先按"Across"中的变量进行分组，各个组别的图形有各自的坐标系，是相互独立的图形。然后，Eviews 会在各个组别按"Within graph"中的变量进一步分组，此时分组后的图形会共用坐标系，是一幅图形。

如图 10.31 所示，基金经理首先按照专业分成 4 组，然后在每个专业组别基础上按性别分 2 组，一共分为 8 组，并以此绘制箱线图。在金融和理工专业，男性基金经理的从业年限分布和女性基金经理的从业年限分布比较接近；而在管理专业，女性基金经理的从业年限比男性基金经理的从业年限长；在其他专业，男性基金经理的从业年限比女性基金经理的从业年限长。

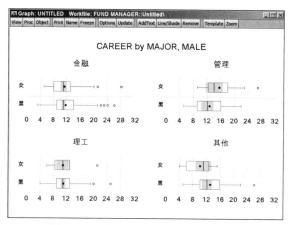

图 10.31　按专业和性别分组的箱线图

3. 分组统计量的图示

在前文中介绍的图形工具展示的是分组数据的分布。本节将介绍如何利用图形工具展示对研究对象分组以后，各个组别的统计量（如均值、中位数）的差异。

分析目标：按从业年限将基金经理分成若干组别，考察每个组别基金经理管理的基金的收益率的均值、中位数是否存在明显差异。

操作步骤如下。

（1）打开"fund_manager.wf1"工作文件，双击"Return"序列，在"Return"序列窗口单击"View/Graph..."，打开"Graph Options"对话框。如图 10.32 所示，在"Graph type"选项组的"General"下拉列表中选择"Categorical graph"，在"Specific"列表框中选择"Bar"，在"Graph data"下拉列表中选择"Means"，在"Within graph"文本框中输入"career"，单击"OK"按钮。

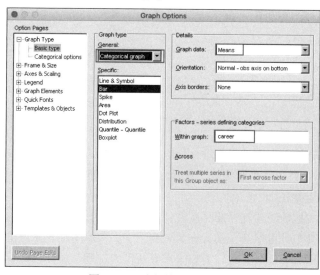

图 10.32　分组统计量的设置

如图 10.33 所示，横轴代表组别。从业年限的取值范围是 3 至 28 年，基金经理按从业年限的取值范围，一共分为 26 组。条形代表每个组别的基金经理管理的基金的收益率的均值。这 26 个组别的均值差异似乎不明显，也没有明显的规律。可能是基金经理按从业年限分组太细，分为 26 个组别，不容易体现从业年限与收益率的关系。因此，接下来需要修改从业年限的分组区间。

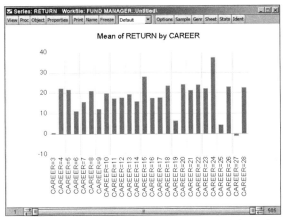

图 10.33　按从业年限分组的 Return 的均值条形图

（2）如图 10.34 所示，单击左侧树形目录中的"Categorical options"。在"Selected factor"列表框中选择"CAREER"，在"Binning"下拉列表中选择"Value bins"，在"Max"下拉列表中选择"10"。Eviews 将重新对 Career 分组，然后报告各组统计量。

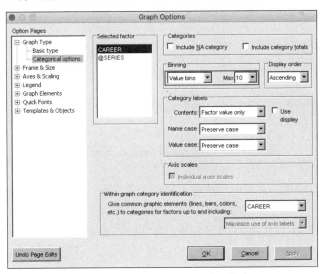

图 10.34　"traveller.wf1"工作文件窗口

"Binning"下拉列表中还有"Quantile bins"的选项，可将样本按分组变量的大小等分为多组；"Value bins"变量用于指定组数，后面的"Max"变量用于定义组数的最大值，Eviews 会根据分组变量的取值自动选择最优分组方案。

如图 10.35 所示，横轴代表从业年限的分组区间。每 5 年为一个区间，条形高度代表了不同组别基金经理管理的基金收益率的均值。除了第 2 组和第 5 组，其余 3 个组别都呈现出以下特征：从业年限越长，收益率越高。

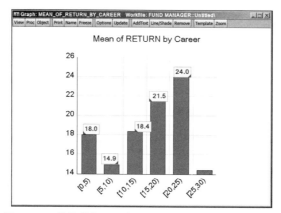

图 10.35   按从业年限区间分组的 Return 的均值条形图

（3）返回图 10.32 所示的对话框，在"Graph data"下拉列表中选择"Medians"，其余设置同前，得到图 10.36。

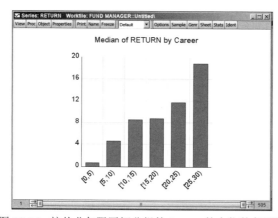

图 10.36   按从业年限区间分组的 Return 的中位数条形图

从图 10.36 中可以发现，基金经理从业年限越长的组别，其基金收益率的中位数越高。6 个从业年限不同的组别呈现出一致的规律。基金收益率是右偏分布，用均值来反映其集中趋势容易受到异常值的影响，所以在图 10.35 中，按从业年限从小到大将基金经理划分为 6 个组别，这 6 个组别的基金收益率的均值没有明显规律。

本节 Eviews 实战技巧

- 在散点图的坐标轴上添加横轴变量和纵轴变量的箱线图，既能考察两个变量各自的分布特征，又能考察两个变量的关系。
- 在"Graph type"选项组的"General"下拉列表中选择"Categorical graph"，指定

分组变量，可以比较不同组别定量变量的分布、描述性统计量（如均值、中位数等）的差异。

● 在"Within graph"文本框中输入分组变量，分组绘制的图形在同一个坐标系内，是一幅图形；"Across"文本框中输入分组变量后，分组绘制的图形在不同的坐标系下，是多幅图形。

● 将序列或组以图形视图的形式打开，单击"Freeze"按钮，将其保存为图形对象，可以调出更加丰富的图形工具。

10.4　多个序列的图形工具

本节介绍多个序列的图形工具，包括矩阵散点图、气泡图和分组散点图。

1. 矩阵散点图

矩阵散点图以矩阵的形式，展示多个序列两两之间的关系，可以一次性输出多幅散点图。操作步骤如下。

（1）在"fund manager.wf1"工作文件窗口中依次选中"Career"序列、"Tenure"序列和"Return"序列，将三个序列以组的形式打开，将其命名为"g2"。

（2）单击组"g2"窗口的"View/Graph..."，打开"Graph Options"对话框。如图 10.37 所示，"Greneral"下拉列表中选择"Basic graph"，在"Specific"列表框中选择"Scatter"。在"Multiple Series"下拉列表中选择"Scatterplot matrix"。

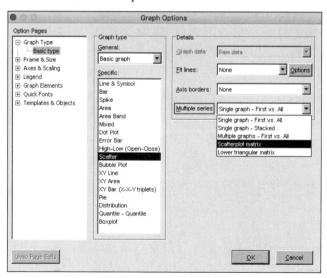

图 10.37　矩阵散点图的设置

（3）单击图 10.37 中的"OK"按钮，得到图 10.38。对角线上的 3 幅图形是某个序列与其自身的散点图。散点的横纵坐标都相等，散点落在倾角为 45°的直线上。对于非对角线上的散点图，查看其在图形外围横轴和纵轴上的变量名称，可知其反映的是哪两个变量的关系。

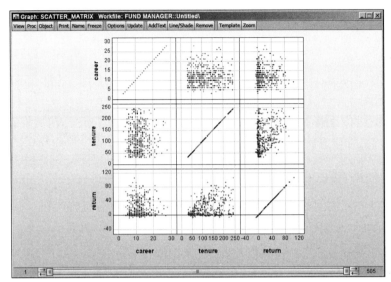

图 10.38　矩阵散点图

从"Career"序列、"Tenure"序列和"Return"序列两两之间的散点图可以发现,"Tenure"和"Return"的相关强度比起其他序列的相关强度要明显。

如图 10.37 所示,"Multiple series"下拉列表中有 5 种图形工具。假如组中包含 X、Y、Z 3 个序列,注意它们的排列顺序。选择"Single graph – Fisrt vs. All",将在同一个坐标系下呈现 X 与 Y 的散点图、X 与 Z 的散点图。选择"Single graph - Stacked",将在同一个坐标系下绘制 X 与 Y 的散点图、X 与(Y+Z)的散点图,堆栈的意思是将 Y 与 Z 之和作为散点图的纵坐标的散点图。选择"Multiple graphs – First vs. All",将在两个坐标系下分别呈现 X 与 Y 的散点图、X 与 Z 的散点图。选择"Lower triangular matrix",显示的是矩阵散点图对角线下方的 X 与 Y、X 与 Z、Y 与 Z 的 3 幅散点图。"Single graph"不同组别的散点图用不同的颜色区分。

限于篇幅关系,这里不做过多介绍,读者可以在"Multiple series"下拉列表中选择不同选项,观察生成的图像,即可领略该类图形工具的特点。

2. 气泡图

气泡图用于展示 3 个定量变量的关系,横纵坐标分别对应于前两个变量,第三个变量由气泡的大小表示。

操作步骤如下。

(1)在"fund manager.wf1"工作文件窗口中,依次选中"career"序列、"Tenure"序列和"Return"序列,这 3 个序列将以组的形式打开,将其命名为"g2"。单击组"g2"窗口的"View/Graph...",打开"Graph Options"对话框。

(2)如图 10.39 所示,在"General"下拉列表中选择"Basic graph",在"Specific"列表框中选择"Bubble Plot"。在"Multiple series"下拉列表中选择"Single Graph – XYZ triplets",单击"OK"按钮。

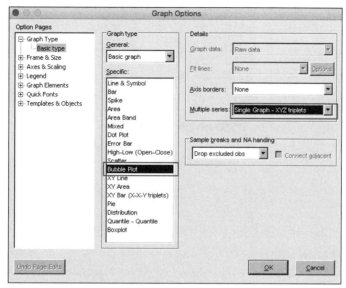

图 10.39 气泡图的设置

如图 10.40 所示，气泡图的横轴代表基金经理的从业年限（Career），纵轴代表基金经理的任职时长（Tenure）。气泡的大小反映了基金经理管理的基金的收益率（Return）高低。在气泡图中，大气泡主要分布在右上角，小气泡主要分布在左下角，说明基金经理的从业年限越长，任职时长越长，其管理的基金收益率越高。

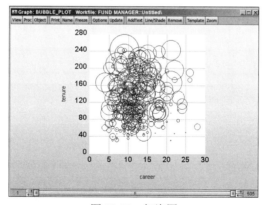

图 10.40 气泡图

3. 分组散点图

分组散点图先根据定性变量将研究对象分组，然后展示不同组别两个定量变量的关系。

操作步骤如下。

（1）在"fund manager.wf1"工作文件窗口中，依次选中"Career"序列、"Tenure"序列和"Return"序列，这 3 个序列将以组的形式打开，将其命名为"g1"。单击组"g1"窗口的"View/Graph..."，打开"Graph Options"对话框，如图 10.41 所示。

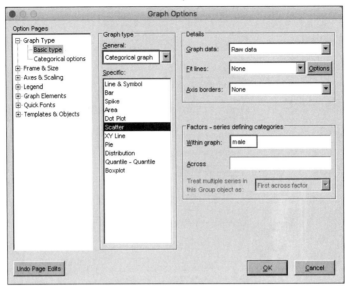

图 10.41　分组散点图的设置

（2）如图 10.41 所示，在"General"下拉列表中选择"Categorical graph"，在"Specific"列表框中选择"Scatter"，在"Within graph"文本框中输入分组变量"male"，单击"OK"按钮，得到图 10.42。

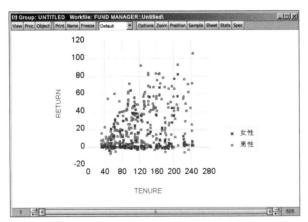

图 10.42　气泡图分组散点图

如图 10.42 所示，圆圈代表男性，又号代表女性，可以发现男性基金经理的任职时长与基金收益率的正相关关系紧密程度比女性的要高。

本节 Eviews 实战技巧

- 将多个序列创建为组，可以对组绘制矩阵散点图和气泡图。
- 在"General"下拉列表中选择"Categorical graph"，指定分组变量，可以描绘不同组别研究对象的散点图。

10.5　图形工具命令

本节介绍与 10.2 ~ 10.4 节中图形工具相关的 Eviews 命令，主要包括 bar 命令、boxplot 命令、qqplot 命令、displot 命令、scat 命令、scatmat 命令和 bubbletrip 命令。

1. bar

（1）语法

```
bar(options) object_name1 [object_name 2 object_name 3... ]
object_name.bar(options) [categorical_spec(arg)]
```

object_name：对象名称，如序列或组。

options：图形选项，表 10.2 列出了常用的图形选项。

categorical_spec(arg)：分组图形，如 within(categorical_variable), across(categorical_variable)。

表 10.2　常用的图形选项

参　　数	含　　义
d	绘制双纵坐标轴，第一个序列对应于左纵坐标轴，其他序列对应于右纵坐标轴
m	对每个序列绘制一幅单独的条形图
s	堆栈条形图
rotate	条形呈水平放置
ab=type	设置坐标轴旁的辅助图形，type 的取值有 boxplot(b)、histogram(h)、kernel(h)
contract=key	设置条形代表的统计量，只适用于分组条形图。key 的取值有 mean、median、max、min、sum、var、sd、skew、kurt、obs
o=template	设置图形模板，template 的取值有 classic、modern、midnight、monochrome、spartan、reverse

注：1. 这些选项适用于大多数图形命令；

　　2. 多个参数之间用逗号分隔。

（2）举例

```
career.bar
```

说明：绘制"Career"序列的条形图。

```
career.bar within(male)
```

说明：按"male"分组，"within"代表不同组别的"Career"序列的条形图绘制在同一坐标系中。

```
career.bar across(male)
```

说明：按"male"分组，"across"代表不同组别的"Career"的序列条形图绘制在不同的坐标系中。

```
career.bar across(major) within(male)
```

说明：先按"major"分组，再按"male"分组，绘制分组条形图。

```
major.bar(contract=obs) within(major)
```

说明：绘制各个专业人数分布的条形图，contract=obs 表示条形高度代表观测值的个数。within(major) 代表在图形内按"major"进行分组，条形图如图 10.22 所示

```
return.bar(contract=median) within(career,bintype=value, bincount=10)
```

说明：按照"career"的值进行分组，组数不超过 10。绘制的条形图代表各组 return 的中位数，分组条形图如图 10.35 所示。

```
bar(m, ab=boxplot, o=midnight, rotate) career tenure return
```

说明：绘制"career"序列、"tenure"序列、"return"序列的箱线图，每个序列一幅图形。m 代表多幅图形，ab=boxplot 代表在坐标轴旁辅以序列的箱线图，o=midnight 代表使用的图形模板，rotate 代表条形呈水平方向。

2. boxplot

（1）语法

```
boxplot(options) object_name1 [object_name 2 object_name 3... ]
object_name.boxplot(options) [categorical_spec(arg)]
```

object_name：对象名称，如序列或组。

options：图形选项，表 10.2 列出了常用的图形选项。

categorical_spec(arg)：分组设置。

（2）举例

```
career.boxplot
```

说明：绘制"career"序列的箱线图。

```
career.boxplot(rotate)
```

说明：绘制"career"序列的水平箱线图。

```
career.boxplot within(male) across(major)
```

说明：按"male"和"major"对研究对象分组，绘制分组箱线图，如图 10.31 所示。

```
group g1 tenure return
g1.boxplot
```

说明：绘制组"g1"的箱线图，"tenure"序列和"return"序列的箱线图在同一个坐标系下。

```
g1.boxplot(m, rotate)
```

说明：绘制组"g1"的箱线图，"tenure"序列和"return"序列的箱线图在不同的坐标系下，箱线图呈水平放置。

3. displot

（1）语法

```
distplot(options) object_name 1 [object_name 2 object_name 3... ]
object_name.distplot(options) analytical_spec(arg) [categorical_spec(arg)]
```

object_name：对象名称，如序列或组。

options：图形选项，表 10.2 列出了常用的图形选项。

analytical_spec(arg)：hist 表示直方图，freqpoly 表示频数直线图，kernel 表示核密度图。

categorical_spec(arg)：分组设置。

（2）举例

```
career.hist
career.distplot
```

说明：绘制"career"序列的直方图。

```
career.distplot hist(anchor=2, binw=user, binval=2)
```

说明：绘制"career"序列的直方图，设置锚点为 2，组距为 2。

```
career.distplot kernel
```

说明：绘制"career"序列的核密度图。

```
career.distplot kernel hist
```

说明：绘制"career"序列的核密度图和直方图。

```
career.distplot hist kernel within(male)
```

说明：按"male"分组，绘制男性基金经理和女性基金经理的直方图和核密度图。两个组别的图形在同一坐标系下，如图 10.26 所示。

4. qqplot

（1）语法

```
qqplot(options) object_name 1 [object_name 2 object_name 3... ]
object_name.qqplot(options) analytical_spec(arg) [categorical_spec(arg)]
```

object_name：对象名称，如序列或组。

options：图形选项，表 10.2 列出了常用的图形选项。

analytical_spec(arg)：指定理论分布。

categorical_spec(arg)：分组设置。

（2）举例

```
career.qqplot
career.qqplot theory(normal)
```

说明：绘制考察"career"序列是否服从正态分布的 Q-Q 图。

```
career.qqplot theory(dist=chisq)
```

说明：绘制考察"career"序列是否服从卡方分布的 Q-Q 图。

5. scat

（1）语法

```
scat(options) object_name 1 [object_name 2 object_name 3... ]
object_name.scat(options) [auxiliary_spec(arg)] [categorical_spec(arg)]
```

object_name：对象名称，如序列或组。

options：图形选项，表 10.2 列出了常用的图形选项。

auxiliary_spec(arg): linefit 表示添加回归线，kernfit 表示添加核拟合线，nnfit 表示添加最小近邻拟合线。

categorical_spec(arg)：分组设置。

（2）举例

```
group g1 tenure return
g1.scat
```

说明：绘制组"g1"的散点图。

```
g1.scat(ab=histogram)
```

说明：绘制组"g1"的散点图，并在坐标轴添加"tenure"序列和"return"序列的直方图。

```
g1.scat(ab=kernel)
```

说明：绘制组"g1"的散点图，并在坐标轴添加"tenure"序列和"return"序列的核密度图。

```
g1.scat(ab=boxplot) linefit
```

说明：绘制组"g1"的散点图，在坐标轴添加"tenure"序列和"return"序列的箱线图，并添加一条回归线，如图 10.24 所示。

```
g1.scat within(male)
```

说明：按"male"分组，绘制组"g1"的分组散点图，如图 10.42 所示。

6. scatmat

（1）语法

```
scatmat(options) object_name 1 [object_name 2 object_name 3... ]
object_name.scatmat (options) [auxiliary_spec(arg)]
```

各项参数的含义同 scat 命令。

（2）举例

```
group g2 career tenure return
g2.scatmat
```

说明：绘制组"g2"的矩阵散点图

7. bubbletrip

（1）语法

```
group_name.bubbletrip(options)
```

group_name：组名。

options：详见表 10.2。

（2）举例

```
group g2 career tenure return
```

```
g2.bubbletrip
```

　　说明："career" 序列和 "tenure" 序列分别作为横轴和纵轴，气泡大小代表 "return" 序列的观测值，绘制组 "g2" 的气泡图，如图 10.40 所示。

本节 Eviews 实战技巧

- 表 10.2 中的选项设置几乎适合于所有图形命令，在实践中可以举一反三。
- 在绘制分组图形的命令中，若设置 "within(分组变量)"，将在同一坐标系下绘制不同组别的图形；若设置 "across(分组变量)"，将在不同坐标系下绘制不同组别的图形。

第 11 章　截面数据的基础性统计分析

本章介绍截面数据的基础性统计分析，包括描述性统计分析、总体参数的检验、序列分布形状的检验。在运用复杂的方法去分析挖掘数据的规律之前，需要首先运用基础性统计分析方法去了解数据的全貌。

本章的主要内容包括：

- 单个序列的描述性统计分析。
- 分组数据的描述性统计分析。
- 总体均值／中位数／方差的检验。
- 多个总体均值／中位数／方差的比较。
- 序列之间的相关性分析。

11.1　实战案例：基金经理业绩分析

实战案例：对基金经理的从业年限、任职时长、管理的基金的收益率进行描述性统计分析。按性别、学历和专业对基金经理进行分组，考察不同组别的基金经理的从业年限、任职时长、管理的基金的收益率的差异。分析基金经理的从业年限、任职时长与管理的基金的收益率的关系。

研究目标：

- 报告基金经理的从业年限、任职时长、管理的基金的收益率的描述性统计量。
- 比较不同专业背景的基金经理从业年限的差异。
- 分析基金经理的从业年限、任职时长与管理的基金收益率的关系。

本章继续沿用第 9 章实战案例的工作文件"fund_manager.wf1"，数据简介和变量说明详见 10.1 节。

11.2　单个序列的统计分析

本节介绍单个序列的统计分析。单击序列窗口中的"View/Descriptive Statistics & Tests"，展开菜单。如图 11.1 所示，菜单包括 3 类分析工具：一是描述性统计分析；二是总体参数的检验；三是序列分布形状的检验。下面介绍上述工具的使用方法。

1. 描述性统计分析

1）直方图与描述性统计分析

打开"fund_manager.wf1"工作文件，双击"Career"序列。在序列窗口中单击"View/ Descriptive Statistics & Tests/Histogram and Stats"，将打开图 11.2（a）所示的窗口。在序列窗口中单击"View/Descriptive Statistics & Tests/ Stats Table"，将打开图 11.2（b）所示的窗口。

如图 11.2 所示，报告了"Career"序列的均值（Mean）、中位数（Median）、最大值（Maximum）、最小值（Minimum）、标准差（Std. Dev.）、偏度（Skewness）、峰度（Kurtosis）等。

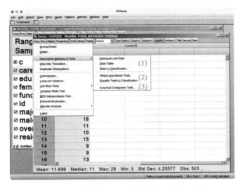

图 11.1　单个序列的统计分析工具

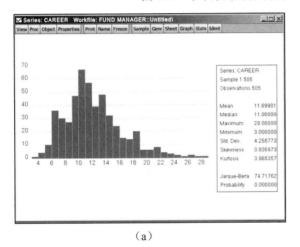

（a）

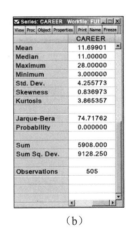

（b）

图 11.2　直方图与描述性统计分析

"Jarque-Bera"和"Probability"报告了 Jarque-Bera 检验的结果。Jarque-Bera 检验的原假设是序列服从正态分布，备择假设是序列不服从正态分布，检验统计量如式 11.1 所示。该检验的思想是将要检验的序列的偏度、峰度分别与正态分布的偏度、峰度进行对比。如果二者之间的差异很大，就说明序列不服从正态分布。

$$\text{Jarque-Bera} = \frac{N}{6}\left(S^2 + \frac{(K-3)^2}{4}\right) \tag{11.1}$$

式中，S 代表偏度，K 代表峰度，N 代表观测值的个数。

在原假设成立时，Jarque-Bera 检验统计量服从 $\chi^2(2)$。当序列越接近正态分布时，Jarque-Bera 检验统计量的值就越接近 0；若序列与正态分布差距越大，Jarque-Bera 检验统计量的值就越大。"Probability"报告了 Jarque-Bera 检验的 P 值为 0.000，表明在 0.01 的显著性水平下，拒绝"序列服从正态分布"的原假设。

2）分组描述性统计分析

在"Career"序列窗口单击"View/Descriptive Statistics & Tests/Stats Table"，将打开图 11.3 所

示的对话框，在"Series/Group for classify"文本框中输入分组变量"major"，在"Statistics"选项组中勾选要报告的统计量，单击"OK"按钮。

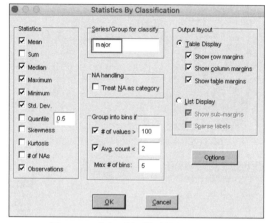

图 11.3   分组进行描述性统计分析

如图 11.4 所示，报告了 4 个专业组别基金经理的从业年限的均值、中位数、最大值、最小值、标准差和各个组别观测值的个数。

Descriptive Statistics for CAREER
Categorized by values of MAJOR
Date: 04/26/21   Time: 11:03
Sample: 1 505
Included observations: 505

MAJOR	Mean	Median	Max	Min.	Std. Dev.	Obs.
金融	11.57986	11.00000	28.00000	3.000000	4.275431	288
管理	13.35849	13.00000	27.00000	5.000000	4.911111	53
理工	11.03810	11.00000	25.00000	4.000000	3.480506	105
其他	11.96610	11.00000	26.00000	4.000000	4.487400	59
All	11.69901	11.00000	28.00000	3.000000	4.255773	505

图 11.4   分组描述性统计分析

如图 11.3 所示，在"Series/Group for classify"文本框中输入两个分组变量，即"male"和"major"，先按性别和专业将基金经理分为 8 组，然后报告各个组别的基金经理从业年限的描述性统计分析，如图 11.5 所示。

Descriptive Statistics for CAREER
Categorized by values of MALE and MAJOR
Date: 04/26/21   Time: 11:02
Sample: 1 505
Included observations: 505

Mean Std. Dev. Obs.		金融	管理	MAJOR 理工	其他	All
	女性	11.28947	15.46154	11.00000	9.950000	11.48361
		4.201002	5.253814	3.915780	3.268268	4.360290
		76	13	13	20	122
MALE	男性	11.68396	12.67500	11.04348	13.00000	11.76762
		4.306848	4.659633	3.438352	4.707217	4.225427
		212	40	92	39	383
	All	11.57986	13.35849	11.03810	11.96610	11.69901
		4.275431	4.911111	3.480506	4.487400	4.255773
		288	53	105	59	505

图 11.5   按专业和性别分组后的描述性统计分析

2. 总体参数的检验

1）单个总体参数的检验

本节介绍 3 类检验：均值的检验、方差的检验和中位数的检验。

（1）均值的检验

如图 11.1 所示，在序列窗口中单击"View/Descriptive Statistics & Tests/Simple Hypothesis Tests"，打开"Series Distribution Tests"对话框，如图 11.6 所示。

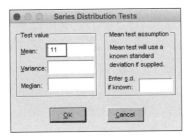

图 11.6　"Series Distribution Tests"对话框

总体均值的假设检验的原假设和备择假设如式 11.2 所示。

$$H_0{:}\mu=\mu_0$$
$$H_1{:}\mu\neq\mu_0$$

（11.2）

若总体服从正态分布，总体标准差未知，在原假设成立的情况下，可构造服从自由度为 $n-1$ 的 t 分布的检验统计量，如式 11.3 所示。

$$t = \frac{\overline{X} - \mu_0}{\frac{s}{\sqrt{n}}}$$

（11.3）

式中，$\overline{X}$ 是序列 X 的均值，s 为序列 X 的样本标准差，n 为观测值的个数。

若总体服从正态分布，总体标准差 σ 已知，可构造服从标准正态分布的检验统计量，如式 11.4 所示。

$$z = \frac{\overline{X} - \mu_0}{\frac{\sigma}{\sqrt{n}}}$$

（11.4）

如图 11.6 所示，在"Test value"选项组的"Mean"文本框中输入"μ_0"，在"Mean test assumption"选项组的"Enter s.d. if known"文本框中不输入数值，代表总体标准差未知，将进行 t 检验；如果在"Enter s.d. if known"中输入总体标准差，代表总体标准差已知，将进行 z 检验。

在本例中，若要检验从业年限的总体均值是否等于 11，在"Mean"文本框中输入"11"，不设置总体标准差，单击"OK"按钮，报告结果如图 11.7 所示。

t 检验的 P 值为 0.0002，因此，在 0.01 的显著性水平下，拒绝"总体均值等于 11"的原假设。

```
Hypothesis Testing for CAREER
Date: 04/26/21   Time: 10:16
Sample: 1 505
Included observations: 505
Test of Hypothesis: Mean = 11.00000

Sample Mean = 11.69901
Sample Std. Dev. = 4.255773

Method                                    Value      Probability
t-statistic                             3.691055        0.0002
```

图 11.7   总体均值的 t 检验

（2）方差的检验

建立关于总体方差的假设检验，如式 11.5 所示。

$$H_0:\mathrm{var}(x)=\sigma_0^2$$
$$H_1:\mathrm{var}(x)\neq\sigma_0^2$$

（11.5）

若总体服从正态分布，在原假设成立时，可构造服从自由为 $n-1$ 的卡方分布的检验统计量：

$$\chi^2 = \frac{(n-1)s^2}{\sigma_0^2}$$

（11.6）

式中，s^2 为序列 X 的样本方差，n 为观测值的个数。

如图 11.6 所示，在"Test value"选项组的"Variance"文本框中输入"16"，输出结果如图 11.8 所示。

```
Hypothesis Testing for CAREER
Date: 04/26/21   Time: 10:17
Sample: 1 505
Included observations: 505
Test of Hypothesis: Variance = 16.00000

Sample Variance = 18.11161

Method                                    Value      Probability
Variance Ratio                          570.5156        0.0212
```

图 11.8   总体方差的检验

卡方检验的 P 值为 0.021，因此，在 0.05 的显著性水平下，拒绝了"总体方差等于 16"的原假设。

（3）中位数的检验

建立关于总体中位数的假设检验，如式 11.7 所示。

$$H_0:\mathrm{median}=m_e$$
$$H_1:\mathrm{median}\neq m_e$$

（11.7）

式中，median 代表总体中位数，m_e 代表待检验的值。

进行中位数的检验无须假定总体服从正态分布。中位数检验方法是基于观测个体在序列中的秩（由小到大的排位）的非参数检验方法。Eviews 采用了 4 种中位数检验方法：服从二项分布的符号检验、渐近正态分布的符号检验、威尔科克森符号秩检验、Van der Waerden 检验。

如图 11.6 所示，在"Test value"选项组的"Median"文本框中输入"10.9"，输出结果如图 11.9 所示。

```
Hypothesis Testing for CAREER
Date: 04/26/21   Time: 10:15
Sample: 1 505
Included observations: 505
Test of Hypothesis:  Median = 10.90000

Sample Median = 11.00000

Method                                    Value    Probability
Sign (exact binomial)                      283       0.0075
Sign (normal approximation)             2.669965     0.0076
Wilcoxon signed rank                    3.390811     0.0007
van der Waerden (normal scores)         4.402458     0.0000

Median Test Summary

Category                        Count     Mean Rank

Obs > 10.90000                   283      265.010601
Obs < 10.90000                   222      237.689189
Obs = 10.90000                    0

Total                            505
```

图 11.9　总体中位数的检验

如图 11.9 所示，4 种中位数检验的 P 值都小于 0.01，因此在 0.01 的显著性水平下，拒绝了"中位数等于 10.9"的原假设。

2）多个总体参数是否相等的检验

本节介绍 3 类检验：多个总体均值是否相等的检验、中位数是否相等的检验和方差齐性检验。

（1）多个总体均值是否相等的检验

单因素方差分析讨论多个总体的均值是否相等，其原假设和备择假设如式 11.8 所示。

$$H_0{:}\mu_1=\mu_2=\cdots=\mu_k$$
$$H_1{:}\mu_1, \mu_2, \cdots, \mu_k \text{ 不全相等} \tag{11.8}$$

当各个总体服从正态分布，方差相等时，在原假设成立时，构造检验统计量如式 11.9 所示。

$$F=\frac{SS_\mathrm{B} / G-1}{SS_\mathrm{W} / N-G}\sim F(G-1, N-G) \tag{11.9}$$

式中，SS_B 代表组间平方和，SS_W 代表组内平方和，其计算公式分别如式 11.10 和式 11.11 所示。

$$SS_\mathrm{B} = \sum_{g=1}^{G} n_g (\bar{x}_g - \bar{x})^2 \tag{11.10}$$

$$SS_\mathrm{W} = \sum_{g=1}^{G}\sum_{i=1}^{n_g}(x_{ig} - \bar{x}_g)^2 \tag{11.11}$$

式中，x_{ig} 代表第 g 组的第 i 个观测值，$\bar{x}_g$ 是第 g 组的平均值，$\bar{x}$ 是总均值，即所有观测值的平均值。

方差分析的基本思想如下：如果不同组别的数据的均值相等，那么不同组别的均值围绕总均值的变异将与各组内部观测值围绕其组内均值的变异程度相当。因此，如果根据式 11.9 计算出的 F 值很大，说明组间变异与组内变异相差很大，拒绝原假设。

方差分析 F 检验假定各个不同组别的数据方差相等，但在实践中该假定不一定满足，此时可以用 Welch F 检验。Welch F 检验不要求不同组别的数据方差相等，对方差分析 F 检验统计量进行了修正。

如图 11.1 所示，在"Career"序列窗口中单击"View/Descriptive Statistics & Tests/Equality Tests by Classification..."，打开"Tests By Classification"对话框，如图 11.10 所示。

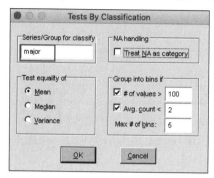

图 11.10 "Test By Classification"对话框

在"Series/Group for classify"文本框中输入分组变量"major"，在"Test equality of"选项组中点选"Mean"单选按钮，单击"OK"按钮，输出结果如图 11.11 所示。

如图 11.11 所示，Anova F 检验和 Welch F 检验的 P 值都小于 0.05，拒绝了"4 个专业的基金经理从业年限相等"的原假设。

（2）中位数是否相等的检验

中位数检验主要用于检验不同组别的数据中位数是否相等，主要的检验方法有威尔科克森秩和检验、中位数卡方检验、Kruskal-Wallis 检验、van der Waerden 检验，这些检验的思想都是利用秩构造检验统计量，在此不一一赘述。

如图 11.10 所示，在"Test equality of"选项组中点选"Median"单选按钮，输出结果如图 11.12 所示。所有检验的 P 值都很小，因此拒绝了"不同组别的中位数都相等"的原假设，4 个组别的基金经理的从业年限的中位数不全相等。

（3）方差齐性检验

方差齐性检验的原假设是不同组别的数据方差相等，备择假设是不同组别的数据方差不全相等，如式 11.12 所示。

$$H_0: \sigma_1^2 = \sigma_2^2 = \cdots = \sigma_k^2$$
$$H_1: \sigma_1^2, \sigma_2^2, \cdots, \sigma_k^2 \text{ 不全相等}$$

（11.12）

Eviews 报告了 3 种方差齐性检验的方法，一是 Bartlett 检验，该检验要求不同组别的数据都服从正态分布，对不服从正态分布的数据比较敏感；二是 Levene 检验，该检验利用单因素方差分析的思想，首先计算出观测值与组内均值的绝对离差，然后比较同组的观测值个体的绝对离差的均值是否相等来讨论不同组别的数据的波动（方差）是否相等；三是 Brown-forsythe 检验，又叫作修正的 Levene 检验，比 Levene 检验更加稳健。

```
Test for Equality of Means of CAREER
Categorized by values of MAJOR
Date: 04/26/21   Time: 10:49
Sample: 1 505
Included observations: 505
```

Method	df	Value	Probability
Anova F-test	(3, 501)	3.743188	0.0111
Welch F-test*	(3, 138.772)	3.278101	0.0230

*Test allows for unequal cell variances

Analysis of Variance

Source of Variation	df	Sum of Sq.	Mean Sq.
Between	3	200.1178	66.70594
Within	501	8928.132	17.82062
Total	504	9128.250	18.11161

Category Statistics

MAJOR	Count	Mean	Std. Dev.	Std. Err. of Mean
金融	288	11.57986	4.275431	0.251932
管理	53	13.35849	4.911111	0.674593
理工	105	11.03810	3.480506	0.339663
其他	59	11.96610	4.487400	0.584210
All	505	11.69901	4.255773	0.189379

图 11.11　分组数据均值的比较

```
Test for Equality of Medians of CAREER
Categorized by values of MAJOR
Date: 04/26/21   Time: 10:33
Sample: 1 505
included observations: 505
```

Method	df	Value	Probability
Med. Chi-square	3	10.92991	0.0121
Adj. Med. Chi-square	3	9.681720	0.0215
Kruskal-Wallis	3	8.830187	0.0316
Kruskal-Wallis (tie-adj.)	3	8.893396	0.0307
van der Waerden	3	9.031583	0.0289

Category Statistics

MAJOR	Count	Median	> Overall Median	Mean Rank	Mean Score
金融	288	11.00000	127	247.7361	-0.030452
管理	53	13.00000	33	304.4717	0.359807
理工	105	11.00000	37	235.3571	-0.116811
其他	59	11.00000	29	263.8559	0.050971
All	505	11.00000	226	253.0000	0.002063

图 11.12　分组数据中位数的检验

如图 11.10 所示，在 "Test equality of" 选项组中点选 "Variance" 单选按钮，输出结果如图 11.13 所示，3 个检验的 P 值都很小，因此拒绝了 "方差相等" 的原假设，4 个组别的基金经理的从业年限的方差不全相等。

```
Test for Equality of Variances of CAREER
Categorized by values of MAJOR
Date: 04/26/21   Time: 11:00
Sample: 1 505
Included observations: 505
```

Method	df	Value	Probability
Bartlett	3	9.973107	0.0188
Levene	(3, 501)	4.542617	0.0037
Brown-Forsythe	(3, 501)	3.881742	0.0092

Category Statistics

MAJOR	Count	Std. Dev.	Mean Abs. Mean Diff.	Mean Abs. Median Diff.
金融	288	4.275431	3.363595	3.295139
管理	53	4.911111	3.915272	3.867925
理工	105	3.480506	2.449342	2.438095
其他	59	4.487400	3.423154	3.406780
All	505	4.255773	3.238360	3.190099

Bartlett weighted standard deviation: 4.221448

图 11.13　分组数据方差是否相等的检验

3. 序列分布的检验

Eviews 提供了一系列以考察序列是否服从某种经验分布的检验，如 Kolmogorov-Smirnov 检验、Lilliefors 检验、Cramer-von Mises 检验、Anderson-Darling 检验和 Watson 检验。这些检验的基本思想都是通过对比序列的实际分布与经验分布的差距构造检验统计量，原假设都是 "序列服从某种经验分布"，备择假设都是 "序列不服从某种经验分布"。

如图 11.1 所示，在 "Career" 序列窗口中依次单击 "View/Descriptive Statistics & Tests|Empirical

Distribution Tests...",打开"EDF Test"对话框,如图 11.14 所示。该对话框有两张选项卡,第一张选项卡是"Test Specification",在"Distribution"下拉列表中选择检验序列服从何种经验分布,可选的分布有正态分布、指数分布、极值分布、logistic 分布、卡方分布、威布尔分布和伽马分布。下方小窗口将显示选中的经验分布的概率密度函数。第二张选项卡是"Estimation Options",通常不需要对其设置,除非遇到"估计失败",才需要修改系统默认的迭代次数和迭代规则。

Eviews 默认检验序列服从正态分布。如果不填写正态分布的均值和标准差,Eviews 将自动对其做出估计,单击"OK"按钮,输出结果如图 11.15 所示。

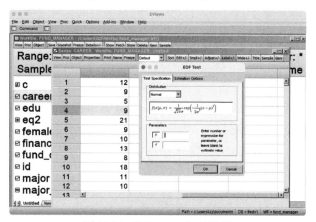

图 11.14   "EDF Test"对话框

如图 11.15 所示,输出结果分为两部分。第一部分报告了检验序列"Career"是否服从正态分布的结果。检验表罗列了 4 种检验结果,第一列"Value"是渐近统计量,第二列"Adj. Value"是校正统计量,第三列"Probability"是校正统计量的 P 值。第二部分报告了估计的正态分布的均值和标准差。

Empirical Distribution Test for CAREER
Hypothesis: Normal
Date: 04/26/21   Time: 08:58
Sample: 1 505
Included observations: 505

Method	Value	Adj. Value	Probability
Lilliefors (D)	0.117708	NA	0.0000
Cramer-von Mises (W2)	1.046635	1.047671	0.0000
Watson (U2)	0.843268	0.844103	0.0000
Anderson-Darling (A2)	6.176439	6.185666	0.0000

Method: Maximum Likelihood - d.f. corrected (Exact Solution)

Parameter	Value	Std. Error	z-Statistic	Prob.
MU	11.69901	0.189379	61.77551	0.0000
SIGMA	4.255773	0.134044	31.74902	0.0000

Log likelihood	-1447.444	Mean dependent var.	11.69901
No. of Coefficients	2	S.D. dependent var.	4.255773

图 11.15   序列分布形状的检验

Lilliefors 检验、Cramer-von Mises 检验、Watson 检验和 Anderson-Darling 检验的 P 值都接近于 0，说明拒绝了"Career 服从正态分布"的原假设，如图 11.2 所示，Career 的直方图呈现明显的右偏，不服从正态分布。

本节 Eviews 实战技巧

- 对数据分布的中心进行假设检验，首先考察序列是否服从正态分布。如果序列服从正态分布，可用总体均值的 t 检验或 z 检验；如果序列不服从正态分布，可用中位数检验。
- 比较不同组别的均值是否相等时，首先考察不同组别的数据方差是否相等。如果不同组别的数据方差相等，用 Anova F 检验；如果不同组别的数据方差不等，用 Welch F 检验。
- 对序列进行检验后，在序列窗口单击"Freeze"，将序列冻结为表格，将检验结果以表格对象的形式保存在工作文件中，以便将来反复查看。序列窗口的检验结果并没有保存下来，如果对序列进行其他操作，该检验结果就会消失。
- 正确运用 Eviews 中假设检验工具的关键：一是该检验的适用条件，适合于什么类型的数据，以及对数据分布有何要求；二是该检验的原假设和备择假设。对于假设检验统计量的构造，读者可不必深究。

11.3 多个序列的统计分析

本节介绍对多个序列的统计分析，单击组窗口的"View"，展开菜单如图 11.16 所示，本节将介绍图 11.16 所示实线框中两个工具的使用方法：一是相关分析（Covariance Analysis...），二是不同序列的均值、中位数和方差是否相等的检验（Tests of Equality...）。关于图 11.16 所示虚线框中的工具的介绍，可参见图 11.16 中标注的对应章节。

图 11.16 组的"View"菜单

1. 相关分析

相关分析通过计算序列之间的协方差、相关系数及相关系数的显著性检验的 P 值反映序列之间相关关系的方向和强度。

打开"fund_manager.wf1"工作文件，将"Career"序列、"Tenure"序列和"Return"序列创建为组"g2"。双击组"g2"，在组窗口中依次单击"View/Covariance Analysis..."，打开"Covariance Analysis"对话框，如图 11.17 所示。

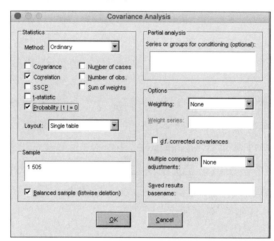

图 11.17　Covariance Analysis 对话框

首先，在"Method"下拉列表中选择计算相关系数的方法。备选的方法有 Pearson 相关系数（Ordinary）、非中心化的 Pearson 相关系数（Ordinary uncentered）、斯皮尔曼秩相关系数（Spearman rank-order）和肯得尔 tau（Kendall's tau）系数。关于这 4 种系数的计算和检验，详见 Johnson and Wichern (1992)、Sheskin (1997)、Concover (1980) 和 Kendall and Gibbons (1990)。

然后，选择需要报告的统计量。选择的相关系数计算方法不同，选择的统计量也将有所不同。

在"Layout"下拉列表中可选择结果的输出形式：单个表格（Single table）、多个表格（Multiple tables）和列表（List）。

1）Pearson 相关系数

Pearson 相关系数反映了两个定量变量的线性关系的方向和强弱，其值介于 -1 到 1 之间。

如图 11.17 所示，在"Method"下拉列表中选择"Ordinary"，勾选"Correlation"复选框和"Probability |t|=0"复选框。在"Layout"下拉列表中选择"Single table"，单击"OK"按钮，报告输出结果，如图 11.18 所示。

如图 11.18 所示，表中对角线上的元素都为 1。因为一个序列与其自身是完全正相关的，一个序列与其自身之间的相关系数为 1。对角线下方的单元格中有两个数值，第一行数值代表该单元格对应的行变量与列变量之间的 Pearson 相关系数，第二行数值是对相关系数的显著性进行假设检验的 P 值。

从图 11.18 可以发现，Tenure 和 Return 之间的 Pearson 相关系数约为 0.340，在 0.01 的水平

下显著；Career 和 Return 的 Pearson 相关系数约为 0.078，在 0.10 的水平下显著；Career 和 Tenure 的相关关系不显著。

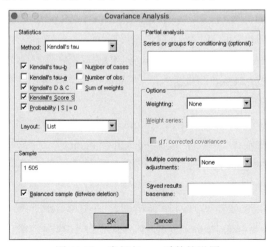

图 11.18　相关系数矩阵

在图 11.17 所示的对话框中，在"Partial analysis"下方的文本框中输入控制变量，可以计算偏相关系数。读者可以自行尝试，在此不一一赘述。

2）肯得尔 tau 系数

肯得尔 tau 系数既适合于定量数据，也适合于顺序型定性数据。

肯得尔 tau 系数的思想是将两个序列中的观测值按由小到大排序。如果在序列 X 中，观测单元 i 排在观测单元 j 的前面，在序列 Y 中，观测单元 i 也排在观测单元 j 的前面，那么这两个观测单元形成一个同序对（concordance）。

如果在序列 X 中，观测单元 i 排在观测单元 j 的前面，但在序列 Y 中，观测单元 i 排在观测单元 j 的后面，那么这两个观测单元形成一个异序对（disconcordance）。

如果两个序列之间同序对的数量远远高于异序对的数量，那么这两个序列呈正相关；如果同序对的数量与异序对的数量相当，那么这两个序列没有明显的相关关系。

如图 11.19 所示，在"Method"下拉列表中选择"Kendall's tau"，勾选"Kendall's tau-b"、"Kendall's D&C"、"Kendall's Score S"、"Probability |S|=0"复选框，在"Layout"下拉列表中选择"List"，单击"OK"按钮，报告输出结果，如图 11.20 所示。

图 11.19　肯得尔 tau 系数的设置

如图 11.20 所示，表中每一行代表了某两个序列的肯得尔相关分析结果。第一列"tau-b"是肯得尔 tau 系数。第三列和第四列是同序对和异序对的数量。第二列"Score（S）"是同序对和异序对之中的最小值。第五列是对"标准化变换后的 Score 是否等于 0"进行假设检验的 P 值。

```
Covariance Analysis: Kendall's tau
Date: 04/26/21   Time: 14:05
Sample: 1 505
Included observations: 505
```

		tau-b	Score (S)	Concord.	Discord.	Probability
CAREER	CAREER	1.000000	117809	117809	0	-----
TENURE	CAREER	0.023611	2879	59859	56980	0.4457
TENURE	TENURE	1.000000	126201	126201	0	-----
RETURN	CAREER	0.069030	8451	63112	54661	0.0252
RETURN	TENURE	0.214891	27229	76704	49475	0.0000
RETURN	RETURN	1.000000	127222	127222	0	-----

图 11.20   肯得尔 tau 系数计算结果

从图 11.20 可以发现，Tenure 和 Return 的肯得尔 tau 系数为 0.215，在 0.01 的水平下显著；Career 和 Return 的肯得尔 tau 系数为 0.069，在 0.05 的水平下显著；Career 和 Tenure 的相关关系不显著。这与 Pearson 相关系数的分析结论一致。

注意：进行肯得尔 tau 系数计算要进行 $n(n-1)/2$ 次比较，其中 n 代表观测值的个数。若监测值的个数特别多，如超过 1 万，比较次数接近 0.5 亿次，此时 Eviews 可能会花较长时间计算。若计算机长时间无响应，可按下"ESC"键，中止运算。

类似的，可以计算非中心化的 Pearson 相关系数和斯皮尔曼秩相关系数，在此不一一赘述。

2. 不同序列的均值 / 中位数 / 方差相等性检验

检验不同序列的均值、中位数或者方差是否相等，这一过程与 11.2 节中的"2）多个总体参数是否相等的检验"是一致的。在 11.2 节中，多个总体由定性变量将研究对象划分为不同组别，而在本节中，多个总体是指多个序列。因此，在此不再对检验方法进行介绍，相关检验方法详见 11.2 节。接下来，仅通过一例说明该检验的操作步骤。

打开"students 210.wf1"工作文件，关于该数据文件的说明详见 6.3 节。选中"Chinese"序列、"Math"序列和"English"序列，将其创建为组"g1"。在组"g1"的窗口中依次单击"View|Tests of Equality..."，打开"Test Between Series"对话框，如图 11.21 所示。在"Test equality of"选项组中点选"Mean"单选按钮、"Median"单选按钮或"Varaince"单选按钮，单击"OK"按钮，执行相应的检验。

图 11.22 报告了检验序列"Chinese"、"Math"和"English"的均值是否相等的结果。在输出结果的"Categorical Statistics"部分，"Chinese"序列、"Math"序列和"English"序列的标准差分别约为 6.976、5.363 和 4.426，差距较为明显，也就是说这 3 个序列的方差不等。Welch F 检验不要求不同总体的方差相等，因此使用 Welch F 检验。而 Anova F 检验要求不同总体的方差相等，不适合于本例的数据。Welch F 检验的 P 值接近于 0，因此拒绝了"3 个总体均值相等"

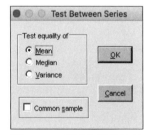

图 11.21   序列之间的比较

的原假设。比较 3 个序列的均值可以发现，整体而言，数学成绩高于英语成绩，英语成绩高于语文成绩。

```
Test for Equality of Means Between Series
Date: 04/26/21   Time: 15:16
Sample: 1 210
Included observations: 210
```

Method	df	Value	Probability
Anova F-test	(2, 627)	639.4472	0.0000
Welch F-test*	(2, 405.475)	532.7874	0.0000

*Test allows for unequal cell variances

Analysis of Variance

Source of Variation	df	Sum of Sq.	Mean Sq.
Between	2	41359.61	20679.80
Within	627	20277.26	32.34013
Total	629	61636.87	97.99185

Category Statistics

Variable	Count	Mean	Std. Dev.	Std. Err. of Mean
CHINESE	210	71.88095	6.976387	0.481416
MATH	210	91.65714	5.363047	0.370085
ENGLISH	210	83.21905	4.425850	0.305413
All	630	82.25238	9.899083	0.394389

图 11.22　比较多个序列的均值是否相等

　　图 11.23 报告了检验序列 "Chinese"、"Math" 和 "English" 的中位数是否相等的结果。中位数检验的 P 值都接近于 0，因此拒绝了 "3 个总体中位数相等" 的原假设。比较 3 个序列的中位数可以发现，整体而言，数学成绩高于英语成绩，英语成绩高于语文成绩。

```
Test for Equality of Medians Between Series
Date: 04/26/21   Time: 15:39
Sample: 1 210
Included observations: 210
```

Method	df	Value	Probability
Med. Chi-square	2	312.2903	0.0000
Adj. Med. Chi-square	2	308.8230	0.0000
Kruskal-Wallis	2	437.1561	0.0000
Kruskal-Wallis (tie-adj.)	2	437.6176	0.0000
van der Waerden	2	411.4398	0.0000

Category Statistics

Variable	Count	Median	> Overall Median	Mean Rank	Mean Score
CHINESE	210	72.00000	11	126.5048	-0.993857
MATH	210	92.00000	192	497.6976	0.957640
ENGLISH	210	83.00000	104	322.2976	0.031360
All	630	83.00000	307	315.5000	-0.001619

图 11.23　比较多个序列的中位数是否相等

　　图 11.24 报告了检验序列 "Chinese"、"Math" 和 "English" 的方差是否相等的结果，3 个检验的 P 值都接近于 0，因此拒绝了 "3 个总体方差相等" 的原假设。比较 3 个序列的标准差可以发现，整体而言，语文成绩的波动幅度高于数学成绩的波动幅度，数学成绩的波动幅度高于英语成绩的波动幅度。

```
Test for Equality of Variances Between Series
Date: 04/26/21   Time: 15:40
Sample: 1 210
Included observations: 210
```

Method	df	Value	Probability
Bartlett	2	43.77082	0.0000
Levene	(2, 627)	23.21789	0.0000
Brown-Forsythe	(2, 627)	22.76381	0.0000

Category Statistics

Variable	Count	Std. Dev.	Mean Abs. Mean Diff.	Mean Abs. Median Diff.
CHINESE	210	6.976387	5.756689	5.747619
MATH	210	5.363047	4.473469	4.457143
ENGLISH	210	4.425850	3.668753	3.666667
All	630	9.899083	4.632971	4.623810

Bartlett weighted standard deviation: 5.686838

图 11.24　比较多个序列的方差是否相等

11.4　基础性统计分析命令

本节介绍与 11.2～11.3 节中基础性统计分析相关的命令，主要包括 stats 命令、statsby 命令、teststat 命令、testby 命令、edftest 命令、cov 命令和 testbtw 命令。

1. stats

（1）语法

`series_name.stats`

series_name：序列名称。

（2）举例

`career.stats`

说明：报告 career 的描述性统计分析，如图 11.2（b）所示。

`freeze(table1) career.stats`

说明：将 career 的描述性统计分析视图保存为表格"table1"。

2. statsby

（1）语法

`series_name.statby(options) classifier_names`

series_name：序列名称。

options：选项参数见表 11.1，默认报告平均值、标准差和观测值的个数。

表 11.1　statsby 命令中 options 的设置

参　　数	含　　义
sum	求和
med	中位数

续表

参　　数	含　　义
max	最大值
min	最小值
quant=arg	百分位数，arg 取值范围为 0 ～ 1，默认是 0.5
skew	偏度
kurt	峰度
na	缺失值（NA）的个数
nomean	不显示均值
nostd	不显示标准差
nocount	不显示观测值的个数
nor	当有两个以上分组变量时，不显示按行变量分组的描述统计量
noc	当有两个以上分组变量时，不显示按列变量分组的描述统计量
l	当有两个以上分组变量时，按列表（List）的形式显示描述性统计量

注：多个参数之间用逗号隔开。

classifier_names: 分组变量。

（2）举例

`career.statby major`

说明：按 major 对观测个体进行分组，报告各组 career 的均值、标准差和观测值的个数。

`career.statby(quant=0.25) major`

说明：按 major 对观测个体进行分组，报告各组 career 的均值、第 25 个百分位数、标准差和各组观测值的个数。

`career.statby(med, min, max) major`

说明：按 major 对观测个体进行分组，报告各组 career 的均值、中位数、最大值、最小值、标准差和观测值的个数。

`career.statby(med, nor, noc) male major`

说明：按 male 和 major 对观测个体分组，在列联表中显示各组 career 的均值、中位数、标准差和各组观测值的个数，但是不显示按 male 分组或按 major 分组的统计量。

3. teststat

（1）语法

`series_name.teststat(options)`

series_name：序列名称。

options：选项参数见表 11.2。

表 11.2　teststat 命令中 options 的设置

参　　数	含　　义
mean=number	原假设中总体均值等于的值
med=number	原假设中总体中位数等于的值
var=number	原假设中总体方差等于的值
std=number	在总体均值 z 检验中指定总体标准差

注：多个参数之间用逗号隔开。

（2）举例

```
career.teststat(mean=11)
```

说明：检验 career 的均值是否等于 11。

```
career.teststat(med=10.9)
```

说明：检验 career 的中位数是否等于 10.9。

```
career.teststat(var=16)
```

说明：检验 career 的方差是否等于 10.9。

```
career.teststat(mean=11,std=5)
```

说明：检验 career 的均值是否等于 11，指定标准差为 5。

```
career.teststat(mean=11,median=10.9, var=16)
```

说明：检验 career 的均值是否等于 11，中位数是否等于 10.9，方差是否等于 16，一次性输出上述 3 个检验结果。

4. testby

（1）语法

```
series_name.testby(options) arg1 [arg2 arg3...]
```

series_name：序列名称。

options：选项参数见表 11.3。

表 11.3　statsby 命令中 options 的设置

参　　数	含　　义
mean(默认值)	检验均值是否相等
med	检验中位数是否相等
var	检验方差是否相等

注：多个参数之间用逗号隔开。

arg1 [arg2 arg3...]：分组变量。

（2）举例

```
career.testby major
```

说明：按 major 对观测个体分组，检验各组均值是否相等。

```
career.testby(med) male
```

说明：按 major 对观测个体分组，检验各组中位数是否相等。

```
career.testby(var) major
```

说明：按 major 对观测个体分组，检验各组方差是否相等。

```
career.testby(var) male major
```

说明：按 male 和 major 两个定性变量对观测个体分组，检验各组方差是否相等。

5. edftest

（1）语法

```
series_name.edftest(options)
```

series_name：序列名称。

options：设置经验分布，默认值为"normal"，卡方分布为"chisq "，指数分布为"exp"，极大值分布为"xmax"，极小值分布为"xmin"，伽马分布为"gamma"，Logistic 分布为"logit"，帕累托分布为"Pareto"，均匀分布为"Uniform"。

（2）举例

```
career.edftest
```

说明：检验 career 是否服从正态分布。

```
career.edftest(dist=exp)
```

说明：检验 career 是否服从指数分布。

```
freeze(tab1) career.edftest(type=chisq, p1=5)
```

说明：检验 career 是否服从自由度为 5 的卡方分布，并将检验结果保存到 tab1 表中。

6. cov

（1）语法

```
group_name.cov(options) [keywords [@partial z1 z2 z3...]]
```

group_name：组的名称。

options：设置输出格式，outfmt=arg, single table（"single"）, multiple table（"mult"）, list（"list"）, spreadsheet（"sheet"）

keywords：相关分析统计量，详见表 11.4。

表 11.4　cov 命令中 keyword 的设置

方　　法	keyword	含　　义
Pearson 相关系数	cov	Pearson 协方差
	corr	Pearson 相关系数
	stat	检验 Pearson 相关系数是否等于 0 的检验统计量
	prob	Pearson 相关系数显著性检验的 P 值

续表

方　　法	keyword	含　　义
肯得尔 tau 系数	taub	肯得尔 tau 系数
	taucd	肯得尔 tau 的同序对和异序对
	taustat	检验肯得尔 tau 系数是否等于 0 的检验统计量
	tauprob	检验肯得尔 tau 系数是否等于 0 的 P 值
斯皮尔曼秩相关系数	rcov	斯皮尔曼秩协方差
	rcorr	斯皮尔曼秩相关系数
	rstat	检验斯皮尔曼秩相关系数是否等于 0 的检验统计量
	rprob	检验斯皮尔曼秩相关系数是否等于 0 的 P 值

注：多个 keyword 之间用空格隔开。

z1 z2 z3...：计算偏相关系数时的控制变量。

cov 命令只能设置同一种方法下的统计量（keyword）。若要报告不同方法下的统计量（keyword），要执行多个 cov 命令。

（2）举例

```
group g1 career tenure return
g1.cov(outfmt=list) taub taucd taustat tauprob
```

说明：报告组 g1 中的序列 career、tenure、return 两两之间的肯得尔 tau 系数、同序对和异序对、检验统计量和 P 值，输出结果为列表式。

```
g1.cov(outfmt=single) corr prob
```

说明：报告组 g1 中的序列 career、tenure、return 两两之间的 Pearson 相关系数及其 P 值，输出结果为单一表格。

```
group g2 tenure return
g2.cov(outfmt=single) corr prob @partial career
```

说明：控制 career 不变，报告组 g2 中的序列 tenure、return 的偏相关系数及其 P 值，输出结果为单一表格。

7. testbtw

（1）语法

```
group_name.testbtw(options)
```

group_name: 组的名称。

options: 选项参数，详见表 11.5，默认值为 mean、med、var 分别代表对均值、中位数、方差是否相等的检验。

表 11.5　teststat 命令中 options 的设置

参　数	含　义
mean(default)	检验各个序列的均值是否相等
med	检验各个序列的中位数是否相等
var	检验各个序列的方差是否相等
c	使用相同的样本容量
i	使用各自的样本容量

注：多个参数之间用逗号隔开。

（2）举例

```
group g1 chinese math english
g1.testbtw
```

说明：检验组 g1 中的序列 chinese、math 和 english 的均值是否相等。

```
g1.testbtw(med)
```

说明：检验序列 chinese、math 和 english 的中位数是否相等。

```
g1.testbtw(var)
```

说明：检验序列 chinese、math 和 english 的方差是否相等。

本节 Eviews 实战技巧

- 在命令前输入"Freeze(table_name)"，可以将得到的输出结果保存到表格对象 table_name 中，以便反复查看。
- cov 命令只能设置同一种方法下的统计量（keyword）。若要报告不同方法下的统计量（keyword），要执行多个 cov 命令。
- 括号内的多项参数用逗号分隔，括号外的多项参数用空格分隔。

第 12 章　回归分析基础工具

回归分析可以量化解释变量对被解释变量的影响效应，揭示变量之间的变动关系，是实证分析中常用的工具。Eviews 将回归模型的估计结果称为方程（Equation），方程在工作文件中的图标是"等号"。方程可存储回归模型参数的估计值、标准误差、显著性检验结果、判定系数、似然函数，以及与回归方程有关的一系列统计量。

本章将针对被解释变量是定量变量，采用普通最小二乘法估计的模型，介绍 Eviews 回归分析基础工具的使用方法。关于被解释变量是定性变量或是受限制因变量的情形，将在第 13 章和第 14 章介绍。

本章的主要内容包括：

● 方程的创建。

● 方程窗口的工具栏。

● 虚拟变量。

● 方程形式的变化。

● 方程的诊断。

● 方程的命令。

12.1　实战案例：基金收益率分析

实战案例：研究基金收益率是否会受到基金经理个人特征的影响，通过建立回归模型，估计基金经理的任职时长、从业年限、学历、专业、性别、管理的基金类型对基金收益率的影响效应。

分析目标：

● 建立关于基金收益率的回归模型。

● 量化基金经理的任职时长、从业年限、学历、专业、性别、管理的基金类型对基金收益率的影响效应。

● 对回归模型进行诊断。

数据简介：从锐思（RESET）数据库中提取自 2020 年 1 月 1 日至 2020 年 8 月 31 日期间到任的 505 位基金经理的数据。"fund manager.wf1"数据文件中的变量和代码含义见表 10.1。

12.2　方程的创建

创建方程有两种方式：一是利用菜单创建方程；二是利用命令创建方程。本节介绍通过菜单操作估计方程，与方程有关的命令详见 12.7 节。

为了研究基金经理任职时长、从业年限对其管理的基金收益率的影响效应，建立如下回归模型，如式 12.1 所示。

$$return_i = \beta_1 + \beta_2 tenure_i + \beta_3 career_i + u_i \qquad (12.1)$$

1. 创建方程的步骤

本节以估计回归模型（式 12.1）为例，介绍如何通过菜单创建方程。

（1）打开"fund_manager.wf1"工作文件，依次单击主菜单"Quick/Estimate Equation..."，打开"Equation Estimate"对话框，如图 12.1 所示。或者右击工作文件空白区域，在弹出的快捷菜单中依次选择"Object/New Object.../Equation"也可打开该对话框。

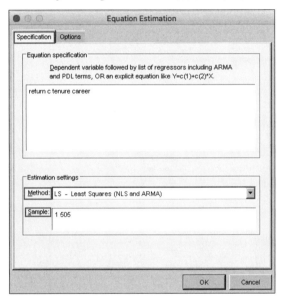

图 12.1　"Equation Estimation"对话框

"Equation Estimation"对话框有两张选项卡，分别是"Specification"选项卡和"Options"选项卡。"Specifications"选项卡中有 3 项设置：一是方程设定（Equation specification）；二是估计方法（Method）；三是样本（Sample）。"Options"选项卡中是关于标准误差的计算、迭代算法和权重等的设置。

（2）方程设定（Equation specification）。第一种方式比较简洁，即用序列名称表达方程的设定，将被解释变量写在最前面，紧随其后的是一系列解释变量。如图 12.1 所示，在编辑框中输入"return c tenure career"，创建回归方程式 12.1。

注意：回归模型通常含有截距项，因此在设定方程时要用"c"代表截距项。若不输入"c"，回归模型将不包括截距项。

此外，也可以在方程设定中调用序列的数学变换。例如，若在编辑框中输入"log(return) c tenure career carrer^2"，代表被解释变量是 log(return)，是对 return 取对数，解释变量 carrer^2 代表 career 的平方项。

第二种方式是用数学表达式设定方程。输入"return=c(1)+c(2)*tenure+c(3)*career"，创建回归方程式 12.1。通常，估计参数非线性方程，才会采用数学表达式来设定方程。因为参数非线性方程仅仅罗列被解释变量和解释变量的序列名称，是无法表达其设定的。

（3）"Estimation settings"选项组中的"Method"选项用于设置回归模型的估计方法。默认选项是"LS-Least Squares（NLS and ARMA）"，即最小二乘法。最小二乘法是最经典的估计方法，Eviews 将其设置为默认选项。单击"Method"下拉按钮，如图 12.2 所示，下拉列表中还有多种备选方法，将在后续章节介绍这些方法。

```
LS - Least Squares (NLS and ARMA)
TSLS - Two-Stage Least Squares (TSNLS and ARMA)
GMM - Generalized Method of Moments
LIML - Limited Information Maximum Likelihood and K-Class
COINTREG - Cointegrating Regression
ARCH - Autoregressive Conditional Heteroskedasticity
BINARY - Binary Choice (Logit, Probit, Extreme Value)
ORDERED - Ordered Choice
CENSORED - Censored or Truncated Data (including Tobit)
COUNT - Integer Count Data
QREG - Quantile Regression (including LAD)
GLM - Generalized Linear Models
STEPLS - Stepwise Least Squares
ROBUSTLS - Robust Least Squares
HECKIT - Heckman Selection (Generalized Tobit)
BREAKLS - Least Squares with Breakpoints
THRESHOLD - Threshold Regression
SWITCHREG - Switching Regression
ARDL - Auto-regressive Distributed Lag Models
MIDAS - Mixed Data Sampling Regression
ENET - Elastic Net Regularization
FUNCOEF - Functional Coefficients
```

图 12.2　方程的估计方法

（4）"Estimation settings"选项组中的"Sample"选项用于设置估计方程时使用的样本范围。Eviews 默认使用工作文件的所有观测单元。在图 12.1 中，"Sample"编辑框中的"1 505"表示利用工作文件中的 505 个观测单元来估计方程。若只使男性基金经理为样本来估计方程，则在"Sample"后的编辑框中输入"1 505 if male=1"。

（5）单击"OK"按钮，输出结果如图 12.3 所示。单击"Name"按钮，将其命名为"eq1"，保存在工作文件中。工作文件窗口将新增一个名为"eq1"的方程对象。

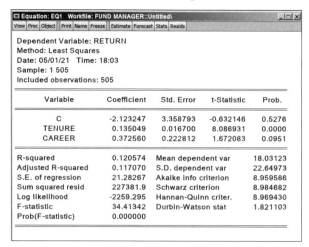

Equation: EQ1　Workfile: FUND MANAGER::Untitled\

View Proc Object | Print Name Freeze | Estimate Forecast Stats Resids

Dependent Variable: RETURN
Method: Least Squares
Date: 05/01/21　Time: 18:03
Sample: 1 505
Included observations: 505

Variable	Coefficient	Std. Error	t-Statistic	Prob.
C	-2.123247	3.358793	-0.632146	0.5276
TENURE	0.135049	0.016700	8.086931	0.0000
CAREER	0.372560	0.222812	1.672083	0.0951

R-squared	0.120574	Mean dependent var		18.03123
Adjusted R-squared	0.117070	S.D. dependent var		22.64973
S.E. of regression	21.28267	Akaike info criterion		8.959586
Sum squared resid	227381.9	Schwarz criterion		8.984682
Log likelihood	-2259.295	Hannan-Quinn criter.		8.969430
F-statistic	34.41342	Durbin-Watson stat		1.821103
Prob(F-statistic)	0.000000			

图 12.3　方程估计结果

2. 方程估计结果解读

如图 12.3 所示，方程窗口的信息分为 3 栏。第一栏是标题栏，第二栏是方程的参数估计结果，第三栏报告了方程的主要统计量。

（1）标题栏的第一行显示了方程的被解释变量（Dependent Variable），提醒研究者注意方程解释的是哪个变量的变化。第二行显示了估计方法（Method），本例是最小二乘法（Least Squares）。第三行显示了方程创建的时间。第四行是样本范围，第五行是观测值的个数。Eviews 会自动将默认值个案从样本中剔除。

（2）第二栏表格有 5 列。第一列"Variable"是解释变量。第二列"Coefficient"是解释变量的系数。第三列"Std. Error"是系数的标准误差。

第四列"t-Statistic"和第五列"Prob."来自式 12.2 所示的假设检验。

$$\begin{cases} H_0{:}\beta_i{=}0 \\ H_1{:}\beta_i{\neq}0 \end{cases} \qquad （12.2）$$

t 检验统计量如式 12.3 所示。

$$t= \frac{\hat{\beta}_i}{\text{se}(\hat{\beta}_i)} \sim t(n{-}k) \qquad （12.3）$$

式中，$\hat{\beta}_i$ 是式 12.1 中 β_i 的估计值，即图 12.3 中的"Coefficient"。$\text{se}(\hat{\beta}_i)$ 是图 12.3 中的"Std. Error"，二者相除得到第四列"t-Statistic"。t 检验的自由度等于样本容量 n 减去模型中待估参数的个数 k。

第五列"Prob"是 t 检验的 P 值，代表"拒绝原假设"面临的犯弃真错误的实际概率。如果 P 值小于研究者自行约定的显著性水平，则拒绝原假设。说明该解释变量对被解释变量有显著的影响。

Eviews 对 P 值只保留了 4 位小数。在本例中，解释变量 tenure 的 P 值为 0.0000，意味着 P 值比 0.0001 还小。在 0.01 的显著性水平下，拒绝了"解释变量 tenure 的系数等于 0"的原假设。解释变量 career 的系数的 P 值为 0.095，若把显著性水平约定为 0.10，可拒绝"系数等于 0"的原假设。

在经济计量学中，当系数的 P 值小于 0.01 时，称该系数"高度显著"，意思是该系数与 0 有非常明显的差异。当系数的 P 值大于 0.01 且小于 0.05 时，称该系数"显著"。当系数的 P 值大于 0.05 且小于 0.10 时，称该系数"弱显著"。

注意：Eviews 报告的 t 检验的原假设是"系数等于 0"，备择假设是"系数不等于 0"，是双侧检验。研究者如果要讨论系数大于 0 或者小于 0，则需使用右侧检验或左侧检验。单侧检验的 P 值为双侧检验的 P 值的 1/2，将 Eviews 报告的 P 值除以 2 即可。

研究者如果要检验系数是否等于某个非 0 的数值，则需要单击方程窗口中的"View/Coefficient Tests..."。关于该工具的使用方法，详见 12.6 节。

（3）第三栏报告了方程的主要统计量。

判定系数（R-squared）反映了回归模型的拟合效果，代表回归方程对被解释变量的变异的解释比例，该值越大，表示回归模型拟合效果越好。由于判定系数会随着解释变量个数的增加而增大，为了克服此缺陷，可采用校正的判定系数（Adjusted R-squared），比较解释变量个数不同的模型的拟合效果。

"S.E. of regression"是回归标准误差，反映了回归模型整体的估计误差，等于残差平方和（Sum squared resid）除以（$n-k$）再开平方根。

"F-statistic"及"Prob(F-statistic)"报告的是 F 检验的结果，F 检验讨论的是方程的解释变量的系数是否同时为 0，注意不包括截距系数。该检验的原假设和备择假设如式 12.4 所示。

$$\begin{cases} H_0: \beta_2 = \beta_3 \cdots \beta_k = 0 \\ H_1: \beta_2, \beta_3, \cdots, \beta_k \text{ 不全为 } 0 \end{cases} \tag{12.4}$$

F 检验的 P 值小于显著性水平，则拒绝原假设，意味着回归模型整体是显著的，所有解释变量联合起来对被解释变量有显著影响。

"Durbin-Watson stat"是 Durbin-Watson 检验统计量，用于检验方程是否存在自相关问题。如果该值在 2 附近，表明检验方程不存在自相关问题，满足古典线性回归模型中"随机误差项相互独立"的假定。

"Mean dependent var"和"S.D. dependent var"分别是被解释变量的平均值和标准差。

"Log likelihood"是对数似然函数的值，用于构造受限模型与非受限模型之间的似然比检验。"Akaike info criterion""Schwarz criterion"和"Hanna-Quinn criter."是衡量方程整体拟合效果的统计量，简称 AIC、SC 和 HQC。若只单独考察某个回归模型，前述 4 个统计量并不重要，它们主要用于多个模型间的优选。模型的 AIC、SC 和 HQC 的值越小，对数似然函数的值越大，模型的拟合效果越好。

关于上述统计量的具体计算公式在经济计量学教材中有详细介绍，在此不一一赘述。

3. 报告回归结果

在学术论文中报告回归结果，有两种常用的形式：一是写出估计的回归方程的数学表达式，如式 12.5 所示，二是表格的形式，如表 12.1 所示。下面以本例中 eq1 的输出结果为例，介绍这两种形式。

（1）数学表达式，如式 12.5 所示。

$$return_i = -2.123 + 0.135 tenure_i + 0.373 career_i + e_i$$
$$(3.358) \quad (0.017)^{***} \qquad (0.223)^{*} \tag{12.5}$$
$$SER = 21.283, F = 34.413^{***}, R^2 = 0.121, n = 505$$

式中，第一行是估计的回归方程，第二行括号中的数值是系数的标准误差，括号右上角星号代表系数的显著性。* 代表 P 值小于 0.10，** 代表 P 值小于 0.05，*** 代表 P 值小于 0.01。第三行报告了回归方程的标准误差（SER）、F 检验统计量及其显著性（F-stat）、判定系数（R^2）和样本容量（n）。

（2）表格形式，如表 12.1 所示。

表 12.1　方程 eq1 的估计结果

解 释 变 量	被解释变量（return）
C	−2.123
	(3.358)
tenure	0.135***
	(0.017)
career	0.373*
	(0.223)
R-square	0.121
F-stat	34.413***
n	505

注：括号内的数值代表标准误差，* 代表 P 值小于 0.10，** 代表 P 值小于 0.05，*** 代表 P 值小于 0.01。

4. 估计方程的 Options 设置

单击图 12.1 所示"Equation Estimation"对话框中的"Options"选项卡，如图 12.4 所示，这里一共有 4 项设置，分别是系数协方差（Coefficient covariance）、优化算法（Optimization）、权重（Weights）和系数名称（Coefficient name）。

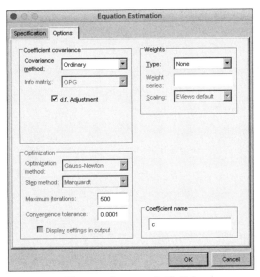

图 12.4　"Options"选项卡

（1）系数协方差（Coefficient covariance）。该选项用于设置估计量的协方差矩阵的计算方法。协方差矩阵对角线上的元素是估计量的方差，非对角线上的元素是估计量之间的协方差。Eviews 默认使用最小二乘法（Ordinary）计算标准误差。最小二乘法要求回归模型中的随机误差项满足方差相等、无自相关的假定。然而在实践中，随机误差项存在异方差（关于异方差的诊断，详见 12.6 节）、自相关时，若采用最小二乘法，估计的标准误差是有偏差的。此时，需要使用稳健标准误差。稳健标准误差，意思是在计算估计量的标准误差的过程中考虑到了模型中的异方差或（和）自相关问题，修正了 OLS 方法下计算的标准误差，得到的标准误差是一致的。关于稳健标准误差的详细介绍，可以参见 Eviews 手册。

单击图 12.4 的 "Covariance method" 下拉按钮，下拉列表中列出了 Eviews 提供的稳健标准误差的估计方法，如图 12.5 所示。

协方差矩阵估计方法分为 3 类。

一是异方差一致（Heteroskedasticity Consistent，HC）标准误差。单击 "Covariance method" 下拉按钮，选择 "HC (various)"。然后在下方选择具体的 HC 方法，如 HC0、HC1、HC2、HC3 等。HC0 是常用的异方差稳健标准误差。当模型存在异方差问题时，可选用异方差稳健标准误差。

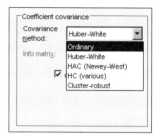

图 12.5　稳健标准误的估计方法

二是聚类（Cluster Robust）稳健标准误差。单击 "Covariance method" 下拉按钮，选择 "Cluster-robust"，填写聚类序列（cluster series）。然后选择具体的 CR 方法，如 CR0、CR1、CR2、CR3 等。当样本中的观测单元存在空间相关或组内相关时，可选用聚类稳健标准误差。例如，在研究工资的影响因素时，同一个行业的个体，其工资具有相关性，此时可将行业设置为聚类序列，采用聚类稳健标准误差。

三是异方差自相关一致（Heteroskedasticity and Autocorrelation Consistent）标准误差。单击 "Covariance method" 下拉按钮，选择 "HAC（Neway-West）"。该方法考虑了模型同时存在异方差和自相关的问题，得出的估计量的标准误差是一致的。

（2）优化算法（Optimization）。当采用最小二乘法时，无须对该项进行设置。若使用非线性最小二乘法或极大似然法，在优化算法中可以设置迭代规则、步长和迭代次数。

（3）权重（Weights）。当模型存在异方差时，可对模型进行加权变换，使得变换后的模型满足同方差，然后使用最小二乘法。若假定式 12.1 中的随机误差项的方差和从业年限（career）的平方成比例，即 $Var(u_i)=\sigma^2 career_i^2$，可采用加权最小二乘法（Weighted Least Squares，WLS）。在式 12.1 两端同时乘以权重 career。如图 12.4 所示，在 "Type" 下拉列表中选择 "variance"；在 "Weight series" 文本框中输入 "career"；在 "Scaling" 下拉列表中选择 "none"。

在实践中，需要首先假定异方差的形态，然后选择权重，估计模型参数。此外，还需要对加权变换后的模型进行异方差检验，以确认模型是否克服了异方差问题。若模型仍然存在异方差问题，还需要重新设置权重。有时，即使经过多次尝试，也不一定能找到适当的权重克服异方差问题。因此，当模型存在异方差问题时，建议优先采用稳健标准误差，直接修正普通最小二乘法（Ordinary Least Squares，OLS）标准误差，这将是一个更简便易行的方案。

（4）系数名称（Coefficient name）。该选项用于设置保存在工作文件中系数的名称，Eviews 默认的系数名称是 "c"。回归方程（即式 12.5）中的系数将按照其在方程中出现的顺序依次保存为 c(1)、c(2) 和 c(3)。

本节 Eviews 实战技巧

- 单击主菜单"Quick/Estimate Equation…",打开"Equation Estimate"对话框,创建方程。
- 打开"Equation Estimate"对话框,在"Specification"选项卡中输入方程的设定,可以输入经过数学变换的序列表达式,如 log(y)、log(x)、x^2 等。
- 打开"Equation Estimate"对话框,在"Specification"选项卡的"Estimate settings"选项组中设置回归方程的估计方法。Eviews 默认的估计方法是普通最小二乘法(LS)。若要选用其他估计方法,可单击"Method"下拉按钮,进行选择。
- 若回归模型存在异方差或自相关的问题,单击"Equation Estimate"对话框的"Options"选项卡,设置稳健标准误差的估计方法。

12.3 方程窗口的工具栏

方程窗口标题栏的下方是工具栏,集合了 10 个工具按钮。其中较为常用的是视图(View)、命名(Name)、冻结(Freeze)、估计(Estimate)、预测(Forecast)、估计结果(Stats)和残差(Resids)等工具。下面将一一介绍其功能。

1. 视图工具

单击方程窗口中的"View"按钮,下拉菜单如图 12.6 所示,其中罗列了方程的视图工具。这些视图工具被分为三栏。第一栏是显示方程详细信息的工具;第二栏是对方程进行诊断的工具;第三栏"Label",用于给方程添加标签信息。关于方程的诊断,详见 12.5 节。下面主要介绍第一栏中的工具。

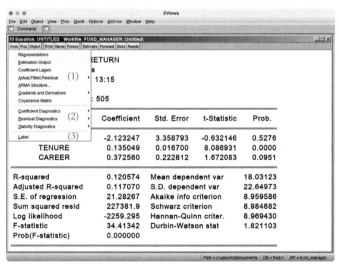

图 12.6 方程的视图工具

单击"View/Representations",窗口内容如图 12.7 所示。

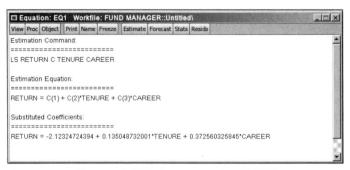

图 12.7　方程的"Representations"视图

窗口第一部分列出了创建方程的命令（Estimation Command）。若将下方的命令复制到命令窗口，然后运行，也可以得到该方程的估计结果。

第二部分列出了回归方程的形式（Estimate Equation），即在图 12.1 所示"Equation Estimation"对话框中输入的表达式。

第三部分列出了回归方程的估计结果（Substituted Coefficients），将系数的估计值写入回归方程的表达式。依次单击"View/Estimation Output"，或者单击工具栏中的"Stats"按钮，将返回回归方程详细估计结果。

通过复制和粘贴方程的形式和估计结果，用于某些复杂命令的编辑，可以提高命令输入效率。

依次单击"View/Actual, Fitted, Residual"，展开下级目录，如图 12.8 所示，可以选择以表格或图像报告被解释变量的监测值、被解释变量的估计值和残差。

图 12.8　方程的"View/Actual, Fitted, Residual"菜单

将解释变量的观测值代入估计方程，可计算被解释变量的估计值。残差等于被解释变量的观测值减去其估计值，反映了每个观测个体的估计误差。

如图 12.9 所示，"Actual"是 return 的观测值，"Fitted"是 return 的估计值。"Residual"是残差，等于前两项之差。"Residual Plot"将残差的大小用图形表示。中间的实线代表 0，菱形点的横坐标代表残差，残差在 0 左右波动，离实线越远的点代表残差的绝对值越大，该点的估计误差越大。利用该图，可迅速观察样本中哪些点的估计误差很大，诊断数据中是否存在异常值。

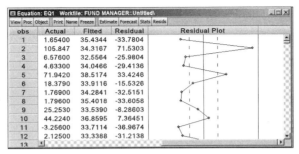

图 12.9　方程的"Actual, Fitted, Residual"视图

依次单击"View/Covariance Matrix"，报告 OLS 估计量的方差和协方差矩阵，如图 12.10 所示。

图 12.10　方程的"Covariance Matrix"视图

2. 命名工具

单击"Name"按钮，可以对方程进行命名或者重命名。

3. 冻结工具

单击"Freeze"按钮，可以将方程窗口的视图冻结为表格或图像，并将其保存在工作文件中。若对估计的方程很满意，不再修改其设定，此时可利用"Freeze"工具，将方程冻结为表格对象。表格中的内容将不再随方程视图的改变而变化，方便研究者将来查看估计结果。关于"Freeze"工具的详细介绍，详见 5.4.2 节。

4. 估计工具

单击"Estimate"按钮，打开"Estimate Equation"对话框，可修改方程的设定。

5. 预测工具

单击"Forecast"按钮，可将被解释变量的估计值保存到一个新的序列中。如图 12.11 所示，在"Forecast name"文本框中输入序列名称。Eviews 默认在被解释变量的名称后加一个字符"f"，存储预测序列的值。

在"Output"选项组中单击"Graph"下拉按钮，选择"Forecast & Actuals"，设置输出图像包括被解释变量的估计值和观测值。勾选"Forecast evaluation"复选框，将输出反映预测误差的统计量。单击"OK"按钮，输出结果如图 12.12 所示。

在"Forecast"视图中，蓝线代表"returnf"，是被解释变量 return 的点估计值。两条红线代表被解释变量 return 的区间估计值。上方的红线代表 95% 置信区间的上限，下方的红线代表 95% 置信区间的下限。上限和下限以点估计值为中心，加减点估计量的两倍标准误而得。绿线代表被解释变量的观测值。

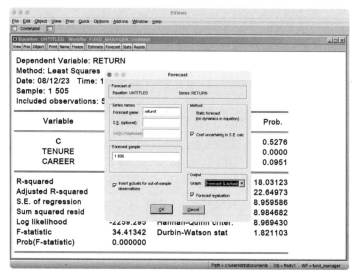

图 12.11　方程的"Forecast"对话框

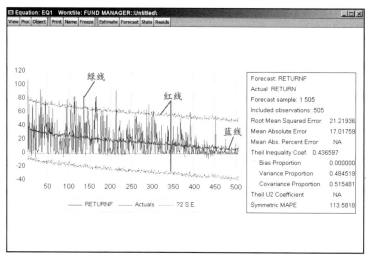

图 12.12　方程的"Forecast"视图

　　右边的方框报告了一系列反映估计误差大小的统计量。常用的统计量是均方误差的平方根（Root Mean Squared Error）。

6. 估计结果工具

　　单击"Stats"按钮，窗口将显示方程的详细估计结果。

7. 残差工具

　　单击"Resids"按钮，窗口如图 12.13 所示。在"Resid"视图中，蓝线代表残差，橙线代表被解释变量的估计值，绿线代表被解释变量的估计值。该图形采用了双纵轴的形式，左侧纵轴反映的是残差。右侧纵轴反映了被解释变量的观测值和估计值。

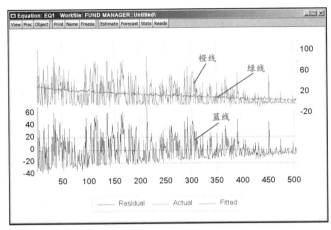

图 12.13　方程的"Resid"视图

本节 Eviews 实战技巧

- 方程窗口的工具栏集成了对方程的常用操作，如将方程以不同的视图显示（View）、显示方程的详细估计结果（Stats）、保存被解释变量的估计值（Forecast）、显示残差的图象（Resids）。
- 若要对方程的系数或者残差进行诊断，单击方程窗口的"View"按钮，可以实现对方程的诊断。

12.4　虚拟变量

虚拟变量反映观测个体是否具有某种属性。当观测个体具有某种属性时，虚拟变量的值为 1。当观测个体不具有某种属性时，虚拟变量的值为 0。在回归分析中，虚拟变量既可以作为解释变量，也可以作为被解释变量。

当被解释变量是虚拟变量时，不能使用普通最小二乘法，需要使用 logit 模型或 probit 模型，这部分内容将在 13.2 节和 13.3 节中介绍。本节介绍解释变量包含虚拟变量的情形，首先介绍虚拟变量的引入和创建，然后介绍包含虚拟变量的方程的设定。

1. 虚拟变量在回归模型中的引入

本节仍然以"fund manager.wf1"工作文件为例，对 12.2 节中的模型（式 12.1）进行扩展，引入反映基金经理性别、专业、学历等虚拟变量，研究基金经理的个人特征对其管理的基金收益率的影响。回归模型的设定如式 12.6 和式 12.7 所示。

$$\text{return}_i=\beta_1+\beta_2\text{tenure}_i+\beta_3\text{career}_i+\beta_4\text{male}_i+\beta_5\text{Finance}_i+u_i \tag{12.6}$$

$$\text{return}_i=\beta_1+\beta_2\text{tenure}_i+\beta_3\text{career}_i+\beta_4\text{male}_i+\beta_5\text{Finance}_i+\beta_6\text{Finance}_i\times\text{career}_i+u_i \tag{12.7}$$

在上述模型中，male 代表基金经理的性别，male 等于 1 代表男性，male 等于 0 代表女性。finance 代表基金经理的专业，finance 等于 1 代表基金经理的专业为金融，finance 等于 1 代表基金经理的专业是管理、理工或其他专业。

2. 虚拟变量的创建

在 Eviews 中创建虚拟变量主要有两种方式，一是条件表达式，二是 @expand 函数。下面将分别加以介绍。

1）条件表达式

在 Eviews 中可以用条件表达式创建虚拟变量。若条件表达式成立，则虚拟变量的值为 1。若条件表达式不成立，则虚拟变量的值为 0。

在"fund manager.wf1"工作文件中，male 和 major 的观测值是数值代码。male 的值为 1 和 0，分别代表男性和女性。major 的值为 1、2、3 和 4，分别代表金融、管理、理工和其他专业。如图 12.14 所示，利用 genr 命令创建序列 finance。当 major=1 时，finance 的值为 1；当 major=2、3、4 时，finance 的值为 0。创建方程时，可将条件表达式直接写入方程表达式。在图 12.1 所示的"Equation specification"对话框中，输入"return c tenure career male=1 major=1"。

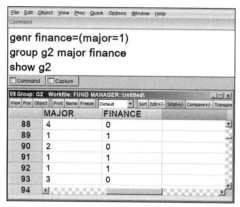

图 12.14　利用条件表达式创建虚拟变量

2）@expand 函数

Eviews 的 @expand 函数用于自动创建虚拟变量。例如，@expand(edu) 将根据 edu 的 3 类取值，创建 edu=1、edu=2 和 edu=3 3 个虚拟变量。@expand(male, edu) 将根据 male 的 2 类取值、edu 的 3 类取值，创建 6 个虚拟变量。如图 12.15 所示，在 group 窗口可以看到 @expand(male, edu) 生成的虚拟变量。

图 12.15　@expand 函数创建虚拟变量

将虚拟变量引入模型时，要注意完全多重共线性问题。一般的原则是，若回归模型包含截距项，引入虚拟变量的个数等于其对应的定性变量的类别数减 1。例如，在有截距项的模型中引入 edu 作为解释变量。edu 分为 3 类，引入 2 个虚拟变量即可。@expand(edu) 创建了 3 个虚拟变量，需要去掉一个虚拟变量才行。@expand(edu，@dropfirst) 将不为第一个组别创建虚拟变量，只创建 edu=2、edu=3 两个虚拟变量。@expand(edu，@droplast) 将不为最后一个组别创建虚拟变量。

3. 含有虚拟变量的回归模型的设定

单击主菜单"Quick/Estimate Equation..."，打开"Equation Estimation"对话框，在"Equation specification"对话框中输入模型（式 12.6）的设定"return c tenure career male finance"，单击"OK"按钮，输出结果如图 12.16 所示，将其保存为方程对象"eq2"。

Dependent Variable: RETURN
Method: Least Squares
Date: 05/02/21   Time: 09:26
Sample: 1 505
Included observations: 505

Variable	Coefficient	Std. Error	t-Statistic	Prob.
C	-5.594241	3.911523	-1.430195	0.1533
TENURE	0.138200	0.016324	8.465843	0.0000
CAREER	0.324188	0.217364	1.491450	0.1365
MALE	9.091246	2.166496	4.196291	0.0000
FINANCE	-5.657837	1.870065	-3.025476	0.0026

R-squared	0.167887	Mean dependent var	18.03123
Adjusted R-squared	0.161320	S.D. dependent var	22.64973
S.E. of regression	20.74362	Akaike info criterion	8.912206
Sum squared resid	215148.8	Schwarz criterion	8.954033
Log likelihood	-2245.332	Hannan-Quinn criter.	8.928612
F-statistic	25.21995	Durbin-Watson stat	1.834307
Prob(F-statistic)	0.000000		

图 12.16　方程 eq2 估计结果

在图 12.16 中，male 的系数高度显著，系数的估计值约为 9.091。在本例中，基金收益率的单位为 %，代表在其他变量保持不变的情况下，男性基金经理管理的基金收益率平均比女性的约高 9.091%。finance 的系数高度显著，系数的估计值约为 -5.658，代表在其他变量保持不变的情况下，金融专业的基金经理管理的基金收益率平均比其他专业背景的基金经理管理的基金收益率约低 5.658%。

Eviews 允许方程设定的表达式中有数学计算式，要引入两个变量的交互项，用乘号"*"连接这两个变量即可。依次单击主菜单"Quick/Estimate Equation..."，输入式 12.7 所示模型的设定"return c tenure career male finance finance*career"，单击"OK"按钮，得到式 12.7 所示模型的估计结果，如图 12.17 所示。

在图 12.17 中，career 和交互项 career*finance 的系数都不显著，这是由于模型中解释变量之间的共线性程度较高，可以尝试剔除模型中的解释变量"finance"。

单击方程窗口中的"Estimate"按钮，打开"Equation Estimation"对话框，输入"return c tenure career male finance*career"，单击"OK"按钮，输出结果如图 12.18 所示。

Dependent Variable: RETURN
Method: Least Squares
Date: 05/02/21   Time: 09:34
Sample: 1 505
Included observations: 505

Variable	Coefficient	Std. Error	t-Statistic	Prob.
C	-1.918013	4.915149	-0.390225	0.6965
TENURE	0.138677	0.016320	8.497092	0.0000
CAREER	0.012187	0.333348	0.036561	0.9709
MALE	9.048731	2.165638	4.178321	0.0000
FINANCE	-12.02431	5.487222	-2.191330	0.0289
FINANCE*CAREER	0.542275	0.439433	1.234033	0.2178

R-squared	0.170419	Mean dependent var		18.03123
Adjusted R-squared	0.162106	S.D. dependent var		22.64973
S.E. of regression	20.73278	Akaike info criterion		8.913119
Sum squared resid	214494.2	Schwarz criterion		8.963312
Log likelihood	-2244.563	Hannan-Quinn criter.		8.932806
F-statistic	20.50162	Durbin-Watson stat		1.840993
Prob(F-statistic)	0.000000			

图 12.17　含有交互项的方程估计结果

Dependent Variable: RETURN
Method: Least Squares
Date: 05/02/21   Time: 09:35
Sample: 1 505
Included observations: 505

Variable	Coefficient	Std. Error	t-Statistic	Prob.
C	-9.032885	3.704096	-2.438621	0.0151
TENURE	0.138306	0.016382	8.442817	0.0000
CAREER	0.537922	0.232311	2.315529	0.0210
MALE	9.218995	2.172456	4.243581	0.0000
FINANCE*CAREER	-0.363083	0.150250	-2.416523	0.0160

R-squared	0.162435	Mean dependent var		18.03123
Adjusted R-squared	0.155735	S.D. dependent var		22.64973
S.E. of regression	20.81145	Akaike info criterion		8.918736
Sum squared resid	216558.3	Schwarz criterion		8.960563
Log likelihood	-2246.981	Hannan-Quinn criter.		8.935142
F-statistic	24.24221	Durbin-Watson stat		1.830047
Prob(F-statistic)	0.000000			

图 12.18　含有交互项的方程估计结果

在图 12.18 中，所有的解释变量都显著，为了分析交互项系数的含义，先写出如式 12.8 所示的表达式。

$$return_i = -9.033 + 0.138tenure_i + 0.538career_i$$
$$+ 9.219male_i - 0.363finance_i * career + u_i \tag{12.8}$$

当 finance=0 时，对于非金融专业的基金经理，求被解释变量 return 对解释变量 career 的导数，如式 12.9 所示。

$$\frac{dreturn}{dcareer} = 0.538 \tag{12.9}$$

当 finance=1 时，对于金融专业的基金经理，求被解释变量 return 对解释变量 career 的导数，如式 12.10 所示。

$$\frac{dreturn}{dcareer} = 0.538 + (-0.363) = 0.173 \tag{12.10}$$

　　式 12.8 引入了交互项"finance*career"，其目的是将基金经理分成金融专业和非金融专业两个组别，比较在这两个组别中，从业年限对基金收益率影响效应的差异。从式 12.9 和式 12.10 可以发现，当其他条件保持不变，非金融专业的基金经理从业年限每增加 1 年，其管理的基金收益率平均增加 0.538%。而在金融专业，career 的系数为 0.173，代表从业年限每增加 1 年，基金收益率平均增加 0.173%。可见，非金融专业的基金经理的从业年限对基金收益率的增加影响更大。

本节 Eviews 实战技巧

- 可以用条件表达式、@expand 函数创建虚拟变量。
- 虚拟变量的系数代表差别截距，反映了虚拟变量取 0 和 1 的两个组别的被解释变量的平均差距。
- 虚拟变量和定量变量的交互项的系数代表差别斜率，反映了在虚拟变量取 0 和 1 的两个组别中，解释变量对被解释变量的影响效应的平均差距。

12.5　方程形式变换

　　在本章前文估计的回归模型式 12.1 和式 12.6 中，解释变量和被解释变量均以原形的形式出现，这类模型统称为变量线性模型。在变量线性模型中，解释变量对被解释变量的边际效应是固定不变的，然而现实中的研究对象可能并不满足这样的变动规律。例如，研究工龄对工资的影响效应，随着工龄的增加，工资每一年的增长幅度并不是固定的。例如，研究到市中心的距离与房价的关系，在城区和远郊区，离市中心的距离每增加 1 千米，房价下降的幅度会有差异。因此，在实践中往往需要采取更加灵活的形式来设定方程。常用的做法有引入解释变量的平方项、对数变换等。

1. 解释变量的平方项

　　沿用 12.1 节中的实战案例，为了讨论基金经理的任职期限与其管理基金收益率的潜在的非线性关系，设定回归模型，如式 12.11 所示。

$$\text{return}_i = \beta_1 + \beta_2 \text{tenure}_i + \beta_3 \text{tenure}_i^2 + \beta_4 \text{male}_i + \beta_5 \text{Finance}_i + u_i \tag{12.11}$$

　　单击主菜单"Quick/Estimate Equation..."，打开"Equation Estimation"对话框在"Equation specification"编辑框中输入式 12.11 所示模型的设定"return c tenure tenur^2 male finance"，单击"OK"按钮，输出结果如图 12.19 所示。

　　在图 12.17 中，解释变量 tenure、tenure 的平方项的系数的 P 值都小于 0.01，表明二者均对被解释变量 return 有显著影响。求 return 对 tenure 的导数，如式 12.12 所示。

$$\frac{\text{dreturn}}{\text{dtenure}} = 0.392 + 2 \times (-0.001) * \text{tenure} = 0.392 - 0.002 * \text{tenure} \tag{12.12}$$

　　基金经理的任职时长（tenure）对其管理的基金收益率（return）的边际效应是关于任职时长（tenure）的减函数。任职时长越长，边际效应越小。

```
Dependent Variable: RETURN
Method: Least Squares
Date: 06/15/21   Time: 15:17
Sample: 1 505
Included observations: 505
```

Variable	Coefficient	Std. Error	t-Statistic	Prob.
C	-14.62228	4.699950	-3.111157	0.0020
TENURE	0.392257	0.073956	5.303942	0.0000
TENURE^2	-0.000987	0.000281	-3.512522	0.0005
MALE	9.023397	2.144628	4.207442	0.0000
FINANCE	-5.940617	1.851566	-3.208429	0.0014

R-squared	0.184312	Mean dependent var		18.03123
Adjusted R-squared	0.177787	S.D. dependent var		22.64973
S.E. of regression	20.53786	Akaike info criterion		8.892269
Sum squared resid	210901.8	Schwarz criterion		8.934096
Log likelihood	-2240.298	Hannan-Quinn criter.		8.908675
F-statistic	28.24496	Durbin-Watson stat		1.882372
Prob (F-statistic)	0.000000			

图 12.19　回归模型（式 12.11）估计结果

令 $\dfrac{dreturn}{dreturn}=0$，可以求出 return 与 tenure 二次项曲线的拐点为 196。二者关系如图 12.20 所示。当任职时长小于 196 天时，随着基金经理任职时长的增加，其管理的基金收益率越高，但增加的速度越来越慢；当任职时长大于 196 天，随着基金经理任职时长的增加，其管理的基金收益率越低。

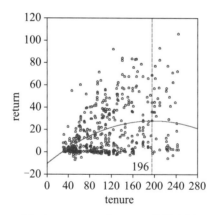

图 12.20　tenure 和 return 的散点图

绘制图 12.20 的命令如下。

```
group g1 tenure return
freeze(scat_diagram) g1.scat linefit(xd=2)
scat_diagram.draw(line, bottom, @rgb(255,0,0), pattern(3), linewidth(1)) 196
```

第一行 group 命令，创建组 g1，其中包括序列 tenure 和序列 return。注意：将散点图中作为横轴的序列的放在前面，将作为纵轴的序列放在后面。

第二行 freeze 命令，生成图形 scat_diagram，该图是对组 g1 绘制散点图，在散点图中添加一个二项式拟合线。

第三行 draw 命令，在图形 scat_diagram 中添加一条垂直辅助线。括号中的 line 代表添加一条直线，bottom 代表垂直辅助线，@rgb(255,0,0) 代表颜色是红色，pattern(3) 代表线型，linewidth(1) 代表线宽。196 代表辅助线的横坐标。

2. 对数变换

沿用 12.1 节中的实战案例，设定双对数回归模型，如式 12.13 所示。

$$\text{Ln}(return_i)=\beta_1+\beta_2\text{Ln}(tenure_i)+\beta_3\text{Ln}(career)+\beta_4 male_i+\beta_5 \text{Finance}_i+u_i \qquad (12.13)$$

单击主菜单"Quick/Estimate Equation..."，打开"Equation Estimation"对话框，如图 12.21 所示，输入双对数模型（式 12.13）的设定。

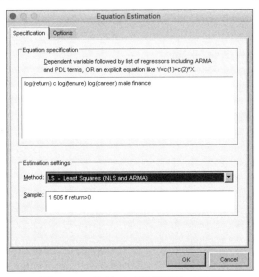

图 12.21　估计双对数模型的对话框

注意，Eviews 中的对数变换是 log，不是 ln。由于样本中有部分基金经理管理的基金的收益率（return）小于 0，无法进行对数变换。如图 12.21 所示，将"Sample"设置为"1 500 if return>0"，将 return > 0 的个案纳入样本。单击"OK"按钮，输出结果如图 12.22 所示。

Dependent Variable: LOG (RETURN)
Method: Least Squares
Date: 06/15/21　Time: 15:16
Sample: 1 505 IF RETURN>0
Included observations: 434

Variable	Coefficient	Std. Error	t-Statistic	Prob.
C	-5.512537	0.912609	-6.040412	0.0000
LOG (TENURE)	1.368571	0.154194	8.875615	0.0000
LOG (CAREER)	0.341244	0.229194	1.488884	0.1373
MALE	0.766039	0.200687	3.817079	0.0002
FINANCE	-0.465757	0.169011	-2.755781	0.0061

R-squared	0.197700	Mean dependent var		1.981801
Adjusted R-squared	0.190220	S.D. dependent var		1.930448
S.E. of regression	1.737203	Akaike info criterion		3.953884
Sum squared resid	1294.669	Schwarz criterion		4.000809
Log likelihood	-852.9928	Hannan-Quinn criter.		3.972406
F-statistic	26.42821	Durbin-Watson stat		2.016753
Prob (F-statistic)	0.000000			

图 12.22　双对数模型的估计结果

基于回归模型（式 12.13）的估计结果，求 Ln(return) 对 Ln(tenure) 的导数，也就是 return 对 tenure 的弹性，如式 12.14 所示。

$$\frac{dLn(return)}{dLn(tenure)} = \frac{dreturn}{dtenure} \times \frac{tenure}{return} = 1.369 \qquad (12.14)$$

估计结果表明，基金收益率对任职时长的弹性系数是 1.369。在其他变量保持不变时，基金经理的任职时长每增加 1 个百分点，其管理的基金收益率平均增加 1.369 个百分点。

在实践中，还可以采用半对数模型，即解释变量或被解释变量只有一方取对数，另一方不取对数。

本节 Eviews 实战技巧

- 当解释变量对被解释变量的边际效应不是常数时，可以在模型中加入解释变量的平方项，或者采用双对数模型或半对数模型。
- 对变量进行对数变换时，需要注意对数运算规则，大于 0 的值才能进行对数变换。
- 在模型中加入解释变量的平方项后，要求出二次曲线的拐点，考察样本观测值在拐点两侧的分布，总结解释变量与被解释变量的变化形态。

12.6 方程的诊断

估计回归方程的参数，只是迈出了回归分析的第一步。在实践中还需要研究方程的估计结果是否可靠、方程设定是否正确、对方程施加的假定是否满足。这些工作统称为对方程的诊断。

对方程可以进行 3 个方面的诊断：一是系数的诊断（Coefficient Diagnostics），二是残差的诊断（Residual Diagnostics），三是方程稳健性的诊断（Stability Diagnostics）。在方程窗口中单击"View"，下拉菜单列出了这 3 类诊断工具及其下级目录，如图 12.23 所示。本节将主要介绍这 3 类诊断工具，其余的诊断工具主要适用于时间序列，将在第 20 章介绍。

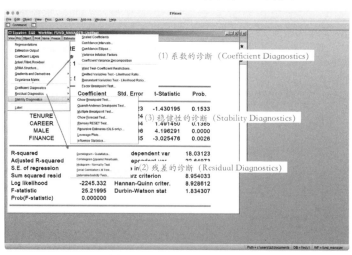

图 12.23　方程的诊断工具

　　方程的诊断本质上运用的都是假设检验方法。在利用 Eviews 对方程进行诊断时，研究者需要掌握的关键点是某个诊断使用的是什么假设检验，该假设检验的原假设和备择假设是什么。研究者不必深究检验统计量的构造过程、计算公式，因为这些技术上的细节问题已由该方法的提出者解决了。作为假设检验方法的使用者，学习的重点应该放在如何利用 Eviews 实现该检验，如何解读 Eviews 的输出结果。

　　本节延续 12.4 节中模型（式 12.6）的分析，该模型讨论了基金经理的任职时长、从业年限、性别和专业对基金收益率的影响，其估计结果保存在方程 eq2 中。接下来对方程 eq2 的系数、残差和稳健性进行诊断。

1. 系数的诊断

　　Eviews 中对回归方程系数的诊断工具有标准化系数、方差膨胀因子、Wald 检验、遗漏或多余变量检验、因子断点检验。

　　1）标准化系数

　　在方程 eq2 窗口中依次单击"View/Coefficient Diagnostics/Scaled Coefficients"，输出结果如图 12.24 所示。

```
Scaled Coefficients
Date: 05/02/21   Time: 13:49
Sample: 1 505
Included observations: 505
```

Variable	Coefficient	Standardized Coefficient	Elasticity at Means
C	-5.594241	NA	-0.310253
TENURE	0.138200	0.346462	0.896472
CAREER	0.324188	0.060913	0.210339
MALE	9.091246	0.171980	0.382389
FINANCE	-5.657837	-0.123781	-0.178948

图 12.24　方程的标准化系数和平均弹性系数

　　图 12.24 中的表格第一列和第二列分别是方程 eq2 中的解释变量及其系数。第三列是标准化系数。将所有的变量先进行标准化变换，在标准化变量之间建立回归模型，其中的系数即标准化系数。标准化系数反映了解释变量变化一个标准差，相应的被解释变量平均变化多少个标准差。

　　第四列是在样本均值点被解释变量关于某个解释变量的弹性系数。在方程 eq2 中，return 对 tenure 在样本均值点的弹性系数如式 12.15 所示。

$$E_{\text{return-tenure}} = \frac{\text{dreturn}}{\text{dtenure}} \cdot \frac{\overline{\text{tenure}}}{\overline{\text{return}}} = 0.138 \times \frac{116.964}{18.031} = 0.896 \tag{12.15}$$

　　式中，$\overline{\text{tenure}}$ 和 $\overline{\text{return}}$ 分别代表 tenure 和 return 的均值。在样本均值点的弹性系数为 0.896，表明平均而言，基金经理的任职时长每增加 1 个百分点，其管理的基金的收益率平均增加 0.896 个百分点。

　　对比图 12.24 所示的弹性系数，可以发现，任职时长的平均弹性系数为 0.896，高于从业年限的平均弹性系数 0.210，这说明任职时长对基金收益率的影响效应更大。从业年限对基金收益率的影响效应相对于任职时长而言，影响效应较小。

从方程 eq2 的设定（式 12.6）可知，解释变量的系数代表边际效应，反映的是某个解释变量变化 1 单位，相应的被解释变量平均变化多少单位。在模型中，任职期限（tenure）的单位是天，从业时长（career）的单位是年，二者的单位不同。任职期限增加 1 单位，意味着任职期限增加 1 天，而从业时长增加 1 单位，意味着从业时长增加 1 年。同样是变化 1 单位，二者的实际变化却不相同。因此，无法根据回归模型（式 12.6）中任职期限（tenure）和从业时长（career）的系数来比较二者对基金收益率的影响效应。标准化系数虽然通过标准化变换消除了解释变量的单位，但是其系数含义脱离实际，在现实中不容易被理解。通过计算平均弹性系数，可以比较不同的解释变量对基金收益率的影响效应。

因此，在实践中，若要比较不同的解释变量对被解释变量的影响效应，可在方程窗口中单击"View/Coefficient Diagnostics/Scaled Coefficients"，报告被解释变量对各个解释变量的平均弹性系数。

2）方差膨胀因子

方差膨胀因子（Variance Inflation Factor，VIF）反映回归模型中解释变量之间的共线性程度。某个解释变量的方差膨胀因子的计算公式如式 12.16 所示。

$$VIF_i = \frac{1}{1-R_i^2} \tag{12.16}$$

式中，R_i^2 是辅助回归模型的判定系数。该辅助回归模型的被解释变量是原始模型中的第 i 个解释变量，然后将剩余的解释变量作为辅助回归模型的解释变量。将 R_i^2 代入式 12.16 中即可计算出第 i 个解释变量的方差膨胀因子。辅助回归模型的判定系数越高，第 i 个解释变量与剩余的解释变量的相关性程度越高，VIF 的值会越大。通常 VIF 的值超过 10，表明共线性程度较强。

依次单击方程 eq2 窗口中的"View/Coefficient Diagnostics/Variance Inflation Factors"，得到输出结果，如图 12.25 所示。

Variance Inflation Factors
Date: 05/02/21　Time: 14:58
Sample: 1 505
Included observations: 505

Variable	Coefficient Variance	Uncentered VIF	Centered VIF
C	15.30001	17.95619	NA
TENURE	0.000266	5.285020	1.006374
CAREER	0.047247	8.591497	1.002292
MALE	4.693704	4.177780	1.009285
FINANCE	3.497143	2.340653	1.005785

图 12.25　方程的方差膨胀因子

在图 12.25 中，第四列"Centered VIF"就是利用式 12.16 计算出来的方差膨胀因子。方程 eq2 中各个解释变量的方差膨胀因子都刚刚超过 1，所以多重共线性程度不严重。

3）Wald 检验

Wald 检验用于讨论回归模型的参数约束条件是否成立。以方程 eq2 为例，若要讨论 tenure

的系数 β_4 是否等于 4，建立假设检验，如式 12.17 所示。

$$\begin{cases} H_0{:}\beta_4{=}4 \\ H_1{:}\beta_4{\neq}4 \end{cases} \tag{12.17}$$

t 检验统计量的计算公式如式 12.18 所示。

$$t=\frac{\hat{\beta}_4-\beta_4^0}{\mathrm{se}(\hat{\beta}_4)}=\frac{9.091-4}{2.166}=\frac{5.091}{2.166}\approx 2.350\sim t(500) \tag{12.18}$$

在方程 eq2 窗口中单击"View/Coefficient Diagnostics/Wald Test-Coefficient Restrictions..."，打开"Wald Test"对话框，如图 12.26 所示，输入对 tenure 的系数 β_4 的约束条件"c(4)=4"，代表式 12.12 中的原假设：$\beta_4{=}4$。tenure 的系数是方程 eq2 中的第四个参数，用 c(4) 代表。

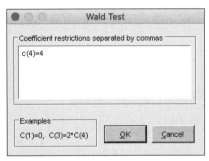

图 12.26　设置 Wald 检验的约束条件

单击"OK"按钮，输出结果如图 12.27 所示。

Wald Test:
Equation: EQ2

Test Statistic	Value	df	Probability
t-statistic	2.349991	500	0.0192
F-statistic	5.522459	(1, 500)	0.0192
Chi-square	5.522459	1	0.0188

Null Hypothesis: C(4)=4
Null Hypothesis Summary:

Normalized Restriction (= 0)	Value	Std. Err.
-4 + C(4)	5.091246	2.166496

Restrictions are linear in coefficients.

图 12.27　Wald 检验输出结果

图 12.27 显示了 Wald 检验的结果。第一张表格分 4 列，分别列出了检验类型、检验统计量的值、自由度和 P 值。表中第一行列出了式 12.18 中计算的 t 值（约为 2.350），其 P 值约为 0.019。在 0.05 的显著性水平下，拒绝"male 的系数等于 4"的原假设。

若要检验 male1 的系数与 finance 的系数是否相等，在"Wald Test"对话框的编辑框中输入"c(4)=c(5)"，单击"OK"按钮，输出结果如图 12.28 所示。

Wald Test:			
Equation: EQ2			
Test Statistic	Value	df	Probability
t-statistic	5.317581	500	0.0000
F-statistic	28.27667	(1, 500)	0.0000
Chi-square	28.27667	1	0.0000

Null Hypothesis: C(4)=C(5)
Null Hypothesis Summary:

Normalized Restriction (= 0)	Value	Std. Err.
C(4) - C(5)	14.74908	2.773645

Restrictions are linear in coefficients.

图 12.28　Wald 检验输出结果

在图 12.28 中，Wald 检验的原假设和备择假设如式 12.19 所示。

$$\begin{cases} H_0{:}\beta_4-\beta_5=0 \\ H_1{:}\beta_4-\beta_5\neq0 \end{cases} \tag{12.19}$$

t 检验统计量的计算公式如式 12.20 所示。

$$t=\frac{(\hat{\beta}_4-\hat{\beta}_5)-0}{\text{se}(\beta_4-\beta_5)}=\frac{(9.091-(-5.658))-0}{2.773}=\frac{14.749}{2.773}\approx 5.319 \sim t(500) \tag{12.20}$$

t 检验的 P 值接近于 0，在 0.01 的显著性水平下拒绝 "male1 的系数与 finance 的系数相等" 的原假设。

4）遗漏 / 多余变量检验

遗漏 / 多余变量检验（Omitted/Redundant Variable Test）可用于讨论模型中是否有遗漏变量或多余变量，或者用于比较两个模型哪个更优。以方程 eq1 和 eq2 为例，建立如式 12.21 所示的原假设和备择假设。

$$\begin{cases} H_0{:}\text{return}_i=\beta_1+\beta_2\text{tenure}_i+\beta_3\text{tenure}_i+u_i \\ H_1{:}\text{return}_i=\beta_1+\beta_2\text{tenure}_i+\beta_3\text{career}_i+\beta_4\text{male}_i+\beta_5\text{finance}_i+u_i \end{cases} \tag{12.21}$$

方程 eq1 中没有解释变量 male 和 finance，相当于给 eq1 中施加了两个约束条件：$\beta_4=0$ 和 $\beta_5=0$，因此 eq1 称为受限模型，eq2 称为非受限模型。

式 12.6 中的原假设和备择假设也可以表达成式 12.22。

$$\begin{cases} H_0{:}\beta_4=\beta_5=0 \\ H_1{:}\beta_4,\beta_5 \text{ 不全为 } 0 \end{cases} \tag{12.22}$$

利用两个模型的判定系数，构造如下服从 F 分布的检验统计量。

$$F=\frac{(R_{\text{ur}}^2-R_{\text{r}}^2)/m}{(1-R_{\text{ur}}^2)/(n-k)}\sim F(m,n-k) \tag{12.23}$$

式中，R_{ur}^2 代表不受限模型的判定系数，R_{r}^2 代表受限模型的判定系数。m 代表施加的限制条件的个数，n 和 k 分别代表不受限模型的样本容量和待估参数的个数。

在本例中，F 检验的计算公式如式 12.24 所示。

$$F = \frac{(0.168-0.121)/2}{(1-0.168)/(505-5)} \approx 14.123 \sim F(2,500) \qquad （12.24）$$

在方程 eq2 窗口中依次单击 "View/Coefficient Diagnostics/Redundant Variables Test-Likehood Ratio..."，打开 "Redundant Variables Test" 对话框，在编辑框中输入 "male finance"（变量之间用空格隔开），如图 12.29 所示。

单击 "OK" 按钮，输出结果如图 12.30 所示。

Redundant Variables Test (1)
Equation: EQ2 (2)
Redundant variables: MALE FINANCE (3)
Specification: RETURN C TENURE CAREER MALE FINANCE (4)
Null hypothesis: MALE FINANCE are jointly insignificant (5)

	Value	df	Probability
F-statistic	14.21468	(2, 500)	0.0000
Likelihood ratio	27.92702	2	0.0000

F-test summary:

	Sum of Sq.	df	Mean Squares
Test SSR	12233.08	2	6116.541
Restricted SSR	227381.9	502	452.9519
Unrestricted SSR	215148.8	500	430.2976

LR test summary:

	Value
Restricted LogL	-2259.295
Unrestricted LogL	-2245.332

Restricted Test Equation:
Dependent Variable: RETURN
Method: Least Squares
Date: 05/02/21　Time: 15:59
Sample: 1 505
Included observations: 505

Variable	Coefficient	Std. Error	t-Statistic	Prob.
C	-2.123247	3.358793	-0.632146	0.5276
TENURE	0.135049	0.016700	8.086931	0.0000
CAREER	0.372560	0.222812	1.672083	0.0951

R-squared	0.120574	Mean dependent var	18.03123
Adjusted R-squared	0.117070	S.D. dependent var	22.64973
S.E. of regression	21.28267	Akaike info criterion	8.959586
Sum squared resid	227381.9	Schwarz criterion	8.984682
Log likelihood	-2259.295	Hannan-Quinn criter.	8.969430
F-statistic	34.41342	Durbin-Watson stat	1.821103
Prob(F-statistic)	0.000000		

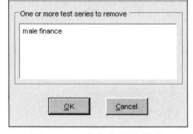

图 12.29　多余变量的检验　　　　图 12.30　多余变量检验的输出结果

输出结果第一部分是标题栏，包含非常重要的信息。第一行是检验的名称 "Redundant Variables Test"；第二行说明是对方程 eq2 进行检验；第三行指出 "Redundant Varialbes" 是 male 和 finance,；第四行 "Specification" 是方程 eq2 的设定；第五行是原假设，原假设是 "male 和 finance 联合起来是不显著的"，意思是 male 的系数和 finance 的系数同时等于 0。

注意标题栏中的信息，有助于理解下方输出结果的含义。F-statistic 的值约为 14.215，由式 12.18 计算而得，其 P 值接近于 0。在 0.01 的显著性水平下，拒绝 "male 和 finance 联合起来不显著" 的原假设，即方程 eq2 中的 male 和 finance 不是多余变量，方程 eq2 比方程 eq1 更优。

F 检验统计量的下方还报告了似然比检验（Likelihood ratio test）的结果。似然比检验统计量服从卡方分布，其检验结论与 F 检验一致。

"F-test summary"和"LR test summary"下方报告了受限模型和非受限模型的残差的平方和、似然函数的对数值。这些统计量将用于进行 F 检验和似然比检验。最后报告了受限方程的估计结果。

"Redundant Variables Test"诊断的输出结果很详细。研究者需要注意开头的标题栏信息，清楚该检验的原假设和备择假设，然后根据 F 检验的 P 值，即可得出结论。

若从方程 eq1 出发，讨论方程 eq1 中是否遗漏了变量 male 和 finance，本质上还是对比方程 eq1 和方程 eq2，比较二者哪个更好，这个假设检验的原假设和备择假设仍然是式 12.16。打开方程 eq1 后，依次单击""View/Coefficient Diagnostics/Omitted Variables Test-Likelihood Ratio..."，打开"Omitted Variables Test"对话框，在编辑框中输入"male finance"，单击"OK"按钮，输出结果与图 12.30 相似，在此不一一赘述。

5）因子断点检验

因子断点检验（Factor Breakpoint Test）的步骤如下：根据因子的不同取值将样本分割成几个子样本，或者几个组别，基于各个组别分别估计回归模型，考察这些回归模型的系数是否有显著差异。如果根据自样本估计出的回归模型的系数有显著差异，就表明存在因子断点。

因子断点检验的原假设如下：不同子样本的回归方程的系数都相同。备择假设如下：不同子样本的回归方程的系数不全相同。可采用 F 检验、似然比检验和 Wald 检验来进行判断，得出因子断点检验的结论，其检验统计量的构造在此不一一赘述，可参考 Eviews 用户手册。

下面介绍因子断点检验在 Eviews 中的实现。基于方程 eq1（式 12.1），利用因子断点检验讨论不同学历基金经理的从业年限对其管理的基金收益率的影响是否存在显著差异。

在方程 eq1 窗口中依次单击"View/Coefficient Diagnostics/Factor Breakpoint Test..."，打开"Factor Breakpoint Test"对话框如图 12.31 所示，在"Enter one or more breakpoint factors"编辑框中输入"edu"，在"Regressors to vary across breakpoints"编辑框中输入"career"。

"Regressors to vary across breakpoints"编辑框中默认填写的是 eq1 中所有的解释变量"c tenure career"。意思是按 edu 将基金经理划分为 3 个组别后，这 3 个组别估计的 3 个回归方程的截距、tenure 的系数、career 的系数都有显著差异。

研究者可以根据自己的研究需要，在"Regressors to vary across breakpoints"编辑框中指定断点因子。本例只考察在 3 个学历组别，从业年限对基金收益率的影响是否存在差异。假定 3 个学历组别的任职时长对基金收益率的影响一致，3 个组别的截距系数一致。因此，在"Regressors to vary across breakpoints"编辑框中只输入了"career"。单击"OK"按钮，输出结果如图 12.32 所示。

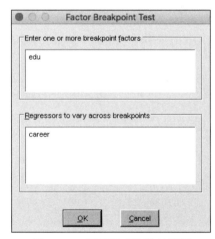

图 12.31　因子断点检验对话框

```
Factor Breakpoint Test: EDU
Null Hypothesis: No breaks at specified breakpoints
Varying regressors: CAREER
Equation Sample: 1 505
```

F-statistic	2.649922	Prob. F(2,500)	0.0716
Log likelihood ratio	5.324671	Prob. Chi-Square(2)	0.0698
Wald Statistic	5.299843	Prob. Chi-Square(2)	0.0707

Factor values:	Edu = 1
	Edu = 2
	Edu = 3

图 12.32　因子断点检验输出结果

图 12.32 显示 F 检验的 P 值为 0.072。在 0.10 的显著性水平下，拒绝"3 个学历组别的 career 的系数都相同"的原假设。这表明在设定模型时需要考虑在不同学历组别，career 对 return 的影响效应不同，在模型中应该引入 edu 与 career 的交互项。

2. 残差的诊断

本节介绍 Eviews 中对回归方程残差的两个诊断工具，即正态性检验和异方差检验。

1）残差的正态性检验

在回归分析中，为了推导 OLS 估计量的分布，假定随机误差项服从正态分布，从而得出 OLS 估计量也服从正态分布，进而在对回归系数进行显著性检验时，才能构造出服从 t 分布的检验统计量。因此，需要考察随机误差项是否服从正态，当这个假定满足时，假设检验的结论才可靠。然而，随机误差项是不可观测的，随机误差项的估计量是残差，因此在实践中通过考察残差的分布是否服从正态分布来判断这个假定是否成立。

在方程 eq2 窗口中依次单击"View/Residual Diagnostics|Histogram-Normality Test"，输出结果如图 12.33 所示。

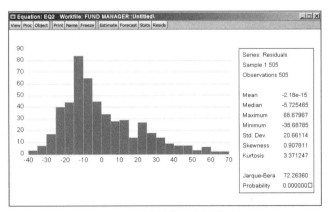

图 12.33　残差的正态性检验

图 12.33 左边是方程 eq2 的残差的直方图，右侧报告了残差的描述性统计量，右侧最下方报告了对残差进行 Jarque-Bera 检验的 P 值（接近于 0）。在 0.01 的显著性水平下，拒绝"残差服从正态分布"的原假设，意味着残差不服从正态分布。关于 Jarque-Bera 检验的介绍，详见 11.2 节。

统计学家指出，若样本容量特别大，若残差不服从正态分布，不会影响 t 检验和 F 检验的可靠性，此时可不做处理。因此，若回归分析的样本容量不够大，残差不服从正态分布，需要谨慎对待 t 检验的结论。

2）异方差检验

在古典线性回归模型中，假定随机误差项的方差为常数，可用异方差检验来判断该假定是否成立。异方差检验的思想是考察模型中残差的平方项是否与解释变量存在显著的关系。Eviews 提供了一系列异方差检验，如 Breusch-Pagan-Godfrey（BPG）检验、Harvey 检验、Glejser 检验、ARCH LM 检验、White 检验，这些检验的共同之处是构造辅助回归模型。辅助回归模型的被解释变量是原始模型的残差的平方，解释变量是原始模型中的全部或者部分解释变量，或者其平方项。如果辅助回归模型整体是显著的，就说明残差的平方和与解释变量存在显著的关系，原模型存在异方差问题。

下面将以方程 eq1 为例，介绍 Eviews 中 BPG 检验、White 检验的操作步骤和输出结果的解读。

（1）BPG 检验

针对回归模型（式 12.1）的 BPG 检验的辅助回归模型如式 12.25 所示。

$$e_i^2 = \gamma_1 + \gamma_2 \text{tenure} + \gamma_3 \text{career} + \theta_i \tag{12.25}$$

式中，e_i^2 是估计的回归方程（式 12.5）中的残差的平方。BPG 检验的原假设是回归模型（式 12.1）不存在异方差，即辅助回归模型（式 12.25）中的 tenure 和 career 的系数同时为 0。备择假设是回归模型（式 12.1）存在异方差，即辅助回归模型（式 12.25）中的 tenure 和 career 的系数不全为 0。BPG 检验的原假设和备择假设的数学表达式如式 12.26 所示。

$$\begin{cases} H_0: \gamma_2 = \gamma_3 = 0 \\ H_1: \gamma_2, \gamma_3 \text{ 不全为 0} \end{cases} \tag{12.26}$$

在方程 eq1 窗口中单击 "View/Residual Diagnostics/Heteroskedasticity Tests..."，打开 "Heteroskedasticity Tests" 对话框，如图 12.34 所示。

在 "Test type" 列表框中选择 "Breusch-Pagan-Godfrey"，在 "Regressors" 编辑框中默认输入了方程 eq1 的所有解释变量。对话框右上部分解释了辅助回归模型的形式。在 BPG 检验中，被解释变量是残差的平方，解释变量是原始模型中的解释变量。单击 "OK" 按钮，输出结果如图 12.35 所示。

图 12.35 的第一栏报告了检验的名称和原假设，分别是 "异方差检验（Heteroskedasticity Test: Breusch-Pagan-Godfrey）" 和 "同方差（Homoskedasticity）"。下方的表格报告了 F 检验和卡方检验

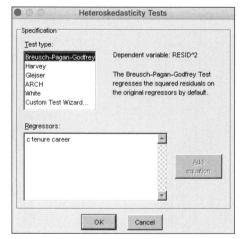

图 12.34 "Heteroskedasticity Tests" 对话框

的统计量、自由度和 P 值。F 检验和卡方检验的 P 值都接近于 0，表明在 0.01 的显著性水平下，拒绝 "同方差" 的原假设，即方程 eq1 存在异方差。

Heteroskedasticity Test: Breusch-Pagan-Godfrey
Null hypothesis: Homoskedasticity

F-statistic	40.70933	Prob. F(2,502)	0.0000
Obs*R-squared	70.47499	Prob. Chi-Square(2)	0.0000
Scaled explained SS	83.12007	Prob. Chi-Square(2)	0.0000

Test Equation:
Dependent Variable: RESID^2
Method: Least Squares
Date: 05/02/21　Time: 19:53
Sample: 1 505
Included observations: 505

Variable	Coefficient	Std. Error	t-Statistic	Prob.
C	-23.88196	102.1446	-0.233806	0.8152
TENURE	4.573409	0.507854	9.005365	0.0000
CAREER	-5.195549	6.775960	-0.766762	0.4436

R-squared	0.139554	Mean dependent var	450.2611
Adjusted R-squared	0.136126	S.D. dependent var	696.3587
S.E. of regression	647.2292	Akaike info criterion	15.78920
Sum squared resid	2.10E+08	Schwarz criterion	15.81430
Log likelihood	-3983.773	Hannan-Quinn criter.	15.79904
F-statistic	40.70933	Durbin-Watson stat	1.777692
Prob(F-statistic)	0.000000		

图 12.35　BPG 检验输出结果

图 12.35 的第二栏报告了 BPG 检验中辅助回归模型（式 12.25）的估计结果。

（2）White 检验

对回归模型（式 12.1）进行 White 检验，辅助回归模型如式 12.27 所示。

$$e_i^2 = \gamma_1 + \gamma_2 \text{tenure}_i + \gamma_3 \text{career}_i + \gamma_4 \text{tenure}_i^2 + \gamma_5 \text{career}_i^2 + \gamma_6 \text{tenure}_i \times \text{career}_i + u_i \qquad （12.27）$$

式中，e_i^2 是估计的回归方程（式 12.5）中的残差的平方。White 检验的原假设是回归模型（式 12.1）不存在异方差，备择假设是存在异方差。结合辅助回归模型（式 12.27）的设定，White 检验的原假设和备择假设如式 12.28 所示。

$$\begin{cases} H_0: \gamma_2 = \gamma_3 = \gamma_4 = \gamma_5 = 0 \\ H_1: \gamma_2, \gamma_3, \gamma_4, \gamma_5 \ \text{不全为} \ 0 \end{cases} \qquad （12.28）$$

在方程 eq1 窗口中依次单击"View/Residual Diagnostics|Heteroskedasticity Tests..."，打开"Heteroskedasticity Tests"对话框，如图 12.36 所示。

在"Test type"列表框中选择"White"，勾选"Include White cross terms"复选框，单击"OK"按钮，输出结果如图 12.37 所示。F 检验的 P 值接近于 0，在 0.01 的显著性水平下拒绝了"同方差"的原假设，所以方程 eq1 存在异方差。图 12.37 所示输出结果的解释与 BPG 检验类似，在此不一一赘述。

BPG 检验与 White 检验都诊断出方程 eq1 存在异方差。当回归模型存在异方差时，OLS 估计量仍然是无偏的，但 OLS 估计量不再是有效的，需采用稳

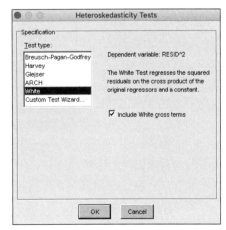

图 12.36　"Heteroskedasticity Tests"对话框

健标准误差。如图 12.38 所示，在"Equation Estimation"对话框中单击"Options"选项卡，在"Covariance method"下拉列表中选择"Huber-White"，将报告系数的稳健标准误差。

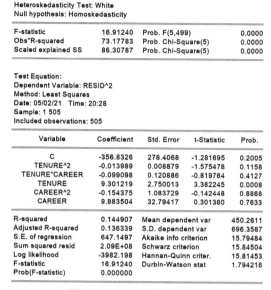

图 12.37 White 检验输出结果

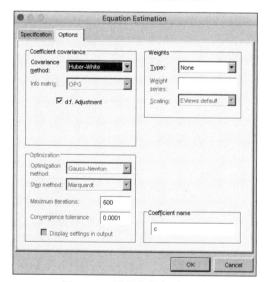

图 12.38 设置稳健标准误差

3. 方程稳健性的诊断

本节介绍 Eviews 对回归方程的两个稳健性诊断工具：拉姆齐 RESET 检验和影响力统计。

1）拉姆齐 RESET 检验

RESET 检验的全称是"Regression Specification Error Test"，是由拉姆齐在 1969 年提出的用

于考察模型是否存在设定误差的检验方法。本节以式 12.1 所示模型为例，首先介绍 RESET 检验的原理，然后介绍其操作步骤和输出结果的解读。

RESET 检验的原假设和备择假设如式 12.29 所示。

$$\begin{cases} H_0: \text{return}_i = \beta_1 + \beta_2 \text{tenure}_i + \beta_3 \text{career}_i + u_i \\ H_1: \text{return}_i = \beta_1 + \beta_2 \text{tenure}_i + \beta_3 \text{career}_i + \gamma_1 \widehat{\text{return}}_i^{\,2} + \gamma_2 \widehat{\text{return}}_i^{\,3} + u_i \end{cases} \quad (12.29)$$

RESET 检验的原假设是原始的回归模型。备择假设是一个辅助回归模型，其解释变量包含原始模型中的 tenure 和 career，还包括 $\widehat{\text{return}}_i^{\,2}$、$\widehat{\text{return}}_i^{\,3}$。这两项是原始模型中被解释变量的估计值 $\widehat{\text{return}}_i$ 的平方项和三次方项。引入这两项，实质上是考察原模型是否遗漏了 tenure 和 career 的平方项或交互项。

若拒绝原假设，则说明原模型存在设定误差，需要增加解释变量的平方项或交互项。若不拒绝原假设，则表明原模型不存在设定误差。

在方程 eq1 窗口中依次单击 "View/Stability Diagnostics|Ramsey RESET Test..."，打开 "RESET Specifica..." 对话框，如图 12.39 所示。

在 "Number of fitted terms" 文本框中输入 "2"，代表辅助回归模型引入两项拟合值的高次幂项，即引入拟合值的平方项和三次方项。单击 "OK" 按钮，输出结果如图 12.40 所示。

Ramsey RESET Test
Equation: EQ1
Omitted Variables: Powers of fitted values from 2 to 3
Specification: RETURN C TENURE CAREER

	Value	df	Probability
F-statistic	2.778954	(2, 500)	0.0631
Likelihood ratio	5.582516	2	0.0613

F-test summary:

	Sum of Sq.	df	Mean Squares
Test SSR	2499.748	2	1249.874
Restricted SSR	227381.9	502	452.9519
Unrestricted SSR	224882.1	500	449.7643

LR test summary:

	Value
Restricted LogL	-2259.295
Unrestricted LogL	-2256.504

Unrestricted Test Equation:
Dependent Variable: RETURN
Method: Least Squares
Date: 05/02/21   Time: 20:49
Sample: 1 505
Included observations: 505

Variable	Coefficient	Std. Error	t-Statistic	Prob.
C	-26.15828	15.04240	-1.738970	0.0827
TENURE	0.530146	0.272588	1.944860	0.0524
CAREER	1.384232	0.745202	1.857525	0.0638
FITTED^2	-0.125546	0.109467	-1.146881	0.2520
FITTED^3	0.001553	0.001814	0.856455	0.3922

R-squared	0.130242	Mean dependent var		18.03123
Adjusted R-squared	0.123284	S.D. dependent var		22.64973
S.E. of regression	21.20765	Akaike info criterion		8.956452
Sum squared resid	224882.1	Schwarz criterion		8.998280
Log likelihood	-2256.504	Hannan-Quinn criter.		8.972858
F-statistic	18.71814	Durbin-Watson stat		1.859018
Prob(F-statistic)	0.000000			

图 12.39　RESET 检验对话框

图 12.40　RESET 检验输出结果

图 12.40 分两栏。第一栏第一行报告了检验的名称是 RESET 检验。第二行报告了检验的对象是方程 eq1。第三行罗列的是方程 eq1 是否遗漏的变量，即"拟合值的 2 次幂至 3 次幂（Powers of fitted values from 2 to 3）"。第四行罗列的是方程 eq1 的设定。

第一栏的表格报告了 F 检验和似然比检验的结果。F 检验的 P 值约为 0.063，在 0.05 的显著性水平下，不拒绝原假设，即认为原模型的设定是正确的。然而，若将显著性水平定为 0.10，将拒绝原假设，认为方程 eq1 的设定不正确。可见，采用两种不同的显著性水平，将得出完全相反的结论。

图 12.40 的第二栏报告了 RESET 检验中的辅助回归模型的估计结果。

注意： RESET 检验仅仅是一个诊断工具，当拒绝原模型时，该检验并没有指明正确的模型是什么。RESET 检验的备择假设只是一个辅助回归模型，没有现实意义。对于正确的模型该如何设定，需要进一步尝试和摸索。此外，该检验关注的是解释变量的平方项。

基于平方项或交互项的系数的显著性对模型进行诊断，并没有考虑模型的现实意义。在实践中，要谨慎地对待 RESET 检验的结论。

2）影响力统计

影响力统计主要用于探查数据中具有影响力的异常值。如果别除样本中某个观测值，回归方程的估计结果会发生较大改变，那么这个观测值可以被视为具有影响力的异常值。在 Eviews 中，影响力统计工具涉及 6 种统计量，分别是 Rstudent、DRResid、DFFITS、CovRatio、HatMatrix 和 DFBETAS。这些统计量的绝对值越大，代表相应监测值的异常影响力越大。关于这 6 个统计量的计算方法，详见 Eviews 用户手册。

下面以 12.4 节中的模型（式 12.6）为例，介绍影响力统计在 Eviews 中的实现方法。模型（式 12.6）的估计结果保存在方程 eq2 中。打开方程 eq2，依次单击"View/Stability Diagnostics/Influence Statistics..."，打开"Influence Statistics"对话框，如图 12.41 所示。

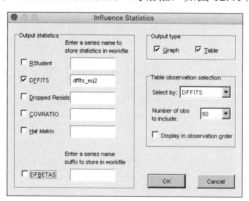

图 12.41 "Influence Statistics"对话框

"Influence Statistics"对话框有 3 个选项组。"Output Statistics"选项组用于设置输出的统计量，勾选"DFFITS"统计量，将其保存在序列 dffits_eq2 中。"Output type"选项组用于设置输出类型，勾选"Graph"复选框和"Table"复选框，将同时输出表格和图形。"Table observation selection"选项组用于设置表格排序方式,单击"Select by"下拉按钮,选择"DFFITS"。单击"Number of obs to include"下拉按钮,选择"50",表格中的观测值将按照"DFFITS"的绝对值降序排列前 50 个观测值,让研究者查看样本数据中有影响力的观测值。

单击"OK"按钮,输出结果如图 12.42 所示,上方是 DFFITS 图像,下方表格有 3 列数据,分别是"Obs."(观测值的编号)、"Resid."(残差)和"DFFITS"。观测值按照"DFFITS"的绝对值降序排列,影响力排在前面的 3 个观测值是第 2 个、第 36 个和第 112 个。由于篇幅所限,图 12.42 中的表格只截取了 8 个观测值的数据,还有 42 个观测值的数据没有呈现。

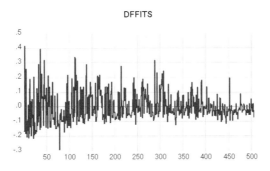

DFFITS

Influence Statistics
Date: 06/12/21   Time: 21:15
Sample: 1 505
Included observations: 505

Obs.	Resid.	DFFITS
2	65.57326	0.414169
36	62.06373	0.392509
112	55.22546	0.338121
113	48.57306	0.329738
45	55.93620	0.320024
288	55.82967	0.314580
33	57.19208	0.293187
78	-29.39946	-0.291099

图 12.42　DFFITS 图像

Eviews 将 DFFITS 的绝对值超过 0.2 的观测点识别为异常值,会在图 12.43 所示的表格中用红色标示其 DFFITS。若要在样本中剔除这批异常值,可以用命令"smpl @all if abs(dffits_eq2)<0.2"设置工作文件的样本,重新估计回归模型。

本节 Eviews 实战技巧

- 在 View 视图下对方程的系数或残差等进行诊断,输出结果并没有保存到工作文件中。单击方程窗口的"Freeze"按钮,将窗口内容冻结为表格对象,将其保存在工作文件中,便于将来反复查看该检验的结果。

- 对方程的系数、残差或稳健性进行检验,需要清楚其原假设和备择假设,然后根据该检验的 P 值,得出判断结论。

- 利用影响力统计,剔除有影响力的异常值,然后重新对模型进行估计,可以改善模型的估计效果。

12.7 线性方程的命令

12.2 ～ 12.6 节介绍了以菜单方式实现方程的创建、虚拟变量的引入和方程的诊断，本节将介绍如何通过命令实现上述操作，包括 ls、coefscale、varinf、wald、testadd、testdrop、facbreak、hist、hettest、white、reset、infstats、makeresids、fit 命令。

1. ls

（1）语法

equation eq_name.ls(options) y x1 [x2 x3...]

eq_name：方程名称。

ls：最小二乘法（Least Squares）。

options：常用参数设置见表 12.2。

y、x1、x2、x3：方程的设定，y 代表被解释变量，x1、x2、x3 代表解释变量。

表 12.2 ls 命令中的 "options" 参数

参　　数	含　　义
w=arg	加权最小二乘法中的权重序列
cov=arg	white，Huber-White-Hinkley 异方差一致标准误差。 hac，异方差自相关一致（Heteroskedasticity and Autocorrelation Consistent）标准误差。 cr, 聚类标准误差
crname=arg	当采用聚类标准误差时，指定聚类序列名称

注："options" 参数的详细设置可参见 Eviews Command Reference。

注意：方程名称与 ls 之间是小圆点，小圆点的前后都没有空格。ls 是最小二乘法的缩写。若方程含有截距项，需要用 c 代表截距项；如果在方程的设定中不写 c，将估计过原点的回归方程。

（2）举例

equation eq1.ls return c tenure career

说明：创建方程 eq1，被解释变量是 return，解释变量是 tenure 和 career，方程包含有截距项。

equation eq1a.ls(w=career) return c tenure career

说明：创建方程 eq1a，估计方法是加权最小二乘法，权重为 career。

equation eq1b.ls(cov=hac) return c tenure career

说明：创建方程 eq1b，报告异方差自相关一致标准误差。

equation eq1b.ls(cov=white) return c tenure career

说明：创建方程 eq1b，报告 Huber-White-Hinkley 异方差一致标准误差。

equation eq4.ls return c tenure career career^2

说明：career^2 代表 career 的平方项。

equation eq5.ls log(return) c log(tenure) career

说明：log(return)、log(tenure) 代表 return 的对数变换、tenure 的对数变换，方程设定的表达式中可以写序列的数学变换表达式。

2. coefscale

（1）语法

eq_name.coefscale

eq_name：方程名称。

（2）举例

```
equation eq1.ls return c tenure career
eq1.coefscale
```

说明：报告方程 eq1 的标准化系数、平均弹性。

3. varinf

（1）语法

eq_name.varinf

eq_name：方程名称。

（2）举例

```
equation eq1.ls return c tenure career
eq1.varinf
```

说明：报告方程 eq1 的方差膨胀因子。

4. wald

（1）语法

eq_name.wald restrictions

eq_name：方程名称。

restrictions：约束条件。

（2）举例

```
equation eq2.ls return c tenure career male finance
eq2.wald c(4)=4
```

说明：检验方程 eq2 中 male 的系数是否等于 4。

```
eq2.wald c(4)=c(5)
```

说明：检验方程 eq2 中 male 的系数与 finance 的系数是否相等。

5. testadd

（1）语法

eq_name.testadd arg1 [arg2 arg3...]

eq_name：方程名称。

arg1 [arg2 arg3...]：方程中遗漏的变量。

（2）举例

```
equation eq1.ls return c tenure career
eq1.testadd male finance
```

说明：检验方程 eq2 中是否可以增加解释变量 male 与 finance。

6. testdrop

（1）语法

```
eq_name.testdrop arg1 [arg2 arg3...]
```

eq_name：方程名称。

arg1 [arg2 arg3...]：方程中多余的变量。

（2）举例

```
equation eq2.ls return c tenure career male finance
eq2.testdrop male finance
```

说明：检验方程 eq2 中是否可以剔除解释变量 male 与 finance。

7. facbreak

（1）语法

```
eq_name.facbreak ser1 [ser2 ser3...] @ x1 x2 x3
```

eq_name：方程名称。

ser1 [ser2 ser3...]：分组变量。

@ x1 x2 x3：在不同组别，检验解释变量 x1、x2、x3 对被解释变量的影响效应是否存在显著差异。

（2）举例

```
equation eq1.ls return c tenure career
eq1.facbreak edu @ career
```

说明：将样本按照 edu 划分为不同的组别，检验在不同组别中 career 对 return 的影响效应是否存在显著差异。

8. hist

（1）语法

```
eq_name.hist
```

eq_name：方程名称。

hist：绘制直方图。

（2）举例

```
equation eq1.ls return c tenure career
eq1.hist
```

说明：报告方程 eq1 的残差的直方图、描述性统计分析及 Jarque-Bera 检验的结果。

9. hettest

（1）语法

```
eq_name.hettest(options) variables
```

equ_name：方程名称。

options：type=key word，默认 BPG 检验，"key word" 的 值 可 设 置 为 "Harvey""Glejser" "ARCH" 或 "White"。

（2）举例

```
equation eq1.ls return c tenure career
eq1.hettest
```

说明：对方程 eq1 进行 BPG 异方差检验。

```
eq1.hettest (type=Harvey)
```

说明：对方程 eq1 进行 Harvey 异方差检验。

10. white

（1）语法

```
eq_name.white(c)
```

eq_name：方程名称。

(c)：辅助回归模型包含解释变量之间的交互项。

（2）举例

```
equation eq1.ls return c tenure career
eq1.white
```

说明：对方程 eq1 进行 White 异方差检验，辅助回归模型的解释变量包括 c、$tenure^2$、$career^2$。

```
eq1.white(c)
```

说明：对方程 eq1 进行 White 异方差检验，辅助回归模型的解释变量包括 c、tenure、career、$tenure^2$、$career^2$。

11. reset

（1）语法

```
eq_name.reset(n)
```

eq_name：方程名称。

n：辅助回归模型中被解释变量的估计值的高次幂的项数。

（2）举例

```
equation eq1.ls return c tenure career
eq1.reset(2)
```

说明：对方程 eq1 进行 RESET 检验。

12. infstats

（1）语法

```
eq_name.infstats(options) stats_list [@ save_names]
```

eq_name：方程名称。

options：设置输出结果的格式，详见表 12.3。

Stats_list：报告的统计量，如 rstudent、dffits、drresid、covratio、hatmatrix。

@ save_names：序列名称，将影响力统计量保存到序列中。

表 12.3　infstats 命令中的 "options" 参数

参　　数	含　　义
g	输出图像
t	输出表格
rows=key	表格中显示的观测值的个数，key 可以设为置 50，100（默认），150 或 200
sort=key	表格中的排序方式，key 可以设置为 r(residual，默认)、rs（rstudent）、df（dffits）、cov（covratio）
sortdisp	按排序顺序显示表格

（2）举例

```
equation eq1.ls return c tenure career
eq1.infstats
```

说明：报告方程 eq1 中的每个观测值的 rstudent、dffits、drresid、covratio、hatmatrix。

```
eq1.infstats(g, t, rows=200, df, sortdisp) dffits @ eq1_dffits
```

说明：报告方程 eq1 中的每个观测值的 dffits，输出图形和表格，按 dffits 的值降序排列，将 dffits 保存到序列 eq1_dffits 中。

13. makeresids

（1）语法

```
eq_name.makeresids series_name
```

eq_name：方程名称。

series_name：序列名称，将残差保存到该序列中。

（2）举例

```
equation eq1.ls return c tenure career
eq1.makeresids error_eq1
```

说明：将方程 eq1 的残差保存到序列 error_eq1 中。

14. fit

（1）语法

```
eq_name.fit series_name
```

eq_name：方程名称。

series_name：序列名称，将被解释变量的估计值保存到该序列中。

（2）举例

```
equation eq1.ls return c tenure career
eq1.fit return_hat
```

说明：将方程 eq1 中被解释变量的估计值保存到序列 return_hat 中。

```
group g2 tenure return
g2.scat linefit(xd=2)
```

说明：group 命令创建组 g2，然后绘制 g2 的散点图，并在上面添加二次曲线，绘制图 12.20。

15. 创建虚拟变量

（1）语法

```
@expand(ser1[, ser2, ser3,...][, drop_spec])
```

@expand: 方程名称。

ser1：序列名称，需要转换成虚拟变量的序列。

drop_spec：@dropfirst，第一种类别不转换成虚拟变量；@droplast，最后一种类别不转换成虚拟变量。

（2）举例

```
equation eq3a.ls return c tenure career male @expand(edu, @dropfirst)
```

说明：@expand(edu，@dropfirst) 为 edu 创建 edu=2、edu=3 两个虚拟变量。

```
equation eq3b.ls return c tenure career male @expand(edu, @droplast)
```

说明：@expand(edu，@droplast) 为 edu 创建 edu=1、edu=2 两个虚拟变量。

```
equation eq2.ls return c tenure career male major=4
```

说明：方程 eq2 中的解释变量 major=4 代表虚拟变量，major=4 时起值为 1，否则为 0。

```
equation eq3.ls return c tenure career male career*(major=4)
```

说明：career*(major=4) 代表 career 与虚拟变量 major=4 的交互项。注意，需要把 major=4 用括号括起来，代表先进行条件表达式运算创建虚拟变量，然后再将其与 career 相乘。

第 13 章　定性因变量模型

第 12 章介绍的回归方程的被解释变量是连续型定量变量。在实践中，研究者也会常常遇到被解释变量是定性变量的情形。当研究贷款客户是否违约的影响因素时，被解释变量是客户是否违约，是一个 0-1 变量。当研究客户满意度的影响因素时，客户的满意度分为不满意、一般、满意 3 个等级，被解释变量是可排序的定性数据。在上述问题中，被解释变量都是定性变量，这类回归模型统称为定性变量模型。

本章将介绍如何利用 Eviews 对定性变量模型进行估计和检验，包括线性概率模型（Linear Probability Model，LPM）、logit 模型、probit 模型和有序 logit 模型。

本章主要内容包括：

- LPM。
- logit 模型。
- probit 模型。
- 有序 logit 模型。
- Eviews 命令。

13.1　LPM

本节首先介绍线性概率模型（LPM）的核心思想，然后基于一个实战案例，介绍如何利用 Eviews 实现 LPM 的估计。

1. LPM 简介

LPM 的被解释变量是二元变量，即其只能取 0 和 1 两种值，代表个案是否具有某种属性，或者某个结果是否会发生。例如，用回归模型研究公司是否破产、客户是否违约、个人是否拥有大学学历，受到哪些因素的影响，被解释变量都是二元变量。

多元回归模型的一般表达式如式 13.1 所示。

$$y=\beta_0+\beta_1 x_1+\beta_2 x_2+\cdots+\beta_k x_k+u \tag{13.1}$$

若被解释变量是定量变量，解释变量 x_i 的系数 β_i 的含义如下：当其他变量保持不变时，x_i 变化 1 单位，被解释变量平均变化 β_i 单位。然而，若被解释变量是二元变量，其值只能从 0 变到 1，或者从 1 变到 0，不能再按前述方式来解释数 β_i。

二元被解释变量的条件期望等于二元变量取值为 1 的概率，如式 13.2 所示。

$$E(y|X)=1\times P(y=1|X)+0\times P(y=0|X)=P(y=1|X) \tag{13.2}$$

$P(y=1|X)$ 称为响应概率，将式 13.1 改写为式 13.3。

$$P(y=1|X)=E(y|X)=\beta_0+\beta_1 x_1+\beta_2 x_2+\cdots+\beta_k x_k \tag{13.3}$$

式 13.3 称为线性概率模型。系数 β_i 的含义如下：当其他变量保持不变时，x_i 变化 1 单位，事件发生的概率平均变化 β_i。

利用普通最小二乘法估计 LPM 中的参数，得到 LPM（式 13.3）的估计方程，如式 13.4 所示。

$$\hat{y}=\hat{\beta}_0+\hat{\beta}_1x_1+\hat{\beta}_2x_2+\cdots+\hat{\beta}_kx_k \tag{13.4}$$

$\hat{y}$ 代表估计的事件发生的概率。利用式 13.4 得到的估计的概率有可能大于 0 或小于 1，使得估计的概率脱离现实意义。因此，LPM 存在明显缺陷，在现实中并不常用。

2. 实战案例：女性就业分析

实战案例：研究女性就业情况是否会受到年龄、受教育年限、工龄、家庭收入、6 岁以下孩子个数的影响，估计个人及家庭特征对女性就业概率的影响效应。

分析目标：

- 建立关于女性就业与否的 LPM 模型。
- 量化年龄、受教育年限、工龄、家庭收入、6 岁以下孩子个数对女性就业概率的影响效应。
- 对回归模型的估计效果进行诊断。

数据简介：从 PSID（Panel Study of Income Dynamics）数据库中提取的 1975 年 753 名女性的数据（Mroz,1987）。表 13.1 列出了"job female.wf1"数据文件中的变量和代码含义。

表 13.1　"female job.wf1"数据文件中的变量和代码含义

变 量 名	变量含义及数值代码	单 位
job	就业 =1，未就业 =0	
age	年龄	岁
educ	接受正规教育时长	年
exper	参加工作时长	年
kids	6 岁以下孩子个数	个
income	家庭年收入	万美元

3. LPM 的估计

为了研究女性的年龄、工龄、受教育年限、养育的 6 岁以下孩子个数对女性就业概率的影响效应，建立如下 LPM，如式 13.5 所示。

$$\text{job}_i=\beta_0+\beta_1\cdot\text{age}_i+\beta_2\cdot\text{exper}_i+\beta_3\cdot\text{educ}_i+\beta_4\cdot\text{kids}_i+u_i \tag{13.5}$$

打开"female job.wf1"工作文件，运行命令"equation eq1.ls job c age exper educ kids"，采用普通最小二乘法估计 LPM。输出结果如图 13.1 所示，单击方程窗口中的"Name"按钮，将其保存为方程 eq1。

在图 13.1 中，age 的系数约为 0.019，表明在其他变量保持不变的情况下，女性的年龄每增加 1 岁，女性就业的概率平均约下降 0.019。educ 的系数约为 0.034，表明在其他变量保持不变的情况下，受教育年限每增加 1 年，女性就业的概率平均约增加 0.034。

Dependent Variable: JOB
Method: Least Squares
Date: 05/04/21   Time: 18:51
Sample: 1 753
Included observations: 753

Variable	Coefficient	Std. Error	t-Statistic	Prob.
C	0.796051	0.134858	5.902871	0.0000
AGE	-0.019439	0.002267	-8.575312	0.0000
EXPER	0.023391	0.002084	11.22304	0.0000
EDUC	0.033916	0.007005	4.841840	0.0000
KIDS	-0.278302	0.033429	-8.325247	0.0000

R-squared	0.248029	Mean dependent var		0.568393
Adjusted R-squared	0.244008	S.D. dependent var		0.495630
S.E. of regression	0.430939	Akaike info criterion		1.160918
Sum squared resid	138.9099	Schwarz criterion		1.191622
Log likelihood	-432.0855	Hannan-Quinn criter.		1.172746
F-statistic	61.67982	Durbin-Watson stat		0.459415
Prob(F-statistic)	0.000000			

图 13.1　LPM 输出结果

LPM（式 13.5）的估计结果如式 13.6 所示。

$$\text{job}_i = 0.796 - 0.019\text{age}_i + 0.23\text{exper}_i + 0.034\text{educ}_i - 0.278\text{kids}_i + e_i \tag{13.6}$$

单击方程 eq1 窗口中的"Forecast"按钮，将 job 的估计值（每位女性的估计的就业概率）保存到"jobf_lpm"序列中。

绘制的图像如图 13.2 所示，图中阴影区域以外的点是利用估计的方程（式 13.6）计算出的预测概率大于 1 或小于 1 的个案。对于这些个案，预测概率超出了概率的合理取值范围，因为随机事件发生的概率不可能大于 1 或小于 0。

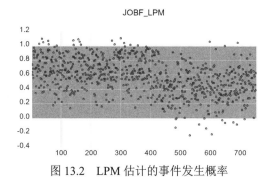

图 13.2　LPM 估计的事件发生概率

利用普通最小二乘法对 LPM 进行估计，对被解释变量估计值的范围是没有任何约束的，因此有可能出现估计的概率大于 1 或小于 0 的情况，这是 LPM 的重大缺陷。

此外，在 LPM 中，解释变量对事件发生的概率的影响是线性的。在式 13.6 中，受教育年限从 5 年增加到 10 年，就业概率平均增加 0.034×5=0.17。若受教育年限从 10 年增加到 15 年，就业概率也将平均增加 0.034×5=0.17。这就意味着受教育年限从 5 年增加到 10 年与受教育年限从 10 年增加到 15 年，对就业概率的影响效应是一样的。然而，在现实中，受教育年限越短，就业的机会往往会更少。受教育年限从 5 年增加到 10 年对就业概率的影响，往往会高于受教育年限从 10 年增加到 15 年对就业概率的影响。因此，LPM 假定解释变量对事件发生的概率的影响效应是常数，也是其一大缺陷。

因此，在实践中，若被解释变量是二元变量，通常不采用 LPM，而会采用 logit 模型或 probit 模型，这两类模型将分别在 13.2 节和 13.3 节介绍。

13.2　logit 模型

本节首先介绍 logit 模型的核心思想，然后介绍如何利用 Eviews 实现 logit 模型的估计、logit 方程的视图和预测，最后介绍 logit 方程概率响应曲线的绘制。

1. logit 模型简介

为了克服 LPM 模型的缺陷，将估计的概率限制在 0 至 1 之间，采用数学变换将 LPM 中的被解释变量映射到 0 至 1 之间。因此，构建二元响应模型，如式 13.7 所示。

$$P(y{=}1|X){=}E(y|X){=}G(\beta_0{+}\beta_1 x_1{+}\beta_2 x_2{+}\cdots{+}\beta_k x_k) \tag{13.7}$$

式中，G 是一个函数，对于任意的实数 z，都有 $0 < G(z) < 1$，从而保证了由二元响应模型估计的事件发生的概率介于 0 到 1 之间。

若函数 G 采用 logistic 分布函数时，该模型称为 logit 模型；若函数 G 采用标准正态分布函数，该模型称为 probit 模型。

logistic 分布函数如式 13.8 所示。

$$G(z) = \frac{\exp(z)}{1+\exp(z)} \tag{13.8}$$

当式 13.7 中的函数 G 采用 logistic 分布函数时，二元响应模型如式 13.9 所示。

$$P(y = 1|X) = \frac{e^{(\beta_0+\beta_1 x_1+\beta_2 x_2+\cdots+\beta_k x_k)}}{1+e^{(\beta_0+\beta_1 x_1+\beta_2 x_2+\cdots+\beta_k x_k)}} \tag{13.9}$$

式中，$\beta_0{+}\beta_1 x_1{+}\beta_2 x_2{+}\cdots{+}\beta_k x_k$ 在实数范围内取值，$e^{(\beta_0+\beta_1 x_1+\beta_2 x_2+\cdots+\beta_k x_k)}$ 大于 0。当 $e^{(\beta_0+\beta_1 x_1+\beta_2 x_2+\cdots+\beta_k x_k)}$ 趋于无穷大时，$P(y{=}1|X)$ 接近于 1，当 $e^{(\beta_0+\beta_1 x_1+\beta_2 x_2+\cdots+\beta_k x_k)}$ 逼近于 0 时，$P(y{=}1|X)$ 逼近于 0。

通常将式 13.8 称为 logit 变换。LPM 的被解释变量的估计值在 $(+\infty, -\infty)$ 内取值，通过式 13.9 所示的 logit 变换，其被映射为取值范围为 $(0,1)$ 的概率。

式 13.9 所示模型是参数非线性模型，不能用最小二乘法估计其参数，要利用极大似然法（Maximum Likelihood Estimation，MLE）。关于极大似然法的原理，在此不赘述，详见 Eviews 用户手册。

由式 13.9，事件不发生的概率 $1{-}p$ 如式 13.10 所示。

$$1-p = \frac{1}{1+e^{(\beta_0+\beta_1 x_1+\cdots+\beta_k x_k)}} \tag{13.10}$$

求式 13.9 与式 13.10 之比，得优势比如式 13.11 所示。

$$\frac{p}{1-p} = e^{(\beta_0+\beta_1 x_1+\beta_2 x_2+\cdots+\beta_k x_k)} \tag{13.11}$$

式中，$\dfrac{p}{1-p}$ 是事件发生的概率与事件不发生的概率之比，即优势比，也称作胜算比或奇比（odds ratio）。将式 13.11 两边同时取对数，得到一个简洁的模型表达式，即 logit 模型。如式 13.12 所示。

$$\ln\left(\frac{p}{1-p}\right) = \beta_0 + \beta_1 x_1 + \beta_2 x_2 + \cdots + \beta_k x_k \qquad (13.12)$$

logit 模型的被解释变量是优势比的对数 $\ln\left(\dfrac{p}{1-p}\right)$。在 logit 模型中，解释变量 x_i 的系数 β_i 的含义如下：当其他变量保持不变时，x_i 变换 1 单位，事件发生的优势比的对数将平均变化 β_i。系数 β_i 的实际含义不太直观。

注意： 在实践中，对于 logit 模型中的系数 β_i，通常不解释其数值含义，而是通过其系数的符号来说明解释变量 x_i 对事件发生概率的影响方向。解释变量 x_i 的系数 β_i 大于 0，表明随着解释变量 x_i 的增加，事件发生的概率会增加；当解释变量 x_i 的系数 β_i 小于 0，表明随着解释变量 x_i 的增加，事件发生的概率会降低。

2. logit 模型的估计

本节沿用 13.1 节的实战案例，研究女性就业情况是否会受到年龄、工龄、受教育年限、6 岁以下孩子个数的影响，建立 logit 模型，如式 13.13 所示。

$$\text{Ln}\left(\frac{p_i}{1-p_i}\right) = \beta_0 + \beta_1 \cdot \text{age}_i + \beta_2 \cdot \text{exper}_i + \beta_3 \cdot \text{educ}_i + \beta_4 \cdot \text{kids}_i + u_i \qquad (13.13)$$

式中，p_i 代表女性就业的概率，其余变量的含义详见表 13.1。

1）估计 logit 方程的操作步骤

打开"female job.wf1"工作文件，依次单击主菜单"Quick/Estimate Equation…"，打开"Equation Estimate"对话框。如图 13.3 所示，在"Equation specification"编辑框中输入"job c age exper educ kids"。在"Method"下拉列表中选择"BINARY-Binary Choice (Logit, Probit, Extreme Value)"，设置"Binary estimation method"为"Logit"。

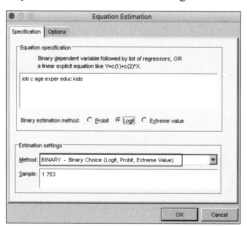

图 13.3　"Equation Estimation"对话框

单击"OK"按钮，输出结果如图 13.4 所示，单击方程窗口中的"Name"按钮，将其保存为方程"eq2"。

```
Dependent Variable: JOB
Method: ML - Binary Logit  （Newton-Raphson / Marquardt steps）
Date: 05/05/21   Time: 16:24
Sample: 1 753
Included observations: 753
Convergence achieved after 3 iterations
Coefficient covariance computed using observed Hessian
```

Variable	Coefficient	Std. Error	z-Statistic	Prob.
C	1.311945	0.734823	1.785390	0.0742
AGE	-0.099837	0.013279	-7.518278	0.0000
EXPER	0.124032	0.013193	9.401300	0.0000
EDUC	0.188243	0.039970	4.709627	0.0000
KIDS	-1.446030	0.198360	-7.289911	0.0000

McFadden R-squared	0.204715	Mean dependent var	0.568393
S.D. dependent var	0.495630	S.E. of regression	0.429518
Akaike info criterion	1.100852	Sum squared resid	137.9955
Schwarz criterion	1.131556	Log likelihood	-409.4709
Hannan-Quinn criter.	1.112681	Deviance	818.9417
Restr. deviance	1029.746	Restr. log likelihood	-514.8732
LR statistic	210.8047	Avg. log likelihood	-0.543786
Prob（LR statistic）	0.000000		

Obs with Dep=0	325	Total obs	753
Obs with Dep=1	428		

图 13.4　Logit 模型输出结果

2）logit 方程估计结果解释

logit 模型的估计结果分为四栏。

（1）第一栏是标题栏，报告了被解释变量是"JOB"，估计方法是极大似然法（ML）；还报告了方程创建的时间、样本范围和包括的观测值的个数、经过 3 次迭代得到收敛的估计值，以及系数的协方差矩阵的计算方法。

注意：Eviews 要求 logit 模型的被解释变量的值是 0 或 1。若观测个体的被解释变量的值不是 0 或 1，则该观测个体将会自动从样本中剔除。

（2）第二栏报告了系数的估计值、标准误、关于系数显著性的 Z 检验及其 P 值。因为估计系数采用的是极大似然法，$\hat{\beta}_i/\text{se}(\hat{\beta}_i)$ 渐近服从标准正态分布，所以进行 Z 检验，而不是最小二乘法下的 t 检验。

根据图 13.4，写出式 13.8 的估计方程，如式 13.14 所示。

$$\text{Ln}\left(\frac{\hat{p}_i}{1-\hat{p}_i}\right)=1.312-0.010\text{age}_i+0.124\text{exper}_i+0.188\text{educ}_i-1.466\text{kids}_i \tag{13.14}$$

估计结果表明，当其他变量保持不变，年龄每增加 1 岁，$\ln\left(\dfrac{p}{1-p}\right)$ 平均降低 0.010。注意，logit 模型的被解释变量是优势比的对数 $\ln\left(\dfrac{p}{1-p}\right)$，并不是事件发生的概率 p。因此，更常用的解释方式如下：随着年龄的增加，女性就业的概率会下降。类似的，从式 13.14 中还可以得出，随着工龄的增加，女性就业的概率会增加；随着受教育年限的增加，女性就业的概率会增加；随着养育 6 岁以下孩子个数的增加，女性就业的概率会降低。

（3）第三栏报告了 logit 模型的主要统计量。

"McFadden R-squared"类似于最小二乘法中的判定系数，反映 logit 模型的拟合效果，其计算式为

$$\text{MacFadden } R^2 = 1 - \frac{ll_{ur}}{ll_r} \quad\quad (13.15)$$

式中，ll_{ur} 是不受限模型的对数似然函数值，第三栏右列的"Log likelihood"即 ll_{ur}，其值约为 -409.471。ll_{ur} 是受限模型的对数似然函数值，受限模型是所有解释变量的系数全为 0 的模型。第三栏右列的"Restr. log likelihood"即 ll_r，其值约为 -514.873。

在本例中，McFadden R-squared 计算公式如式 13.16 所示。

$$\text{MacFadden } R^2 = 1 - \frac{ll_{ur}}{ll_r} = 1 - \frac{-409.471}{-514.873} \approx 1 - 0.795 = 0.205 \quad\quad (13.16)$$

比较受限模型与不受限模型，可利用似然比检验（Likelihood Ratio Test，LR 检验），其原假设和备择假设如式 13.17 所示。

$$\begin{cases} H_0: \ln\left(\dfrac{p_i}{1-p_i}\right) = \beta_0 + u_i, \beta_1 = \beta_2 = \beta_3 = \beta_4 = 0 \\[3mm] H_1: \ln\left(\dfrac{p_i}{1-p_i}\right) = B_0 + B_1 \cdot \text{age}_i + B_2 \cdot \text{exper}_i + B_3 \cdot \text{educ}_i + B_4 \cdot \text{kids}_i + u_i \\[2mm] \qquad B_1, B_2, B_3, B_4 \text{ 不全为 } 0 \end{cases} \quad (13.17)$$

在原假设成立时，LR 检验统计量服从卡方分布。卡方分布的自由度等于原假设中施加的限制条件的个数。在本例中，自由度为 4。LR 检验统计量的计算公式如式 13.18 所示。

$$\text{LR} = -2(ll_r - ll_{ur}) = -2 \times [(-514.873) - (-409.471)] = 210.804 \sim \chi^2(4) \quad (13.18)$$

第三栏下方报告了 LR 检验统计量（LR statistic）的值。Prob(LR statistic) 是 LR 检验的 P 值，接近于 0，表明在自由度为 4 的卡方分布中，比 210.804 更大的概率接近于 0。在 0.01 的显著性水平下，拒绝只含有常数项的受限模型，不受限模型更好。年龄、工龄、受教育年限和 6 岁以下孩子个数联合起来对女性就业概率有显著的影响。

在第三栏中，其他统计量的含义都比较明显，在考察模型估计效果方面相对次要，在此不一一赘述。

（4）第四栏报告了观测值的个数是 753，被解释变量等于 0，不就业的女性有 325 人，被解释变量等于 1，就业的女性有 428 人。

在 logit 模型的输出结果中，研究者需要重点关注以下 3 个方面的信息。

一是解释变量的系数的 P 值及系数的符号。解释变量系数大于 0，意味着该解释变量增加会使事件发生的概率增加，反之亦然。

二是 McFadden R-squared，其反映了模型整体的拟合效果。

三是 Prob(LR statistic)，它是 LR 检验的 P 值，其值越小，代表 logit 模型整体是显著的，所有的解释变量联合起来对事件发生的概率有显著影响。

3）估计 logit 模型的报错提示

在估计 logit 方程时，在某些特殊情形下，Eviews 会报告以下几种错误提示。

（1）被解释变量没有变异（Dependent variable has no variance）。对于所有的个案，被解释变量都取 0 或者都取 1，此时被解释变量没有变异，将无法估计模型参数。

（2）某个解释变量完美地预测了二元被解释变量（"[XXX] perfectly predicts binary response [success/failure]"）。例如，当被解释变量等于 1 时，解释变量 $X1$ 的值都大于 0；当被解释变量等于 0 时，解释变量 $X1$ 的值都小于 0。根据 $X1$ 与 0 的大小关系，即可对被解释变量进行完全正确的预测。此时，解释变量 $X1$ 是被解释变量的完美预测变量，logit 模型也就失去了其存在的意义。遇到此错误提示，将完美预测变量 $X1$ 从模型中剔除即可。

4）估计 logit 方程的 Options 设置

单击图 13.3 所示估计 logit 方程对话框中的"Options"选项卡，可对 logit 方程的估计方法进行详细设置。如图 13.5 所示，这里一共有 3 项设置，分别是系数协方差（Coefficient covariance）、优化算法（Optimization）和系数名称（Coefficient name）。

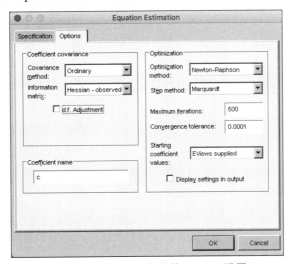

图 13.5　估计 logit 方程的 Options 设置

（1）系数协方差（Coefficient covariance）。Eviews 默认方法是"Ordinary"，备选方法有"Huber/white"、"Cluster-robust"和"GLM"。信息矩阵（Information matrix）的方法有"OPG"和"Hessian-observed"。

（2）优化算法（Optimization）。此选项用于设置求解极大似然函数的具体算法。优化方法（Optimization method）可设置为"Newton-Raphson""BFGS""OPG-BHHH"和"Eviews legacy"。"Eviews legacy"是 Eviews 的传统设置。步长（Step method）可设置为"Marquardt""Dogleg"和"Line search"。最大迭代次数（Maximum iterations）默认是 500 次。收敛容忍度（Convergence tolerance）的意思是在迭代运算中，若目标函数值的变化量小于该值，则达到收敛，停止迭代运算，默认是 0.0001。初始值（Starting coefficient values）可使用 Eviews 自动提供的（Eviews supplied），也可以由用户自行制定（user-specified）。勾选"Display settings in output"复选框，输出结果将显示优化算法的详细设置。

在实践中，一般情况下使用"Options"选项卡中的默认设置。若无法得到收敛的结果，则可以修改优化算法中的优化方法、步长、最大迭代次数或者收敛容忍度，尝试能否得到收敛的估计结果。

3. logit 方程的视图工具

Eviews 为 logit 方程提供了一系列视图（View）工具，包括方程表达式（Representations）、系数协方差矩阵（Covariance Matrix）、被解释变量的估计值和残差（Actual, Fitted, Residual）、系数的诊断（Coefficient Diagnostics）方法（如 Wald 检验、似然比检验等）。这些工具与 12.6 节中 View 工具的用法一致，在此不再赘述。本节将介绍 logit 方程中特有的工具的运用方法，如图 13.6 所示。

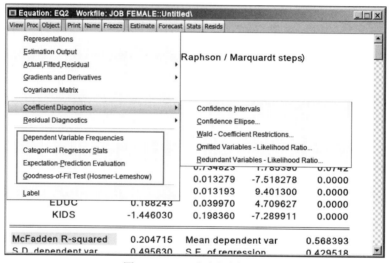

图 13.6   logit 方程视图工具

1）被解释变量的频数分布

在方程 eq2 窗口中依次单击"View/Dependent Variable Frequencies"，报告被解释变量的频数分布表，如图 13.7 所示。

Dependent Variable Frequencies
Equation: EQ2
Date: 05/05/21   Time: 19:06

Dep. Value	Count	Percent	Cumulative Count	Cumulative Percent
0	325	43.16	325	43.16
1	428	56.84	753	100.00

图 13.7   logit 方程被解释变量的频数分布表

2）解释变量的分组统计量

在方程 eq2 窗口中依次单击"View/Categorical Regressor Stats"，将按照被解释变量等于 0 或 1 把观测对象分为两组，报告这两个组别及全样本的解释变量的均值和标准差，如图 13.8 所示。

```
Categorical Descriptive Statistics for Explanatory Variables
Equation: EQ2
Date: 05/05/21   Time: 19:09
```

		Mean	
Variable	Dep=0	Dep=1	All
C	1.000000	1.000000	1.000000
AGE	43.28308	41.97196	42.53785
EXPER	7.461538	13.03738	10.63081
EDUC	11.79692	12.65888	12.28685
KIDS	0.366154	0.140187	0.237716

		Standard Deviation	
Variable	Dep=0	Dep=1	All
C	0.000000	0.000000	0.000000
AGE	8.467796	7.721084	8.072574
EXPER	6.918567	8.055923	8.069130
EDUC	2.181995	2.285376	2.280246
KIDS	0.636900	0.391923	0.523959
Observations	325	428	753

图 13.8　按被解释变量分组后的解释变量的描述统计分析

3）预测准确性

在方程 eq2 窗口中依次单击"View/Expectation-Prediction Evaluation"，打开询问"Success if probability is greater than"的对话框。研究者需要指定当概率大于多少时，判定事件发生。通常，当事件发生的概率大于 0.5 时，认为事件发生；当事件发生的概率小于 0.5 时，认为事件不发生。在本例中，输入"0.5"，然后单击"OK"按钮，输出结果如图 13.9 所示。

```
Expectation-Prediction Evaluation for Binary Specification
Equation: EQ2
Date: 05/05/21   Time: 19:20
Success cutoff: C = 0.5
```

	Estimated Equation			Constant Probability		
	Dep=0	Dep=1	Total	Dep=0	Dep=1	Total
P (Dep=1) <=C	210	82	292	0	0	0
P (Dep=1) >C	115	346	461	325	428	753
Total	325	428	753	325	428	753
Correct	210	346	556	0	428	428
% Correct	64.62	80.84	73.84	0.00	100.00	56.84
% Incorrect	35.38	19.16	26.16	100.00	0.00	43.16
Total Gain*	64.62	-19.16	17.00			
Percent Gain**	64.62	NA	39.38			

	Estimated Equation			Constant Probability		
	Dep=0	Dep=1	Total	Dep=0	Dep=1	Total
E (# of Dep=0)	187.10	137.90	325.00	140.27	184.73	325.00
E (# of Dep=1)	137.90	290.10	428.00	184.73	243.27	428.00
Total	325.00	428.00	753.00	325.00	428.00	753.00
Correct	187.10	290.10	477.20	140.27	243.27	383.54
% Correct	57.57	67.78	63.37	43.16	56.84	50.94
% Incorrect	42.43	32.22	36.63	56.84	43.16	49.06
Total Gain*	14.41	10.94	12.44			
Percent Gain**	25.35	25.35	25.35			

```
*Change in "% Correct" from default （constant probability） specification
**Percent of incorrect （default） prediction corrected by equation
```

图 13.9　logit 方程预测准确性分析

在图 13.9 中，输出结果分为两栏，第一栏报告了 logit 模型预测的准确率，第二栏报告了 logit 模型相对于常数项模型在预测效果上的优势。

第一栏中的"Estimate Equation"下方列出了方程 eq2 的预测准确率。样本中有 325 位女性没有就业（Dep=0），利用方程 eq2 预测有 210 人没有就业，115 人就业，预测的正确率是 64.62%。样本中有 428 位女性就业（Dep=1），利用方程 eq2 预测有 346 人就业，82 人没有就业，预测的正确率是 80.84%。样本中共有 753 位女性，预测正确的有 210+346=556（人），整体的预测正确率是 556/753 ≈ 73.84%。

"Constant Probability"是指受限模型，即只包含常数项的模型。利用该模型预测的准确率为 56.84%，显著低于方程 eq2 的预测正确率。

第二栏的"Total Gain"和"Percent Grain"反映了 logit 方程（Estimate Equation）比常数项模型（Constant Probability）在预测效果上的绝对优势和相对优势。

例如，对于 Dep=0 的组别，利用"Estimated Equation"预测不就业的个数的期望值是 187.10，其准确率是 187.10/325 ≈ 57.57%。利用"Constant Probability"预测不就业的个数的期望值是 140.27，其准确率是 140.27/325=43.16%。"Total Gain"为 57.57-43.16=14.41。"Percent Grain"等于"Total Gain"与"Constant Probability"下的不正确的百分比 (% Incorrect) 的比值，即 14.41/56.84×100 ≈ 25.35%。类似的，可以算出对于 Dep=1 的组别的"Total Gain"。

总而言之，"Estimate Equation"下方的预测的整体正确率越高，"Percent Grain"越高，模型的预测效果越好。

4）拟合优度检验

在方程 eq2 窗口中单击"View/Goodness-of-Fit Test(Hosmer-Lemeshow)"，打开"Goodness-of-fit Test"对话框，如图 13.10 所示。首先，指定分组变量。在"Form cells based upon"选项组中可选择按预测风险（Predicted risk）分组，也可以在编辑框中指定分组变量。然后，指定分组规则，在"Group observations by"选项组中选择按照分位数（Quantiles）分组，默认分 10 组。如果分组变量的取值变化较小，可以选择"Distinct values"，将分组变量的每种取值单独归为一组。

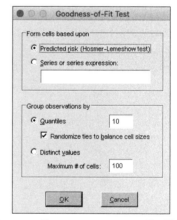

注意：分组后，每个组别的观测单元数不能过少。组别的观测单元数过少，会使拟合优度检验失效，此时应该重新定义分组变量和分组规则。

图 13.10 "Goodness-of-Fit Test"对话框

本例使用 Eviews 的默认选项，按照预测风险等分 10 组，单击"OK"按钮，输出结果如图 13.11 所示。

在图 13.11 中，"Quantile of Risk"下方列出了 10 个组别的预测概率的下限和上限。"Dep=0"下方报告了不就业的女性的观测频数（Actual）和期望频数（Expect）。"Dep=1"下方报告了就业女性的观测频数和期望频数。"Total Obs"下方列出了各个组别观测值的个数。最后一列是每个组 Hosmer-Lemeshow 统计量，该值越大，代表观测频数与期望频数差距越大，预测效果越差。表格下方的"H-L Statistic"是 10 个组别的 Hosmer-Lemeshow 统计量的值之和。

```
Goodness-of-Fit Evaluation for Binary Specification
Andrews and Hosmer-Lemeshow Tests
Equation: EQ2
Date: 05/05/21   Time: 20:53
Grouping based upon predicted risk （randomize ties）
```

	Quantile of Risk		Dep=0		Dep=1		Total	H-L
	Low	High	Actual	Expect	Actual	Expect	Obs	Value
1	0.0197	0.2103	61	64.9507	14	10.0493	75	1.79346
2	0.2106	0.3150	55	55.3012	20	19.6988	75	0.00625
3	0.3150	0.4075	49	47.7520	26	27.2480	75	0.08977
4	0.4075	0.5162	49	41.0216	27	34.9784	76	3.37154
5	0.5176	0.5973	26	33.2579	49	41.7421	75	2.84586
6	0.5975	0.6661	31	27.5192	44	47.4808	75	0.69547
7	0.6661	0.7339	21	22.8095	55	53.1905	76	0.20510
8	0.7358	0.8326	20	16.0689	55	58.9311	75	1.22396
9	0.8358	0.8898	8	10.0604	67	64.9396	75	0.48735
10	0.8908	0.9601	5	6.25856	71	69.7414	76	0.27580
		Total	325	325.000	428	428.000	753	10.9946

H-L Statistic		10.9946	Prob. Chi-Sq (8)		0.2020
Andrews Statistic		11.6842	Prob. Chi-Sq (10)		0.3067

图 13.11　logit 方程拟合优度检验输出结果

Hosmer-Lemeshow 检验的原假设是观测频数与期望频数一致，备择假设是观测频数与期望频数不一致。在本例中，Hosmer-Lemeshow 检验的 P 值为 0.202。在 0.10 的显著性水平下，不能拒绝“观测频数与期望频数一致”。因为各个组别的期望频数是利用 logit 方程计算的，所以不拒绝“观测频数与期望频数一致”，即意味着 logit 方程估计的事件发生概率的准确率较高。Andrews 检验与 Hosmer-Lemeshow 检验的思想相似，在此不一一赘述。

因此，在 logit 方程的 View 工具下，研究者需要关注以下两项操作及其输出结果。

一是单击方程窗口中的“View/Expectation-Prediction Evaluation”，报告的 logit 方程预测的准确率。

二是单击方程窗口中的“View/Goodness-of-Fit Test”，报告的 Hosmer-Lemeshow 检验的 P 值是否足够大。P 值越大，意味着 logit 方程的预测效果越好。

4. logit 方程的预测工具

估计了 logit 模型的参数后，将解释变量的观测值代入估计的 logit 方程（式 13.19）求出 $x_i'\beta$ 的估计值，Eviews 将其称为拟合指数，即优势比的对数 $\mathrm{Ln}\left(\dfrac{\hat{p}_i}{1-\hat{p}_i}\right)$，进而可以计算出事件发生的估计概率 $\hat{p}_i$。

$$\mathrm{Ln}\left(\frac{p}{1-p}\right)=\beta_0+\beta_1 x_1+\beta_2 x_2+\ldots+\beta_k x_k=x_i'\beta \qquad （13.19）$$

打开估计的 logit 方程 eq2，单击方程窗口中的“Forecast”按钮，打开“Forecast”对话框，如图 13.12 所示。若在“Series to forecast”选项组中选择“Probability”，将保存每个女性的就业概率的估计值 $\hat{p}_i$，在“Forecast name”文本框中输入序列名称“jobf_logit_prob”；若在“Series to forecast”选项组中选择“Index-where Prob=1-F(-Index)”，将保存 $x_i'\beta$，即每个女性就业优势比的对数 $\mathrm{Ln}\left(\dfrac{\hat{p}_i}{1-\hat{p}_i}\right)$，在“Forecast name”文本框中输入“jobf_logit_index”。

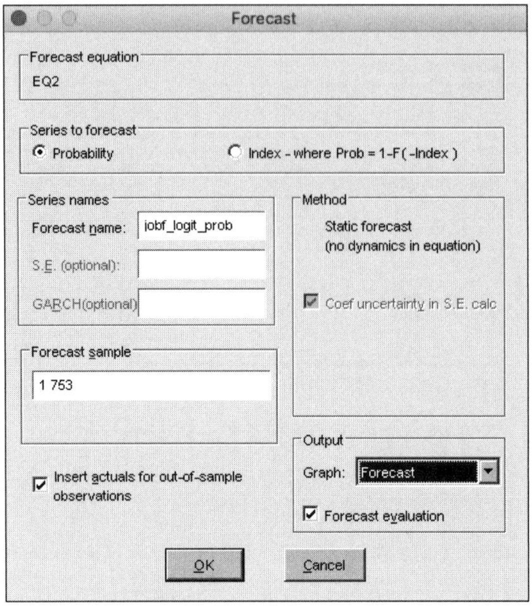

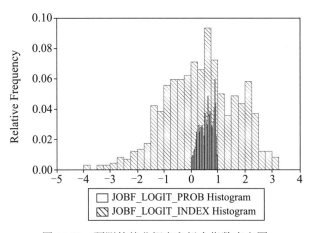

图 13.12 "Forecast"对话框

绘制预测的就业概率"jobf_logit_prob"和预测的拟合指数（优势比的对数）的直方图，如图 13.13 所示。预测的就业概率"jobf_logit_prob"分布在 0 至 1 之间，预测的拟合指数（优势比的对数）分布在 -4 至 4 之间。

图 13.13　预测的就业概率和拟合指数直方图

5. logit 方程概率响应曲线的绘制

估计出 logit 模型的参数后，研究者还可以进一步分析某个解释变量的变化对事件发生概率的影响。Eviews 为 logit 方程提供了"Proc/Make Model"工具，该工具可以绘制当其他变量保持不变时，某个解释变量对事件发生概率的影响效应曲线，即概率响应曲线（Response Probability Curve）。

1）按孩子个数分组的年龄对就业概率的响应曲线

下面将以前文估计的方程 eq2 为例，将研究对象按照养育 0 个、1 个、2 个或 3 个 6 岁以下的孩子分组，介绍如何绘制概率响应曲线来反映不同组别中女性年龄对女性就业概率的影响。

在方程 eq2 窗口中依次单击"Proc|Make Model"，打开模型窗口，如图 13.14 所示。模型是一种对象类型，其图标是大写字母 M。单击"Name"按钮，将其命名为"model1"，保存在工作文件中。此时 model1 窗口显示了方程 eq2。

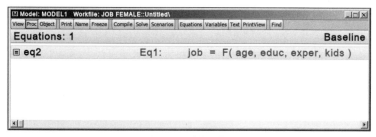

图 13.14 模型窗口

如图 13.15 所示，依次单击 model1 窗口中的"Proc/Links/Break All Links-Make all equations inline"。

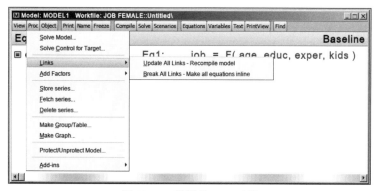

图 13.15 模型的 proc 工具

如图 13.16 所示，model1 窗口显示了一个文本对象，其图标为"TXT"。

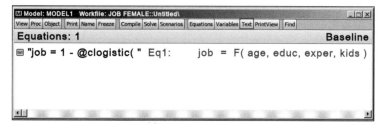

图 13.16 模型中的文本对象

单击图 13.15 中的"Text"按钮，打开图 13.17 所示窗口。窗口中的 JOB 表达式即式（13.20），代表就业概率的估计值的计算式，式中的 @CLOGISTIC 是 logit 分布的累积概率密度函数。

$$\mathrm{Prob}(\mathrm{job}=1) = \frac{e^{(1.312-0.010\mathrm{age}_i+0.124\mathrm{exper}_i+0.188\mathrm{educ}_i-1.466\mathrm{kids}_i)}}{1+e^{(1.312-0.010\mathrm{age}_i+0.124\mathrm{exper}_i+0.188\mathrm{educ}_i-1.466\mathrm{kids}_i)}}$$

$$= 1 - \frac{e^{-(1.312-0.010\mathrm{age}_i+0.124\mathrm{exper}_i+0.188\mathrm{educ}_i-1.466\mathrm{kids}_i)}}{1+e^{-(1.312-0.010\mathrm{age}_i+0.124\mathrm{exper}_i+0.188\mathrm{educ}_i-1.466\mathrm{kids}_i)}}$$

（13.20）

编辑图 13.17 所示窗口的内容，首先将实线框中的字符删除。

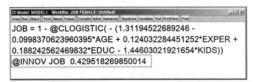

图 13.17　模型中文本对象的编辑

然后，对 JOB 表达式进行修改，如图 13.18 所示。

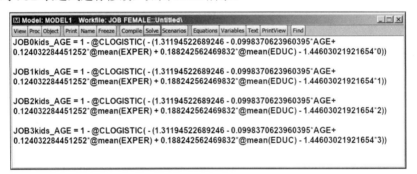

图 13.18　文本对象编辑框

第一个表达式的含义如下：当 exper 取其均值（函数 @mean(EXPER) 代表 exper 的均值）、educ 取其均值、6 岁以下的孩子的个数为 0 时，根据给定的 age 计算出就业概率的估计值，保存到序列 JOB0Kids_AGE 中。

类似的，可以计算出 1 个、2 个和 3 个 6 岁以下孩子的组别中工龄（exper）和受教育年限（educ）取均值且根据给定的年龄估计的就业概率，分别如图 13.17 中的第 2 个至第 4 个表达式所示。

单击 model1 窗口中的"Solve"按钮，打开"Model Solution"对话框。如图 13.19 所示，在"Solution scenarios & output"选项组的"Active"下拉列表中选择"Actuals"，然后单击"OK"按钮。Eviews 将图 13.18 所示的 4 个表达式视为 4 种场景。估计这 4 种场景下的就业概率，并将估计结果保存到相应的序列中。

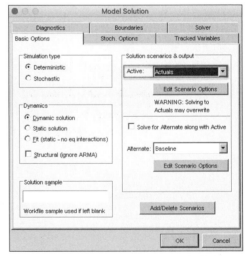

图 13.19　"Model Solution"对话框

在命令窗口执行以下命令：

```
group g3 age job0kids_age job1kids_age job2kids_age job3kids_age
g3.scat
```

打开图形窗口，如图 13.20 所示。

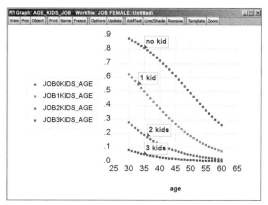

图 13.20　就业与年龄关系的概率响应曲线

图 13.20 分别显示了 6 岁以下孩子个数为 0 个、1 个、2 个和 3 个的四个组别中女性就业与年龄关系的响应概率曲线。观察上述 4 条曲线，可得以下结论。

（1）在年龄相同的情况下，孩子个数越少，女性就业的概率越高。对于 30 岁的女性，没有 6 岁以下的孩子，其就业的概率接近 0.9，如果有 3 个 6 岁以下的孩子，其就业的概率只有 0.1。

（2）随着年龄的增加，孩子个数的差异带来的女性就业概率的差距越来越小。

（3）没有孩子的组别，随着年龄的增加，就业概率下降的速度最快；孩子个数越多的组别，年龄对女性就业概率的负向影响效应减弱。

2）按孩子个数分组的受教育年限对就业概率的响应曲线

按照类似的步骤，创建模型 model2。单击"Text"按钮，打开文本对象编辑窗口。如图 13.21 所示，在窗口编辑相应表达式，绘制按孩子个数分组后，反映受教育年限与就业概率关系的概率响应曲线。

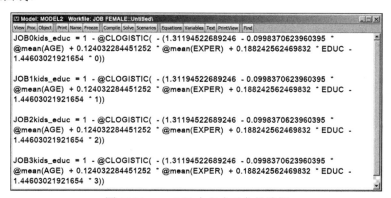

图 13.21　model2 中文本对象的编辑

单击 model2 窗口中的"Solve"按钮，打开"Model Solution"对话框，在"Solution scenarios & output"选项组的"Active"下拉列表中选择"Actuals"，然后单击"OK"按钮。在命令窗口执行以下命令，得到图 13.22 所示的就业与受教育年限的概率响应曲线。

```
group g4 educ job0kids_educ job1kids_educ job2kids_educ job3kids_educ
g4.scat
```

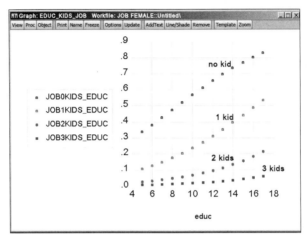

图 13.22   就业与受教育年限的响应概率曲线

观察上述 4 条曲线，可得以下结论。

（1）在受教育年限一定的情况下，孩子个数越少，女性就业的概率越高。

（2）在受教育年限一定的情况下，没有孩子的女性与有 1 个孩子的女性的就业概率差距最大，随着孩子个数的增加，女性就业概率之间的差距缩小。

（3）受教育年限越高，女性就业的概率越高。

（4）孩子个数越少的组别，受教育年限对女性就业概率的影响效应越大。

基于估计的 logit 方程，创建模型，设定不同的场景，绘制响应概率曲线，直观地展示研究结论。估计模型参数只是研究分析的第一步，更重要的是如何挖掘和展示研究结论。

本节 Eviews 实战技巧

- 在"Equation Estimation"对话框中，在"Method"下拉列表中选择"BINARY-Binary Choice（Logit，Probit，Extreme Value）"，然后设置"Binary estimation method"为"logit"，实现 logit 方程的估计。

- 在 Logit 方程中，解释变量的系数为正，代表该解释变量对事件发生概率有正向影响，反之亦然。通常不解释 Logit 方程中解释变量的系数的数值含义。

- Logit 方程的 McFadden R-squared 越大，预测的正确率越高，LR 检验的 P 值越小，Hosmer-Lemeshow 检验的 P 值越大，代表 Logit 方程的拟合效果越好。

- 对于 Logit 方程创建模型，设定场景，绘制概率响应曲线，展示被解释变量与事件发生概率的关系。

13.3　probit 模型

本节首先介绍 probit 模型的核心思想，然后介绍如何利用 Eviews 实现 probit 方程的估计。

1. probit 模型简介

probit 模型与 logit 模型相似，都是为了克服线性概率模型的缺陷，将线型概率模型中 Y 的估计值，通过函数变换转化为事件发生的概率。若二元响应模型（式 13.7）中的函数 G 采用标准正态分布函数，则称此类模型为 probit 模型，如式 13.21 所示。

$$P(y=1|X)=\Phi(\beta_0+\beta_1X_1+\beta_2X_2+\cdots+\beta_kX_k) \tag{13.21}$$

式中，Φ 代表标准正态分布函数，是单调递增的，其值介于 0 到 1 之间。

通过 probit 变换后，二元响应模型（式 13.7）中取值范围为（$+\infty,-\infty$）的被解释变量的估计值被映射为取值范围为（0,1）的事件发生的概率。probit 模型是参数非线性的模型，采用极大似然法估计其参数，具体方法参见 Eviews 用户手册，在此不赘述。

2. probit 模型的估计

研究女性就业情况是否会受到年龄、工龄、受教育年限、6 岁以下孩子个数的影响，建立 probit 模型，如式 13.22 所示。

$$p_i=\Phi(\beta_0+\beta_1\mathrm{age}_i+\beta_2\mathrm{exper}_i+\beta_3\mathrm{educ}_i+\beta_4\mathrm{kids}_i)+u_i \tag{13.22}$$

式中，p_i 代表女性就业的概率，其余变量的含义详见表 13.1。

probit 模型的估计与 logit 模型的操作步骤相似，不同之处是在"Equation Estimation"对话框中将"Binary estimation method"设置为"probit"，如图 13.23 所示。

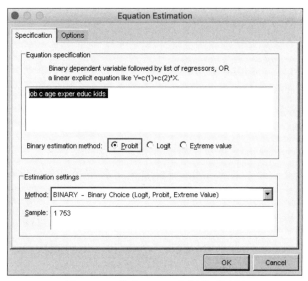

图 13.23　设定 probit 方程的对话框

单击"OK"按钮，输出结果如图 13.24 所示。单击方程窗口中的"Name"按钮，将其保存为方程"eq3"。

```
Dependent Variable: JOB
Method: ML - Binary Probit  ( Newton-Raphson / Marquardt steps)
Date: 05/06/21  Time: 01:10
Sample: 1 753
Included observations: 753
Convergence achieved after 4 iterations
Coefficient covariance computed using observed Hessian
```

Variable	Coefficient	Std. Error	z-Statistic	Prob.
C	0.858184	0.436783	1.964785	0.0494
AGE	-0.060800	0.007725	-7.870317	0.0000
EXPER	0.072888	0.007284	10.00690	0.0000
EDUC	0.111700	0.023371	4.779393	0.0000
KIDS	-0.878249	0.115626	-7.595571	0.0000

McFadden R-squared	0.204832	Mean dependent var	0.568393
S.D. dependent var	0.495630	S.E. of regression	0.429621
Akaike info criterion	1.100692	Sum squared resid	138.0617
Schwarz criterion	1.131397	Log likelihood	-409.4107
Hannan-Quinn criter.	1.112521	Deviance	818.8213
Restr. deviance	1029.746	Restr. log likelihood	-514.8732
LR statistic	210.9251	Avg. log likelihood	-0.543706
Prob (LR statistic)	0.000000		

Obs with Dep=0	325	Total obs	753
Obs with Dep=1	428		

图 13.24 probit 方程输出结果

probit 模型输出结果的解读与 logit 模型类似，在此不一一赘述。由图 13.24 写出 probit 模型的估计方程，如式 13.23 所示。

$$p_i=\Phi(0.858-0.061\text{age}_i+0.073\text{exper}_i+0.112\text{educ}_i-0.878\text{kids}_i)+e_i \qquad （13.23）$$

式中，所有的解释变量都高度显著。exper 和 educ 的系数为正，表明工龄越长、受教育年限越长，女性就业的概率越高。age 和 kids 的系数为负，表明年龄越大，孩子个数越多，女性就业的概率越低。

表 13.2 列出了 LPM 模型、logit 模型和 probit 模型估计结果。在这 3 个模型中，解释变量 age、exper、educ、kids 的系数符号和显著性都是一致的，系数的估计值有区别。LPM 模型与 logit 模型、probit 模型的系数估计值差异较大，logit 模型和 probit 模型的系数估计值较为接近。probit 模型的系数估计值大约是 logit 模型的系数估计值的 1.6 倍。

注意：关于 probit 模型和 logit 模型，研究者需要关注的是解释变量的系数的符号，而不是系数的数值大小。解释变量的系数大于 0，意味着随着该解释变量的增加，事件发生的概率增加；解释变量的系数小于 0，意味着随着该解释变量的增加，事件发生的概率下降。

表 13.2 LPM 模型、logit 模型和 probit 模型估计结果

变　　量	LPM 模型	logit 模型	probit 模型
constant	0.796***	1.312*	0.858**
	(0.135)	(0.735)	(0.437)
age	−0.019***	−0.100***	−0.061***
	(0.002)	(0.013)	(0.008)

续表

变　　量	LPM 模型	logit 模型	probit 模型
exper	0.023***	0.124***	0.073***
	(0.002)	(0.013)	(0.007)
educ	0.034***	0.188***	0.112***
	(0.007)	(0.040)	(0.023)
kids	−0.278***	−1.466***	−0.878***
	(0.033)	(0.198)	(0.116)
R-Square	0.248		
McFadden R-Square		0.205	0.205
Prob(F-stat)	0.000		
Log likelihood		−409.471	−409.411
Prob(LR statistic)		0.000	0.000

注：括号中的数值代表标准误差。***、**、* 分别代表 0.01、0.05 和 0.10 的显著性水平下显著。

估计 probit 方程对话框中 Options 选项卡的设置、probit 方程窗口的"View"工具、"Forecast"工具和"Proc/Make Model"工具的使用方法，与 logit 方程类似，在此不一一赘述。

本节 Eviews 实战技巧

- 在"Equation Estimation"对话框中，在"Method"下拉列表中选择"BINARY-Binary Choice(Logit，Probit，Extreme value)"，设置"Binary estimation method"为"Probit"，实现 probit 方程的估计。
- 在 probit 方程中，解释变量的系数为正，代表该解释变量对事件发生概率有正向影响，反之亦然。通常不解释 Probit 方程中解释变量的系数的数值含义。
- 在实践中，可以同时报告 logit 方程和 probit 方程的估计结果，以验证研究结论的稳健性。

13.4　有序 logit 模型

本节首先介绍有序 logit 模型的核心思想，然后基于一个实战案例介绍如何利用 Eviews 实现有序 logit 方程的估计，最后介绍有序 logit 方程的视图工具和预测工具。

1. 有序 logit 模型简介

在有序 logit 模型中，被解释变量是有序的定性变量。被解释变量分为不同的组别，组别是可排序的。例如，学历等级，从小学、初中、高中、大专、本科到硕士；就业状态，从失业、就业、半退休到完全退休；饮料的灌装规格分为小瓶、中瓶和大瓶；体育比赛的奖牌有金牌、银牌和铜牌；消费者满意度分为非常不满意、比较不满意、一般、比较满意和非常满意。这些都是典型的有序定性变量。

下面简要介绍有序 logit 模型的原理[①]。首先，为被解释变量 y_i 选取一个潜变量 y^*。潜变量 y^* 不可直接观测，但与被解释变量 y_i 之间存在对应关系。建立潜变量 y^* 与解释变量之间的线性回归模型，如式 13.24 所示。

$$y_i^* = x_i{}'\beta + \epsilon_i \tag{13.24}$$

式中，y_i^* 是被解释变量 y_i 的潜变量，x_i 是解释变量，ϵ_i 是独立同分布的随机误差项。被解释变量 y_i 与潜变量 y_i^* 之间的对应关系如式 13.25 所示。

$$y_i = \begin{cases} 0 & y_i^* \leqslant \gamma_1 \\ 1 & \gamma_1 < y_i^* \leqslant \gamma_2 \\ 2 & \gamma_2 < y_i^* \leqslant \gamma_3 \\ \cdots & \\ M & \gamma_M < y_i^* \end{cases} \tag{13.25}$$

式中，γ_M 称为门槛值。如果被解释变量有 $M+1$ 个类别，那将需要估计 M 个门槛值。例如，若被解释变量分为 5 个组别，将需要估计 4 个门槛值。4 个门槛值形成 5 个区间，根据 y_i^* 所属的区间，可以推断被解释变量 y_i 所属组别。

y_i 落在各个组别的概率由式 13.26 计算。

$$\begin{cases} \Pr(y_i=0|x_i,\beta,\gamma)=F(\gamma_1-x_i{}'\beta) \\ \Pr(y_i=1|x_i,\beta,\gamma)=F(\gamma_2-x_i{}'\beta)-F(\gamma_1-x_i{}'\beta) \\ \Pr(y_i=2|x_i,\beta,\gamma)=F(\gamma_3-x_i{}'\beta)-F(\gamma_2-x_i{}'\beta) \\ \qquad\qquad\vdots \\ \Pr(y_i=M|x_i,\beta,\gamma)=1-F(\gamma_M-x_i{}'\beta) \end{cases} \tag{13.26}$$

式中，F 是 ϵ 的累积分布函数。F 与随机误差项 ϵ 的分布有关，可以假定随机误差项服从 logit 分布、标准正态分布或者极值分布。

在式 13.25 和式 13.26 中，β 和 γ 采用极大似然法估计，极大似然函数如式 13.27 所示。

$$l(\beta,\gamma) = \sum_{i=1}^{N}\sum_{i=0}^{M} \log(\Pr(y_i = j \mid x_i, \beta, \gamma)) \times 1(y_i = j) \tag{13.27}$$

式中，$1(y_i=j)$ 是一个示性函数，若 $y_i=j$，其值为 1，若 $y_i \neq j$，其值为 0。

估计出 β 和 γ 后，根据式 13.26 计算出 y_i 落在各个组别的概率，预测被解释变量属于概率最大的那个组别。

在实践中，通常会假定随机误差项服从 logit 分布，此时模型就称为有序 logit 模型，下文将以有序 logit 模型为例，介绍其在 Eviews 中的实现。

在有序 logit 模型中，被解释变量是潜变量 y_i^*，解释变量 x_i 的系数 β_i 的含义并不直观。其含义是当其他变量保持不变时，x_i 变化 1 单位，事件在高组别发生的概率与事件在低组别发生的概率之比的对数将平均变化 β_i。按照这样的方式来解释系数 β_i，其实际含义不容易理解。

---

① 　本节参考 Eviews 12 Users Guider II, 352-353.

因此，在实践中，对于有序 logit 模型中的解释变量 x_i 的系数 β_i，通常不解释其数值含义，而是通过其系数的符号来说明解释变量 x_i 对事件在高组别发生的概率的影响效应。某个解释变量的系数的符号为正，代表随着该解释变量的增加，被解释变量落入高组别的可能性提高。某个解释变量的系数的符号为负，代表随着该解释变量的增加，被解释变量落入高组别的可能性下降。

2. 实战案例：银行客户风险分析

实战案例：研究银行客户的账户状态的影响因素。客户的账户状态按风险由低到高分为 5 类：没有贷款、所有贷款如期偿还、现存贷款如期偿还、曾经发生过逾期偿还、高风险（在其他银行有贷款），分别用数值代码 1 ～ 5 代表这 5 种类型。

分析目标：

- 建立关于银行客户账户风险等级的有序 logit 模型。
- 分析银行客户的贷款期限、年龄、在本银行现存贷款个数、是否有购房或购物分期付款计划、住房状况对账户风险等级的影响效应。
- 对有序 logit 回归模型进行诊断。

数据简介：德国某家银行 1000 名客户的数据[①]，包括客户的风险等级、贷款期限、年龄、现存贷款个数、分期付款计划、住房类型的数据。本例使用的工作文件是 "german credit.wf1"，表 13.3 列出 "german credit.wf1" 数据文件中的变量和代码含义。

表 13.3　"german credit.wf1" 数据文件中的变量和代码含义

变 量 符 号	变 量 名 称	变量数值代码或单位
chist	账户风险等级	chist=1, 从未办理过贷款（no credits taken） chist=2, 所有贷款如期偿还（all credits at this bank paid back duly） chist=3, 现存贷款如期偿还（existing credits paid back duly till now） chist=4, 曾经发生过逾期偿还（delay in paying off in the past） chist=5, 高风险 / 在其他银行有贷款（critical account/other credits existing(not at this bank)）
duration	贷款期限	单位：月
age	贷款人年龄	单位：岁
numcred	在本银行现存贷款个数	单位：个
othnstal	其他分期付款计划	othnstal=1，购房分期付款 othnstal=2，购物分期付款 othnstal=3，无其他分期付款
housng	住房状况	housng=1，自购住房 housng=2，租住住房 housng=3，免费住房

---

① 数据来源：http://www.ics.uci.edu/～mlearn/MLSummary.html。

3. 有序 logit 模型的估计

1）有序 logit 模型设定

为了研究银行客户的贷款期限（duration）、年龄（age）、在本银行现存贷款个数（numcred）、是否有购房或购物分期付款计划（othnstal）、住房状况（housng）对账户风险等级（chist）的影响。被解释变量是客户的账户风险等级（chist），其数值为 1～5，代表由低到高 5 个等级。被解释变量是有序分类变量，因此要使用有序 logit 模型，如式 13.28 所示。

$$\text{chist}_i^* = \beta_1 \text{duration}_i + \beta_2 \text{age}_i + \beta_3 \cdot (\text{numcred}_i = 1) + \beta_4 (\text{numcred}_i = 2)$$
$$+ \beta_5 (\text{numcred}_i = 3) + \beta_6 (\text{othnstal}_i = 1) + \beta_7 \cdot (\text{othnstal}_i = 2) \tag{13.28}$$
$$+ \beta_8 (\text{housng}_i = 1) + \beta_9 (\text{housng}_i = 2) + u_i$$

式中，chist^* 是潜变量，其与被解释变量（chist）的关系如式 13.29 所示。被解释变量账户风险等级（chist）分为 5 个等级，因此要估计 4 个门槛值，即 γ_1、γ_2、γ_3 和 γ_4。

$$\text{chist}_i = \begin{cases} 1 & \text{chist}_i^* \leqslant \gamma_1 \\ 2 & \gamma_1 < \text{chist}_i^* \leqslant \gamma_2 \\ 3 & \gamma_2 < \text{chist}_i^* \leqslant \gamma_3 \\ 4 & \gamma_3 < \text{chist}_i^* \leqslant \gamma_4 \\ 5 & \gamma_4 < \text{chist}_i^* \end{cases} \tag{13.29}$$

2）估计有序 logit 方程的操作步骤

打开"german credit.wf1"工作文件，依次单击"Quick/Estimate Equation..."，打开"Equation Estimate"对话框，如图 13.25 所示。

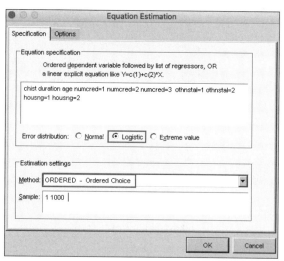

图 13.25　设定有序 logit 方程的对话框

在"Equation specification"编辑框中输入有序 logit 模型的设定："chist duration age numcred=1 numcred=2 numcred=3 othnstal=1 othnstal=2 housng=1 housng=2"。注意，无论有序 logit 方程的设定包括或不包括常数项"c"，方程的估计结果是相同的。Eviews 在估计有序 logit

模型时，不估计式 13.28 中单独的截距项，而是将截距项与式 13.29 中的门槛值合并估计。

被解释变量必须是整数型的，否则将有提示错误，估计将终止。

"Error distribution"可设置随机误差项是正态分布（Normal）、logistic 分布（Logistic）、极值分布（Extreme value），在本例中设置为"Logistic"。

"Options"选项卡可以设置迭代规则（iteration limit）、收敛标准（convergence criterion）、最优化算法（optimization algorithm）、计算系数协方差矩阵的方法。

在"Method"下拉列表中选择"ORDERED-Ordered Choice"。单击"OK"按钮，输出结果如图 13.26 所示。单击方程窗口中的"Name"按钮，将其保存为方程"eq1"。

Dependent Variable: CHIST
Method: ML - Ordered Logit (Newton-Raphson / Marquardt steps)
Date: 05/24/21 Time: 15:51
Sample: 1 1000
Included observations: 1000
Number of ordered indicator values: 5
Convergence achieved after 7 iterations
Coefficient covariance computed using observed Hessian

Variable	Coefficient	Std. Error	z-Statistic	Prob.
DURATION	-0.010891	0.005641	-1.930652	0.0535
AGE	0.016222	0.006181	2.624636	0.0087
NUMCRED=1	-2.007234	0.796963	-2.518603	0.0118
NUMCRED=2	0.355354	0.797454	0.445610	0.6559
NUMCRED=3	1.089861	0.925948	1.177022	0.2392
OTHNSTAL=1	-1.038148	0.193821	-5.356216	0.0000
OTHNSTAL=2	-0.799118	0.295733	-2.702162	0.0069
HOUSNG=1	-0.188205	0.275294	-0.683650	0.4942
HOUSNG=2	0.204849	0.229148	0.893958	0.3713

Limit Points				
LIMIT_ 2:C (10)	-4.630888	0.923176	-5.016254	0.0000
LIMIT_ 3:C (11)	-3.756725	0.914724	-4.106949	0.0000
LIMIT_ 4:C (12)	-0.298351	0.907064	-0.328919	0.7422
LIMIT_ 5:C (13)	0.294920	0.907099	0.325125	0.7451

Pseudo R-squared	0.145129	Akaike info criterion		2.054744
Schwarz criterion	2.118545	Log likelihood		-1014.372
Hannan-Quinn criter.	2.078993	Restr. log likelihood		-1186.580
LR statistic	344.4155	Avg. log likelihood		-1.014372
Prob (LR statistic)	0.000000			

图 13.26 有序 logit 方程的输出结果

4. 有序 logit 方程的估计结果解释

（1）标题栏。在图 13.26 中，第一行显示被解释变量是"CHIST"。第二行"ML-Ordered Logit"代表估计方法是极大似然法，随机误差项服从有序 logit 分布。最优化方法是"Newton-Raphson"，步长选择是"Marquardt steps"。"Number of ordered indicator values"代表被解释变量"chist"有 5 个不同的值。"Convergence achieved after 7 iterations"意思是经过 7 次迭代后收敛。最下面一行显示了系数协方差矩阵的估计方法是"Hessian"。

（2）参数估计结果。在图 13.27 中，第二部分报告了系数的估计值、渐近标准误差、相应的 Z 检验统计量和 P 值。

在解释有序 logit 模型的系数时要特别注意。若某个解释变量的系数的符号为正，代表随着该解释变量的增加，被解释变量落入高组别的可能性提高。若某个解释变量的系数的符号为负，代表随着该解释变量的增加，被解释变量落入高组别的可能性下降。

"Limit Points"栏目下方报告了有序 logit 模型中各组门槛值的估计值、标准误差、检验统计量和 P 值。

有序 logit 模型的估计方程的表达式如式 13.30 所示，由该式可以计算潜变量 $chist^*$ 的估计值。

$$\widehat{chist^*} = -0.011duration_i + 0.016age_i - 2.007(numcred_i=1)+$$
$$0.355(numcred_i=2) + 1.090(numcred_i=3) - 1.038(othnstal_i=1) \qquad (13.30)$$
$$-0.799(othnstal_i=2) - 0.188(housng_i=1) + 0.205(housng_i=2)$$

将 $chist^*$ 的估计值代入式 13.31 至式 13.35，可以计算出客户落入 5 个风险等级组别中的概率。F 代表 logistic 分布的分布函数，在 Eviews 中可以调用函数 @CLOGISTIC() 来时实现该计算。

$$P(chist=1) = F(-4.631 - \widehat{chist^*}) \qquad (13.31)$$
$$P(chist=2) = F(-3.757 - \widehat{chist^*}) - F(-4.631 - \widehat{chist^*}) \qquad (13.32)$$
$$P(chist=3) = F(-0.298 - \widehat{chist^*}) - F(-3.757 - \widehat{chist^*}) \qquad (13.33)$$
$$P(chist=4) = F(0.295 - \widehat{chist^*}) - F(-0.298 - \widehat{chist^*}) \qquad (13.34)$$
$$P(chist=5) = 1 - F(0.295 - \widehat{chist^*}) \qquad (13.35)$$

（3）有序 logit 方程相关统计量。在图 13.26 中，第三部分报告了反映有序 logit 模型拟合效果和整体显著性的统计量。这些统计量的含义与 logit 模型相似，在此不一一赘述，有兴趣进一步研究的读者可参见 13.3 节。

（4）估计有序 logit 方程的报错提示

①无法估计初始值（"Unable to compute automatic estimates of starting values."）。如果被解释变量的某几个分组中的观测值的个数特别少，该提示就会出现。此时，可以将观测值个数少的组别合并到相邻组别，再重新估计模型。

②门槛值的估计值不是递增的（"Parameter estimates for limit points are non-ascending."）。若用户自定义的各个组别门槛值的初始值不是单调递增的，Eviews 将无法进行下一步的迭代运算，该错误提示就会出现。因此，建议研究者使用 Eviews 自行估计的初始值，而不要随意的自定义初始值。

5. 有序 logit 方程的视图工具

单击有序 logit 方程 eq1 窗口中的"View/Representations"，呈现该方程的命令和数学表达式。单击"View/Coefficient Diagnostics"，可对系数进行诊断，包括 Wald 检验、多余变量的似然比检验和遗漏变量的似然比检验。单击"View/Residual Diagnostics"，可对残差是否存在自相关、残差是否服从正态分布进行检验。有序 logit 方程上述视图工具与基于 OLS 方法估计的方程视图工具类似，在此不一一赘述，有兴趣进一步研究的读者可以参见 13.2 节。

接下来将针对有序 logit 方程特有的视图工具进行介绍。单击"View/Dependent Variable Frequencies"，输出结果如图 13.27 所示。输出结果显示了被解释变量的观测值（Dep. Value）、各个监测值的频数（Count）、百分比频数（Percent）、累计频数（Cumulative Count）和累计百分比频数（Cumulative Percent）。

依次单击"View|Expectation-Prediction Evaluation"，输出结果如图 13.28 所示，这里一共有 3 张表格。

Prediction Evaluation for Ordered Specification
Equation: EQ1
Date: 05/24/21　Time: 15:55

Estimated Equation

Dep. Value	Obs.	Correct	Incorrect	% Correct	% Incorrect
1	40	0	40	0.000	100.000
2	49	0	49	0.000	100.000
3	530	488	42	92.075	7.925
4	88	0	88	0.000	100.000
5	293	205	88	69.966	30.034
Total	1000	693	307	69.300	30.700

Constant Probability Spec.

Dep. Value	Obs.	Correct	Incorrect	% Correct	% Incorrect
1	40	0	40	0.000	100.000
2	49	0	49	0.000	100.000
3	530	530	0	100.000	0.000
4	88	0	88	0.000	100.000
5	293	0	293	0.000	100.000
Total	1000	530	470	53.000	47.000

Gain over Constant Prob. Spec.

Dep. Value	Obs.	Equation % Incorrect	Constant % Incorrect	Total Gain*	Pct. Gain**
1	40	100.000	100.000	0.000	0.000
2	49	100.000	100.000	0.000	0.000
3	530	7.925	0.000	-7.925	NA
4	88	100.000	100.000	0.000	0.000
5	293	30.034	100.000	69.966	69.966
Total	1000	30.700	47.000	16.300	34.681

*Change in "% Correct" from default（constant probability）specification
**Percent of Incorrect（default）prediction corrected by equation

图 13.28　有序 logit 方程的预测效果评估

Dependent Variable Frequencies
Equation: EQ1
Date: 05/20/21　Time: 16:48

Dep. Value	Count	Percent	Cumulative Count	Cumulative Percent
1	40	4.00	40	4.00
2	49	4.90	89	8.90
3	530	53.00	619	61.90
4	88	8.80	707	70.70
5	293	29.30	1000	100.00

图 13.27　被解释变量的频数分布表

第一张表格的标题为"Estimated Equation"，该表格列出了基于有序 logit 方程 eq1 进行预测的准确率。表中各列分别如下：被解释变量的观测值或组别（Dep. Value）；各个组别观测值的频数（Obs）；基于估计的方程对该组别中的个案进行预测，预测正确和错误的个数（Correct 和 Incorrect）、预测正确和错误的百分比 (% Correct 和 % Incorrect)。例如，第三行数据代表被解释变量值为 3（风险等级 = 现存贷款如期偿还）的组别有 530 人。基于估计的有序 logit 方程对这 530 人进行预测，其中对 488 人预测的风险等级为 3，预测正确的百分比是（488/530）×100 ≈ 92.075%。其中 42 人预测的风险等级不等于 3，预测错误的百分比是（42/530）×100 ≈ 7.925%。模型整体预测正确率是 69.3%，对样本中风险等级为 3 的群体预测的正确率最高。

第二张表格的标题为"Constant Probability Spec."。该表格列出了基于只有截距项模型的预测正确率。该模型将 1000 人的风险等级都预测为 3，整体预测正确率是 53.0%。

第三张表格的标题为"Gain over Constant Prob. Spec."。该表格对比了方程 eq1 相对于只包含截距项模型的预测优势。"Total Gain"为方程 eq1 预测的正确率与只有截距项模型的预测正确率之差，即 69.3%-53.0%=16.3%。

5. 有序 logit 方程的预测工具

单击有序 logit 方程 eq1 窗口中的"Forecast"按钮，会提示"Forecast is not supported for Ordered estimation. Use Make Model from Proc Menu."，即"Forecast"工具不适用于有序模型的预测，需要通过创建模型来预测被解释变量落在各个组别的概率。

单击 eq1 窗口中的"Proc/Make Model"，打开模型对象窗口，单击"Name"按钮，将其命名为"model1"，如图 13.29 所示。

图 13.29   基于有序 logit 方程创建模型 1

单击 model1 窗口中的"Solve"按钮，打开"Model Solution"对话框，如图 13.30 所示，使用默认设置，单击"OK"按钮。

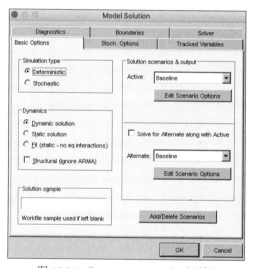

图 13.30   "Model Solution"对话框

上述求解过程将有序 logit 方程被解释变量 chist^* 的估计值，也就是由式 13.30 计算的 $\widehat{\text{chist}^*}$ 保存到序列"i_chist_0"。

由式 13.31 至式 13.35 计算的客户落入 5 个风险等级的组别中的概率分别被保存到了序列"chist_1_0""chist_2_0""chist_3_0""chist_4_0""chist_5_0"中。将序列"i_chist_0"和 5 个组别的预测概率以组的形式打开，如图 13.31 所示。

	I_CHIST_0	CHIST_1_0	CHIST_2_0	CHIST_3_0	CHIST_4_0	CHIST_5_0
1	1.582	0.002	0.003	0.128	0.084	0.784
2	-1.968	0.065	0.078	0.698	0.064	0.094
3	-1.138	0.030	0.038	0.630	0.109	0.193
4	-1.735	0.052	0.065	0.691	0.076	0.116
5	0.954	0.004	0.005	0.213	0.119	0.659
6						

图 13.31   预测的潜变量和归入各组的概率

本节 Eviews 实战技巧

- 在 "Equation Estimation" 对话框中, 在 "method" 下拉列表中选择 "ORDERED-Ordered Choice", 然后设置 "Error distribution" 为 "Logistic", 实现有序 logit 方程的估计。
- 在有序 logit 方程中, 解释变量的系数为正, 代表该解释变量对事件发生概率有正向影响, 反之亦然。通常不解释有序 logit 方程中解释变量的系数的数值含义。
- 单击有序 logit 方程窗口中的 "View/Expectation-Prediction Evaluation", 可以报告有序 logit 方程预测的准确率。

13.5　LPM、logit、probit 和有序 logit 方程的命令

本节介绍与 LPM、logit、probit 和有序 logit 方程有关的命令。

1. LPM 方程的估计

LPM 采用普通最小二乘法估计, 其命令与 12.7.1 节介绍的普通最小二乘法估计回归方程的命令形式一致, 举例如下:

```
equation eq1.ls job c age exper educ kids
```

2. binary

（1）语法

```
equation eq_name.binary(options) y c x1 [x2 x3....]
```

eq_name: 方程名称。

binary: 二元因变量方程。

options: 选项参数见表 13.4。

表 13.4　binary 命令中 options 的设置

参　　数	含　　义
d=arg	probit 模型（"n"）, logit 模型（"1"）, 极值模型（"x"）, 默认值是 "n"
optmethod=arg	优化方法: Newton-Raphson（"newton"）, BFGS（"bfgs"）, OPG（"opg"）, BHHH（"bhhh"）, Eviews legacy（"legacy"）, 默认值是 "newton"
optstep=arg	步长选择: Marquardt（"marquardt"）, dogleg（"dogleg"）, Line search（"linesearch"）, 默认值是 "marquardt"
cov=arg	协方差估计方法: orinary, Huber-White sandwich 方法（"white"）, GLM 方法（"glm"）, 聚类标准误差（"cr"）。默认的方法是 "ordinary"
m=integer	设置最大迭代次数, 默认值是 500
c=scalar	设置收敛容忍度, 默认值是 0.0001
showopts/-showopts	输出结果显示 / 不显示优化算法中的详细设置

注: 1. arg 等于双引号中的字符。

　　2. 多个参数之间用逗号隔开。

　　3. 完整参数设置见 Eviews Command Reference。

y c x1 [x2 x3...]：方程的设定，最前面写被解释变量，c 代表截距，然后是解释变量。

（2）举例

```
equation eq2.binary(d=l) job c age exper educ kids
```

说明：创建 logit 方程 eq2。

```
equation eq1.binary(d=l, cov=white) job c age exper educ kids
```

说明：报告 Huber-White 标准误差。

```
equation eq3.binary(d=n) job c age exper educ kids
```

说明：创建 probit 方程 eq3。

3. depfreq

（1）语法

```
eq_name.depfreq(options)
```

eq_name：方程名称。

depfreq：被解释变量的频数分布。

options：p，输出频数分布表。

（2）举例

```
equation eq2.binary(d=l) job c age exper educ kids
eq2.depfreq
```

说明：报告 logit 方程 eq2 的被解释变量 job 的频数分布表。

4. means

（1）语法

```
eq_name.means(options)
```

eq_name：方程名称。

means：按被解释变量分组后，各个组别解释变量的描述性统计量。

options：p，输出描述性统计量的表格。

（2）举例

```
equation eq2.binary(d=l) job c age exper educ kids
eq2.means
```

说明：按 job 等于 0 或 1 分组，报告各个组别 age、exper、educ 和 kids 的描述性统计量。

5. predict

（1）语法

```
eq_name.predict(n, options)
```

eq_name：方程名称。

n：概率的分界值，默认为 0.5。当预测的事件发生概率大于 0.5 时，预测事件发生。

options：p，输出预测效果的表格。

（2）举例

```
equation eq2.binary(d=1) job c age exper educ kids
eq2.predict
```

说明：报告 logit 方程 eq2 的预测效果。

```
eq2.predict(0.7)
```

说明：将概率的分界值设置为 0.7，报告 logit 方程 eq2 的预测效果。

6. testfit

（1）语法

```
eq_name.testfit(options)
```

eq_name：方程名称。

testfit：进行 Hosmer-Lemeshow/Andrew 拟合优度检验，评估方程的拟合效果。

options：interger (default=10)，设置分组的组数，默认为 10。

（2）举例

```
equation eq2.binary(d=1) job c age exper educ kids
eq2.testfit
```

说明：对 logit 方程 eq2 的预测结果进行 Hosmer-Lemeshow/Andrew 拟合优度检验。

7. fit

（1）语法

```
eq_name.fit(options) yhat
```

eq_name：方程名称。

fit：预测被解释变量。

options：i，预测拟合指数；e，预测事件发生的概率；g，绘制图形。

yhat：将预测结果保存到序列 yhat 中。

（2）举例

```
equation eq2.binary(d=1) job c age exper educ kids
eq2.fit(i, g) jobf_logit_index
```

说明：预测拟合指数并绘制其图形。

```
eq2.fit(e, g) jobf_logit_prob
```

说明：预测事件发生的概率并绘制其图形。

8. ordered

（1）语法

```
equation eq_name.ordered(options) y x1 [x2 x3...]
```

eq_name：方程名称。

ordered：估计有序因变量方程。

options: 选项参数见表 13.4。

y x1 [x2 x3...]: 方程的设定。注意：方程设定中无论包括或不包括常数项"c"，方程的估计结果相同的。Eviews 不单独估计 logit 方程中的截距项，将其合并为门槛值进行估计。

（2）举例

```
equation eq5.ordered(d=l) chist duration age numcred=1 numcred=2 numcred=3
othnstal=1 othnstal=2 housng=1 housng=2
```

说明：创建有序 logit 方程 eq5，d=l 代表采用 logistic 分布函数。

9. makemodel

（1）语法

```
eq_name.makemodel(name)
```

eq_name：方程名称。

makemodel：创建模型。

name：模型名称。

（2）举例

```
equation eq2.binary(d=l) job c age exper educ kids
eq2.makemodel(model1)
```

说明：利用方程 eq2 创建模型 model1。

10. solve

（1）语法

```
model_name.solve
```

model_name：模型名称。

solve：对模型求解。

（2）举例

```
equation eq5.ordered(d=l) chist duration age numcred=1 numcred=2 numcred=3
othnstal=1 othnstal=2 housng=1 housng=2
eq5.makemodel model1
```

说明：利用有序 logit 方程 eq5 创建模型，将模型命名为"model1"。

```
model1.solve
```

说明：保存有序 logit 方程 eq5 被解释变量的潜变量的估计值，保存个案落入不同组别中的概率。

第 14 章　受限因变量模型

受限因变量模型是指被解释变量不是连续型的定量变量，其取值受到一定的限制。例如，研究个人年度医疗支出的影响因素，被解释变量是医疗支出。由于样本中有部分个人没有发生医疗开支，医疗支出将由大量的 0 和一系列大于 0 的值构成变量。医疗支出的分布在 0 值删截，其分布受到了 0 值的限制。再如，研究中午 1 点至 2 点，在银行柜台排队办理业务的人数受到哪些因素的影响。被解释变量排队人数的取值为 0、1、2、3……是一系列整数。这类模型都统称为受限因变量模型。

本章介绍如何利用 Eviews 实现受限因变量模型的估计和诊断，包括 Tobit 模型、Heckman 模型和计数模型。

本章的主要内容包括：
- Tobit 模型。
- Heckman 模型。
- 计数模型。
- Eviews 命令。

14.1　Tobit 模型

本节首先介绍 Tobit 模型的核心思想，然后基于一个实战案例，介绍如何利用 Eviews 实现 Tobit 方程的估计、视图工具和检验。

1. Tobit 模型简介

在实践中，一些被解释变量的取值可能由大量的 0 和一系列大于 0 的值构成。例如，考察顾客在超市的购物金额，一部分顾客没有购物，没有发生任何消费，其购物金额为 0。一部分顾客发生了消费，其购物金额都大于 0。考察女性每周的工作时数，没有工作的女性的工作时数为 0，有工作的女性的工作时数都大于 0。在这类研究问题中，被解释变量有大量个案取 0，即被解释变量在 0 值删截，需要采用 Tobit 模型。Tobit 模型由 Tobin 在 1958 年提出，其设定如式 14.1 所示。

$$\begin{cases} y_i^* = x_i'\beta + \sigma \in_i \\ y_i = \max(0, y_i^*) \end{cases} \tag{14.1}$$

式中，y_i^* 是被解释变量的潜变量，σ 是规模参数，$\in_i$ 是随机误差项，服从标准正态分布。y_i^* 与被解释变量 y_i 的关系如式 14.2 所示。

$$y_i = \begin{cases} 0 & y_i^* \leqslant 0 \\ y_i^* & y_i^* > 0 \end{cases} \tag{14.2}$$

由式 14.1 和式 14.2，可以求出 $P(y_i=0|x)$ 的概率，如式 14.3 所示。

$$P(y_i=0|x)=P(y_i^* \leqslant 0|x)=P(x_i'\beta+\sigma\varepsilon_i \leqslant 0|x)$$

$$= P\left(\varepsilon_i \leqslant -\frac{x_i'\beta}{\sigma} 1x\right) = \Phi\left(-\frac{x_i'\beta}{\sigma} 1x\right) = 1 - \Phi\left(\frac{x_i'\beta}{\sigma}\right) \tag{14.3}$$

由式 14.2 和式 14.3，可以求出 $y_i > 0$ 时的分布函数，如式 14.4 所示。

$$P(y_i \leqslant y_1 x) = P(y_i^* \leqslant yx) = P(x_i'\beta + \sigma\varepsilon_i \leqslant y_1 x)$$

$$= P\left(\varepsilon_i \leqslant -\frac{y - x_i'\beta}{\sigma} 1x\right) = \Phi\left(\frac{y - x_i'\beta}{\sigma} 1x\right) \tag{14.4}$$

将式 14.4 对 y 求导，得到 $y_i > 0$ 时的概率密度函数，如式 14.5 所示。

$$f(y) = \frac{1}{\sigma}\phi\left(\frac{y - x_i'\beta}{\sigma}\right) \tag{14.5}$$

由式 14.4 和式 14.5，构造似然函数，如式 14.6 所示。

$$l(\beta,\sigma) = \sum_{i=1}^n 1(y_i = 0)\log\left[1 - \Phi\left(\frac{x_i\beta}{\sigma}\right)\right] + \sum_{i=1}^n 1(y_i > 0)\log\left\{\left(\frac{1}{\sigma}\right)\Phi\left[\left(\frac{y_i - x_i\beta}{\sigma}\right)\right]\right\} \tag{14.6}$$

式中，$1(y_i=0)$ 是示性函数，当 $y_i=0$ 时，其值为 1，否则为 0；$1(y_i > 0)$ 代表当 $y_i > 0$ 时，其值为 1，否则为 0。求出式 14.6 取极大值时的 β 和 σ，即 Tobit 模型的极大似然估计量。

可将 Tobit 模型推广至更为一般的情形，如被解释变量的分布有删截，这类模型统称为删截模型。

若被解释变量的分布是在左侧删截，可构造左删截模型，如式 14.7 所示。

$$y_i = \begin{cases} L & y_i^* \leqslant L \\ y_i^* & y_i^* > L \end{cases} \tag{14.7}$$

若被解释变量的分布是在右侧删截，可构造右删截模型，如式 14.8 所示。

$$y_i = \begin{cases} y_i^* & y_i^* < U \\ U & y_i^* \geqslant U \end{cases} \tag{14.8}$$

若被解释变量的分布是在两端删截，可构造两端删截模型，如式 14.9 所示。

$$y_i = \begin{cases} L & y_i^* \leqslant L \\ y_i^* & L < y_i^* < U \\ U & y_i^* \geqslant U \end{cases} \tag{14.9}$$

2. 实战案例：急救支出分析

实战案例：本案例的数据来自美国医疗费用支出跟踪调查（Medical Expenditure Panel Survey，MEPS）数据库。该数据库包括个人特征、医疗费用开支和医疗保险支出等数据。本案例从 2001 年的 MEPS 数据库中提取了 3328 人的数据，研究个人医疗急救支出与年龄、性别、患有慢性病的种类数的关系。慢性病包括糖尿病、心血管疾病、慢性阻塞性肺疾病、哮喘、癌症和关节炎 6 种疾病。在样本数据中，526 人的急救支出为 0，被解释变量急救支出的分布的左侧在 0 处删截，因此不能用普通最小二乘法估计模型参数，需要用 Tobit 模型。表 14.1 列出了

"ambulatory expenditure.wf1"数据文件中的变量及其含义。

表 14.1　　"ambulatory expenditure.wf1"数据文件中的变量及其含义

变 量 符 号	变 量 名 称	变 量 含 义
ambexp	急救支出	个人医疗急救费用支出
age	年龄	
female	性别	female=1，代表女性；female=0，代表男性
totchr	患有慢性病的种类数	患有糖尿病、心血管疾病、慢性阻塞性肺疾病、哮喘、癌症和关节炎的个数

分析目标：

● 建立关于个人医疗急救支出的 Tobit 模型。

● 分析年龄、性别、患有慢性病的种类数对个人医疗急救支出的影响效应。

● 对 Tobit 模型进行诊断。

3. Tobit 方程的估计

本节介绍 Tobit 方程估计的操作步骤、估计结果的解释和平均边际效应的估计。

1）Tobit 方程的设定

为了研究年龄（age）、性别（female）和患有慢性病的种类数（totchr）对个人医疗急救支出（ambexp）的影响，设定 Tobit 方程，如式 14.10 所示。

$$\text{ambexp}_i^* = \beta_0 + \beta_1 \text{age}_i + \beta_2 \text{female}_i + \beta_3 \text{totchr}_i + u_i \tag{14.10}$$

式中，ambexp_i^* 是 ambexp 的潜变量，二者的关系如式 14.11 所示。

$$\text{ambexp} = \begin{cases} \text{ambexp}^* & \text{ambexp}^* > 0 \\ 0 & \text{ambexp}^* \leqslant 0 \end{cases} \tag{14.11}$$

2）估计 Tobit 方程的操作步骤

打开"gre.wf1"工作文件，依次单击"Quick/Estimate Equation..."，打开"Equation Estimate"对话框，如图 14.1 所示。该对话框中有 4 项设置。第一项是"Equation specification"，在下方的编辑框中输入"ambexp c age female totchr"；第二项是"Distribution"，选择"Normal"，假定随机误差项服从正态分布；第三项是"Dependent variable censoring points"，设置左删截点（Left）为"0"；第四项是"Estimation settings"，在"Method"下拉列表中选择"CENSORED – Censored or Truncated Data (including Tobit)"。

单击"OK"按钮，输出结果如图 14.2 所示。单击"Name"按钮，将其命名为方程"eq1"。

注意：若被解释变量在右侧删截，在"Right"文本框中输入删截值；若被解释变量在两端删截，则分别在"Left"文本框和"Right"文本框输入左右删截值。若勾选"Truncated sample"复选框，则采用断尾样本，只将 ambexp>0 的 2802 人纳入样本来估计模型参数，此时模型称为断尾回归模型。断尾回归模型的样本是发生了急救开支的群体，而没有包括没有发生急救开支的群体，样本对总体的代表性不佳，因此在实践中较少使用。

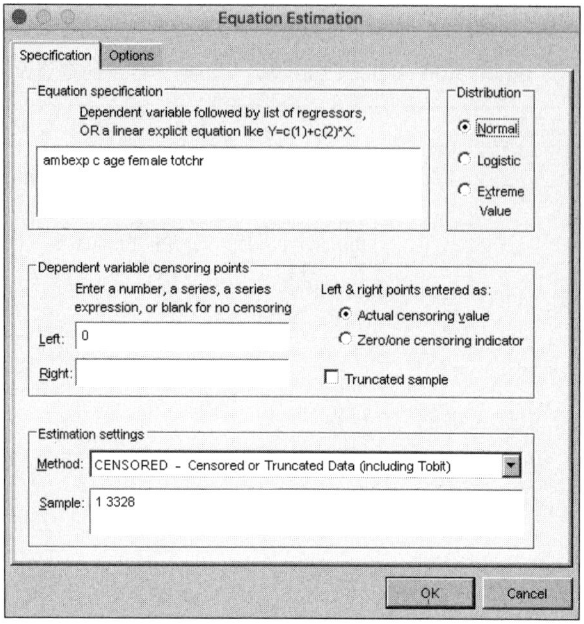

图 14.1　估计 Tobit 方程的对话框

Dependent Variable: AMBEXP
Method: ML - Censored Normal（TOBIT）（Newton-Raphson /
　Marquardt steps）
Date: 06/05/21　Time: 09:24
Sample: 1 3328
Included observations: 3328
Left censoring（value）at zero
Convergence achieved after 4 iterations
Coefficient covariance computed using observed Hessian

Variable	Coefficient	Std. Error	z-Statistic	Prob.
C	-1237.282	181.8110	-6.805316	0.0000
AGE	332.8434	42.28755	7.870955	0.0000
FEMALE	691.1264	93.05510	7.427067	0.0000
TOTCHR	1260.687	60.67416	20.77800	0.0000

Error Distribution				
SCALE:C（5）	2590.257	35.01553	73.97452	0.0000

Mean dependent var	1386.519	S.D. dependent var	2530.406
S.E. of regression	2357.144	Akaike info criterion	15.86005
Sum squared resid	1.85E+10	Schwarz criterion	15.86923
Log likelihood	-26386.12	Hannan-Quinn criter.	15.86333
Avg. log likelihood	-7.928522		

Left censored obs	526	Right censored obs	0
Uncensored obs	2802	Total obs	3328

图 14.2　Tobit 方程估计结果

3）Tobit 方程的估计结果解释

如图 14.2 所示，输出结果分为 4 栏，分别是标题栏、参数估计结果、回归方程统计量和被解释变量的分布。

（1）标题栏。标题栏报告了被解释变量是"AMBEXP"，估计方法是极大似然法，方程创建的时间、样本范围和包括的观测值个数。左侧删截值是 0，经过 4 次迭代得到收敛的估计值，利用"observed Hessian"方法计算系数向量的协方差矩阵。

（2）参数估计结果。参数估计结果报告了 Tobit 方程中系数的估计值、标准误、Z 检验统计量及其 P 值。"Error Distribution"下方报告的 $C(5)$ 是随机误差项的系数 σ。

（3）回归方程统计量。回归方程统计量包括被解释变量的均值、标准差、回归标准误、残差平方和、AIC、SC、HQC、对数似然函数和对数似然函数的均值。

（4）被解释变量的分布。526 个个案的被解释变量急救支出分布在左侧删截值，右侧没有删截值，未删截的个案有 2802 个，总计有 3328 个个案。

根据 Tobit 模型估计的系数可以发现，年龄越大、女性、患有的慢性病越多，其医疗急救支出越高。

注意： 在式（14.10）中，被解释变量是急救支出的潜变量，因此该式中的系数 β_i 代表该解释变量对急救支出的潜变量的边际效应。年龄 age 的系数为 333，代表当其他变量保持不变时，年龄每增加 1 岁，急救支出的潜变量平均增加 333 元。

4）Tobit 方程的平均边际效应

式（14.10）中的系数 β_i 代表当其他解释变量保持不变时，某个解释变量对被解释变量的潜变量的平均影响。然而，在现实中，被解释变量的潜变量并不可观测，系数 β_i 的含义不够直观。根据 Tobit 模型的设定，可以求出某个解释变量对被解释变量的边际效应，如式 14.12 所示

$$\frac{\mathrm{d}E(y)}{\mathrm{d}x_i} = \beta_i \Phi(x'\beta/\sigma) \tag{14.12}$$

式中，$\Phi()$ 代表标准正态分布的分布函数。根据图 14.2 中的估计结果，求年龄对急救支出的边际效应，如式 14.13 所示。

$$\frac{\mathrm{d}E(\text{ambexp})}{\text{dage}} = 332.843 \times \Phi\left(\frac{-1237.282 + 332.843\text{age}_i + 691.126\text{female}_i + 1260.687\text{totchr}_i}{2590.257}\right) \tag{14.13}$$

年龄对急救支出的边际效应不是常数，与个人的年龄、性别和患慢性病种类数有关。将样本中年龄、性别和患慢性病种类数的样本均值代入式 14.13，求得在样本均值点年龄对急救支出的边际效应，通常也称为平均边际效应。

在 Eviews 中，可以通过以下述操作步骤计算平均边际效应。

（1）在 Tobit 方程 eq1 窗口中依次单击"View/Representations"，打开图 14.3 所示窗口，复制其中的"Estimation Equation"表达式，在下一步编辑命令时可以粘贴该表达式，提高命令编辑效率。

（2）在命令窗口输入图 14.4 所示的命令。

第一行的 genr 命令，用于计算 $x'\beta$ 的值，将其保存在 I_AMBEXP，$C(1)$ 至 $C(4)$ 是式 14.13 中的截距项和 3 个解释变量的系数。

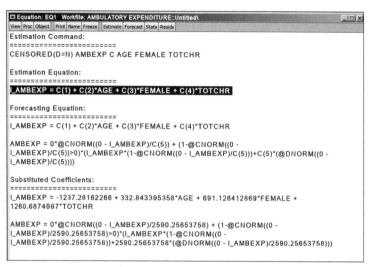

图 14.3   Tobit 方程的表达式

第二行的 scalar 命令，用于计算年龄对急救支出在样本均值点的边际效应。@cnorm( ) 是标准正态分布函数，@mean( ) 用于计算序列的均值，C(5) 是 σ 的估计值。第三行和第四行的 scalar 命令，分别用于计算在样本均值点性别和患慢性疾病种类数对急救支出的边际效应。

第 5 行至第 6 行的 show 命令，用于显示计算出的边际效应值。

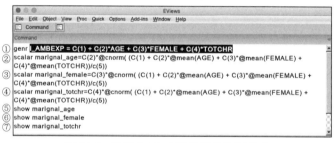

图 14.4   计算 Tobit 方程的平均边际效应

在样本均值点，年龄、性别和患慢性疾病种类数对急救支出的边际效应分别是 220 元、457 元和 833 元，远远小于年龄、性别和患慢性疾病种类数对急救支出的潜变量的边际效应（分别是 333 元、691 元和 1261 元）。因为被解释变量的潜变量不可观测，所以计算样本均值点的解释变量对被解释变量的边际效应更具有现实意义。

4. Tobit 方程的视图工具

Tobit 方程的视图工具大部分与 12.5 节用最小二乘法估计的方程的视图工具用法类似，本节介绍 Tobit 方程特有的视图工具。依次单击方程 eq1 窗口中的 "View/Categorical Regressor Stats"，输出结果如图 14.5 所示。

在图 14.5 中，输出结果分组别报告了 Tobit 方程中所有变量的均值和标准差。"Dep=L" 代表在左删截处的样本，"L<DEP" 代表未删截的样本，"ALL" 代表总体样本。

```
Categorical Descriptive Statistics for Variables
Equation: EQ1
Date: 06/05/21   Time: 19:18
```

Variable	Dep=L	Mean L<Dep	All
AMBEXP	0.000000	1646.800	1386.519
C	1.000000	1.000000	1.000000
AGE	3.695627	4.124697	4.056881
FEMALE	0.266160	0.553890	0.508413
TOTCHR	0.091255	0.556745	0.483173

Variable	Dep=L	Standard Deviation L<Dep	All
AMBEXP	0.000000	2678.914	2530.406
C	0.000000	0.000000	0.000000
AGE	1.076467	1.116641	1.121212
FEMALE	0.442369	0.497176	0.500004
TOTCHR	0.307431	0.809943	0.772043
Observations	526	2802	3328

图 14.5　按是否删截分组后的 Tobit 方程中变量的均值和标准差

5. Tobit 方程整体显著性检验

在 Tobit 方程 eq1 窗口中依次单击 "View/Coefficient Diagnostics/Redundant Variables -Likelihood Ratio..."，在打开的窗口中输入 "age female totchr"，单击 "OK" 按钮。方程 eq1 窗口如图 14.6 所示，似然比检验的 P 值接近于 0。在 0.01 的显著性水平下，拒绝 age、female 和 totchr 的系数同时为 0 的原假设。方程 eq1 整体显著，即 age、female 和 totchr 联合起来对急救开支有显著的影响。

```
Redundant Variables Test
Equation: EQ1
Redundant variables: AGE FEMALE TOTCHR
Specification: AMBEXP C AGE FEMALE TOTCHR
Null hypothesis: AGE FEMALE TOTCHR  are jointly insignificant
```

	Value	df	Probability
Likelihood ratio	640.6762	3	0.0000

LR test summary:	Value
Restricted LogL	-26706.46
Unrestricted LogL	-26386.12

图 14.6　Tobit 方程整体显著性检验

本节 Eviews 实战技巧

- 在 "Equation Estimation" 对话框中，在 "Method" 下拉列表中选择 "CENSORED – Censored or Truncated Data (including Tobit)"，设置左删截点为 0，实现 Tobit 模型的估计。
- 在 Tobit 方程中，解释变量的系数代表该解释变量对潜变量的影响效应。在实践中，可以进一步计算样本均值点解释变量对被解释变量的边际效应。
- 在 Tobit 方程中，解释变量的系数为正，代表该解释变量对事件发生概率有正向影响，反之亦然。通常不解释 Tobit 方程中解释变量的系数的数值含义。
- 单击 Tobit 方程窗口中的 "View"，可以对 Tobit 方程进行各类诊断。

14.2   Heckman 模型

本节首先介绍 Heckman 模型的核心思想，然后介绍如何利用 Eviews 实现 Heckman 方程的估计。

1. Heckman 模型简介

Heckman 模型在估计回归模型时考虑了样本选择偏误。在 Heckman 模型的研究框架中，总体样本中只有一部分样本有被解释变量的观测值。例如，在劳动经济学中，研究就业女性的工资时，只有当女性就业时，其工资水平才能被观测到，而当女性不就业时，其工资水平就不能被观测到。

Heckman 模型的设定如式 14.14 和式 14.15 所示。

$$y_i = x_i' \beta + \varepsilon_i \tag{14.14}$$
$$z_i = w_i' \gamma + u_i \tag{14.15}$$

式中，z_i 是二元变量。当观测到 y_i 时，$z_i=1$；当没有观测到 y_i 时，$z_i=0$。ε_i 和 u_i 是随机误差项，其分布是二元正态分布，如式 14.16 所示。

$$\begin{bmatrix} \varepsilon_i \\ u_i \end{bmatrix} \sim N \begin{bmatrix} \sigma^2 & \rho\sigma \\ \rho\sigma & 1 \end{bmatrix} \tag{14.16}$$

式中，σ^2 是随机误差项 ε_i 的方差，σ 是规模参数，ρ 是 ε_i 和 u_i 的相关系数。注意，u_i 的方差等于 1。因此，Heckman 模型的估计结果不再报告随机误差项 ε_i 的方差。

式 14.14 称为响应方程，式 14.15 称为选择方程。

Heckman 模型有两种估计方法，一是 Heckman 二阶段估计，二是极大似然估计。关于这两种估计方法，在此不一一赘述，下文将介绍 Heckman 模型在 Eviews 中的操作步骤。

2. Heckman 方程的估计

本节沿用 14.1 节的实战案例，构建关于急救支出的 Heckman 模型，如式 14.17 和式 14.18 所示。

$$\text{ambexp}_i = \beta_0 + \beta_1 \text{age}_i + \beta_2 \text{female}_i + \beta_3 \text{totchr}_i + \varepsilon_i \tag{14.17}$$
$$z_i = \gamma_0 + \gamma_1 \text{age}_i + \gamma_2 \text{female}_i + \gamma_3 \text{totchr}_i + u_i \tag{14.18}$$

式 14.18 中，z_i 是二元变量。个人有急救支出时，$z_i=1$；个人没有急救支出时，$z_i=0$。

打开"ambulatory expenditure.wf1"工作文件，依次单击"Quick/Estimate Equation..."，打开"Equation Estimate"对话框，如图 14.7 所示。该对话框中有 3 项设置。

第一项是"Response Equation"，在下方的编辑框中输入"ambexp c age female totchr"。

第二项是"Selection Equation"，在下方的编辑框中输入"(ambexp>0) c age female totchr"。"(ambexp>0)"生成虚拟变量，当急救支出大于 0 时，该值为 1，否则，该值为 0。

第三项是"Estimation settings"，在"Method"下拉列表中选择"HECKIT-Heckman Selection (Generalized Tobit)"。选择"Maximum likelihood"，采用极大似然估计；选择"Heckman two-step"，采用 Heckman 二阶段估计。

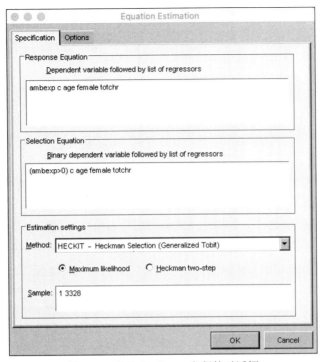

图 14.7 估计 Heckman 方程的对话框

单击 "OK" 按钮，方程窗口如图 14.8 所示，单击方程窗口的 "Name" 按钮，将其命名为方程 "eq2"。

Dependent Variable: AMBEXP
Method: ML Heckman Selection（OPG - BHHH / Marquardt steps）
Date: 06/05/21 Time: 23:06
Sample: 1 3328
Included observations: 3328
Selection Variable:（AMBEXP>0）
Convergence not achieved after 500 iterations
Coefficient covariance computed using outer product of gradients

Variable	Coefficient	Std. Error	t-Statistic	Prob.
Response Equation - AMBEXP				
C	-1356.724	241.4613	-5.618806	0.0000
AGE	342.1843	48.89246	6.998713	0.0000
FEMALE	726.2487	99.74201	7.281272	0.0000
TOTCHR	1286.222	42.55348	30.22601	0.0000
Selection Equation -（AMBEXP>0）				
C	-0.337304	0.134356	-2.510519	0.0121
AGE	0.126204	0.031818	3.966474	0.0001
FEMALE	0.313320	0.075235	4.164528	0.0000
TOTCHR	0.528958	0.087943	6.014812	0.0000
Interaction terms				
@LOG（SIGMA）	7.863655	0.003146	2499.453	0.0000
TFORM（RHO）	75.93900	55.32643	1.372563	0.1700

图 14.8 Heckman 方程估计结果

　　如图 14.8 所示，在选择方程中，age、female 和 totchr 的系数都显著为正，表明年龄越长、患慢性病种类数越多，女性比男性发生急救支出的可能性越大。在响应方程中，age、female 和 totchr 的系数都显著地大于 0，意味着年龄越长、患慢性病种类数越多，女性比男性的急救支出越高。

　　注意：在图 14.8 中，标题栏中"Convergence not achieved after 500 iterations"，表明经过 500 次迭代，似然函数值仍然没有收敛。似然函数不收敛，通常表明需要修改模型的设定。在本例中，将响应方程的被解释变量修改为急救支出的对数（log(ambexp)），将得到收敛的估计结果。因篇幅所限，这里不报告其结果。

　　为了对比 Tobit 模型和 Heckman 模型的估计结果，表 14.2 列出二者的估计结果。可以看出，两个模型参数估计值比较接近。

表 14.2　Tobit 模型和 Heckman 模型估计结果

变　量	Tobit 模型	Heckman 模型
constant	−1237.282***	−1412.583***
	(181.811)	(182.742)
age	332.843***	347.814***
	(42.288)	(42.384)
female	691.126***	738.160***
	(93.055)	(93.289)
totchr	1260.687***	1296.522***
	(60.674)	(60.662)
sigma	2590.257***	2584.200***
	(35.016)	(34.887)
rho		0.972***
		(0.001)
Log likelihood	−26386.12	−26597.8

注：括号中的数值代表标准误差。*** 代表 P 值小于 0.10，** 代表 P 值小于 0.05，* 代表 P 值小于 0.01。

本节 Eviews 实战技巧

- 在"Equation Estimation"对话框中，在"Method"下拉列表中选择"HECKIT-Heckman Selection (Generalized Tobit)"，实现 Heckman 模型的估计。
- Heckman 模型包括响应方程和选择方程。响应方程的系数代表解释变量对被解释变量的影响效应。选择方程的系数代表解释变量对事件发生概率的影响效应。

14.3　计数模型

　　本节首先介绍计数模型的核心思想，然后基于一个实战案例，介绍如何利用 Eviews 实现计数方程的估计。

1. 计数模型简介

计数模型的被解释变量代表某个事件出现的次数，其值只能取整数，如一位女性生育的孩子的个数、一个人一年中度假的次数、顾客在书店买书的数量、一个人在一年中看病的次数。用这样的数据作为被解释变量的模型就称为计数模型。

计数模型的被解释变量是非负的整数，其取值为 0，1，2，3，…，并且被解释变量的观测值集中在少数几个离散的整数上。计数模型反映的是解释变量对被解释变量的均值的影响效应。在计数模型中，被解释变量的分布是离散的，因此不能用普通最小二乘法估计其参数，而要采用极大似然法估计。常用的计数模型有泊松模型和负二项模型，下面将分别进行介绍。

1）泊松模型

随机变量 Y 服从泊松分布，$y=h$ 的概率如式 14.19 所示。

$$p(y=h) = \frac{e^{-\mu}\mu^h}{h!}, h=0,1,\cdots \tag{14.19}$$

式中，μ 是泊松分布的期望，也称为强度参数。μ 的值越大，泊松分布的形态越接近对称分布。泊松模型的设定如式 14.20 所示。

$$E(y|x_1,x_2,\cdots,x_k)=\mu_i=\exp(x_i'\beta) \tag{14.20}$$

合并式 14.19 和式 14.20，得式 14.21。

$$p((y=h|x_1,x_2,\cdots,x_k)) = \frac{e^{-\exp(x_i'\beta)}\left(\exp(x_i'\beta)\right)^h}{h!}, h=0,1,\cdots \tag{14.21}$$

式 14.21 是参数非线性模型，不能使用普通最小二乘法估计其参数，需要用极大似然法。

对式 14.21 等号两边同时取对数，得到对数形式的泊松模型，如式 14.22 所示。

$$Ln(E(y|x_1,x_2,\cdots,x_k))=Ln(\mu_i)=x_i'\beta \tag{14.22}$$

求 $Ln(E(y|X))$ 对 x_i 的导数，得式 14.23。

$$\frac{dLnE(y|x_1,x_2,\cdots,x_k)}{dx_i} = \beta_i \tag{14.23}$$

解释变量 x_i 的系数 β_i 的含义如下：当 x_i 变化 1 单位，被解释变量的期望的变化是 $\beta_i \times 100\%$，如式 14.24 所示。

$$\%\Delta E(y|x_1,x_2,\cdots,x_k) \approx (100\beta_i)\Delta x_i \tag{14.24}$$

$Exp(\beta_i)$ 称作发生率比值（Incidence Rate Ratio，IRR）。例如，IRR=2，代表 x_i 变化 1 单位，被解释变量的期望将扩大至原来的 2 倍。

基于式 14.20，求 y 对 x_i 的导数，如式 14.25 所示。

$$\frac{dE(y|x_1,x_2,\cdots,x_k)}{dx_i} = \beta_i\exp(x_i'\beta) \tag{14.25}$$

由于泊松分布的期望与方差相等，对于泊松模型有如式 14.26 所示的约束条件。

$$E(y|x_1,x_2,\cdots,x_k)=\mathrm{var}(y|x_1,x_2,\cdots,x_k) \tag{14.26}$$

若上述约束条件不成立，则需使用准极大似然法（Quasi-Maximum Likelihood Estimation，QMLE）估计模型参数。

关于泊松模型参数估计的极大似然法或者准极大似然法，可参考 Wooldridge (2015,6th ed, Chap 17, 543)。

2）负二项模型

如果被解释变量的分布过度离散，被解释变量的方差大于期望，需要使用负二项模型。在负二项模型中，假定被解释变量的方差和期望的关系如式 14.27 所示。

$$\mathrm{var}(y|x_1,x_2,\cdots,x_k)=E(y|x_1,x_2,\cdots,x_k)(1+\eta^2E(y|x_1,x_2,\cdots,x_k)) \tag{14.27}$$

式中，η^2 代表过度离散的程度，Eviews 将报告 $\log(\eta^2)$ 的估计值，将其称为形状（Shape）参数。

2. 实战案例：就医次数分析

实战案例：本案例的数据来自美国的 MEPS 数据库。该数据库包括个人特征、医疗费用开支和医疗保险支出等数据。本案例从 2003 年的 MEPS 数据库中提取了 3677 人的数据，研究个人一年在门诊就医的次数与是否购买商业保险、是否参加医疗保险、年龄和受教育年限的关系。就业次数直方图如图 14.9 所示，呈右偏分布，其中 401 人的就医次数等于 0，约占样本人数的 10.9%，就医次数超过 10 的人数约占 21.5%。就医次数的分布符合计数模型的要求，即在 0 处有大量的观测值，其余的观测值都是大于 1 的整数。

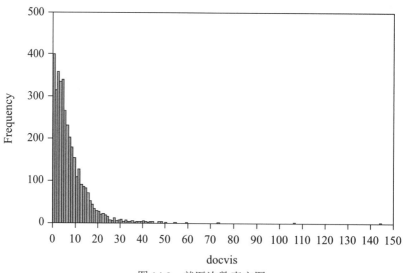

图 14.9　就医次数直方图

表 14.3 列出了 "docvisit.wf1" 数据文件中的变量及其含义。

表 14.3 "docvisit.wf1" 数据文件中的变量及其含义

变 量 符 号	变 量 名 称	变 量 含 义
docvis	就医次数	在过去 1 年中就医的次数
age	年龄	
educyr	受教育年限	接受正规教育的年数
private	商业保险	private=1, 购买商业保险；private=0, 没有购买商业保险
medicaid	医疗保险	medicaid=1, 参加医疗保险；medicaid=0, 没有参加医疗保险

分析目标：

● 建立关于个人就医次数的计数模型。

● 解释计数模型中是否购买商业保险、是否参加医疗保险、年龄和受教育年限的系数的含义。

● 比较泊松模型、负二项分布模型的估计结果。

● 计算是否参加医疗保险、年龄和受教育年限的平均边际效应。

3. 计数方程的估计

本节以泊松方程和负二项方程为例，介绍 Eviews 计数方程的估计和平均边际效应的计算。

1）计数模型的设定

为了研究年龄（age）、受教育年限（educyr）、是否购买商业保险（private）、是否参加医疗保险（medicaid）对就医次数（docvis）的影响，建立计数模型。模型设定如式 14.28 所示。

$$docvis_i = \beta_0 + \beta_1 age_i + \beta_2 educyr_i + \beta_3 private_i + \beta_4 medicaid_i + u_i \tag{14.28}$$

若假定就医次数服从泊松分布，则采用泊松模型；若假定就医次数服从负二项分布，则采用负二项模型。

2）泊松方程的估计

依次单击菜单 "Quick/Estimate Equation..."，打开 "Equation Estimation" 对话框，如图 14.10 所示。该对话框共有两张选项卡，"Specification" 选项卡用于设置模型的设定和估计方法。"Options" 选项卡用于设置初始值、收敛规则及系数协方差矩阵的计算方法。

"Specification" 选项卡包括 3 项设置。"Equation specification" 选项用于设定计数模型的形式，本例中输入 "docvis c age educyr private medicaid"。"Count estimation method" 选项用于设置计数模型中被解释变量的分布及估计方法，本例中设置为 "Poisson (ML and QML)"。单击 "Method" 下拉按钮，在下拉列表中选择 "COUNT – Integer Count Data"。"Options" 选项卡用于设置算法参数，通常可使用 Eviews 的默认设置。

单击 "OK" 按钮，输出结果如图 14.10 所示。

在图 14.11 中，输出结果分为 3 栏。第一栏是标题栏，第二栏是系数的估计与检验，第三栏是方程的统计量，与最小二乘方程的输出形式相似，这里不再赘述。

图 14.10　"Equation Estimate"对话框

Dependent Variable: DOCVIS
Method: ML/QML - Poisson Count　(Newton-Raphson / Marquardt steps)
Date: 06/13/21　Time: 06:22
Sample: 1 3677
Included observations: 3677
Convergence achieved after 5 iterations
Coefficient covariance computed using observed Hessian

Variable	Coefficient	Std. Error	z-Statistic	Prob.
C	0.744661	0.079794	9.332268	0.0000
AGE	0.010219	0.000991	10.30889	0.0000
EDUCYR	0.025189	0.001855	13.57862	0.0000
PRIVATE	0.154217	0.014240	10.82990	0.0000
MEDICAID	0.291135	0.018486	15.74879	0.0000

R-squared	0.017111	Mean dependent var		6.822682
Adjusted R-squared	0.016040	S.D. dependent var		7.394937
S.E. of regression	7.335388	Akaike info criterion		9.252516
Sum squared resid	197582.7	Schwarz criterion		9.260960
Log likelihood	-17005.75	Hannan-Quinn criter.		9.255522
Restr. log likelihood	-17258.63	LR statistic		505.7548
Avg. log likelihood	-4.624898	Prob (LR statistic)		0.000000

图 14.11　泊松模型估计结果

AGE 的系数约为 0.010，表明当其他变量保持不变时，年龄增加 1 岁，就医次数的期望平均增加 1.0%。EDUCYR 的系数约为 0.025，表明当其他变量保持不变时，受教育年限每增加 1 岁，就医次数的期望平均增加 2.5%。说明受教育年限对就医次数的影响效应比年龄对就医次数的影响效应更大。

PRIVATE 是虚拟变量，其系数约为 0.154，代表购买了商业保险的人的就医次数的期望是没有购买商业保险的 exp(0.154) ≈ 1.167 倍。

类似的，参加医疗保险的人的就医次数的期望是没有参加医疗保险的 exp(0.291) ≈ 1.338 倍。

3）泊松方程的平均边际效应

在命令窗口输入图 14.12 所示的命令。第一行 equation 命令，用于估计泊松方程 eq1。第二行 scalar 命令，根据式 14.25 写出在样本均值点年龄对就诊次数的边际效应的计算式，将其结果保存在标量"marginal_age_poisson"中。第三行至第五行 scalar 命令，分别用于求出受教育年限、是否购买商业保险、是否参加医疗保险对就医次数的边际效应。

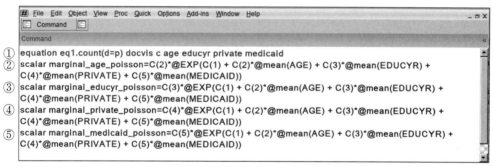

图 14.12　计算泊松方程的平均边际效应的命令

在工作文件窗口中双击标量"marginal_age_poisson"，查看其数值为 0.069，代表在样本均值点，年龄对就诊次数的平均边际效是 0.069，年龄增加 1 岁，就诊次数增加 0.069 次。标量"marginal_private_poisson"的值为 1.042，代表在样本均值点，购买商业保险的人的就诊次数比没有购买商业保险的人的就诊次数多 1.042 次。标量"marginal_medicaid_poisson"的值为 1.966，代表在样本均值点，参加医疗保险的人的就诊次数比没有参加医疗保险的人的就诊次数多 1.966 次。参加医疗保险比购买商业保险对就诊次数的平均边际效应要大。

4）负二项方程的估计

如图 14.10 所示，打开"Equation Estimation"对话框，设置"Count estimation method"为"Negative Binomial (ML)"，在"Fixed variance parameter"文本框中输入"1"。其余设置与图 14.10 相同。输出结果如图 14.13 所示。

5）负二项方程的平均边际效应

如图 14.14 所示，窗口中是计算负二项方程的平均边际效应的命令，这些命令与计算 Tobit 方程的平均边际效应的命令相似，在此不再一一解释。

为了对比泊松模型和负二项模型，表 14.4 列出了两个模型的估计结果及平均边际效应。

Dependent Variable: DOCVIS
Method: ML - Negative Binomial Count （Newton-Raphson / Marquardt
steps)
Date: 06/13/21　Time: 19:20
Sample: 1 3677
Included observations: 3677
Convergence achieved after 5 iterations
Coefficient covariance computed using observed Hessian

Variable	Coefficient	Std. Error	z-Statistic	Prob.
C	0.756282	0.208043	3.635216	0.0003
AGE	0.010165	0.002632	3.861635	0.0001
EDUCYR	0.024253	0.004598	5.274555	0.0000
PRIVATE	0.160598	0.036290	4.425444	0.0000
MEDICAID	0.289471	0.048695	5.944534	0.0000
Mixture Parameter				
SHAPE:C（6）	-0.199158	0.028364	-7.021594	0.0000

R-squared	0.017068	Mean dependent var	6.822682
Adjusted R-squared	0.015998	S.D. dependent var	7.394937
S.E. of regression	7.335547	Akaike info criterion	5.952705
Sum squared resid	197591.2	Schwarz criterion	5.962838
Log likelihood	-10938.05	Hannan-Quinn criter.	5.956312
Restr. log likelihood	-17258.63	LR statistic	12641.16
Avg. log likelihood	-2.974721	Prob（LR statistic）	0.000000

图 14.13　负二项方程估计结果

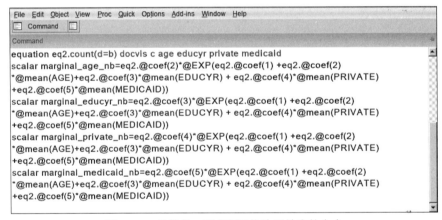

图 14.14　计算负二项方程平均边际效应的命令

表 14.4　泊松模型和负二项模型估计结果及平均边际效应

变　　量	泊松模型	负二项模型	泊松模型平均边际效应	负二项模型平均边际效应
constant	0.745***	0.756***		
	(0.080)	(0.208)		
age	0.010***	0.010***	0.069	0.069
	(0.001)	(0.003)		
educyr	0.025***	0.024***	0.170	0.164

变　　量	泊松模型	负二项模型	泊松模型平均边际效应	负二项模型平均边际效应
	(0.002)	(0.005)		
private	0.154***	0.161***	1.042	1.084
	(0.014)	(0.036)		
medicaid	0.291***	0.289***	1.966	1.955
	(0.018)	(0.049)		
$\log(\eta^2)$		-0.199***		
		(0.029)		
Log likelihood	-17005.75	-10938.05		

注：括号中的数值代表标准误差。*** 代表 P 值小于 0.10，** 代表 P 值小于 0.05，* 代表 P 值小于 0.01。

从表 14.4 中可以发现，泊松模型和负二项模型的系数的估计值、各个解释变量对就诊次数的平均边际效应的估计值非常接近。

本节 Eviews 实战技巧

● 在"Equation Estimation"对话框中，在"Method"下拉列表中选择"COUNT - Integer Count Data"，实现计数模型的估计。

● 当被解释变量的期望与方差接近时，选择泊松模型；当被解释变量的期望远小于方差时，选择负二项模型。

14.4　Tobit、Heckman 和计数模型的命令

本节介绍与 Tobit、Heckman 和计数模型有关的命令。

1. censored

（1）语法

`eq_name.censored(options) y x1 [x2 x3]`

eq_name：方程名称。

options：选项参数见表 14.5。

表 14.5　censored 命令中 options 的设置

参　　数	含　　义
l=number(default=0)	设置左删截值，默认值为 0
r=number(default=none)	设置右删截值，默认为不设置
t	估计断尾模型
d=arg(default="n")	随机误差项的分布：normal("n"), logistic("l"), extreme value("x")，默认值是"n"
optmethod=arg	优化方法：Newton-Raphson("newton")，BFGS("bfgs")，OPG("opg")，BHHH("bhhh")，Eviews legacy("legacy")，默认值是"newton"

续表

参　　数	含　　义
optstep=arg	步长选择：Marquardt（"marquardt"），dogleg（"dogleg"），Line search（"linesearch"），默认值是"marquardt"
cov=arg	协方差估计方法：orinary，Huber-White sandwich 方法（"white"），GLM 方法（"glm"），聚类标准误差（"cr"）。默认的方法是"ordinary"
covinfo=arg	信息矩阵估计方法：observed Hessian（"hessian"），OPG（"opg"），默认值是"hessian"
m=integer	设置最大迭代次数，默认值是 500
c=scalar	设置收敛容忍度，默认值是 0.0001
showopts/-showopts	输出结果显示 / 不显示优化算法中的详细设置

注：1. arg 等于双引号中的字符。

　　2. 多个参数之间用逗号隔开。

　　3. 详细参数参见 Eviews Command Reference。

（2）举例

```
equation eq1.censored(d=n) ambexp c age female totchr
```

说明：估计 Tobit 方程 eq1。

```
equation eq2.censored(d=n, l=200, r=800) y c x1 x2
```

说明：估计删截模型，该模型被解释变量的左删截点是 200，右删截点是 800。

```
equation eq1.censored(d=n, cov=huber) ambexp c age female totchr
```

说明：估计 Tobit 方程 eq1，使用 Huber-White 方法估计标准误差。

2. means

（1）语法

```
eq_name.means
```

eq_name：方程名称。

（2）举例

```
eq1.means
```

说明：按方程 eq1 的被解释变量在删节点分组，各组解释变量的均值和标准差。

3. Tobit 方程的整体显著性检验

（1）语法

```
eq_name.testdrop arg1 [arg2 arg3 ...]
```

eq_name：方程名称。

arg1 [arg2 arg3 ...]：方程的解释变量。

（2）举例

```
equation eq1.censored(d=n) ambexp c age female totchr
```

说明：估计 Tobit 方程 eq1。

```
eq1.testdrop age female totchr
```

说明：检验 Tobit 方程 eq1 的整体显著性。

4. Tobit 方程的平均边际效应

```
equation eq1.censored(d=n) ambexp c age female totchr
scalar marginal_age=eq1.@coef(2)*@exp(eq1.@coef(1)+ eq1.@coef(2)*@mean(age) +
eq1.@coef(3)*@mean(female) + eq1.@coef(4)*@mean(totchr) /eq1.@coef(5))
```

说明：首先估计方程 eq1，然后计算在样本均值点 age 对 ambexp 的边际效应。

5. heckit

（1）语法

```
eq_name.heckit(options) response_eqn @selection_eqn
```

response_eqn：响应方程。

selection_eqn：选择方程，选择方程的被解释变量是二元变量。二元变量的值为 1，代表观测到了响应方程的被解释变量。二元变量的值为 0，代表没有观测到响应方程的被解释变量。

若使用极大似然法估计 Heckman 模型，options 可设置最优化方法（optmethod）、步长（optstep）、协方差矩阵估计方法（covinfo），参见表 14.5。

若采用 Heckman 两步法估计 Heckman 模型，options 设置为 2step。

（2）举例

```
equation eq3.heckit ambexp c age female totchr @ (ambexp>0) c age female totchr
```

说明：使用极大似然法估计 Heckman 模型，options 使用 Eviews 默认设置。响应方程的设定是"ambexp c age female totchr"，选择方程的设定是"(ambexp>0) c age female totchr"。

```
equation eq4.heckit(optmethod=opg, covinfo=opg) ambexp c age female totchr
@ (ambexp>0) c age female totchr
```

说明：使用极大似然法估计 Heckman 模型，优化方法（optmethod）是"opg"，协方差信息矩阵（covinfo）估计方法是"opg"。

6. count

（1）语法

```
equation eq_name.count(options) y x1 [x2 x3]
```

options 的常用设置：泊松模型，d=p；负二项模型，d=b；v=positive_num(default=1)，准似然估计中的"Fixed varance parameter"。其余参数见表 14.5。

（2）举例

```
equation eq1.count(d=p) docvis c age educyr private medicaid
```

说明：估计泊松方程 eq1。

```
equation eq2.count(d=b) docvis c age educyr private medicaid
```

说明：估计负二项方程 eq2。

7.计数方程的平均边际效应

```
equation eq1.count(d=p) docvis c age educyr private medicaid
scalar marginal_age=eq1.@coef(2)*@exp(eq1.@coef(1)+eq1.@coef(2)*@
mean(age)+ eq1.@coef(3)*@mean(educyr)+eq1.@coef(4)*@mean(private)+eq1.@
coef(5)*@mean(medicaid))
```

说明：首先估计方程 eq1，然后计算在样本均值点 age 对 docvis 的边际效应。

第 15 章　分位数回归模型

传统的回归模型描述了被解释变量的条件均值与解释变量的关系，解释变量的系数代表解释变量对被解释变量的平均影响效应。由于被解释变量是随机变量，研究者也希望探究解释变量对被解释变量的分布的影响，而不仅仅只是平均意义上的影响效应。分位数回归模型（Quantile Regression Model）可以弥补传统回归模型的缺陷，反映被解释变量的分布与解释变量的关系。

例如，研究可支配收入对网购消费的影响，传统的回归模型研究的是可支配收入对网购消费的平均影响。然而，在现实中，对于网购活跃人群，可支配收入对网购消费的影响效应大；而对于网购不活跃的人群，可支配收入对网购消费的影响效应小。传统回归模型无法描述这种差异。分位数回归模型可对网购行为活跃度不同的群体进行差异化研究，探究可支配收入对其消费支出的影响效应的差异。对于网购活跃的群体，分位数回归模型可以估计可支配收入对网购消费的第95个百分位数的影响效应；对于网购不活跃的群体，分位数回归模型可以估计可支配收入对网购消费的第5个百分位数的影响效应。此外，分位数回归模型不容易受异常值的影响，可以克服异方差问题。因此，在实践中，分位数回归模型有着重要的应用价值。

本章介绍如何利用 Eviews 实现分位数回归模型的估计和诊断。

本章的主要内容包括：

- 分位数回归模型简介。
- 分位数回归方程的估计。
- 分位数回归方程的诊断。
- Eviews 命令。

15.1　分位数回归模型简介

分位数回归模型研究的是解释变量对被解释变量的某个分位数的影响效应。分位数回归模型关注的是被解释变量的条件分布与解释变量的关系，而不是被解释变量的条件均值与解释变量的关系。分位数回归模型如式 15.1 所示。

$$y_i = x_i' \beta_q + u_i \tag{15.1}$$

分位数回归模型也可以写成式 15.2 所示形式。

$$Q_q(y_i|x_i) = x_i' \beta_q \tag{15.2}$$

式中，β_q 是分位数模型中的待估参数，下标 q 代表第 q 个分位数。

普通最小二乘法的目标是最小化残差的平方和 $\sum_{i=1}^{n} e_i^2$。分位数回归的目标是最小化 $\sum_{i=1}^{n} q|e_i| + \sum_{i=1}^{n} (1-q)|e_i|$。该目标函数的思想如下：对于过低估计的观测点，其估计误差用 $q|e_i|$ 衡量；对于过高估计的观测点，其估计误差用 $(1-q)|e_i|$ 衡量。分位数回归模型的目标是最小化式 15.3。

$$Q\left(\beta_q\right) = \sum_{i:y_i \geq x_i'\beta}^{n} q\left|y_i - x_i'\beta_q\right| + \sum_{i:y_i < x_i'\beta}^{n} \left(1-q\right)\left|y_i - x_i'\beta_q\right| \tag{15.3}$$

式中，$0 < q < 1$。当 q 取不同的值时，估计出的相应 β_q 也不同。利用线性规划的方法可以求解出令式 15.3 取到最小值的 β_q。

当 q 等于 0.5 时，式 15.3 简化为式 15.4。

$$Q\left(\beta_{0.5}\right) = \sum_{i}^{n}\left|y_i - x_i'\beta_{0.5}\right| \tag{15.4}$$

式 15.4 实际上就是所有观测点的残差的绝对值之和，因此当 q 等于 0.5 时的分位数回归也称为中位数回归，其估计方法称为最小绝对离差（Least Absolute-Deviation，LAD）法。

基于式 15.2，求被解释变量的分位数对 x_i 的导数，如式 15.5 所示。

$$\frac{\partial Q_q\left(y|x\right)}{\partial x_j} = \beta_{qj} \tag{15.5}$$

式 15.5 反映了解释变量 x_i 对被解释变量的分位数的边际效应。β_{qj} 的含义是当其他变量保持不变时，x_i 变化 1 单位，被解释变量的第 $100q$ 个百分位数将变化 β_{qj} 单位。

分位数回归模型相比较于最小二乘回归模型有 3 个优势：第一，克服了最小二乘回归模型中潜在的异方差问题；第二，不会受到样本中异常值的影响，得到的估计结果相对稳健；第三，能够更加细致地描述变量之间的关系。通过刻画被解释变量的分位数与解释变量的关系，分位数回归模型可以在被解释变量的不同分布区间比较解释变量对被解释变量影响效应的差异。

注意： 分位数回归模型适合于样本容量很大的数据，因为大样本的情形有助于探究被解释变量的条件分布与解释变量的关系特征。若样本容量太小，给定的解释变量、被解释变量的变异程度不够，这样是无法探究其分位数与解释变量的关系的。

15.2 实战案例：个人医疗支出分析

实战案例：本案例的数据来美国的 MEPS 数据库。该数据库包括个人特征、医疗费用开支和医疗保险支出等数据。本案例从 MEPS 数据库中提取了 2955 人的数据，研究个人医疗支出与年龄、患有慢性病的种类数、是否购买补充医疗保险、性别、人种的关系[1]。表 15.1 列出了"health.wf1"数据文件中的变量及其含义。

表 15.1   "health.wf1"数据文件中的变量及其含义

变量符号	变量名称	变量含义
totexp	医疗支出	个人医疗支出
age	年龄	

---

[1] https://meps.ahrq.gov/mepsweb。

变量符号	变量名称	变量含义
totchr	患有慢性病的种类数	患有糖尿病、心血管疾病、慢性阻塞性肺疾病、哮喘、癌症和关节炎的个数
suppins	补充医疗保险	suppins=1，购买了补充医疗保险；suppins=0，没有购买补充医疗保险
female	性别	female=1，女性；female=0，男性
white	人种	white=1，白种人，white=0, 不是白种人

分析目标：

● 建立分位数回归模型，研究个人医疗支出的条件分布与年龄、患有慢性病的种类数、是否购买补充医疗保险、性别、人种的关系。

● 比较分位数回归估计结果与普通最小二乘估计结果。

● 比较医疗支出高低不同的组别，个人年龄、患有慢性病的种类数、是否购买补充医疗保险、性别、人种对医疗支出影响效应的差异。

图 15.1 是本例中 2955 人的医疗支出分位数图。个人医疗支出的第 90 个百分位数约为 20 000 美元，最大值约为 120 000 美元。这表明样本中医疗支出最多的 10% 的人群，其医疗支出显著高于样本中的其他人群。若用普通最小二乘法估计各个解释变量对医疗支出的条件均值的影响，估计结果会受到这部分异常值的影响。

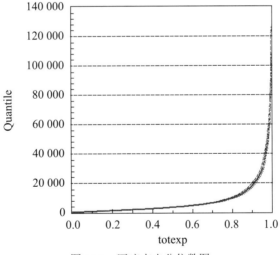

图 15.1　医疗支出分位数图

15.3　分位数回归方程的估计

本节介绍 Eviews 中分位数回归方程的估计，解释分位数回归方程的输出结果，最后对分位数回归方程和普通最小二乘回归方程的估计结果进行对比。

1. 分位数回归方程的设定

为了研究年龄、患有慢性病的种类数、是否购买补充医疗保险、性别、人种对个人医疗开支的条件分布的影响，设定分位数回归方程，如式 15.6 所示。

$$Q_q(\text{totexp}_i|\text{age}_i, \text{totchr}_i, \text{suppins}_i, \text{female}_i, \text{white}_i) = \beta_{q0} + \beta_{q1}\text{age}_i + \beta_{q2}\text{totchr}_i + \beta_{q3}\text{suppins}_i$$
$$+ \beta_{q4}\text{female}_i + \beta_{q5}\text{white}_i \tag{15.6}$$

式 15.6 中，$Q_q(\text{totexp}_i|\text{age}_i, \text{totchr}_i, \text{suppins}_i, \text{female}_i, \text{white}_i)$ 代表给定解释变量的情况下医疗支出的条件分布。本例将估计 q 取 0.25、0.50、0.75 时对应的第 25 个百分位数、中位数、第 75 个百分位数的回归方程。

2. 估计分位数回归方程的步骤

打开"health.wf1"工作文件，依次单击主菜单"Quick|Estimate Equation..."，或者在命令窗口输入"equation"，按"Enter"键，打开"Equation Estimate"对话框，如图 15.2 所示。

在"Equation specification"编辑框中输入"totexp c suppins totchr age female white"。在"Quantile to estimate"中指定分位数 q，输入一个大于 0 且小于 1 的值，默认值是 0.5，即中位数回归（LAD），在本例中，输入"0.25"。在"Method"下拉列表中选择"QREG – Quantile Regression (including LAD)"。

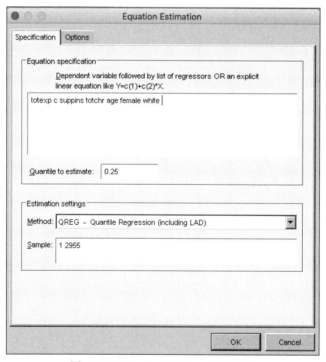

图 15.2　"Equation Estimate"对话框

单击"OK"按钮，输出结果如图 15.3 所示。单击方程窗口中的"Name"按钮，将其命名为方程"eq1_25th"。

```
Dependent Variable: TOTEXP
Method: Quantile Regression （tau = 0.25）
Date: 06/23/21   Time: 09:05
Sample: 1 2955
Included observations: 2955
Huber Sandwich Standard Errors & Covariance
Sparsity method: Kernel （Epanechnikov）  using residuals
Bandwidth method: Hall-Sheather, bw=0.046891
Estimation successfully identifies unique optimal solution
```

Variable	Coefficient	Std. Error	t-Statistic	Prob.
C	-1412.889	554.6589	-2.547311	0.0109
AGE	16.08333	7.241547	2.220980	0.0264
TOTCHR	782.4722	41.31862	18.93752	0.0000
SUPPINS	453.4444	87.58216	5.177361	0.0000
FEMALE	16.05556	88.68366	0.181043	0.8563
WHITE	338.0833	184.9073	1.828393	0.0676

Pseudo R-squared	0.055020	Mean dependent var	7290.235
Adjusted R-squared	0.053418	S.D. dependent var	11990.84
S.E. of regression	12977.15	Objective	4587677.
Quantile dependent var	1433.000	Restr. objective	4854788.
Sparsity	5405.755	Quasi-LR statistic	527.0637
Prob （Quasi-LR stat）	0.000000		

图 15.3　分位数回归方程估计结果

3. 分位数回归方程的估计结果解释

在图 15.3 中，输出结果分为 3 栏，分别是标题栏、参数估计结果和回归方程统计量。其中大多数信息一目了然，解读方式与普通的回归方程一样。下面只解释分位数回归方程输出结果中特殊的信息。

（1）标题栏。估计方法"Method"列示的"Quantile Regression (tau=0.25)"，"tau"即在"Equation Estimate"对话框中输入的分位数（Quantile to estimate）。协方差矩阵的估计方法是"Huber Sandwich Standard Errors & Covariance"。"Sparsity method"和"Bandwidth method"分别列示了稀疏和带宽的估计方法。

在图 15.2 所示的对话框中，单击"Options"选项卡，可设置协方差矩阵、稀疏和带宽的估计方法。关于估计方法的详细介绍，可参见 Eviews 用户手册，这里不再赘述。在实践中，一般使用"Options"选项卡的默认设置，如果得不到最优解，可尝试"Options"选项卡提供的其他方法。

（2）参数估计结果。第二栏是系数估计值、标准误、t 值和 P 值。"AGE"的系数估计值约为 16.083，在 0.05 的水平下显著。这代表在其他变量保持不变时，年龄每增加 1 岁，医疗支出的第 25 个百分位数增加 16.083 元。

（3）回归方程统计量。Koenker 和 Machado（1999）提出了衡量分位数回归方程拟合优度的统计量伪 R 平方（Pseudo R-squared），其计算式如式 15.7 所示。

$$\text{Pseudo R} - \text{squared} = 1 - \frac{\text{Objective}}{\text{Restricted Objective}} \qquad （15.7）$$

式中，Objective 是分位数回归方程（式 15.3）的目标函数值，Restricted Objective 是只含有截距项的分位数回归方程的目标函数值。伪 R 平方的值介于 0 到 1 之间，其值越大，代表拟合效果越好。在本例中，伪 R 平方的计算如式 15.8 所示。

$$\text{PseudoR} - \text{squared} = 1 - \frac{4587677}{4854788} \approx 1 - 0.9450 = 0.0550 \qquad (15.8)$$

Koenker 和 Machado（1999）提出了检验分位数回归方程整体显著性的准似然比检验。该检验的原假设是分位数回归方程中解释变量的系数都为 0，备择假设是解释变量的系数不全为 0。检验统计量如式 15.9 所示。

$$\text{Quasi-LR statistic} = 2 \times (\text{Restricted Objective} - \text{Objective})/q \times (1-q) \times \text{Sparsity} \qquad (15.9)$$

准似然比检验统计量服从渐近卡方分布，卡方分布的自由度等于方程中解释变量的个数。在本例中，准似然比检验统计量的计算如式 15.10 所示。

$$\text{Quasi-LR statistic} = 2 \times (4854788 - 4587677)/0.25 \times (1-0.75) \times 5405.755 \approx 527.0649 \qquad (15.10)$$

输出结果最下面一行报告的 Prob(Quasi-LR stat) 是准似然比检验的 P 值，接近于 0，代表分位数回归方程整体是显著的，所有的解释变量联合起来对医疗支出的条件分布有显著的影响。

4. 分位数回归方程和普通最小二乘回归方程估计结果对比

为了更加细致地考察在医疗支出低、中、高 3 个组别中，年龄、患有慢性病的种类数、是否购买补充医疗保险、性别和人种对医疗支出的影响效应的差异，在图 15.2 所示的对话框中设置"Quantile to estimate"的值分别为 0.25、0.50 和 0.75，报告第 25 个百分位数、中位数、第 75 个百分位数的分位数回归方程的估计结果。表 15.2 列出了 3 个分位数回归方程和普通最小二乘回归方程的估计结果。

表 15.2   分位数回归方程和普通最小二乘回归方程的估计结果

变　　量	普通最小二乘回归	分位数回归 $q=0.25$	分位数回归 $q=0.55$	分位数回归 $q=0.75$
constant	461.492	-1412.889^{**}	-2252.556^{**}	-4512.045^{*}
	(2777.453)	(554.659)	(886.774)	(2308.499)
age	6.711	16.083^{**}	35.111^{***}	87.363^{***}
	(33.768)	(7.242)	(11.714)	(31.700)
totchr	2528.079^{***}	782.472^{***}	1332.833^{***}	2855.318^{***}
	(164.834)	(41.319)	(76.455)	(206.641)
suppins	585.984	453.444^{***}	687.222^{***}	708.409^{*}
	(436.309)	(87.582)	(144.322)	(366.072)
female	-1239.866^{***}	16.056	-260.5556^{*}	-554.591
	(433.110)	(88.684)	(151.091)	(353.688)
white	2193.155^{*}	338.083^{*}	632.889^{*}	801.6818
	(1327.794)	(184.907)	(352.848)	(585.457)
R-squared	0.078			

变　　量	普通最小二乘回归	分位数回归 q=0.25	分位数回归 q=0.55	分位数回归 q=0.75
Pseudo R-squared		0.055	0.061	0.078
Prob(F-stat)	0.000			
Prob(Quasi-LR stat)		0.000	0.000	0.000

注：括号中的数值代表标准误差。***、**、* 分别代表 0.01、0.05 和 0.10 的显著性水平下显著。

从表 15.2 中可以发现，分位数回归方程的估计结果与普通最小二乘回归方程的估计结果存在差异。低医疗支出组别（q=0.25），年龄增加 1 岁，医疗支出增加 16.083 元；中等医疗支出组别（q=0.5），年龄增加 1 岁，医疗支出增加 35.111 元；高医疗支出组别（q=0.75），年龄增加 1 岁，医疗支出增加 87.363 元。在普通最小二乘回归方程中，年龄的系数并不显著。分位数回归方程的估计结果表明，对于医疗支出越高的组别，年龄对医疗支出的影响效应越大。普通最小二乘法考察的是年龄对医疗平均支出的影响，从平均值的角度，没有发现年龄对医疗支出有显著的影响。由于平均值容易受到异常值的影响，基于普通最小二乘法的研究结论并不可靠。

在 3 个分位数回归方程中，在低医疗支出组别（q=0.25）中，患有慢性病种类数（totchr）的系数是 782.472，在中等医疗支出组别和高医疗支出组别中，患有慢性病种类数（totchr）的系数分别是 1332.833 和 2855.318，表明患有慢性病种类数对高医疗支出组别的医疗支出的影响效应大约是低医疗支出组别的 4 倍、中等医疗支出组别的 2 倍。

本节 Eviews 实战技巧

- 在"Equation Estimation"对话框中，在"Method"下拉列表中，选择"QREG – Quantile Regression (including LAD)"，可以实现分位数回归方程的估计。
- 伪 R 平方（Pseudo R-squared）反映分位数回归方程的拟合效果，准似然比检验用于检验分位数回归方程的整体显著性。
- 分位数回归模型通常要求样本容量很大，分位数不宜设置得太小或太大，如小于 0.1 或者大于 0.9，否则容易得到不稳健的估计结果。

15.4　分位数回归方程的诊断

在 Eviews 中，分位数回归方程的视图工具包括系数的诊断（Coefficient Diagnostics）、残差的诊断（Residual Diagnostics）和稳健性诊断（Stability Tests）等，其用法与其他的方程类似，这里不再赘述。

本节将介绍分位数回归方程特有的视图工具"Quantile Process"的用法，在方程窗口中单击"View/Quantile Process"，子菜单中有 3 个选项，分别是"Process Coefficients""Slope Equality Test..."和"Symmetric Quantiles Test..."。

1. 过程系数检验

打开 15.3 节中创建的分位数方程 eq1_25th，在方程窗口中依次单击"View|Quantile Process|Process Coefficients"，打开"Quantile Process View"对话框，如图 15.4 所示。

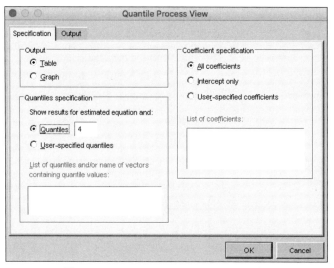

图 15.4   "Quantile Process View"对话框

"Quantile Process View"对话框中有 3 栏设置。第一栏"Output"用于设置输出结果的形式，如表格（Table）或者图像（Graph）。本例选择"Table"。

第二栏"Quantiles specification"用于设置分位数回归方程的分位数信息。若选择"Quantiles"，可以输入数字以指定等分位区间的个数，本例输入"4"，将报告第 25 个百分位数、第 50 个百分位数（中位数）和第 75 个百分位数对应的分位数回归方程的估计结果。若选择"User-specified quantiles"，可在下方编辑框中输入要报告的等分位数。

第三栏"Coefficient specification"有 3 个选项。若选择"All coefficients"，将报告分位数回归方程中所有系数的估计值；若选择"Intercept only"，只报告截距的估计值。若选择"User-specified coefficients"，则需要在"List of coefficients"编辑框中输入要报告的系数的名称。单击"OK"按钮，输出结果如图 15.5 所示。

图 15.5 显示了第 25 个百分位数、第 50 个百分位数（中位数）和第 75 个百分位数对应的分位数回归方程的估计结果，能够直观地对比不同的分位数回归方程系数估计值的差异。

我们还可以通过图像呈现分位数回归方程系数估计值的差异。如图 15.6 所示，设置"Output"为"Graph"。在"confidence interval size"编辑框中输入置信水平，图像中将绘制待估参数的置信区间的下限和上限，默认值是 0.95。设置"Quantiles specification"为"Quantiles"，在后面的文本框中输入"10"。设置"Coefficient specification"为"User-specified coefficients"，在"List of coefficients"编辑框中输入"c(2) c(3)"，绘制分位数方程中解释变量 age 和 totchr 的系数的图像。

```
Quantile Process Estimates
Equation: EQ1__25TH
Specification: TOTEXP C AGE TOTCHR SUPPINS FEMALE WHITE
Estimated equation quantile tau = 0.25
Number of process quantiles: 4
Display all coefficients
```

	Quantile	Coefficient	Std. Error	t-Statistic	Prob.
C	0.250	-1412.889	554.6589	-2.547311	0.0109
	0.500	-2252.556	886.7737	-2.540169	0.0111
	0.750	-4512.045	2308.499	-1.954536	0.0507
AGE	0.250	16.08333	7.241547	2.220810	0.0264
	0.500	35.11111	11.71448	2.997241	0.0027
	0.750	87.36364	31.69699	2.756213	0.0059
TOTCHR	0.250	782.4722	41.31862	18.93752	0.0000
	0.500	1332.833	76.45546	17.43281	0.0000
	0.750	2855.318	206.6408	13.81779	0.0000
SUPPINS	0.250	453.4444	87.58216	5.177361	0.0000
	0.500	687.2222	144.3220	4.761728	0.0000
	0.750	708.4091	366.0715	1.935166	0.0531
FEMALE	0.250	16.05556	88.68366	0.181043	0.8563
	0.500	-260.5556	151.0906	-1.724498	0.0847
	0.750	-554.5909	353.6884	-1.568021	0.1170
WHITE	0.250	338.0833	184.9073	1.828393	0.0676
	0.500	632.8889	352.8478	1.793660	0.0730
	0.750	801.6818	585.4567	1.369327	0.1710

图 15.5　分位数回归方程的"Quantile Process"视图

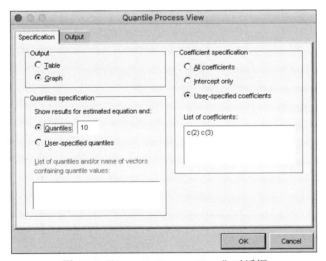

图 15.6　"Quantile Process View"对话框

单击"OK"按钮，输出结果如图 15.7 所示。

在图 15.7 中，横轴代表分位点，本例中"Quantiles"设置为 10，意思是将估计第 10 个百分位数、第 20 个百分位数至第 90 个百分位数，共计 9 个百分位数对应的分位数回归方程。实线代表分位数回归方程中解释变量 age 的系数的估计值，上下两条虚线分别代表 age 的系数的 95% 的置信区间的上限和下限。从图 15.7 中可以看出，分位数越大，age 的系数越大，表明医疗支出越高的组别，年龄对医疗支出的影响效应越大。此外，分位数越大，age 的系数的标准误差越大，置信区间越宽。

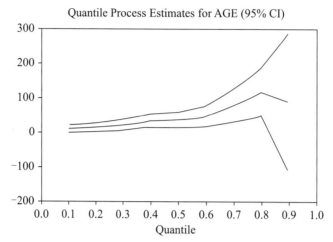

图 15.7　分位数回归方程中 age 的系数的图像

图 15.8 是分位数回归方程中解释变量 totchr 的系数的图像。从图 15.8 中可以看出，分位数越大，totchr 的系数的估计值越大，表明医疗支出越高的组别，患有慢性病的种类数对医疗支出的影响效应越大。

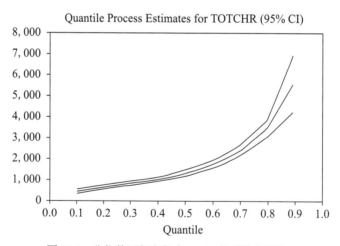

图 15.8　分位数回归方程中 totchr 的系数的图像

2. 斜率是否相等的检验

使用分位数回归模型的一个重要的目的是研究解释变量对被解释变量的条件分布的影响效应是否存在差异。因此，在实践中，研究者会特别关注不同的分位数下，分位数回归方程的系数是否相等。Koenker 和 Bassett（1982）提出了比较分位数回归方程中同一个解释变量的系数是否相等的检验，Eviews 提供了该检验的工具。

打开在 15.3 节中创建的分位数方程 eq1_25th，在方程窗口中依次单击"View|Quantile Procss/Slope Equality Test..."，打开"Quantile Slope Equality Test"对话框，如图 15.9 所示。

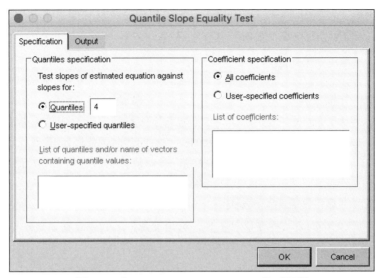

图 15.9　"Quantile Slope Equality Test"对话框

如图 15.9 所示，"Quantile Slope Equality Test"对话框中各项设置的含义都十分明了。在"Quartiles"文本框中输入"4"，代表要检验第 25 个百分位数、第 50 个百分位数和第 75 个百分数对应的分位数回归方程中的系数是否相等。设置"Coefficient specification"为"All coefficients"，即对分位数回归方程中的所有系数进行检验。单击"OK"按钮，输出结果如图 15.10 所示。

Quantile Slope Equality Test
Equation: EQ1__25TH
Specification: TOTEXP C AGE TOTCHR SUPPINS FEMALE WHITE
Estimated equation quantile tau = 0.25
Number of test quantiles: 4
Test statistic compares all coefficients

Test Summary	Chi-Sq. Statistic	Chi-Sq. d.f.	Prob.
Wald Test	177.9569	10	0.0000

Restriction Detail: b (tau__h) - b (tau__k) = 0

Quantiles	Variable	Restr. Value	Std. Error	Prob.
0.25, 0.5	AGE	-19.02778	9.605907	0.0476
	TOTCHR	-550.3611	62.85597	0.0000
	SUPPINS	-233.7778	117.9910	0.0476
	FEMALE	276.6111	123.7357	0.0254
	WHITE	-294.8056	288.9713	0.3076
0.5, 0.75	AGE	-52.25253	26.79758	0.0512
	TOTCHR	-1522.485	174.7721	0.0000
	SUPPINS	-21.18687	307.5196	0.9451
	FEMALE	294.0354	296.2537	0.3209
	WHITE	-168.7929	480.3654	0.7253

图 15.10　分位数回归方程的系数是否相等的检验

在图 15.10 中，第一栏是标题栏，列示了分位数回归方程的信息。第二栏报告了 Wald 检验的结果。Wald 检验的原假设是 3 个分位数回归方程中某个解释变量的系数相等。Wald 检验的

P 值接近于 0，因此，在 0.01 的显著性水平下，拒绝原假设。这表明 3 个分位数回归方程中某个解释变量对应的系数不全相等，被解释变量的条件分布不一致，说明采用分位数回归是有意义的。

第三栏报告了某两个分位数回归方程中解释变量的系数是否相等的检验结果。例如，第一行代表在第 25 个百分位数和第 50 个百分位数对应的分位数回归方程中，检验 AGE 的系数是否相等，AGE 的"Restr. Value"等于 AGE 在这两个分位数回归方程中的系数估计值之差，即 16.083-35.111=-19.028。该检验的 P 值约为 0.048，在 0.05 的显著性水平下，拒绝两个方程中 AGE 的系数相等的原假设。对其余各行也可以进行类似解读。对比第 25 个百分位数和第 50 个百分位数对应的分位数回归方程，AGE、TOTCHR、SUPPINS 和 FEMALE 的系数都存在显著差异，只有 WHITE 的系数不存在显著差异。对比第 50 个百分位数和第 75 个百分位数对应的分位数回归方程，AGE、TOTCHR 的系数存在显著差异，其余变量的系数不存在显著差异。

3. 对称性检验

对称性检验讨论分位数回归方程中系数是否对称。例如，讨论第 25 个百分位数和第 75 个百分位数对应的分位数回归方程中系数的均值，是否与第 50 个百分位数（中位数）对应的分位数回归方程中的系数相等，即检验式 15.11 是否成立。

$$\frac{\beta(q)+\beta(1-q)}{2}=\beta(0.5) \tag{15.11}$$

打开 15.3 节中创建的分位数回归方程 eq1_25th，在方程窗口中依次单击"View|Quantile Process|Symmetric Quantiles Test"，打开"Symmetric Quantiles Test"对话框，如图 15.11 所示。

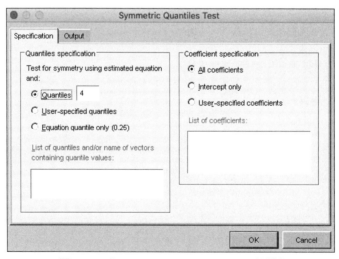

图 15.11　"Symmetric Quantiles Test"对话框

在"Quartiles"文本框中输入"4"，代表要检验第 25 个百分位数和第 75 个百分位数对应的分位数回归方程中的系数的对称性。"Coefficient specification"为"All coefficients"，对分位数回归方程中的所有系数进行检验。单击"OK"按钮，输出结果如图 15.12 所示。

```
Symmetric Quantiles Test
Equation: EQ1__25TH
Specification: TOTEXP C AGE TOTCHR SUPPINS FEMALE WHITE
Estimated equation quantile tau = 0.25
Number of test quantiles: 4
Test statistic compares all coefficients
```

Test Summary	Chi-Sq. Statistic	Chi-Sq. d.f.	Prob.
Wald Test	145.0554	6	0.0000

Restriction Detail:　b (tau)　+ b (1-tau)　- 2*b (.5)　= 0

Quantiles	Variable	Restr. Value	Std. Error	Prob.
0.25, 0.75	C	-1419.823	1963.377	0.4696
	AGE	33.22475	26.71635	0.2136
	TOTCHR	972.1237	173.4120	0.0000
	SUPPINS	-212.5909	310.7013	0.4938
	FEMALE	-17.42424	306.1772	0.9546
	WHITE	-126.0126	568.3546	0.8245

图 15.12　分位数回归方程的对称性检验结果

如图 15.12 所示，最下方的表格报告了对称性检验的结果。在对称性检验中，原假设是"对称性成立，即第 25 个百分位数和第 75 个百分位数对应的分位数回归方程中系数的平均值等于中位数对应的分位数回归方程中的系数"。AGE 的 P 值为 0.214，因此，在 0.10 的显著性水平下，不能拒绝"对称性成立"的原假设。SUPPINS、FEMALE 和 WHITE 的系数都满足对称性，只有 TOTCHR 的系数不满足对称性。从图 15.8 中可以看出，分位数超过 0.6 以后，TOTCHR 的系数迅速提升，确实不符合对称性的特征。

本节 Eviews 实战技巧

- 在分位数回归方程窗口中依次单击"View/Quantile Process/Process Coefficients"，绘制不同分位数下的分位数回归方程的系数的图像，可以直观地比较不同组别解释变量对被解释变量的影响效应的差异。
- 在分位数回归方程窗口中依次单击"View/Quantile Process/Slope Equality Test"，检验不同分位数下的分位数回归方程中的系数是否相等。
- 在分位数回归方程窗口中依次单击"View/Quantile Process/Symmetric Quantiles Test"，检验不同分位数下的分位数回归方程中的系数是否对称。

15.5　分位数回归方程的命令

本节介绍与分位数回归方程有关的命令，包括 qreg 命令、qrprocess 命令、qrslope 命令和 qrsymm 命令。

1. qreg

（1）语法

```
equation eq_name.qreg(options) y x1 [x2 x3...]
```

eq_name：方程名称。

qreg：创建分位数回归方程。

options: quant=number (default=0.5)，设置分位数，默认值是 0.5。

y x1 [x2 x3...]：方程设定。

（2）举例

```
equation eq1.qreg totexp c age totchr suppins female white
```

说明：创建中位数对应的分位数回归方程 eq1。

```
equation eq1_25th.qreg(quant=0.25) totexp c age totchr suppins female white
```

说明：创建第 25 个百分位数的分位数回归方程 eq1_25th，quant=0.25 代表第 25 个百分位数。

2. qrprocess

（1）语法

```
eq_name.qrprocess(options)  [@coefs coeflist]
```

eq_name：方程名称。

qrprocess：同时报告多个分位数回归方程的估计结果。

options：参见表 15.3。

表 15.3　qrprocess 命令中的 options 设置

参　数	含　义
n=arg (default=10)	设置等分区间的个数，默认值是 10
graph	绘制分位数回归方程系数的图像
size=arg(default=0.95)	置信水平，默认值是 0.95

[@coefs coeflist]：设置报告的系数，若该项省略，则报告所有的系数。

（2）举例

```
equation eq1_25th.qreg(quant=0.25) totexp c age totchr suppins female white
eq1_25th.qrprocess
```

说明：以表格形式报告 eq1_25th 方程（第 25 个百分位数对应的分位数回归方程）第 10 个百分位数至第 90 个百分位数的对应分位数回归方程的系数。

```
equation eq1_25th.qreg(quant=0.25) totexp c age totchr suppins female white
eq1_25th.qrprocess(n=20, graph) @coefs c(2)
```

说明：n=20 代表 20 个等分区间，将报告第 5 个百分位数、第 10 个百分位数至第 95 个百分位数（共计 19 个百分位数）对应的分位数回归方程中 totchr 系数的图像。

3. qrslope

（1）语法

```
eq_name.qrslope(options) [@coefs coeflist]
```

eq_name：方程名称。

qrslope：检验多个分位数回归方程的系数是否相等。

options：n=arg (default=4)，设置等分区间个数，默认值是 4。

[@coefs coeflist]：设置检验相等性的系数，若该项省略，则检验所有的系数。

（2）举例

```
equation eq1.qreg totexp c age totchr suppins female white
eq1.qrslope
```

说明：检验方程 eq1 的系数与第 25 个百分位数、第 75 个百分位数对应的分位数回归方程的系数是否相等。

```
equation eq2.qreg(quant=0.4) totexp c age totchr suppins female white
eq2.qrslope
```

说明：检验第 25 个百分位数、第 40 个百分位数、中位数、第 75 个百分位数对应的分位数回归方程的系数是否相等。

4. qrsymm

（1）语法

```
eq_name.qrsymm(options) [@coefs coeflist]
```

eq_name：方程名称。

qrsymm：检验多个分位数回归方程的系数是否具有对称性。

options：n=arg (default=4)，设置等分区间个数，默认值是 4。

[@coefs coeflist]：设置检验对称性的系数，若该项省略，则检验所有的系数。

（2）举例

```
equation eq1.qreg totexp c age totchr suppins female white
eq1.qrsymm
```

说明：检验第 25 个百分位数与第 75 个百分位数对应的分位数回归方程的系数的对称性。

```
equation eq2. qreg(quant=0.4)  totexp c age totchr suppins female white
eq2.qrsymm
```

说明：检验第 40 个百分位数与第 60 个百分位数对应的分位数回归方程的系数的对称性。

第16章 工具变量

工具变量（Instrumental Variable，IV）是为了克服解释变量的内生性问题而引入回归模型的外生变量。内生性是指解释变量与随机误差项存在相关性。古典线性回归模型假定解释变量与随机误差项不相关。当模型违背这条假定时，OLS估计量是有偏的、不一致的。若解释变量与随机误差项相关，则将该解释变量称作内生变量。若解释变量与随机误差项不相关，则将该解释变量称作外生变量。

在经济计量分析中，内生性是一个比较常见的问题。模型中遗漏了解释变量，或者解释变量存在测量误差、双向因果关系，或者某些影响因素不可观测，都会导致内生性问题。例如，研究工资的影响因素，解释变量包括受教育年限和工龄。虽然个人能力对工资也会产生影响，但由于个人能力难以量化，无法作为解释变量纳入模型，个人能力这个因素将被归入随机误差项。因此，随机误差项就会包含个人能力的信息。然而，模型中的解释变量受教育年限，也受到个人能力的影响。此时，解释变量受教育年限与随机误差项相关，因此受教育年限是一个内生变量，从而导致模型存在内生性。

本章的主要内容包括：

● 工具变量和两阶段最小二乘（Two Stage Least Squares，TSLS）方法。

● TSLS方程的估计。

● 工具变量的检验。

16.1 工具变量和 TSLS 方法

本节介绍什么是工具变量，一个有效的工具变量需要满足哪些条件，以及 TSLS 方法的基本原理[①]。

1. 工具变量

工具变量是克服内生性问题的常用方法，其核心思想是，将内生解释变量分解成两部分，一是可由工具变量解释的外生部分，二是内生部分。将内生解释变量中的外生部分剥离出来，将工具变量代表的外生部分重新引入回归模型，从而解决了模型的内生性问题。

工具变量具有 3 个特征：第一，工具变量对被解释变量没有直接的影响，工具变量不出现在原始的回归模型中；第二，工具变量与内生解释变量相关；第三，工具变量与随机误差项无关。

工具变量回归模型如式 16.1 所示。

$$Y_i = \beta_0 + \beta_1 X_{1i} + \cdots + \beta_k X_{ki} + \beta_{k+1} W_{1i} + \cdots + \beta_{k+r} W_{ri} + u_i \tag{16.1}$$

---

① 参考Stock & Watson (2019), Introduciton to Econometrics, 4th edition, 427-460.

式 16.1 中，Y 是被解释变量，$X_1, X_2, \cdots, X_k$ 是内生解释变量，$W_1, W_2, \cdots, W_k$ 是外生解释变量，$Z_1, Z_2, \cdots, Z_m$ 是工具变量。

一个有效的工具变量需要满足相关性和外生性两个条件。工具变量的相关性条件，如式 16.2 所示。

$$\mathrm{corr}\left(Z_{mi}, X_{ki}\right) \neq 0 \tag{16.2}$$

工具变量的外生性条件如式 16.3 所示。

$$\mathrm{corr}\left(Z_{mi}, u_i\right) = 0 \tag{16.3}$$

在工具变量回归方程中，要选用满足相关性和外生性的有效工具变量，才能得到可靠的估计结果。

2. TSLS 方法

由于式 16.1 存在内生性问题，OLS 估计量是有偏的、不一致的。利用工具变量克服内生性问题的估计方法称为 TSLS 方法。下面以只有一个内生解释变量的模型为例，解释 TSLS 方法的基本思想。

回归方程如式 16.4 所示。

$$Y_i = \beta_0 + \beta_1 X_i + \beta_2 W_{1i} + \cdots + \beta_{1+r} W_{ri} + u_i \tag{16.4}$$

式中，X_i 是内生解释变量，$W_{1i}, \cdots, W_{ri}$ 是外生解释变量。

第一阶段，构造关于内生解释变量的回归模型，如式 16.5 所示。

$$X_i = \pi_0 + \pi_1 Z_{1i} + \cdots + \pi_m Z_{mi} + \pi_{m+1} W_{1i} + \cdots + \pi_{m+r} W_{ri} + v_i \tag{16.5}$$

式 16.5 将内生解释变量分解成两部分，一部分是由工具变量 $Z_{1i}, \cdots, Z_{mi}$ 和外生解释变量 $W_{1i}, \cdots, W_{ri}$ 所决定的部分，这一部分是外生的；另一部分是随机误差项 v_i，这一部分是内生的。式 16.5 为内生解释变量的精简形式。

利用 OLS 方法估计式 16.5 中的参数，然后计算出内生解释变量 X_i 的估计值，记为 $\hat{X}_i$。

第二阶段，将式 16.4 中的内生解释变量 X_i 替换成其估计值 $\hat{X}_i$，然后利用 OLS 方法估计式 16.4，得到的估计量称为 TSLS 估计量。

若模型中有多个内生解释变量，按照上述步骤，在第一阶段，为每个内生解释变量构造其与工具变量和外生解释变量的回归方程，求得各个内生解释变量的估计值，在第二阶段，将原模型的内生解释变量替换为其对应的估计值，再用 OLS 方法估计其参数。

当工具变量的个数与内生解释变量的个数相等（$m=k$）时，称这种情况为恰足识别。当工具变量的个数多于内生解释变量的个数（$m > k$）时，称这种情况为过度识别。当工具变量的个数少于内生解释变量的个数（$m < k$）时，称这种情况为过低识别。

当工具变量的个数多于内生解释变量的个数，工具变量之间可能会存在冲突，使用不同的工具变量，可能会得到完全不同的 TSLS 估计值。例如，模型中有一个内生解释变量，为其寻找到两个工具变量。利用第一个工具变量，可以得到一组 TSLS 估计值；利用第二个工具变量，又可以得到一组 TSLS 估计值。如果这两个工具变量都是外生的,这两组 TSLS 估计值将会非常接近。若这两组 TSLS 估计值差异很大,则表明这两个工具变量中的一个工具变量或两个工具变量都不是外生的。

对于过度识别模型,需要进行过度识别约束检验,诊断模型中的工具变量是否是外生的。

过度识别约束检验的原假设是"所有的工具变量都与随机误差项不相关",即"所有的工具变量都是外生的"。若拒绝原假设,意味着工具变量是内生的,或者模型的设定不合理,部分外生解释变量实际上是内生的。

过度识别约束检验的核心思想如下:诊断工具变量是否是外生的,若工具变量与 TSLS 估计方程中的残差是不相关的,则表明其满足外生性条件,可构造 TSLS 估计方程中的残差与工具变量、外生解释变量的回归方程,若工具变量的系数都等于 0,则表明工具变量是外生的。

利用 TSLS 估计式 16.4 后,其残差记为 $\hat{u}_i^{\text{TSLS}}$,如式 16.6 所示。

$$\hat{u}_i^{\text{TSLS}} = Y_i - \left(\hat{\beta}_0^{\text{TSLS}} + \hat{\beta}_1^{\text{TSLS}} X_i + \cdots + \hat{\beta}_{k+r}^{\text{TSLS}} W_{ri} \right) \tag{16.6}$$

构造关于 $\hat{u}_i^{\text{TSLS}}$ 的回归模型,如式 16.7 所示。

$$\hat{u}_i^{\text{TSLS}} = \delta_0 + \delta_1 Z_{1i} + \cdots + \delta_m Z_{mi} + \delta_{m+1} W_{1i} + \cdots + \delta_{m+r} W_{ri} + v_i \tag{16.7}$$

利用普通最小二乘法估计式 16.7。

过度识别约束检验的原假设是式 16.7 中工具变量的系数同时为 0,即 $\delta_1 = \cdots = \delta_m = 0$。构造的统计量,称为 J 统计量,计算式如式 16.8 所示。

$$J = mF \tag{16.8}$$

式中,m 是工具变量的个数,F 是检验 $\delta_1 = \cdots = \delta_m = 0$ 是否成立的 F 检验统计量的值。J 的理论分布是卡方分布,自由度等于 $m-k$。该检验也称作 J 检验,若拒绝原假设,则表明工具变量不是外生的,模型存在过度识别问题。

对于恰足识别模型,J 统计量的值接近于 0,无须进行过度识别约束检验。

在 TSLS 方法中,在第二阶段利用了内生解释变量的估计值,因此 OLS 法估计的系数的标准误是有偏的,需要对其进行修正,修正方法可参见 *Introduction to Econometrics*(Stock 和 Watson,2019),这里不再赘述。在大多数经济计量软件中,TSLS 工具都内置了修正标准误差的计算,因此,在实践中,直接调用 TSLS 命令,即可得到修正标准误差。

此外,由于随机误差项有可能存在异方差的问题,通常需要报告异方差稳健标准误差。

16.2　实战案例:工资影响因素分析

实战案例:为了研究工资的影响因素,建立工资和受教育年限、工龄的回归方程。在现实中,影响工资的因素除了年龄和工龄之外,还有很多其他因素,这些因素都被归入随机误差项。例如,个人能力也会对工资产生影响,但由于个人能力难以测度,无法作为解释变量纳入模型,个人能力就被归入了随机误差项。因此,随机误差项就会包含个人能力的信息。然而,模型中的解释变量受教育年限也会受到个人能力的影响。此时,就会导致解释变量受教育年限与随机误差项相关，导致模型存在内生性问题。

　　在本案例中，工具变量是父亲和母亲各自的受教育年限。因为父母受教育年限不直接影响个人工资水平，父母受教育年限与随机误差项无关，满足外生性条件。此外，父母受教育年限和子女受教育年限是相关的，满足相关性条件。

　　分析目标：

- 建立关于工资的 TSLS 模型。
- 分析受教育年限、工龄对女性工资的影响效应。
- 对工具变量的有效性进行检验。

　　数据简介：从 PSID (Panel Study of Income Dynamics) 数据库中提取 1975 年 428 名就业女性的数据（Mroz,1987）。表 13.1 列出了"iv wage.wf1"数据文件中的变量及代码含义。

表 16.1　"female job.wf1"数据文件中的变量及代码含义

变量名	变量	单位
wage	每小时工资	美元/时
educ	接受正规教育时长	年
exper	参加工作时长	年
mothereduc	母亲接受正规教育时长	年
fathereduc	父亲接受正规教育时长	年

16.3　TSLS 方程的估计

　　本节以工作文件"iv wage.wf1"为例，介绍利用 Eviews 实现 TSLS 方程的估计的操作步骤，以及输出结果的解读。

1. TSLS 方程的设定

为了研究受教育年限、工龄对工资的影响效应，建立回归模型，如式 16.9 所示。

$$\text{Ln}\left(\text{wage}_i\right) = \beta_0 + \beta_1 \text{educ}_i + \beta_2 \text{exper}_i + \beta_3 \text{exper}_i^2 + u_i \tag{16.9}$$

　　式中，educ_i 是内生解释变量，exper_i 和 exper_i^2 是外生解释变量。工具变量是父亲受教育年限 fathereduc 和母亲受教育年限 mothereduc。

　　在 TSLS 的第一阶段，估计如式 16.10 所示的精简方程。

$$\text{educ}_i = \pi_0 + \pi_1 \text{fathereduc}_i + \pi_2 \text{mothereduc}_i + \pi_3 \text{exper}_i + \pi_4 \text{exper}_i^2 + u_i \tag{16.10}$$

　　在第二阶段，根据式 16.10 估计出 $\widehat{\text{educ}_i}$，将式 16.9 中的 educ_i 替换为 $\widehat{\text{educ}_i}$，如式 16.11 所示。

$$\text{Ln}(\text{wage}_i) = \beta_0 + \beta_1 \widehat{\text{educ}_i} + \beta_2 \text{exper}_i + \beta_3 \text{exper}_i^2 + u_i \tag{16.11}$$

$\widehat{\text{educ}_i}$ 中只包含外生的信息，克服了式 16.9 存在的内生性问题。

2. 估计 TSLS 方程的操作步骤

依次单击主菜单"Quick/Estimate Equation...", 打开"Equation Estimation"对话框, 如图16.1 所示。或者在命令窗口中输入"TSLS", 然后按"Enter", 也可调出该对话框。

"Equation Estimation"对话框中有两张选项卡, "Specification"选项卡用于设置方程的设定和估计方法, "Options"选项卡用于设置估计方法的高级选项。

"Specification"选项卡分为 3 栏。第一栏是"Equation specification", 用于设置回归方程的表达式, 这里输入"log(wage) c educ exper exper^2"。

第二栏是"Instrument list", 用于设置外生解释变量和工具变量这里输入"exper exper^2 motheduc fatheduc"。注意: "Instrument list"中既包括工具变量, 也包括外生解释变量。外生解释变量的工具变量实质上就是其自身, 因此也要将外生解释变量列入"instrument list"。Eviews 会将"Equation specification"中的解释变量与"Instrument list"中的变量进行对照, Eviews 将没有出现在"Instrument list"中的变量视为内生解释变量。此外, 勾选"Include a constant"复选框, Eviews 将常数项也视为工具变量。

第三栏是"Estimation settings", 用于设置估计方法, 单击"Method"下拉按钮, 在打开的下拉列表中选择"TSLS-Two-Stage Least Squares (TSNLS and ARMA)"。

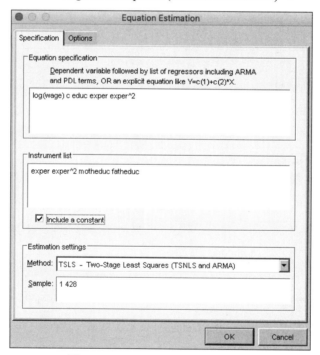

图 16.1　"Equation Estimate"对话框

单击"OK"按钮, 输出结果如图 16.2 所示。单击方程窗口中的"Name"按钮, 将其保存为方程"eq1_tsls"。

```
Dependent Variable: LOG（WAGE)
Method: Two-Stage Least Squares
Date: 06/26/21   Time: 23:49
Sample: 1 428
Included observations: 428
Instrument specification: EXPER EXPER^2 MOTHEDUC FATHEDUC
Constant added to instrument list
```

Variable	Coefficient	Std. Error	t-Statistic	Prob.
C	0.048100	0.400328	0.120152	0.9044
EDUC	0.061397	0.031437	1.953024	0.0515
EXPER	0.044170	0.013432	3.288329	0.0011
EXPER^2	-0.000899	0.000402	-2.237993	0.0257

R-squared	0.135708	Mean dependent var		1.190173
Adjusted R-squared	0.129593	S.D. dependent var		0.723198
S.E. of regression	0.674712	Sum squared resid		193.0200
F-statistic	8.140709	Durbin-Watson stat		1.945659
Prob（F-statistic)	0.000028	Second-Stage SSR		212.2096
J-statistic	0.374538	Instrument rank		5
Prob（J-statistic)	0.540541			

图 16.2　TSLS 方程估计结果

3. TSLS 方程估计结果的解读

如图 16.2 所示，输出结果分为 3 栏。第一栏报告了 TSLS 方程的详细信息，"Instrument specification"列出了工具变量的名称。Eviews 将外生解释变量也视为工具变量，意思是外生解释变量的工具变量是其自身。

第二栏报告了 TSLS 方程的系数的估计结果。

第三栏报告了 TSLS 方程的主要统计量。其中大部分统计量与 OLS 方程的统计量类似，在此不赘述。"J-statistic"是检验工具变量外生性的统计量，"Instrument rank"是工具变量矩阵的秩，等于工具变量的个数加外生解释变量的个数，再加上一个常数项，在本例中是 5。

在本例中，构造如式 16.12 所示的回归方程。

$$\hat{u}_i^{\text{TSLS}}=\delta_0+\delta_1\text{fatheduc}_i+\delta_2\text{motheduc}_i+\delta_3\text{exper}_i+\delta_4\text{exper}_i^2+v_i \qquad (16.12)$$

$\hat{u}_i^{\text{TSLS}}$ 是式 16.9 中 TSLS 方程的残差。检验式 16.12 中工具变量的系数是否同时等于 0，F 检验统计量等于 0.187。J 统计量的计算公式如式 16.13 所示。

$$J = mF = 2\times 0.187 = 0.374 \qquad (16.13)$$

J 统计量的理论分布是卡方分布。本例中，工具变量的个数 $m=2$，内生解释变量的个数 $k=1$，卡方分布的自由度等于 $m-k=1$。"Prob(J-statistic)"的值约为 0.541，表明在 0.10 的显著性水平下，不拒绝工具变量是外生的原假设。

单击图 16.1 中"Options"选项卡，可对估计过程进行更加详细的设置。比较常用的是设置"Covariance method"。若模型存在异方差或自相关问题，建议使用稳健标准误差，将协方差估计方法设置为 white、HAC 或者聚类标准误。其原理与最小二乘法类似，详见 12.2 节相关内容。在本例中，设置"Covariance method"为"white"，将报告 White 稳健标准误差，其估计结果列示在表 16.2 的第 3 列。

OLS 方程和 TSLS 方程估计结果对比如表 16.2 所示。

表 16.2   OLS 方程和 TSLS 方程估计结果对比

变　　量	OLS	TSLS	TSLS(White 稳健标准误差)
constant	-0.522^{***}	0.048	0.048
	(0.199)	(0.400)	(0.430)
educ	0.107^{***}	0.061^{*}	0.061^{*}
	(0.014)	(0.031)	(0.033)
exper	0.042^{***}	0.044^{***}	0.044^{***}
	(0.013)	(0.013)	(0.016)
exper^2	-0.0008^{**}	-0.0009^{**}	-0.0009^{**}
	(0.0004)	(0.0004)	(0.0004)
R-squared	0.159	0.136	0.136
Prob(F-stat)	0.000	0.000	0.000
Prob(J-stat)		0.541	0.541

注：括号中的数值代表标准误差。***、**、* 分别代表 0.01、0.05 和 0.10 的显著性水平。

从表 16.2 可以看出，内生解释变量 educ 系数的 OLS 估计值与 TSLS 估计值的差异较大。在 OLS 方程中，educ 的系数是 0.107，在 0.01 的水平下显著，代表在其他变量不变的情况下，受教育年限增加 1 年，工资平均增加 10.7%。在 TSLS 方程中，educ 的系数是 0.061，在 0.05 的水平下显著，代表在其他变量不变的情况下，受教育年限增加 1 年，工资平均增加 6.1%。当考虑了受教育年限的内生性后，采用 TSLS 估计方法，educ 的系数的估计值和显著性水平与 OLS 方法下的结果存在较大差异。由于受教育年限是内生的，OLS 估计量是有偏的、不一致的，因此，采用 TSLS 方法得到的估计结果更加可靠。

本节 Eviews 实战技巧

- 在 "Equation Estimation" 对话框中，单击 "Method" 下拉按钮，在打开的下拉列表中选择 "TSLS‑Two‑Stage Least Squares (TSNLS and ARMA)"，实现 TSLS 估计。
- 在 "Equation Estimation" 对话框中的 "Instrument list" 编辑框中输入模型中的外生解释变量和工具变量。
- 在 TSLS 方程的输出结果中，需要关注过度识别约束检验的 J 统计量的 P 值。若 J 统计量的 P 值小于 0.10，表明工具变量不是外生的，或者模型的设定是错误的。

16.4   工具变量的检验

工具变量回归模型提供了内生性问题的解决方案，在实践中，还需要考察工具变量的有效性。无效的工具变量将得到毫无意义的估计结果。工具变量的有效性进行检验，主要包括 3 个检验：一是检验工具变量是否满足式 16.2 的相关性条件，二是检验工具变量是否满足式 16.3 的外生性条件，三是检验工具变量是否存在过度识别问题。

打开 16.3 节中创建的工具变量方程 eq1_tsls，在方程窗口中依次单击 "View/IV Diagnostics and Tests"，下级菜单列示了 4 项工具，分别是工具变量概要、正交检验、内生性检验和弱工具变量诊断。下面将以工具变量方程 eq1_tsls 为例，介绍上述工具的使用方法。

1. 工具变量概要

依次单击工具变量方程 eq1_tsls 窗口中的"View/IV Diagnostics and Tests/Instrument Summary"，输出结果如图 16.3 所示。

```
Instrument Summary
Equation: EQ1__TSLS
Number of instruments specified: 5
Constant added to instrument list

Instrument specification:
EXPER EXPER^2 MOTHEDUC FATHEDUC

Instruments used （5）:
C EXPER EXPER^2 MOTHEDUC FATHEDUC
```

图 16.3　工具变量方程的"Instrument Summary"视图

在图 16.3 中，"Instrument specification"下方列示了在图 16.1 所示对话框中指定的工具变量，"Instrument used"下方列示了实际使用的工具变量。通常，这两项中的变量是一致的。若指定的工具变量存在完全共线性，Eviews 会自动剔除多余的工具变量，使工具变量矩阵达到满秩，才能求解模型参数。查看"Instrument Summary"，可以确认模型中实际使用的工具变量，软件是否自动剔除了多余的工具变量。

2. 正交检验

工具变量正交检验（Instrument Othogonality Test）又称作 C 检验，或者 EHS（Eichenbaum, Hansen and Singleton）检验，用于检验工具变量是否满足外生性条件，即 $corr(Z_{mi}, u_i)=0$ 是否成立。工具变量与随机误差项不相关，在空间上就是工具变量向量与随机误差项向量正交。

工具变量正交检验的思路如下：将工具变量 Z' 分为两个子集，一部分工具变量记为 Z_1'，另一部分工具变量记为 Z_2'。正交检验假定 Z_1' 满足外生性条件，讨论另一部分工具变量 Z_2' 是否是外生的。正交检验的原假设，如式 16.14 所示。

$$E(Z_2'u) = 0 \qquad (16.14)$$

检验统计量如式 16.15 所示。

$$C_{\mathrm{T}} = J_{\mathrm{original}} - J_{\mathrm{unrestricted}} \qquad (16.15)$$

式中，J_{original} 是原方程的 J 统计量；$J_{\mathrm{unrestricted}}$ 是式 16.14 不成立时，将工具变量 Z_2' 剔除后，只保留工具变量 Z_1' 的方程的 J 统计量；C_{T} 的分布是卡方分布，自由度等于工具变量 Z_2' 包含的工具变量的个数。在 C 检验中，若不拒绝原假设，则表明工具变量 Z_2' 满足外生性条件。

依次单击工具变量方程 eq1_tsls 窗口中的"View/IV Diagonstics and Tests| Instrument Orthogonality C-Test"，打开图 16.4 所示的对话框。

在对话框中输入要检验的是否满足外生性条件的工具变量，即 Z_2'，在本例中输入"fatheduc"。单击"OK"按钮，输出结果如图 16.5 所示。

图 16.4　"Orthogonality Test"对话框　　　　图 16.5　正交检验输出结果

在图 16.5 中，标题栏报告了检验过程。注意："Null hypothesis：FATHEDUC are valid instrument"是指"原假设：FATHEDUC 是有效的工具变量"，即 FATHEDUC 是外生的。

"Difference in J-stats"的计算公式如式 16.16 所示。

$$C_{\mathrm{T}} = J_{\mathrm{original}} - J_{\mathrm{unrestricted}} = 0.375 - 0.000 = 0.375 \qquad (16.16)$$

原方程的 J 统计量是 0.375，将工具变量 fatheduc 剔除后的方程的 J 统计量是 0.000。本例中，检验的工具变量是 fatheduc，工具变量的个数等于 1，卡方检验的自由度等于 1。C 检验的 P 值为 0.541，不拒绝原假设，即工具变量 fatheduc 满足外生性条件。

图 16.5 的下方报告了不使用工具变量 fatheduc，即式 16.14 不成立时，不受限方程的估计结果。

3. 内生性检验

内生性检验（Regressor Endogeneity Test），又称作 Durbin-Wu-Hausman 检验，用于检验模型中的内生解释变量是否满足内生性条件，即式 16.17 是否成立。

$$\mathrm{Cov}(X_{ki}, u_i) \neq 0 \qquad (16.17)$$

内生性检验的原假设是 $\mathrm{Cov}(X_{ki}, u_i) = 0$，即 X_{ki} 是外生的，此时工具变量回归方程将把 X_{ki} 视为外生解释变量，报告的 J 统计量记作 $J_{\mathrm{restricted}}$。

备择假设是 $\mathrm{Cov}(X_{ki}, u_i) \neq 0$，即 X_{ki} 是内生的，此时工具变量回归方程将把 X_{ki} 视为内生解释变量，报告的 J 统计量记作 $J_{\mathrm{restricted}}$。

内生性检验统计量如式 16.18 所示。

$$\text{Durbin-Wu-Hausman stat} = J_{\text{restricted}} - J_{\text{unrestricted}} \tag{16.18}$$

内生性检验统计量服从卡方分布，自由度等于检验的变量的个数。

单击工具变量方程 eq1_tsls 窗口中的"View/IV Diagonstics and Tests/Regressor Endogeneity Test"，打开图 16.6 所示的对话框。

在对话框中输入要检验的内生性变量，在本例中输入"educ"。单击"OK"按钮，输出结果如图 16.7 所示。

Endogeneity Test
Equation: EQ1__TSLS
Endogenous variables to treat as exogenous: EDUC
Specification: LOG（WAGE）　C EDUC EXPER EXPER^2
Instrument specification: C EXPER EXPER^2 MOTHEDUC FATHEDUC
Null hypothesis: EDUC are exogenous

	Value	df	Probability
Difference in J-stats	2.780835	1	0.0954

J-statistic summary:

	Value
Restricted J-statistic	3.164751
Unrestricted J-statistic	0.383916

Restricted Test Equation:
Dependent Variable: LOG（WAGE）
Method: Two-Stage Least Squares
Date: 06/27/21　Time: 10:51
Sample: 1 428
Included observations: 428
Instrument specification: C EXPER EXPER^2 MOTHEDUC FATHEDUC
　EDUC

Variable	Coefficient	Std. Error	t-Statistic	Prob.
C	-0.522041	0.198632	-2.628179	0.0089
EDUC	0.107490	0.014146	7.598332	0.0000
EXPER	0.041567	0.013175	3.154906	0.0017
EXPER^2	-0.000811	0.000393	-2.062834	0.0397

R-squared	0.156820	Mean dependent var	1.190173
Adjusted R-squared	0.150854	S.D. dependent var	0.723198
S.E. of regression	0.666420	Sum squared resid	188.3051
F-statistic	26.28615	Durbin-Watson stat	1.960988
Prob（F-statistic）	0.000000	Second-Stage SSR	188.3051
J-statistic	3.164751	Instrument rank	6
Prob（J-statistic）	0.205486		

Unrestricted Test Equation:
Dependent Variable: LOG（WAGE）
Method: Two-Stage Least Squares
Date: 06/27/21　Time: 10:51
Sample: 1 428
Included observations: 428
Instrument specification: C EXPER EXPER^2 MOTHEDUC FATHEDUC

Variable	Coefficient	Std. Error	t-Statistic	Prob.
C	0.048100	0.395408	0.121647	0.9032
EDUC	0.061397	0.031050	1.977323	0.0487
EXPER	0.044170	0.013267	3.329241	0.0009
EXPER^2	-0.000899	0.000397	-2.265838	0.0240

R-squared	0.135708	Mean dependent var	1.190173
Adjusted R-squared	0.129593	S.D. dependent var	0.723198
S.E. of regression	0.674712	Sum squared resid	193.0200
Durbin-Watson stat	1.945659	J-statistic	0.383916
Instrument rank	5	Prob（J-statistic）	0.535515

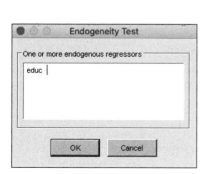

图 16.6　"Endogeneity Test"对话框　　　　图 16.7　内生性检验输出结果

在图 16.7 中，标题栏报告了检验的详细信息。注意："Null hypothesis: EDUC are exogenous" 意为"原假设：EDUC 是外生的"。

"Difference in J-stats"的计算公式如式 16.19 所示。

$$\text{Durbin-Wu-Hausman stat} = J_{\text{restricted}} - J_{\text{unrestricted}} = 3.165 - 0.384 = 2.781 \tag{16.19}$$

将 educ 视为外生解释变量的方程是受限方程，其 J 统计量约为 3.165；将 educ 视为内生解释变量的方程是不受限方程，其 J 统计量约为 0.384，二者相减即得内生性检验统计量。在本例中，检验的变量是 educ，检验变量的个数为 1，因此卡方检验的自由度等于 1。内生性检验的 P 值为 0.095，在 0.10 的显著性水平下，拒绝原假设，即 educ 是内生解释变量，需要用工具变量解决模型的内生性问题。

图 16.7 的下方报告了受限方程和不受限方程的详细估计结果。

4. 弱工具变量诊断

工具变量需要满足式 16.2 所示的相关性条件，即工具变量要与内生解释变量是相关的。内生解释变量的变异中被工具变量解释的比例越高，工具变量传递内生解释变量的信息越多。工具变量与内生解释变量的相关性越强，得到的估计值将更加精确。若某个工具变量与内生解释变量的相关性较低，该工具变量称为弱工具变量，此时 TSLS 的估计结果将不再可靠。因此，需要检验工具变量是否是弱工具变量，即弱工具变量诊断。Cragg-Donald 检验可用于诊断弱工具变量。该检验基于 TSLS 第一阶段的方程，如式 16.20 所示。

$$X_i = \pi_0 + \pi_1 Z_{1i} + \cdots + \pi_m Z_{mi} + \pi_{m+1} W_{1i} + \cdots + \pi_{m+r} W_{ri} + v_i \tag{16.20}$$

若式 16.20 中工具变量 $Z_{1i}, \cdots, Z_{mi}$ 的系数同时为 0，则说明工具变量对内生解释变量没有显著影响，是弱工具变量。

Cragg-Donald 检验的原假设是 $\pi_1 = \pi_2 = \cdots = \pi_m = 0$，若拒绝原假设，则表明工具变量不是弱工具变量。根据经验，若 Cragg-Donald F 统计量的值小于 10，模型存在弱工具变量问题，此时 TSLS 估计量是有偏的，系数的 t 检验结论是不可靠的。

依次单击工具变量方程 eq1_tsls 窗口中的"View/IV Diagonstics and Tests/Weak Instrument Diagnostics"，输出结果如图 16.8 所示。

在本例中，第一阶段的方程如式 16.21 所示，是 Cragg-Donald F 检验中的不受限模型，其判定系数记为 R_{ur}^2。

Weak Instrument Diagnostics
Equation: EQ1__TSLS

Cragg-Donald F-stat:	55.40030

Stock-Yogo bias critical values not available for models with less than 3 instruments.

Stock-Yogo critical values （size）:

10%	19.93
15%	11.59
20%	8.75
25%	7.25

Moment selection criteria:

SIC-based:	-5.684585
HQIC-based:	-3.246608
Relevant MSC:	-16.06137

图 16.8 弱工具变量诊断结果

$$\text{educ}_i = \pi_0 + \pi_1 \text{fatheduc}_i + \pi_2 \text{motheduc}_i + \pi_3 \text{exper}_i + \pi_4 \text{exper}_i^2 + u_i \tag{16.21}$$

如图 16.9 所示，式 16.21 的判定系数 R_{ur}^2 等于 0.211。

Dependent Variable: EDUC
Method: Least Squares
Date: 02/27/23　Time: 14:41
Sample: 1 428
Included observations: 428

Variable	Coefficient	Std. Error	t-Statistic	Prob.
C	9.102640	0.426561	21.33958	0.0000
FATHEDUC	0.189548	0.033756	5.615173	0.0000
MOTHEDUC	0.157597	0.035894	4.390609	0.0000
EXPER	0.045225	0.040251	1.123593	0.2618
EXPER^2	-0.001009	0.001203	-0.838572	0.4022

R-squared	0.211471	Mean dependent var		12.65888
Adjusted R-squared	0.204014	S.D. dependent var		2.285376
S.E. of regression	2.038967	Akaike info criterion		4.274378
Sum squared resid	1758.575	Schwarz criterion		4.321797
Log likelihood	-909.7168	Hannan-Quinn criter.		4.293106
F-statistic	28.36041	Durbin-Watson stat		1.939888
Prob(F-statistic)	0.000000			

图 16.9　式 16.21 估计结果

Cragg-Donald F 检验的原假设是 $\pi_1=\pi_2=0$，式 16.22 是 Cragg-Donald F 检验中的受限模型，其判定系数记为 R_r^2。

$$\mathrm{educ}_i = \pi_0 + \pi_1 \mathrm{exper}_i + \pi_2 \mathrm{exper}_i^2 + u_i \tag{16.22}$$

如图 16.10 所示，式 16.22 的判定系数 R_r^2 等于 0.005。

Dependent Variable: EDUC
Method: Least Squares
Date: 02/27/23　Time: 14:45
Sample: 1 428
Included observations: 428

Variable	Coefficient	Std. Error	t-Statistic	Prob.
C	12.36936	0.322313	38.37684	0.0000
EXPER	0.056492	0.045093	1.252774	0.2110
EXPER^2	-0.001904	0.001345	-1.415622	0.1576

R-squared	0.004923	Mean dependent var		12.65888
Adjusted R-squared	0.000241	S.D. dependent var		2.285376
S.E. of regression	2.285101	Akaike info criterion		4.497682
Sum squared resid	2219.216	Schwarz criterion		4.526134
Log likelihood	-959.5039	Hannan-Quinn criter.		4.508919
F-statistic	1.051372	Durbin-Watson stat		1.924634
Prob(F-statistic)	0.350365			

图 16.10　式 16.22 估计结果

Cragg-Donald F 检验统计量的计算公式如式 16.23 所示。

$$\mathrm{Cragg-Donal}\ F = \frac{\dfrac{R_{ur}^2 - R_r^2}{m}}{\dfrac{1-R_{ur}^2}{n-k}} = \frac{\dfrac{0.211-0.005}{2}}{\dfrac{1-0.211}{428-5}} \approx 55.221 \tag{16.23}$$

注意：为了表达的简洁，式 16.23 中的 R_{ur}^2 和 R_r^2 只保留了 3 位小数。若用保留 3 位小数的判定系数手工计算 Cragg-Donal F 值，结果会和图 16.8 所示报告的 "Cragg-Donald F- stat" 的值略有差异。Eviews 在计算时保留了 16 位精度。

Cragg-Donald F 检验统计量并不服从 F 分布，Stock 和 Yugo 提供了该检验的临界值表。图 16.8 报告了 "Cragg-Donald F-stat" 的值约为 55.221，大于 "Stock-Yugo critical values（size）" 下方列出的一系列临界值。因此，拒绝原假设，表明工具变量 fatheduc 和 motheduc 不是弱工具变量。

在实践中，如果发现工具变量是弱工具变量，可以尝试寻找其他的与内生解释变量相关性更强的工具变量。寻找合适的工具变量并非易事，一方面需要对研究的问题有深刻的理解，另一方面还需要考虑数据获取的可行性。

本节 Eviews 实战技巧

- 依次单击 TSLS 方程窗口中的 "View| IV Diagnostics and Tests| Instrument Orthogonality C-Test"，检验工具变量的外生性。正交检验的 P 值小于 0.1，表明工具变量无效。
- 依次单击 TSLS 方程窗口中的 "View| IV Diagnostics and Tests| Regressor Endogeneity Test"，检验解释变量的内生性。内生性检验的 P 值小于 0.10，则表明解释变量是内生的，有必要使用工具变量解决内生性问题。
- 单击 TSLS 方程窗口中的 "View| IV Diagnostics and Tests| Weak Instrument Diagnostics"，检验弱工具变量。Cragg-Donald F 检验统计量的值大于临界值，说明工具变量不是弱工具变量。

16.5　工具变量的命令

本节介绍工具变量模型的估计和诊断的命令，主要包括 tsls、instsum、orthogtest、endogtest、weakinst 命令。

1. tsls

（1）语法

```
equation eq_name.tsls(options) y x1 [x2 x3...] @ z1 [z2 z3...]
```

tsls：代表估计方法是 TSLS 方法。

options：与 ls 命令的选项设置类似，参见表 12.3。

y x1 [x2 x3...]：回归模型设定。

@ z1 [z2 z3...]：工具变量、外生解释变量。

（2）举例

```
equation eq1_tsls.tsls log(wage) c educ exper exper^2 @ exper exper^2
motheduc fatheduc
```

说明：创建方程 eq1_tsls，采用 TSLS 方法，外生解释变量是 "exper exper^2"，工具变量是 "motheduc fatheduc"。不在 @ 之后列出的解释变量是内生解释变量，内生解释变量是 "educ"。

```
equation eq1_tsls_robust.tsls(cov=white) log(wage) c educ exper exper^2 @
exper exper^2  motheduc fatheduc
```

说明：创建方程 eq1_tsls，采用 TSLS 估计方法，"cov=white" 代表使用 White 稳健标准误差。

2. instsum

（1）语法

eq_name.**instsum**

eq_name：方程名称。

instsum：报告方程的工具变量概要。

（2）举例

```
equation eq1_tsls.tsls log(wage) c educ exper exper^2 @ exper exper^2
motheduc fatheduc
eq1_tsls.instsum
```

说明：报告方程 eq1_tsls 的工具变量概要。

3. orthogtest

（1）语法

eq_name.**orthogtest** instruments

eq_name：方程名称。

orthogtest：执行正交检验（C 检验），检验工具变量是否满足外生性条件。

instruments：工具变量。

（2）举例

```
equation eq1_tsls.tsls log(wage) c educ exper exper^2 @ exper exper^2
motheduc fatheduc
eq1_tsls.orthogtest motheduc
```

说明：检验方程 eq1_tsls 的工具变量 motheduc 的外生性。

```
eq1_tsls.orthogtest fatheduc
```

说明：检验方程 eq1_tsls 的工具变量 fatheduc 的外生性。

4. endogtest

（1）语法

eq_name.**endogtest** regressors

eq_name：方程名称。

endogtest：检验解释变量是否是内生的。

regressors：内生解释变量。

（2）举例

```
equation eq1_tsls.tsls log(wage) c educ exper exper^2 @ exper exper^2
motheduc fatheduc
eq1_tsls.endogtest educ
```

说明：检验方程 eq1_tsls 的解释变量 educ 的内生性。

5. weakinst

（1）语法

```
eq_name.weakinst
```

eq_name：方程名称。

weakins：检验工具变量是否是弱工具变量。

（2）举例

```
equation eq1_tsls.tsls log(wage) c educ exper exper^2 @ exper exper^2 motheduc
fatheduc
    eq1_tsls.weakinst
```

说明：检验方程 eq1_tsls 的工具变量 motheduc 和 fatheduc 是否是弱工具变量。

第 17 章　岭回归、LASSO 回归和 Elastic Net 回归

估计量有两个关键性质：偏差和方差。偏差反映估计量的准确性，是总体参数真实值与估计量的期望的差距。方差反映估计量的不确定性。研究者希望估计量的准确性高而不确定性低，估计量的偏差和方差都达到最小。然而，在实践中，偏差和方差很难兼顾。例如，普通最小二乘估计量是无偏估计量，但当解释变量之间的共线性程度高，或者解释变量的个数很多而样本容量较小时，普通最小二乘估计量的方差会很大。研究者希望在偏差和方差中取得一个平衡，也就是以增加估计量的偏差为代价，得到一个方差更小的估计量。这个过程称为正则化。

在回归分析中，研究者需要兼顾模型的拟合度和简洁性。模型中解释变量的个数越多，模型拟合效果越好，估计量的偏差会降低，但与此同时估计量的方差会增加，估计量的不确定性会增大。正则化为回归分析中兼顾偏差和方差提供了解决方案，典型的模型包括岭回归模型、LASSO 回归模型和 Elastic Net 回归模型。

本章将首先介绍正则化在回归分析中的运用，然后介绍岭回归、LASSO 回归和 Elastic Net 回归在 Eviews 中的实现。

本章的主要内容包括：
- 正则化。
- 岭回归。
- LASSO 回归。
- Elastic Net 回归。

17.1　正则化

正则化过程可用于解决模型的过拟合问题。过拟合是指模型对训练数据拟合得很好，但是对新测数据的预测误差较大。如图 17.1 所示，实心点是训练数据，实线代表过拟合模型；空心点是测试数据，虚线代表正则化模型。虽然实线更完美地拟合训练数据，但拟合得太过紧密，并且与虚线相比，其在测试数据上的估计误差更大。

出现过拟合问题，是因为选择模型和评价模型的出发点不同。在选择模型时，从训练数据出发，选择对训练数据拟合最好的模型。过拟合模型从统计噪声中不自觉地获取了信息，并将其表达在模型结构中。模型只要足够复杂，参数足够多，总是可以"完美"地拟合数据。在评价模型时，从新测数据出发，考察模型在新测数据上的表现。当模型尝试"完美"地拟合训练数据，而不是从新测数据中学习规律时，模型就有可能发生过拟

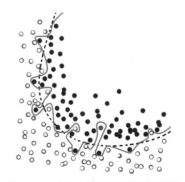

图 17.1　过拟合模型和正则化模型

合。正则化模型可以避免或者减轻过拟合问题，在目标函数中不仅考虑模型的拟合优度，还引入对复杂模型的罚项，避免产生过于复杂的模型。

在古典线性回归模型中，普通最小二乘估计量是最优线性无偏估计量，这一系列优良性质使最小二乘估计法被广为使用。然而，在实践中，如果样本容量不太大但要估计的参数比较多，或者模型中解释变量的共线性程度较高，最小二乘估计量就会对数据的微小波动非常敏感，方差会比较大，参数估计的可靠性下降。

正则化就是在估计模型参数时放弃对估计量的无偏性的追求，在得到一组有偏的估计量时，降低了估计量的方差，以牺牲无偏性为代价，赢得估计量的稳定性。

正则化过程的目标函数是在普通最小二乘法的目标函数上加上一个罚项，根据罚项的不同形式，可以分为岭回归、LASSO 回归和 Elastic Net 回归。

1. 岭回归

岭回归的主要思想是将模型中的某些系数收缩为 0，降低模型的复杂程度；在目标函数中，一方面最小化残差的平方和，使得模型的拟合效果达到最好，另一方面对复杂模型增加一个罚项，模型的参数越多，罚项的数值就越大。岭回归的目标函数如式 17.1 所示。

$$S^{\text{Ridge}}\left(b; \lambda_{\text{Ridge}}\right) = \frac{1}{2n}\sum_{i=1}^{n}\left(Y_i - b_0 - b_1 X_{1i} - \cdots - b_k X_{ki}\right)^2 + \lambda_{\text{Ridge}}\sum_{j=1}^{k}b_j^2 \qquad （17.1）$$

式中，λ_{Ridge} 为岭回归收缩乘数，$\lambda_{\text{Ridge}} \geqslant 0$。在式 17.1 中，第一项是残差平方和除以 $2n$（n 代表样本容量）。第二项是 λ_{Ridge} 乘以所有解释变量的系数的平方和，该项称为罚项 L2。系数的平方和越大，罚项的数值就越大。这两项相加，构成了岭回归的目标函数。

岭回归估计量就是使式 17.1 取得最小值的估计量。如果 λ_{Ridge} 等于 0，岭回归估计量就等于普通最小二乘估计量。λ_{Ridge} 的值越大，罚项的数值越大，此时系数逼近于 0 的程度越明显。

Eviews 采用了交叉验证的方法来估计 λ_{Ridge}。样本数据分为训练集和测试集。利用训练集估计模型，然后利用估计的模型对测试集中的个案进行预测，计算估计误差，循环此过程，直至求解出最小的估计误差。

2. LASSO 回归

LASSO 的全称是 Least Absolute Shrinkage and Selection Operator，其目标函数如式 17.2 所示。

$$S^{\text{Lasso}}\left(b; \lambda_{\text{Lasso}}\right) = \frac{1}{2n}\sum_{i=1}^{n}\left(Y_i - b_0 - b_1 X_{1i} - \cdots - b_k X_{ki}\right)^2 + \lambda_{\text{Lasso}}\sum_{j=1}^{k}\left|b_j\right| \qquad （17.2）$$

目标函数中的罚项 L1 等于对解释变量的系数的绝对值求和，再乘以收缩乘数 λ_{Lasso}。使目标函数取得最小值的估计量，即 LASSO 估计量。LASSO 全称中的 "Least Absolute Shrinkage" 指的是罚项的形式，"Selection Operator" 指的是某些系数的估计值会收缩到 0，LASSO 剔除这些系数收缩为 0 的解释变量，可使模型的形式更加简洁。

当解释变量之间的相关性较强时，LASSO 将其中部分解释变量的系数收缩至 0，减少模型中解释变量的个数；岭回归则是将所有解释变量的系数同时缩小。

3. Elastic Net 回归

Elastic Net 回归是岭回归和 LASSO 回归的结合，其目标函数包含岭回归的罚项 L2 和 LASSO 回归的罚项 L1，如式 17.3 所示。

$$S^{\text{ENET}}(b;\lambda;\alpha) = \frac{1}{2n}\sum_{i=1}^{n}\left(Y_i - b_0 - b_1 X_{1i} - \cdots - b_k X_{ki}\right)^2 + \lambda\left[\frac{1-\alpha}{2}\sum_{j=1}^{k}b_j^2 + \alpha\sum_{j=1}^{k}\left|b_j\right|\right] \tag{17.3}$$

式中，当 α 等于 0 时，Elastic Net 回归模型简化为岭回归模型；当 α 等于 1 时，Elastic Net 回归模型简化为 LASSO 回归模型。Elastic Net 回归采取了介于岭回归和 LASSO 回归的折中处理，其罚项既包括了系数的平方项，又包括了系数的绝对值。

17.2　实战案例：汽车性能和油耗分析

实战案例：本案例的数据来自美国 *Motor Trend* 杂志，样本是 1974 年在美销售的 32 辆家用汽车。该数据集包括汽车的品牌、油耗、气缸数、排量、功率、驱动桥减速比、车重、1/4 英里行车时长、发动机的类型、传动系统的类型、前进挡位数、化油器的个数、是否属于训练集。表 17.1 列出了数据集 "mtcars.wf1" 中的变量。

分析目标：

- 建立关于汽车油耗的岭回归模型、LASSO 回归模型和 Elastic Net 回归模型，研究汽车的性能参数对油耗的影响效应。
- 比较普通最小二乘回归模型、岭回归、LASSO 和 Elastic Net 回归的拟合效果和估计误差。

表 17.1　数据集 "mtcars.wf1" 中的变量

变 量 符 号	变 量 含 义	变量单位或数值代码
model	汽车的品牌	
mpg	油耗	英里 / 英制加仑
cyl	气缸数	个
disp	排量	立方英寸
hp	功率	英制马力
Draft	驱动桥减速比	
wt	车重	1000 磅
qsec	1/4 英里行驶时长	秒
vs	发动机的类型	vs=0，V 型；vs=1，直线型
am	传动系统	am=0，自动；am=1，手动
gear	前进挡位数	个
carb	化油器的个数	个
train	是否属于训练集	train=F, 测试集；train=T, 训练集

注：1 英里 ≈ 1.61 千米，1 英制加仑 ≈ 0.00455 立方米，1 立方英寸 =1.64×10^{-5} 立方米，1 英制马力 ≈ 746 瓦，1 磅 ≈ 0.454 千克。

17.3　岭回归

本节介绍估计岭回归方程的步骤、岭回归方程的视图工具和预测工具。

1. 岭回归方程的估计

基于 17.2 节中的案例，本节解释实现岭回归方程的估计的操作步骤，并对输出结果进行解读。

1）方程设定

建立汽车油耗的预测模型，如式 17.4 所示。

$$\text{mpg}_i=\beta_0+\beta_1\text{cyl}_i+\beta_2\text{disp}_i+\beta_3\text{hp}_i+\beta_4\text{draft}_i+\beta_5\text{wt}_i+\beta_6\text{qsec}_i+\beta_7\text{vs}_i+\beta_8\text{am}_i+\beta_9\text{gear}_i+\beta_{10}\text{carb}_i+u_i \qquad（17.4）$$

一共有 32 辆汽车，训练集包括 23 辆汽车，测试集包括 9 辆汽车。首先用训练集估计模型，然后用测试集来评估模型的预测效果。

2）估计岭回归模型的操作步骤

打开工作文件"mtcars.wf1"，依次单击主菜单"Quick/Estimate Equation..."，打开"Equation Estimation"对话框，单击"Method"下拉按钮，在打开的下拉列表中选择"ENET-Elastic Net Regularization"。

"Equation Estimation"对话框有两个选项卡："Specification"选项卡和"Option"选项卡。"Specification"选项卡有 3 栏，分别是方程设定（Equation specification）、罚项设定（Penalty specification）和估计方法设定（Estimation Settings）。

如图 17.2 所示，设置罚项类型（Type）为"Ridge"。设置"Alpha"为"0.0"，不设置"Lambda"的值，Eviews 将通过交叉验证估计 Lambda 的值。在本例中，将用训练集来估计岭回归模型，在"Sample"编辑框中输入"1 32 if train='T'"。

图 17.2　"Equation Estimation"对话框的"Specification"选项卡

"Option"选项卡用于设置正则化设定（Regularization specification）、估计算法（Estimation algorithm）、交叉验证（Cross-validation options）等选项。

如图 17.3 所示，单击"Regressor transformation"下拉按钮，选择"Std Dev (smpl)"，意味着在正则化过程的目标函数中，基于样本数据对解释变量进行标准化变换。对变量进行标准化变换，可以减少变量的数量级别对估计结果的影响。"Min/max lambda ratio"的默认值为 0.0001，意为 Lambda 的最小值与最大值之比是万分之一。"No. lambdas on path"的默认值为 100，意为 Eviews 将根据 100 个 Lambda，估计 100 组模型的参数估计结果。

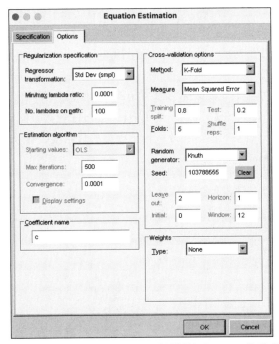

图 17.3　"Equation Estimation"对话框的"Options"选项卡

"Estimation algorithm"选项组用于设置初始值（Starting values）、迭代次数（Max Iterations）和收敛规则（Convergence）。

在"Cross-validation options"选项组中，单击"Method"下拉按钮，可以选择交叉验证的方法，有 K 份法（K-Fold）、简单分割法（Simple Split）、简单分割法（Simple Split）、留一法（Leave One Out）和滚动窗口法（Rolling Window）等。如图 17.3 所示，在本例中，设置"Method"为"K-Fold"，设置"Measure"为"Mean Squared Error"，在"Folds"编辑框中输入"5"，即将样本分割为 5 份，其中的 4 份为训练集，1 份为测试集。在交叉验证中，训练集和测试集中的个案组成是随机的，每次估计得到的参数结果不完全相同，但会比较接近。在"Random generator"中设置相同随机数种子（Seed），才能得到相同的估计结果。读者在练习本例时，设置随机数种子为"103788555"，方可得到与本书一致的结果；若不指定随机数种子，估计结果将与本书有差异。

单击"OK"按钮，输出结果如图 17.4 所示。单击方程窗口中的"Name"按钮，将其保存为方程"eq_ridge"。

注意： 在执行岭回归方程估计时，Eviews 主界面的状态栏会显示交叉验证的进度："Evaluating cross-validation set: # of 500 (#% of done)"。其中，"#"部分随执行进度动态变化。数据容量越大，方程待估参数越多，该过程耗时越长。

3）岭回归方程的估计结果解释

图 17.4 报告了岭回归方程的估计结果，分为标题栏、参数估计结果和模型统计量 3 部分。

（1）标题栏。标题栏报告了方程的被解释变量、估计方法、执行该估计方法的时间、样本、罚项的类型、Lambda 的估计值、解释变量是否经过变换、交叉验证的方法等。在本例中，通过交叉验证，均方误差取最小值时的 Lambda 的值为 20.1。

（2）参数估计结果。输出结果的第二部分报告了系数的估计值。第一列"（minimum）"的下方报告了均方误差取到最小值时 Lambda 的值（20.1）及其余参数的估计值。第二列和第三列报告了均方误差最小值的 1 倍及 2 倍标准误差范围内，Lambda 及其余参数的估计值。

（3）模型统计量。输出结果的最后部分报告了模型的自由度、罚项 L1 和判定系数。

Dependent Variable: MPG
Method: Elastic Net Regularization
Date: 10/03/21   Time: 21:37
Sample: 1 32 IF TRAIN="T"
Included observations: 23
Penalty type: Ridge (alpha = 0) *analytic
Lambda at minimum error: 20.1
Regressor transformation: Std Dev (smpl)
Cross-validation method: K-Fold (number of folds = 5), rng=kn,
        seed=103788555
Selection measure: Mean Squared Error

Lambda	(minimum) 20.1	(+ 1 SE) 61.37	(+ 2 SE) 89.04
Variable		Coefficients	
C	20.32881	19.27059	19.11314
AM	1.448168	1.008559	0.858158
CARB	-0.436216	-0.282068	-0.235708
CYL	-0.425866	-0.352532	-0.310145
DISP	-0.005357	-0.004618	-0.004082
DRAT	1.054151	0.857232	0.750476
GEAR	0.540284	0.444850	0.390012
HP	-0.009954	-0.007716	-0.006703
QSEC	0.147754	0.137245	0.124713
VS	0.936802	0.850086	0.763531
WT	-0.971042	-0.663299	-0.562370
d.f.	10	10	10
L1 Norm	26.30440	23.87880	23.11904
R-squared	0.832398	0.749161	0.692913

图 17.4　过拟合模型和正则化模型

3. 岭回归方程的视图工具

岭回归方程的视图工具中的部分功能与 OLS 方程一致，如方程的表达式（Representations），估计结果（Estimation Output），观测值、拟合值、残差（Actual, Fitted ,Residual），等等。本节主要介绍岭回归方程特有的视图工具。

1）Coefficient Matrix

系数矩阵列示了在模型在正则化过程中，对 Lambda 取值的尝试。在方程 eq_ridge 窗口中依次单击"View/Coefficient Matrix"，输出结果如图 17.5 所示，第一列是 Lambda 的值，一共有100 行，报告了 100 个 Lambda 及其对应的模型中其他系数的估计值。本例根据均方误差最小选择原则确定的 Lambda 的值为 20.0973。在表格中，该行以红色字体及灰色高亮显示。

图 17.5　岭回归方程的"Coefficient Matrix"

2）Summary Path

在方程 eq_ridge 窗口中依次单击"View/Summary Path"，输出结果如图 17.6 所示，报告了100 个 Lambda 对应的模型的自由度、罚项、判定系数和 AIC 的值。表格中红色字体及灰色高亮显示的是根据均方误差最小选择原则确定的 Lambda 值。

图 17.6　岭回归方程的"Summary Path"

3）Coefficient Graph

在方程 eq_ridge 窗口中依次单击"View/Coefficient Graphs/Lambda"，输出结果如图 17.7 所示。横轴代表 Lambda，纵轴代表系数值，呈现了 Lambda 与回归模型中各个解释变量的系数的对应关系。Lambda 越大，罚项越大，系数越逼近于 0。

单击方程窗口中依次的"View/Coefficient Graphs/L1 Norm"，输出结果如图 17.8 所示，展示了罚项与解释变量系数的演化关系。

单击方程窗口中依次的"View/Coefficient Graphs|R Squared"，输出结果如图 17.9 所示，展示了判定系数与解释变量系数的演化关系。

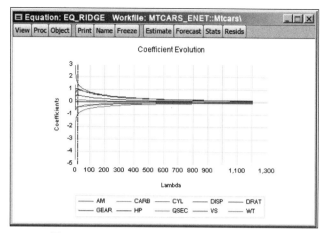

图 17.7 Lambda 与解释变量系数的演化关系

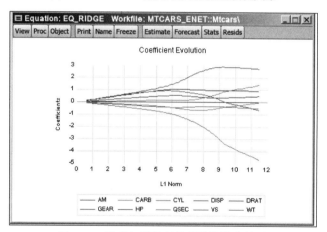

图 17.8 罚项与解释变量系数的演化关系

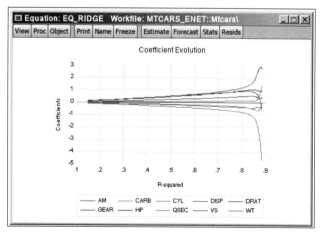

图 17.9 判定系数与解释变量系数的演化关系

4. 岭回归方程的预测工具

单击岭回归方程 eq_ridge 窗口中的"Forecast"按钮，打开图 17.10 所示的"Forecast"对话框，"Forecast sample"默认的预测样本是所有的个案。为了评估经由训练集估计的岭回归模型对测试集数据的预测效果，在编辑框中输入"1 32 if train="F""，即只对测试集的 9 个个案进行预测。

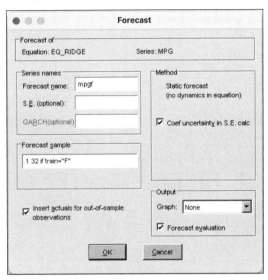

图 17.10　"Forecast"对话框

在"Graph"下拉列表中选择"None"，意为报告预测误差的统计量，不输出图形，单击"OK"按钮，输出结果如图 17.11 所示。

图 17.11 报告了岭回归方程对测试集的预测误差，均方误差的平方根（Root Mean Squared Error）约为 2.371，平均绝对误差（Mean Absolute Error）约为 1.670，平均绝对百分比误差（Mean Absolute Percentage Error）约为 7.031（%）。若采用普通最小二乘法估计回归模型，OLS 方程对测试集的预测误差如图 17.12 所示。岭回归方程的各项预测误差都小于 OLS 方程的各项预测误差，表明岭回归方程对预测数据的适应性更好。

Equation: EQ_RIDGE Workfile: MTCARS_ENET::Mtcars\	
View Proc Object Print Name Freeze Estimate Forecast Stats Resids	
Forecast Evaluation	
Forecast: MPGF	
Actual: MPG	
Forecast sample: 1 32 IF TRAIN="F"	
Included observations: 9	
Root Mean Squared Error	2.370687
Mean Absolute Error	1.670422
Mean Absolute Percentage Error	7.030604
Theil Inequality Coef.	0.052615
Bias Proportion	0.001411
Variance Proportion	0.259992
Covariance Proportion	0.738596
Theil U2 Coefficient	0.385690
Symmetric MAPE	7.045043

Equation: EQ_OLS Workfile: MTCARS_ENET::Mtcars\	
View Proc Object Print Name Freeze Estimate Forecast Stats Resids	
Forecast Evaluation	
Forecast: MPGF	
Actual: MPG	
Forecast sample: 1 32 IF TRAIN="F"	
Included observations: 9	
Root Mean Squared Error	2.921094
Mean Absolute Error	2.416763
Mean Absolute Percentage Error	10.91814
Theil Inequality Coef.	0.065291
Bias Proportion	0.059852
Variance Proportion	0.005907
Covariance Proportion	0.934241
Theil U2 Coefficient	1.249426
Symmetric MAPE	11.28705

图 17.11　岭回归方程的预测误差　　　　　图 17.12　OLS 方程的预测误差

本节 Eviews 实战技巧

- 在"Equation Estimation"对话框中，单击"Method"下拉按钮，选择"ENET-Elastic Net Regularization"，设置罚项类型（Type）为"Ridge"，实现岭回归方程的估计。
- 在岭回归方程窗口中单击"Forecast"按钮，查看岭回归方程的预测误差。

17.4　LASSO 回归

估计 LASSO 方程的操作步骤与估计岭回归方程类似，如图 17.13 所示，将罚项类型设置为"LASSO"。在 LASSO 方程中，Alpha 的值为 0。LASSO 方程的视图工具和预测工具与岭回归方程类似，在此不赘述。

LASSO 方程的估计结果如图 17.14 所示。在图 17.4 中，LASSO 方程将解释变量"AM""CARB""DISP""DRAT""GEAR""QSEC""VS"的系数都收缩为 0。LASSO 方程将不太重要的解释变量的系数收缩为 0，减少方程中的解释变量的个数，使方程的形式更加简洁。岭回归方程倾向于将解释变量的系数同比例缩小，这样某些解释变量的系数会逼近于 0。

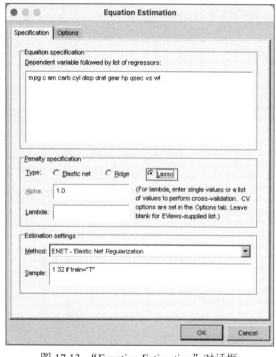

图 17.13　"Equation Estimation"对话框

图 17.14　LASSO 方程估计结果

本节 Eviews 实战技巧

- 在"Equation Estimation"对话框中，单击"Method"下拉按钮，选择"ENET-Elastic Net Regularization"，设置罚项类型（Type）为"LASSO"，实现 LASSO 方程的估计。
- LASSO 方程会将某些解释变量的系数收缩至 0，从而简化模型形式。

17.5　Elastic Net 回归

估计 Elastic Net 方程的操作步骤与估计岭回归方程类似，不同的是对罚项的设置。如图 17.15 所示，将罚项类型设置为 "Elastic net"。Alpha 默认为 0.5，研究者也可自行设定一个介于 0 至 1 之间的 Alpha。Elastic Net 方程的视图工具和预测工具与岭回归方程类似，在此不赘述。

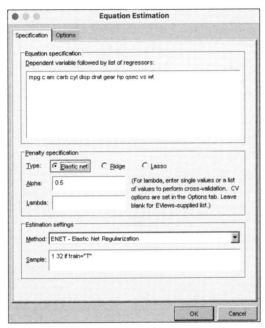

图 17.15　"Equation Estimation" 对话框

为了对比岭回归方程、LASSO 方程、Elastic Net 方程和 OLS 方程，表 17.2 比较了这 4 个方程的拟合效果和预测误差。

表 17.2　4 个方程的拟合效果和预测误差比较

变　　量	岭 回 归	LASSO	Elastic Net	OLS
Lamda	20.097	0.894	0.933	
Alpha	0	1	0.5	
Penalty	26.304	38.939	31.252	
R-squared	0.823	0.821	0.824	0.887
测试集的预测误差				
Root Mean Square Error	2.371	2.709	2.484	2.921
Mean Absolute Error	1.670	1.885	1.711	2.417
Mean Abs. Percent Error	7.031%	7.854%	7.098%	10.918

从表 17.2 可以发现，OLS 方程对训练集的拟合效果最好，判定系数最大。然而，从对测试集预测误差的评估来看，OLS 方程的预测误差最大，岭回归方程的预测误差最小。因此，OLS

方程以残差平方和最小为目标，对训练集数据进行了很好的拟合，但对测试集的预测效果比岭回归方程、LASSO 方程和 Elastic Net 方程都要差一些。通过在目标函数中引入罚项，以牺牲一小部分拟合效果为代价，岭回归方程、LASSO 方程和 Elastic Net 方程对测试集的适应性更好，预测误差小于 OLS 方程。

本节 Eviews 实战技巧

- 在"Equation Estimation"对话框中，单击"Method"下拉按钮，选择"ENET-Elastic Net Regularization"，设置罚项类型（Type）为"Elastic net"，实现 Elastic Net 方程的估计。
- 比较岭回归方程、LASSO 方程和 Elastic Net 方程的预测误差，选择预测误差最小的模型。

17.6　Elastic Net 方程、岭回归和 LASSO 的命令

本节介绍与 Elastic Net 方程有关的命令。

1. Elastic Net 方程、岭回归和 LASSO 的估计

（1）语法

```
equation equ_name.enet(options) y x1 [x2 x3...]
```

equ_name：方程名称。

enet：Elastic Net 方程。

options：选项参数见表 17.3。

表 17.3　enet 命令中"options"的设置

参　　数	含　　义
penalty=arg	罚项类型：Elastic Net（"el"），岭回归（"ridge"），LASSO（"lasso"），默认值是"el"
alpha=arg	参数 Alpha 的值，Alpha 介于 0 至 1 之间，默认值是"0.5"
lambda=arg	参数 Lambda 的值，Lambda 大于等于 0，若不设置，Eviews 将自动提供
xtrans=arg	解释变量的变换形式：不变换（"el"），标准化变换（"stdsmpl"）
nlambdas=arg	报告的 Lambda 的个数，默认值是 100
maxit=arg	最大迭代次数
conv=arg	收敛标准
cvmethod=arg	交叉验证方法：K 份法（"kfold"），留一法（"leave1out"），留 p 法（"leave p out"）
cvmeasure=arg	交叉验证中的误差测量：均方误差（"mean squared error"），平均绝对误差（"mae"），判定系数（"r2"）
leaveout=arg	留 p 法中，留下的个案数，默认值是 2
seed=arg	随机数种子，若不指定，Eviews 将自动分配

注：1.arg 等于双引号中的字符。

　　2. 多个参数之间用逗号隔开。

　　3. 完整参数设置见 Eviews Command Reference。

（2）举例

```
equation eq1.enet mpg c am carb cyl disp drat gear hp qsec vs wt
```

说明：创建 Elestic Net 方程 eq1。

```
equation eq2.enet(penalty=ridge) mpg c am carb cyl disp drat gear hp qsec vs wt
```

说明：创建岭回归方程 eq2。

```
equation eq3.enet(penalty=ridge, alpha=0, xtrans=stdsmpl, cvseed=103788555) mpg c am carb cyl disp drat gear hp qsec vs wt
```

说明：创建岭回归方程 eq3，解释变量进行标准化变换，交叉验证用五份法，随机数种子等于 103788555。

```
equation eq4.enet(penalty=lasso) mpg c am carb cyl disp drat gear hp qsec vs wt
```

说明：创建 LASSO 方程 eq4。

2. Elastic Net 方程的视图

（1）语法

```
eq_name.coefmatrix[lambdasummary, …]
```

eq_name: 方程名称。

coefmatrix: 显示方程的 Lambda 及其对应的系数的估计值。

lambdasummary, …: 视图的具体形式，详见举例中的说明。

（2）举例

```
equation eq1.enet mpg c am carb cyl disp drat gear hp qsec vs wt
```

说明：创建 Elastic Net 方程 eq1。

```
eq1.coefmatrix
```

说明：显示 Elastic Net 方程 eq1 的 Lambda 及其对应的系数的估计值。

```
eq1.lambdasummary
```

说明：显示 Elastic Net 方程 eq1 的 Lambda 及其对应的模型的自由度、罚项、判定系数和 AIC。

```
eq1.coefevol
```

说明：显示 Elastic Net 方程 eq1 的 Lambda 与解释变量系数的演化关系。

```
eq1.coefevoll1
```

说明：显示 Elastic Net 方程 eq1 的 罚项与解释变量系数的演化关系。

```
eq1.coefevolr2
```

说明：显示 Elastic Net 方程 eq1 的 判定系数与解释变量系数的演化关系。

```
eq1.tterrorgraph
```

说明：显示 Elastic Net 方程 eq1 的 Lambda 及交叉验证中训练集和测试集的预测误差图形。

```
eq1.cverror
```

说明：显示 Elastic Net 方程 eq1 的 Lambda 及交叉验证中训练集和测试集的预测误差表格。

第 18 章　主成分分析

主成分分析（Principal Component Analysis，PCA）是一种对多维数据进行降维的技术，用少数几个主成分来表达多维数据的信息。主成分分析在降低数据维度的同时，尽可能地保留原始数据的信息。提取的主成分可用于多维数据的可视化、回归分析、聚类分析等，为探索数据的分布特征和内在规律提供了新的研究变量。

本章介绍如何利用 Eviews 实现主成分分析，以及对主成分模型的诊断。

本章的主要内容包括：

- 主成分分析简介。
- 主成分分析的实现。
- 主成分分析的命令。

18.1　主成分分析简介

主成分分析的主要思想是将原始的多维数据投影到少数几个主成分上，主成分是原始变量的线性组合。第一主成分代表了原始数据最多的信息，个案在第一主成分上的投影最为分散；第二主成分与第一主成分相互独立，代表第一主成分不能反映的原始数据的信息，即第二主成分代表原始数据次多的信息。从理论上来讲，从 P 维原始数据中可以提取 P 个主成分，这 P 个主成分彼此相互独立。但是，从 P 维数据中提取 P 个主成分，并没有达到降维的目的。由于 P 个主成分代表的原始数据的信息呈现下降的规律，第一主成分代表的原始数据的信息最多，第二主成分其次，第三主成分再次……直至第 P 个主成分代表的信息最少。因此，主成分分析只保留前几个信息含量最多的主成分，从而实现对数据的降维。

主成分分析的数学模型如式 18.1 所示。

$$\begin{cases} \mathrm{PC}_1 = u_{11}X_1 + u_{21}X_2 + \cdots + u_{p1}X_p \\ \mathrm{PC}_2 = u_{12}X_1 + u_{22}X_2 + \cdots + u_{p2}X_p \\ \cdots \\ \mathrm{PC}_p = u_{1p}X_1 + u_{2p}X_2 + \cdots + u_{pp}X_p \end{cases} \tag{18.1}$$

式中，$X_1, X_2, \cdots, X_p$ 是 p 个原始变量，$\mathrm{PC}_1, \mathrm{PC}_2, \cdots, \mathrm{PC}_p$ 是 p 个主成分。上述模型可以通过 p 维原始数据的相关系数矩阵或者协方差矩阵求解。将 $X_1, X_2, \cdots, X_p$ 的相关系数矩阵记为 $\boldsymbol{R}$，求解 $\boldsymbol{R}$ 的特征值 λ 及其对应的特征向量，如式 18.2 所示。

$$(\boldsymbol{R} - \lambda \boldsymbol{I})\boldsymbol{U} = 0 \tag{18.2}$$

相关系数矩阵 $\boldsymbol{R}$ 的第一特征值对应的第一特征向量中的元素，就是第一主成分 PC_1 中原始变量的系数，反映了 PC_1 与原始变量的线性组合关系。第一特征向量反映了第一主成分在原始的 p 维空间下的投影方向，第一特征值是第一主成分的方差。依次类推，第 i 个特征向量反映了第 i 个主成分的投影方向，第 i 个特征值是第 i 个主成分的方差。

如果从 p 个原始变量提取 p 个主成分，p 个原始变量的方差之和等于 p 个主成分的方差之和，也就是将 p 个原始变量的信息重新分配到 p 个主成分上，其中第一主成分代表的信息最多，第二主成分其次，直至第 p 个主成分。如果 p 个原始变量之间具有较强的共线性，那么前几个主成分即可以代表原始数据绝大部分的信息，从而实现用少数几个主成分代表多个原始变量的信息，达到降维的目的。

在主成分分析中，需要确定提取几个主成分，提取的主成分能够代表原始数据多少的信息，以及主成分与原始变量的线性组合形式。接下来，通过一个实战案例介绍 Eviews 中主成分分析的实现，以及主成分分析的技术细节。

18.2　实战案例：汽车性能主成分分析

实战案例：汽车的主要性能指标有排量、功率、油耗、油箱的容积、车重、轴距、车身长度、车身宽度，这些性能指标反映了汽车的动力、灵活性和空间。利用主成分分析对汽车的诸多性能指标进行降维，提炼主成分，并计算主成分得分，分析主成分得分的分布特征。本案例的样本是 152 辆汽车，数据集包括汽车的型号、价格和 8 项性能指标。表 18.1 列出工作文件"car. wf1"中的变量。

研究目标：

● 建立汽车性能指标的主成分模型。

● 将汽车的 8 个性能指标转换为主成分得分。

● 利用主成分变量对汽车性能进行可视化呈现。

表 18.1　工作文件"car.wf1"中的变量

变 量 名 称	变 量 含 义	变 量 单 位
model	汽车的型号	
price	价格	1000 美元
type	车型	type=0, 轿车；type=1,SUV
engine	排量	升
horsepower	功率	英制马力
length	车身长度	英寸
mpg	油耗	英里 / 英制加仑
tank	油箱的容积	英制加仑
weight	车重	1000 磅
wheelbase	轴距	英寸
width	车身宽度	英寸

注：1 英寸 ≈ 2.54 厘米。

18.3　主成分分析的实现

基于 18.2 节的实战案例，从反映汽车性能的 8 个原始变量中提取少数几个主成分，主成分模型的表达式如式 18.3 所示。

$$\begin{cases} PC_1 = u_{11}engine + u_{21}horsepower + u_{31}length + u_{41}mpg + u_{51}tank + u_{61}weight + u_{71}wheelbase + u_{81}width \\ PC_2 = u_{12}engine + u_{22}horsepower + u_{32}length + u_{42}mpg + u_{52}tank + u_{62}weight + u_{72}wheelbase + u_{82}width \\ \cdots \\ PC_8 = u_{18}engine + u_{28}horsepower + u_{38}length + u_{48}mpg + u_{58}tank + u_{68}weight + u_{78}wheelbase + u_{88}width \end{cases} \quad (18.3)$$

下面介绍主成分分析在 Eviews 中的实现。

1. 求解主成分

打开工作文件"car.wf1"，选中 engine、horsepower、length、mpg、tank、weight、wheelbase 和 width，右击，在弹出的快捷菜单中依次选择"open|as Group"，将这 8 个序列创建为一个新的对象——组，将其命名为"G1"。

在组 G1 窗口中依次单击"View/Principal Component..."，打开图 18.1 所示的对话框。主成分分析的对话框有两张选项卡。

图 18.1　"Principal Components"对话框的"Components"选项卡

"Components"选项卡中有 3 栏。"Display"选项组用于设置 View 视图呈现的内容，可供选择的有表格（Table）、特征值图像（Eigenvalues plots）、变量载荷图（Variable loadings plots）、主成分得分图（Component scores plots）、载荷及得分图（Biplots）。

"Component Selection"选项组用于设置保留主成分的规则。在"Method"下拉列表中选择"Simple"，在"Criterion"下拉列表中选择"Minimum of conditions"，在"Max. factors"下拉列表中选择"User"，意为根据下方的主成分的最多个数和最小特征值来确定保留几个主成分。

"User maximum factors"的默认值是 8，即原始变量的个数；"Minimum eigenvalue"的默认值是 0，"Cumulative proportion"的默认值是 1。若使用 Eviews 的默认设置，将提取 8 个主成分。

"Calculation"选项卡如图 18.2 所示，在"Covariance specification"选项组的"Type"下拉列表中选择"Correlation"，从相关系数矩阵求解特征值和特征向量。若选择"Covariance"，则从协方差矩阵求解特征值和特征向量。如果原始变量的数量级别相差很大，建议从相关系数矩阵求解；若原始变量的数量级别相当，如问卷调查中的量表题，建议从协方差矩阵求解。

"Method"下拉列表中有"Ordinary""Spearman rank-order""Kendall's tau-a""Kendall's tau-b"等选项。如果原始变量是定量变量，则选择"Ordinary"，意为皮尔逊相关系数。若原始变量是顺序型变量，则选择适于测度定序数据的相关系数，如斯皮尔曼秩相关系数，或肯得尔 tau 系数。

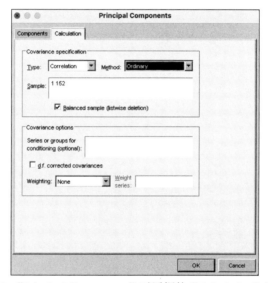

图 18.2　"Principal Components"对话框的"Calculation"选项卡

单击"OK"按钮，输出结果如图 18.3 所示，报告了主成分的求解结果。第一部分是标题栏，显示了样本容量、基于皮尔逊相关系数矩阵求解（Computed using: Ordinary correlations），从 8 个主成分中提取了 8 个主成分（Extracting 8 of 8 possible components）。

第 2 部分报告了 8 个特征值的信息。8 个特征值的和等于 8，平均值为 1。表格中的"Number"代表特征值的序号，"Difference"代表某一行的特征值与下一个特征值之间的差距，"Proportion"代表某个主成分对原始数据方差的解释比例，"Cumulative Value"代表特征值累积求和，"Cumulative Proportion"代表某几个主成分对原始数据的累积解释比例。

在本例中，第一特征值约为 5.480，即第一主成分的方差是 5.480，8 个原始变量（标准化后）的总方差是 8，第一主成分解释了原始数据总方差的比例是 5.480/8=0.685。第二特征值约为 1.089，即第二主成分的方差是 1.089，第二主成分解释了原始数据总方差的比例是 1.089/8 ≈ 0.136，前两个特征值之和为 5.480+1.089=6.569，第一主成分和第二主成分一起解释了原始数据总方差的比例是 6.569/8 ≈ 0.821。

在图 18.1 所示的对话框中，若在"Minimum eigenvalue"编辑框中输入"1"，将只保留特征值大于 1 的主成分，第二部分将只报告 PC_1 和 PC_2 的载荷。

其余各行信息，可以此类推。从图 18.3 中可以发现，第一特征值最大，第一主成分对原始数据方差贡献率最高，其余主成分对原始数据方差贡献率越来越小，若只保留前两个主成分，可代表原始数据 82.1% 的信息。

Principal Components Analysis
Date: 10/05/21   Time: 16:29
Sample: 1 152
Included observations: 152
Computed using: Ordinary correlations
Extracting 8 of 8 possible components

Eigenvalues: (Sum = 8, Average = 1)

Number	Value	Difference	Proportion	Cumulative Value	Cumulative Proportion
1	5.480258	4.391060	0.6850	5.480258	0.6850
2	1.089198	0.491942	0.1361	6.569456	0.8212
3	0.597255	0.313400	0.0747	7.166711	0.8958
4	0.283855	0.110958	0.0355	7.450567	0.9313
5	0.172898	0.030355	0.0216	7.623464	0.9529
6	0.142542	0.019814	0.0178	7.766007	0.9708
7	0.122728	0.011463	0.0153	7.888735	0.9861
8	0.111265	---	0.0139	8.000000	1.0000

Eigenvectors (loadings):

Variable	PC 1	PC 2	PC 3	PC 4	PC 5	PC 6	PC 7	PC 8
ENGINE	0.369067	-0.335866	0.283047	-0.045248	-0.041016	-0.110460	0.799740	-0.123905
HORSEPOWER	0.306247	-0.515112	0.468280	-0.262141	0.173668	0.300506	-0.475647	0.078522
LENGTH	0.328198	0.481465	0.344558	-0.310892	-0.117335	-0.503960	-0.220052	-0.359077
MPG	-0.359614	0.256855	0.438913	0.052058	0.758469	-0.022382	0.168419	0.072164
TANK	0.373342	0.005702	-0.500851	-0.019077	0.528903	0.190903	-0.024070	-0.541138
WEIGHT	0.394381	-0.052689	-0.278349	0.000103	0.301964	-0.494037	-0.057275	0.652437
WHEELBAS	0.326845	0.544801	0.013412	-0.274596	-0.076975	0.594056	0.190692	0.354389
WIDTH	0.362240	0.156378	0.246422	0.868392	-0.049950	0.097977	-0.131012	-0.015535

Ordinary correlations:

	ENGINE	HORSEPO...	LENGTH	MPG	TANK	WEIGHT	WHEELBAS	WIDTH
ENGINE	1.000000							
HORSEPOWER	0.836649	1.000000						
LENGTH	0.542036	0.384787	1.000000					
MPG	-0.737272	-0.616158	-0.447588	1.000000				
TANK	0.666948	0.505455	0.570932	-0.801876	1.000000			
WEIGHT	0.760908	0.610549	0.629261	-0.819714	0.864891	1.000000		
WHEELBAS	0.472586	0.282166	0.840137	-0.497465	0.656815	0.651443	1.000000	
WIDTH	0.692124	0.534726	0.705746	-0.602410	0.663125	0.723284	0.681205	1.000000

图 18.3   输出结果

第三部分是特征向量（Eigenvectors），又称为载荷（loadings），反映了主成分与原始变量的线性关系的表达式。

注意：本例采用的是从相关系数矩阵求解特征值和特征向量的方法，因此特征向量中的元素是经标准化变化后的原始变量的系数。

第一主成分和第二主成分与标准化变换后的原始变量的线性关系如式 18.4 和式 18.5 所示，两式中的星号代表标准化以后的变量。

$$PC_1 = 0.369 engine^* + 0.306 horsepower^* + 0.328 length^* - 0.360 mpg^*$$
$$+ 0.373 tank^* + 0.394 weight^* + 0.327 wheelbase^* + 0.362 width^*$$

（18.4）

$$PC_2 = -0.336\text{engine}^* - 0.515\text{horsepower}^* + 0.481\text{length}^* + 0.257\text{mpg}^* + \\ 0.006\text{tank}^* - 0.053\text{weight}^* + 0.544\text{wheelbase}^* + 0.157\text{width}^* \qquad (18.5)$$

式 18.4 和式 18.5 中，原始变量的系数称为载荷。第一主成分中载荷的平方和等于第一主成分的方差，即第一特征值。

式 18.6 显示了主成分的系数载荷和特征值的关系。

$$0.369^2 + 0.306^2 + 0.328^2 + (-0.360)^2 + 0.373^2 + 0.394^2 + 0.327^2 + 0.362^2 \approx 5.480 \qquad (18.6)$$

第四部分是皮尔逊相关系数（Ordinary correlations）矩阵。

注意： 在组 G1 的窗口中依次单击"View/Principal Component..."，得到的主成分求解结果并没有保存到工作文件中，只是组 G1 的一种视图。若要将求解结果保存下来，需要单击"Freeze"按钮，将其冻结成一张表格，然后保存表格，这样求解结果才保存到了工作文件中。

2. 碎石图

如图 18.4 所示，单击"Components"选项卡，在"Display"列表框中选择"Eigenvalues plots"在"Display graphs of"下方勾选"Eigenvalues (scree plot)"复选框和"Cumulative proportion"复选框，单击"OK"按钮，输出结果如图 18.5 所示。

图 18.4　绘制碎石图的对话框

如图 18.5 所示，上方的图形是碎石图（Scree Plot），即特征值图。横轴代表特征值序号，纵轴代表特征值大小，反映了特征值之间的差距。从碎石图中可看出，第一特征值和第二特征值之间的差距很大，其余特征值之间的差距迅速减小。研究者可根据碎石图来确定保留几个主成分，一般情况下，特征值折线变得平缓之前的是可以保留下来的主成分。在本例中，从第三个特征值开始，特征值折线开始变得平缓，因此可保留前两个主成分。

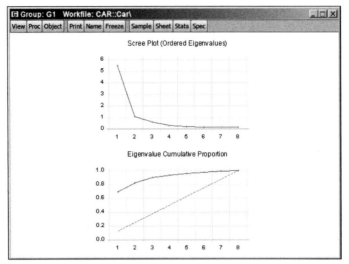

图 18.5　碎石图和特征值累积比例图

下方的图形是特征值累积比例图，反映的是主成分对原始数据累积解释的比例。从图 18.5 中可以看出，前两个主成分对原始数据方差的累积解释比例已经超过了 80%。

3. 变量载荷图

变量载荷图反映主成分与原始变量的关系。在图 18.4 所示的"Components"选项卡中，在"Display"列表框中选择"Variable loadings plots"，单击"OK"按钮，输出结果如图 18.6 所示。

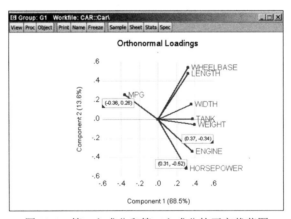

图 18.6　第一主成分和第二主成分的正交载荷图

如图 18.6 所示，图形标题是"Orthonormal Loadings"，即第一主成分和第二主成分的正交载荷图，两个主成分相互独立。横轴代表第一主成分，纵轴代表第二主成分。原始变量 engine 在第一主成分上的系数（载荷）是 0.37，在第二主成分上的系数（载荷）是 -0.34。

第一主成分在各个原始变量上的载荷值相当，除了在 mpg 上是负载荷 -0.36 之外，在其余变量上都是正载荷介于 0.3 至 0.4 之间，数值比较接近。这说明轴距（wheelbase）、车身长度（length）、车身宽度（width）、油箱的容积（tank）、车重（weight）、排量（engine）和功率（horsepower）的值越大，第一主成分的值越大。油耗（mpg）的值越小，表明汽车越耗油。因此，第一主成分主要反映汽车体量，体量越大、越耗油的汽车，第一主成分的值越高。

第二主成分在各个原始变量上的载荷值有明显差异。在本例中，油箱的容积（tank）和车重（weight）的载荷分别是 0.006 和 -0.053，都比较接近 0，表明这两个变量对第二主成分的贡献很微弱。轴距（wheelbase）、车身长度（length）、车身宽度（width）、油耗（mpg）对第二主成分的贡献是正向。这表明车辆体积越大、越省油，第二主成分的值越高。排量（engine）和功率（horsepower）是负载荷，表明车辆排量越小、功率越小，第二主成分的值越大。第二主成分反映的是汽车低功耗方面的性能。

4. 保存主成分得分

单击组 G1 窗口中的"Proc/Make Principal Components..."，打开"Principal Components"对话框，如图 18.7 所示。

在"Score series names"编辑框中输入保存主成分得分的序列名称"pc1score pc2score"，单击"OK"按钮。工作文件中生成序列 pc1score 和 pc2score，其中保存了第一主成分得分和第二主成分得分。

5. 主成分得分图

如图 18.8 所示，单击"Components"选项卡，在"Display"列表框中选择"Component scores plots"。在"Components to Plot"下方的编辑框中输入"1 2"，意思是绘制第一主成分得分与第二主成分得分的散点图。将原始变量的观测值代入主成分与原始变量的关系式中，计算得到主成分得分。

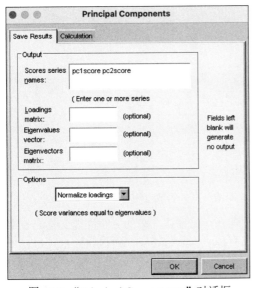

图 18.7　"Principal Components"对话框

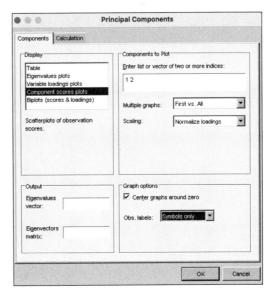

图 18.8　绘制主成分得分图的对话框

若在"Components to Plot"下方的编辑框中输入"1 2 3"，在"Multiple graphs"下拉列表中

选择"First vs. All"、"XY pairs"等选项，可以设置不同形式的散点图。

在"Graph options"下方勾选"Center graphs around zero"复选框，意思是将原点放置在图像的中心。在"Obs. labels"下拉列表中选择"Symbols only"。

单击"OK"按钮，得到第一主成分得分和第二主成分得分的散点图，如图18.9所示。在图18.9中，右下角的点远离样本中其余的点，将鼠标指针在该点停顿，将显示该点的标签。从图18.8中可以发现，152辆汽车在第一主成分上的差异更大。大部分汽车的第一主成分得分分布在 −5 至 5 之间，因为第一主成分代表了原始数据 68.5% 的信息。152辆汽车的第二主成分得分主要分布在 −3 至 3 之间。由于第二主成分只代表原始数据 13.6% 的信息，因此个案在第二主成分上的差异较小。

在散点图上添加 2 条辅助线，将平面划分成 4 个象限。第一象限的汽车体量大，功耗低，以宽敞型、多功能型车系为主，典型车型有 FordF-Series、DodgeRam Pickup、DodgeRam Van；第二象限的汽车体量小，功耗低，以经济型轿车为主，典型车型有 ChevroleMetro、SaturnSC；第三象限的汽车体量小，功耗大，以轿跑车型为主，典型车型有 Mercedes-Benz SLK230、PorcheCarrera Coupe；第四象限的汽车体量大，功耗大，以豪华强动力车系为主，典型车型有 LincolnNavigator、Mercedes-Benz SL-Class。

第四象限的 36 DodgeViper 的第一主成分得分是 3.7 分，第二主成分得分是 −5.4 分，远离样本中其余的点，这辆车可视一个异常值。

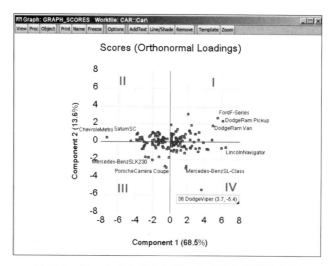

图 18.9　第一主成分得分和第二主成分得分的散点图

通过绘制第一主成分得分和第二主成分得分的散点图，将描述汽车的 8 个性能变量的多维数据转化为二维数据，简化了数据的结构，实现了多维数据的平面可视化，可以对汽车进行分类研究，判断某一辆汽车的归属类别，诊断数据中的异常值等。

此外，主成分得分也可用于回归分析。如果解释变量的个数较多，而样本容量较小，或者解释变量之间的共线性程度较高，模型的多重共线性问题比较严重，可先对解释变量进行主成分分析，提炼少数几个主成分，将主成分作为解释变量引入回归模型，简化回归模型的形式。

本节 Eviews 实战技巧

- 要进行主成分分析，先将原始变量的序列创建成一个组，在组的窗口中，单击"View/ Principal Components..."。
- 若原始变量的数量级别差距较大，在"Principal Components"对话框的"Calculation"选项卡中选择求解相关系数矩阵的特征值和特征向量。
- 主成分得分变量可用于多维数据的可视化、聚类分析、异常值诊断及回归分析。

18.4　主成分分析的命令

本节介绍与主成分分析有关的命令，主要包括 pcomp 命令和 makepcomp 命令。

1. pcomp

（1）语法

`group_name.pcomp(options)`

group_name：组的名称，组中存放的是要进行主成分分析的序列。

pcomp："principal components"的缩写。

options：详见表 18.2。

表 18.2　pcomp 命令中的"options"参数

参　数	含　义
out=arg	输出形式：特征向量和特征值（"table"）、特征值图像（"graph"）、载荷图（"loadings"）、主成分得分图（"scores"）
eigval=vec_name	将特征值保存到向量
eigvec=mat_name	将特征向量保存到矩阵
scree	当 out=graph 时，输出碎石图
diff	当 out=graph 时，输出特征值差距
cproport	当 out=graph 时，输出主成分累积方差贡献率图
cov=arg	求解特征值和特征向量的矩阵：皮尔逊协方差矩阵（"corr"）、皮尔逊相关系数矩阵（"cov"）、斯皮尔曼秩相关矩阵（"rcov"）。默认值是"corr"

注：1.arg 设置输出形式，即双引号中的内容。

　　2. 多个参数之间用逗号隔开。

　　3. 完整参数设置详见 Eviews Command Reference。

（2）举例

```
group g1engine horsepower length mpg tank weight wheelbase width
freeze(tab1) g1.pcomp
```

说明：第一行命令创建组 g1，其中包括序列 engine、horsepower、length、mpg、tank、weight、 wheelbase、width。

第二行命令创建表格 tab1,其中保存的是对组 g1 中的序列主成分分析的特征值、特征向量等。

```
g1.pcomp(out=graph, scree, cproport)
```

说明:绘制对组 g1 进行主成分分析的碎石图、方差累积贡献率图。

```
freeze(loadings_graph) g1.pcomp(out=loadings)
```

说明:创建图形 loadings_graph,保存第一主成分和第二主成分的载荷图。

```
freeze(scores_graph)g1.pcomp(out=scores)
```

说明:创建图形 scores_graph,保存第一主成分得分和第二主成分得分的散点图。

2. makepcomp

(1)语法

```
group_name.makepcomp(options) output_list
```

group_name:组的名称,组中存放的是要进行主成分分析的序列。

output_list:保存主成分得分的序列名称。

(2)举例

```
group g1engine horsepower length mpg tank weight wheelbase width
g1.makepcomp pc1score pc2score
```

说明:对组 g1 进行主成分分析,将第一主成分得分和第二主成分得分别保存到序列 pc1score 和序列 pc2score。

第 19 章　因 子 分 析

因子分析是一种多元统计分析方法，用少数几个公共因子来刻画多个原始变量的关系。公共因子又称为潜变量，是不可观测的。因子分析模型将原始变量分解成公共因子的线性组合和误差项，将多个原始变量的信息提炼成少数几个公共因子。因子分析广泛应用于心理测量、人格特征分析、消费者行为特征、机器学习等领域。本章首先简要介绍因子分析的核心思想，然后介绍如何利用 Eviews 实现因子分析。

本章的主要内容包括：

- 因子分析简介。
- 因子分析的实现。
- Eviews 命令。

19.1　因子分析简介

本节介绍因子分析的 4 个主要步骤，包括建立因子分析模型、求解因子载荷、因子载荷旋转和计算因子得分。

1. 建立因子分析模型

皮尔逊在 1901 年提出了因子分析的方法。因子分析将原始变量表达成少数几个不可观测的公共因子的线性组合，其数学模型如式 19.1 所示。

$$\begin{cases} X_1 = \mu_1 + a_{11}F_1 + a_{12}F_2 + \cdots + a_{1m}F_m + \varepsilon_1 \\ X_2 = \mu_2 + a_{21}F_1 + a_{22}F_2 + \cdots + a_{2m}F_m + \varepsilon_2 \\ \cdots \\ X_p = \mu_p + a_{p1}F_1 + a_{p2}F_2 + \cdots + a_{pm}F_m + \varepsilon_p \end{cases} \tag{19.1}$$

$X = (x_1, x_2, \cdots, x_p)$ 是 p 维可观测的随机向量，其均值向量是 $\mu = (\mu_1, \mu_2, \cdots, \mu_p)$，协方差矩阵 $\sum = (\sigma_{ij})$。
$F = (F_1, F_2, \cdots, F_m)$ 是 m 维不可观测的公共因子向量，$\varepsilon = (\varepsilon_1, \varepsilon_2, \cdots, \varepsilon_p)$ 是 p 维特殊因子向量。

$$A = \begin{pmatrix} a_{11} & a_{12} & \dots & a_{1m} \\ a_{21} & a_{22} & \dots & a_{2m} \\ \cdots & \cdots & & \cdots \\ a_{p1} & a_{p2} & \dots & a_{pm} \end{pmatrix}$$

A 是因子载荷矩阵。

将式 19.1 写成矩阵形式，如式 19.2 所示。

$$X = u + AF + \varepsilon \tag{19.2}$$

因子分析模型需满足假定：

$$\begin{cases} E(F)=0 \\ E(\varepsilon)=0 \\ \mathrm{Var}(F)=I \\ \mathrm{Var}(\varepsilon)=D=\mathrm{diag}(\sigma_1^2,\sigma_2^2,\cdots,\sigma_p^2) \\ \mathrm{Cov}(F,\varepsilon)=E(F\varepsilon')=0 \end{cases} \tag{19.3}$$

满足式 19.3 的模型称为正交因子模型。在正交因子模型中，公共因子之间相互独立，公共因子的方差等于 1，公共因子的协方差矩阵是单位矩阵。特殊因子之间相互独立，且特殊因子和公共因子之间相互独立。

若放宽式 19.3 中公共因子相互独立的假定，允许公共因子之间是相关的，则称之为斜交因子模型。可观测的随机向量 $\boldsymbol{X}$ 的协方差矩阵可以做如式 19.4 所示的分解。

$$\begin{aligned} \sum &=\mathrm{Cov}(X,X)=\mathrm{Cov}(AF+\varepsilon,AF+\varepsilon) \\ &=A\mathrm{Var}(F)A'+A\mathrm{Cov}(F,\varepsilon)+\mathrm{Cov}(\varepsilon,F)A'+\mathrm{Var}(\varepsilon) \\ &=A\mathrm{Var}(F)A'+\mathrm{Var}(\varepsilon) \\ &=AA'+D \end{aligned} \tag{19.4}$$

若 $\boldsymbol{X}$ 是经过标准化变换后的变量，$\boldsymbol{X}$ 的协方差矩阵即相关系数矩阵。如果 p 和 m 相等，那么任何协方差矩阵都可以做上述分解。

在因子分析中，希望将 p 个可观测的变量用少数几个公共因子来表达，即公共因子的个数 m 比可观测的变量的个数 p 要少。在因子分析中，通常只能让式 19.4 近似成立，近似程度越高，表明因子模型的拟合效果越好。

下面介绍因子分析模型中的因子载荷、共性方差、方差贡献的含义。

（1）因子载荷。

在因子模型（式 19.2）中，因子载荷矩阵中的元素称作因子载荷。由式 19.5 可得。

$$\begin{aligned} \mathrm{cov}\left(X_i,F_j\right) &= \mathrm{cov}\left(\sum_{j=1}^{m}a_{ij}F_j+\varepsilon_i,F_j\right) \\ &= \mathrm{cov}\left(\sum_{j=1}^{m}a_{ij}F_j,F_j\right)+\mathrm{cov}\left(\varepsilon_i,F_j\right) \\ &= a_{ij} \end{aligned} \tag{19.5}$$

由于在因子分析中 X_i 是经过标准化变换的变量，公共因子的方差为 1，所以观测变量 X_i 与公共因子 F_j 之间的协方差就是二者之间的相关系数。因此，因子载荷 a_{ij} 是观测变量 X_i 与公共因子 F_j 之间的相关系数。

（2）共性方差。

在因子模型式（19.1）中，$X_i=a_{i1}F_1+a_{i2}F_2+a_{i3}F_3+\cdots+a_{im}F_m+\varepsilon_m$，$X_i$ 的方差如式 19.6 所示。

$$\begin{aligned} \mathrm{Var}(X_i) &= a_{i1}^2\mathrm{Var}(F_1)+a_{i2}^2(F_2)+\cdots+a_{im}^2\mathrm{Var}(F_m)+\mathrm{Var}(\varepsilon_i) \\ &= a_{i1}^2+a_{i2}^2+\cdots+a_{im}^2+\sigma_i^2 \end{aligned} \tag{19.6}$$

在观测变量 X_i 的方差中，由公共因子 $F_1, F_2, \cdots, F_m$ 所解释的部分是 $a_{i1}^2 + a_{i2}^2 + \cdots + a_{im}^2$，称为共性方差，记作 h_i^2。共性方差也可称为共同度，反映了所有的公共因子与某个观测变量之间的关系。

特殊因子的方差 $\mathrm{var}(\varepsilon_i) = \sigma_i^2 = 1 - h_i^2$，称作特殊方差。

（3）方差贡献。

求 p 个可观测的变量的方差之和，如式 19.7 所示。

$$
\begin{aligned}
\sum_{i=1}^{p} \mathrm{Var}(x_i) &= \sum_{i=1}^{p} a_{i1}^2\, \mathrm{Var}(F_1) + \sum_{i=1}^{p} a_{i2}^2\, \mathrm{Var}(F_2) + \cdots \\
&\quad + \sum_{i=1}^{p} a_{im}^2 \mathrm{Var}(F_m) + \sum_{i=1}^{p} \mathrm{Var}(\varepsilon_i) \\
&= g_1^2 + g_2^2 + \cdots + g_m^2 + \sum_{i=1}^{p} \sigma_i^2
\end{aligned}
\tag{19.7}
$$

在式 19.7 中，g_j^2 也可以写成式 19.8 所示形式。

$$
g_j^2 = \sum_{i=1}^{p} a_{ij}^2 \mathrm{Var}\left(F_j\right) = \sum_{i=1}^{p} a_{ij}^2
\tag{19.8}
$$

式中，g_j^2 称为第 j 个公共因子的方差贡献，反映了某个公共因子和所有的观测变量之间的关系。g_j^2 等于因子载荷矩阵中第 j 列元素的平方和，即所有的可观测变量的方差之和中由公共因子 F_j 所解释的部分。

2. 求解因子载荷

求解因子载荷的方法有主成分法、主轴因子法、极大似然法等。关于这些方法的详细介绍可参见 Eviews 用户手册，在此不赘述。

3. 因子载荷旋转

因子载荷旋转的目标是让因子载荷的绝对值向 0 和 1 两个方向分化，使每一个原始变量只在某一个公共因子上有高载荷，使因子载荷矩阵的结构简单化，让公共因子的含义更加明确。

因子载荷旋转分为正交旋转和斜交旋转。正交旋转后，公共因子之间仍然相互独立。常用的正交旋转方法有最大方差法、四次幂极大法、等量最大法等。斜交旋转后，公共因子之间不再独立。常用的斜交旋转法有最优斜交法、直接斜交法。

4. 计算因子得分

为了量化每个观测对象在因子得分上的表现，可以计算因子得分。因子得分的计算方法有回归法、Bartlett 方法、Anderson-Rubin 方法。关于这些方法的详细介绍可参见 Eviews 用户手册，在此不赘述。

19.2　实战案例：十项全能运动员成绩分析

实战案例：对运动员十项全能项目成绩进行因子分析，探寻影响十项全能项目成绩的潜在

的公共因子，确定公共因的现实意义，并评估运动员在公共因子上的得分。本案例的数据来自
2019 年国际田径联合会（the International Association of Athletics Federations，IAAF）网站 [1] 男子
十项全能项目中排名前 100 位的运动员的数据。表 19.1 列出了工作文件"decathlon 2019.wf1"
中的变量。

研究目标：

● 建立十项全能项目的因子分析模型。

● 确定公共因子的含义。

● 评估运动员在公共因子上的得分。

● 利用因子得分对运动员进行分组，归纳每一个组别的特征。

表 19.1　工作文件"decathlon 2019.wf1"中的变量

变 量 符 号	变 量 名 称	单　　位
ID	序号	
Age	年龄	岁
Nationality	国籍	
M100	100 米跑	秒
Hurdles_M110	100 米跨栏跑	秒
M400	400 米跑	秒
M1500	1500 米跑	秒
Long_jump	跳远	米
High_jump	跳高	米
Pole_vault	撑竿跳高	米
Shot_put	推铅球	米
Discus_thow	掷铁饼	米
Javelin_throw	掷标枪	米

19.3　因子分析的实现

本节介绍因子分析在 Eviews 中的实现，包括创建因子对象、估计因子载荷、求解因子载荷、
因子载荷旋转和计算因子得分。

1. 创建因子对象

创建因子对象有两种方式：

（1）打开工作文件"decathlon 2019.wf1"，依次单击主菜单"Object/New Object"，在新建
对象对话框中选择对象类型"Factor"，单击"OK"按钮，进入"Factor Specification"对话框，
如图 19.1 所示，在"Data"选项卡的"Variables"编辑框中输入要进行因子分析的序列。

---

[1]　https://www.worldathletics.org/news/report/world-championships-doha-2019-men-decathlon-r。

（2）在工作文件中选中序列 M100、Hrudles_M110、M400、M1500、Long_jump、High_jump、Pole_vault、Shot_put、Discus_throw 和 Javelin_throw，然后右击，在打开的快捷菜单中选择"Open/as Factor..."，打开"Factor Specification"对话框，如图 19.1 所示，此时在"Data"选项卡的"Variables"编辑框中已经罗列了刚刚选中的序列。

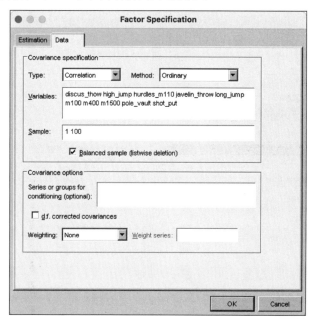

图 19.1　"Factor Specification"对话框中的"Data"选项卡

2. 估计因子载荷

"Factor Specification"对话框中有"Data"选项卡和"Estimation"选项卡。

1）"Data"选项卡

如图 19.1 所示，Data 选项卡的第一栏是"Covariance specification"，可以设置观测变量之间关系的度量方式。"Type"选项可设置是从相关系数矩阵（Correlation）还是从协方差矩阵（Covariance）进行求解。"Method"选项可设置相关系数的计算方法，如皮尔逊相关系数（Ordinary）、斯皮尔曼秩相关系数（Spearman rank-order）或肯得尔系数（Kendall's）。在"Variables"编辑框中输入要进行因子分析的变量，也就是可观测的原始变量。"Sample"选项可设置样本容量。Eviews 默认勾选"Balanced sample (listwise deletion)"复选框，即把有缺失值的个案自动删除。

"Covariance options"下方是选填项，如果采用偏相关系数矩阵，可以指定需要固定的序列及权重。通常情况下，该项可不设置。

2）"Estimation"选项卡

如图 19.2 所示，"Estimation"选项卡中有 4 栏，分别是计算方法（Method）、因子个数（Number of factors）、初始共性方差（Initial communalities）和选项（Options）。

（1）方法（Method）

求解因子载荷的方法可分为两类，一类是基于最小化偏差函数的方法，主要包括极大似然法（Maximum likelihood）、广义最小二乘法（Generalized least squares）和不加权最小二乘法（Unweighted least squares）。这类方法的主要思想是利用迭代运算求解因子载荷和特殊因子方差，让偏差函数取到最小值。

第二类是协方差阵分解的方法，包括主因子法（Principal factors）、迭代主因子法（Iterated principal factors）、分块协方差矩阵法（Partitioned (PACE)）。

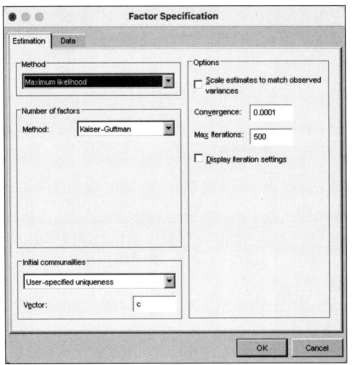

图 19.2　"Factor Specification"对话框中的"Estimation"选项卡

单击"Method"下拉按钮，可供选择的因子载荷求解方法如图 19.3 所示。

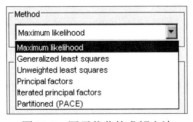

图 19.3　因子载荷的求解方法

主因子法（Principal factors）是求解因子载荷较常用的方法。该方法沿用主成分分析的思想，从观测变量的协方差矩阵 $\sum$ 的出发，只保留前面几个主成分，如式 19.9 所示。

$$\begin{aligned}
\Sigma &= \lambda_1 EV_1 EV_1^{'} + \cdots + \lambda_m EV_m EV_m^{'} + \lambda_{m+1} EV_{m+1} EV_{m+1}^{'} + \cdots + \lambda_p EV_p EV_p^{'} \\
&\approx \lambda_1 EV_1 EV_1^{'} + \cdots + \lambda_m EV_m EV_m^{'} + D \\
&= AA' + D
\end{aligned} \tag{19.9}$$

式中，$\lambda_1 \geqslant \lambda_2 \geqslant \cdots \geqslant \lambda_p \geqslant 0$，是协方差矩阵 Σ 的特征值，相应的正交特征向量是 $EV_1, EV_2, \cdots,$ EV_p。因子载荷矩阵 $A = \left(\sqrt{\lambda_1} EV_1, \cdots, \sqrt{\lambda_m} EV_m\right) = \left(a_{ij}\right)$。用主因子法求解因子载荷时，因子载荷矩阵的第 j 列等于主成分分析中的第 j 个特征向量乘以第 j 个特征值。

主因子法从观测变量的协方差矩阵的分解式求解因子载荷，如式 19.10 所示。

$$\Sigma = AA' + D \tag{19.10}$$

由于观测变量已做标准化变换，Σ 是观测变量的相关系数矩阵，也称为离散矩阵，反映的是监测变量的离散程度及其之间的关系。令

$$\Sigma' = \Sigma - D = AA' \tag{19.11}$$

式中，Σ 称作约离散矩阵，约离散矩阵中对角线上的元素是共性方差 $h_i^2 = 1 - \sigma_i^2$，非对角线上的元素与 Σ 相同。构造约离散矩阵是迭代算法的第一步。

假设 $\hat{\sigma}_i^2$ 是特殊方差的 σ_i^2 一个初始估计，则约离散矩阵可用式 19.12 估计。

$$\hat{\Sigma}^* = \Sigma - \hat{D} = \begin{pmatrix} \hat{h}_1^2 & r_{12} & \cdots & r_{1p} \\ r_{21} & \hat{h}_2^2 & \cdots & r_{2p} \\ \vdots & \vdots & & \vdots \\ r_{p1} & r_{p2} & \cdots & \hat{h}_p^2 \end{pmatrix} \tag{19.12}$$

式中，r_{ij} 是第 i 个观测变量与第 j 个观测变量的相关系数。对角线上的元素是共性方差的初始估计 $h_i^2 = 1 - \hat{\sigma}_i^2$。$\hat{\Sigma}^*$ 的前 m 个特征值依次为 $\hat{\lambda}_1^* \geqslant \hat{\lambda}_2^* \geqslant \cdots \geqslant \hat{\lambda}_m^* > 0$，相应的正交单位特征向量为 $\widehat{EV}_1^*, \widehat{EV}_2^*, \cdots, \widehat{EV}_m^*$，则 A 的主因子解为

$$\hat{A} = \left(\sqrt{\hat{\lambda}_1^*}\ \widehat{EV}_1^*, \sqrt{\hat{\lambda}_2^*}\ \widehat{EV}_2^*, \cdots, \sqrt{\hat{\lambda}_m^*}\ \widehat{EV}_m^*\right) \tag{19.13}$$

然后，可以重新估计特殊方差，σ_i^2 的最终估计等于

$$\hat{\sigma}_i^2 = 1 - \hat{h}_i^2 = 1 - \sum_{i=1}^{m} \hat{a}_{ij}^2, i = 1, 2, \cdots, p \tag{19.14}$$

迭代主因子法（Iterated principal factors）就是将式 19.14 中的 $\hat{\sigma}_i^2$ 作为共性方差的初始估计，重复上述步骤，直至得到收敛的结果。

分块协方差矩阵法（Partitioned (PACE)）是 Ihara 和 Kano 在 1986 年提出来的一种非迭代的估计方法，该方法将观测变量的协方差（相关系数）矩阵进行分块，根据不同的分块形式，估计结果有很大差异。通常将该方法的估计结果作为其他方法的初始解。关于该方法的详细介绍可参

考 Cudeck（1991）。

（2）因子个数（Number of factors）

如图 19.2 所示，在"Estimation"选项卡中，单击"Number of factors"选项组中的"Method"下拉按钮，可设置确定因子个数的方法。常用的方法有 Kaiser-Guttman、最小特征值法（Minimum eigenvalue）、总方差比例（Fraction of total variance）等。Eviews 提供的备选方法如图 19.4 所示。

Kaiser-Guttman 方法又称为"特征值大于 1"法则，是目前广泛使用的方法。该方法是保留特征值大于 1 的特征向量，进而求解因子载荷的方法。

若选择最小特征值法（Minimum eigenvalue），需设置特征值的临界值。在下方"cutoff"编辑框中输入数值。Eviews 的默认值是 1，即保留特征值大于 1 的特征向量。

若选择总方差比例（Fraction of total variance），需设置公共因子解释观测变量的总方差需要达到的比例。在下方"cutoff"编辑框中输入数值。Eviews 的默认值是 0.5。

（3）初始共性方差（Initial Communalities）

在如图 19.2 所示的"Estimation"选项卡中单击"Initial communalities"下拉按钮，可选择初始共性方差的计算方法。Eviews 提供的备选方法如图 19.5 所示。

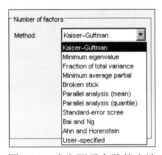

图 19.4 确定因子个数的方法   图 19.5 初始共性方差的计算方法

"Squared multiple correlation"（简称"SMC"）将某一个观测变量与其余观测变量的复相关系数的平方作为初始共性方差。该方法最为常用。

"Max absolute correlation"将某一个观测变量与其他观测变量的相关系数的绝对值的最大值作为初始共性方差。

"Fraction of the diagonals"将观测变量的协方差（相关系数）矩阵对角线上的元素的一个权重作为初始共性方差。当选择该方法后，需在下方"Fraction"编辑框中输入一个 0 至 1 的数值，Eviews 的默认值是 0.5。当把"Method"设置为主因子，把"Fraction"设置为 1，此时就是求解因子载荷的主成分法。Eviews 没有专门设置主成分分析法，而是将主成分视为主因子法下的一种特殊情况。

（4）选项（Options）

"Options"选项组可定义收敛准则（Convergence），默认值为 0.0001；还可设置最大迭代次数（Max Iterations），默认值为 500。

3. 因子载荷的求解结果

在本例中，首先用主成分法求解因子载荷。"Estimation"选项卡如图 19.6 所示，将"Method"设置为"Principal factors"，将"Number of factors"设置为"Kaiser-Guttman"，将"initial communalities"设置为"Fraction of diagonals"，将"Fraction"设置为"1"。

图 19.6　主成分法的设置

单击"OK"按钮，输出结果如图 19.7 所示。

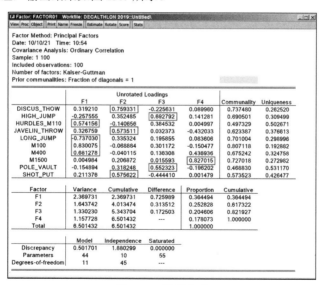

图 19.7　因子载荷

图 19.7 的第一部分是标题栏，报告了因子载荷的求解方法。本例采用主因子法，从相关系数矩阵求解，采用 Kaiser-Guttman 方法确定因子提取的个数，初始共性方差采用的是相关系数矩阵对角线元素的占比，比例为 1。

图 19.7 的第二部分报告了因子载荷矩阵的求解结果。公共因子 F1 上载荷的绝对值较大的观测变量是 Hrudles_M110、Long_jump、M100 和 M400。公共因子 F2 上载荷的绝对值较大的观测变量是 Discus_throw、Javelin_throw 和 Shot_put。公共因子 F3 上载荷的绝对值较大的观测变量是 High_jump 和 Pole_vault。公共因子 F4 上载荷的绝对值较大的观测变量是 M1500。

共性方差（Communality）等于因子载荷矩阵中每一行元素的平方。以 Discus_throw 为例，其共性方差的计算公式如式 19.15 所示。

$$0.319^2+0.759^2+(-0.226)^2+0.090^2 \approx 0.737 \tag{19.15}$$

特殊方差（Uniqueness）等于 1 减去共性方差，即 1–0.737=0.263。

Discus_throw 的方差由公共因子 F1、F2、F3 和 F4 共同解释的比例达到 73.7%，由特殊因子解释的部分为 26.3%。

图 19.7 的第三部分报告了公共因子的方差、累积方差，以及各个公共因子方差贡献的占比。公共因子 F1 的方差等于因子载荷矩阵中第一列元素的平方和，计算公式如式 19.16 所示。

$$0.319^2+(-0.258)^2+0.574^2+0.327^2+\cdots+0.211^2 \approx 2.369 \tag{19.16}$$

公共因子 F2、F3 和 F4 的方差分别是 1.644、1.330 和 1.158。"Cumulative" 下方报告了公共因子方差的累积值。"Difference" 是某个公共因子的方差与下一个公共因子方差的差距。"Proportion" 是某个公共因子的方差占所有公共因子方差的比例，最右边一列的 "Cumulative" 是前几个公共因子的方差之和占所有公共因子方差的比例。

在本例中，确定因子个数采用的是 Kaiser-Guttman 方法，即保留特征值大于 1 的因子。公共因子的方差就是其特征值，因此本例保留了 4 个因子。

注意：在此部分最右边两列的比例（Proportion）和累积比例（Cumulative）的含义。比例（Proportion）和累积比例（Cumulative）的分母都是所有公共因子的方差之和，并不是所有观测变量的方差之和。若要察看提取的公共因子的方差对所有观测变量的方差的解释比例，需要单击因子窗口中的 "View/Eigenvalues..."，输出结果如图 19.8 所示。

图 19.8 中的 "Number" 是特征值序号，第一特征值约为 2.369，也就是第一个公共因子的方差。第一个公共因子解释了 10 个观测变量的总方差的比例是 0.237。从最右边一列 "Cumulative Proportion" 可以看出，提取的 4 个公共因子累积起来解释了 10 个观测变量总方差的比例约为 0.650，即 4 个公共因子的累积方差贡献率是 65.0%。图 19.8 最下面一部分报告了因子分析模型的拟合优度。

4. 因子载荷的旋转

为了让因子载荷的结构更加简单，让公共因子更加明确，可以对因子载荷进行旋转，让因子载荷系数的绝对值向 0 和 1 两个方向分化。旋转后的因子载荷，能让某个公共因子主要代表某几个观测变量的信息，从而有利于概括公共因子的特征，对公共因子命名。

在因子窗口中单击 "Rotate" 按钮，打开 "Factor Rotation" 对话框，如图 19.9 所示。在 "Specification" 选项组的 "Type" 下拉列表中可选择正交旋转（Orthogonal）或斜交旋转（Oblique）。在 "Method" 下拉列表中可选择旋转方法，正交旋转的默认方法是最大方差法（Varimax）。本例采用 Eviews 的默认设置。

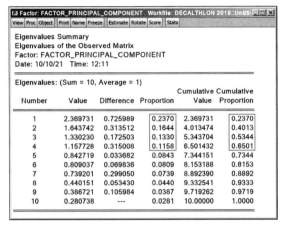

图 19.8　相关系数矩阵的特征值

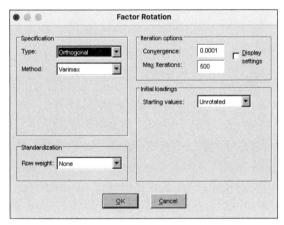

图 19.9　"Factor Rotation" 对话框

单击 "OK" 按钮，输出结果如图 19.10 所示。

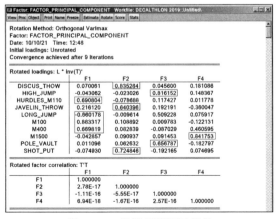

图 19.10　旋转后的因子载荷

图 19.10 中旋转后的因子载荷与图 19.7 中未旋转的因子载荷相比，因子载荷的系数的绝对值向 0 和 1 两个方向的分化更加明显。

依次单击因子窗口中的"View|Loadings/Loadings Graph..."打开"Loadings Graph"对话框，如图 19.11 所示，在编辑框中输入"1 2"，对第一公共因子载荷和第二公共因子载荷进行绘图。

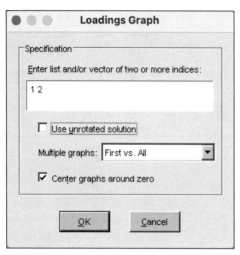

图 19.11   "Loadings Graph"对话框

若在图 19.11 中勾选"Use unrotated solution"复选框，将输出未旋转的因子载荷图。为了进行对比，图 19.12 的左图是未旋转的因子载荷图，右图是旋转后的因子载荷图。可以发现，经过旋转后，观测变量 long_jump 在第二公共因子上的载荷迅速下降，更加靠近于第一公共因子所代表的横轴。经过正交旋转，long_jump 与第一公共因子的关系更加密切，与第二公共因子的关系减弱。

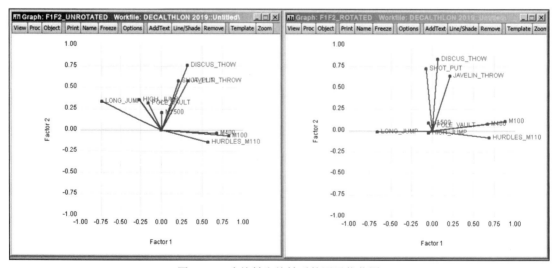

图 19.12   未旋转和旋转后的因子载荷图

此处经过正交旋转后，Discus_throw、Javelin_throw 和 Shot_put 更加靠近第二公共因子所代表的纵轴，与第二公共因子的关系更加密切，与第一公共因子的关系减弱。

因此，通过正交旋转，4 个公共因子的含义更加明确。公共因子 F1 主要代表 Hrudles_M110、Long_jump、M100 和 M400 的信息，110 米跨栏跑、跳远、100 米跑和 400 米跑这 4 项运动都与运动员的步幅、腿部跨越肌肉力量有关，可命名为"跨越因子"。

公共因子 F2 主要代表 Discus_throw、Javelin_throw 和 Shot_put 的信息，掷铁饼、掷标枪和推铅球这 3 项运动都与运动员的臂部肌肉力量有关，可命名为"力量因子"。

公共因子 F3 上载荷的绝对值较大的观测变量是 High_jump 和 Pole_vault，跳高和撑竿跳这两项运动都与运动员的弹跳能力有关，可命名为"弹跳因子"。

公共因子 F4 上载荷的绝对值较大的观测变量是 M1500，1500 米跑与运动员的耐力有关，可命名为"耐力因子"。

5. 计算因子得分

在因子分析中，公共因子解释了观测变量的协方差结构，但是公共因子是不可观测的。为了探查每一个观测单元在公共因子上的表现，可以利用因子载荷和观测变量的数据对公共因子的表现进行评估，公共因子的表现即因子得分。因子得分的估计方法有回归法、Bartlett 方法、Anderson-Rubin 方法，关于上述方法的详细介绍可参见 Eviews 用户手册。

在因子窗口中单击"Scores"按钮，打开"Factor Scores"对话框，本例采用 Eviews 默认设置，如图 19.13 所示。

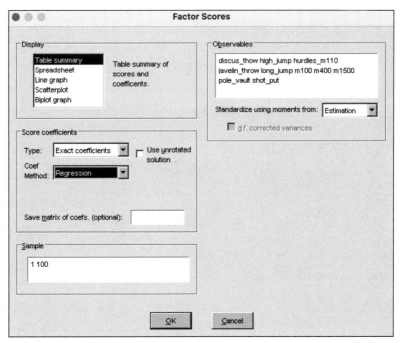

图 19.13　"Factor Scores"对话框

单击"OK"按钮，输出结果如图 19.14 所示，Factor Coefficients 表格中报告了因子得分与观测变量的关系。

Factor: FACTOR_PRINCIPAL_COMPONENT   Workfile: DECALTHLON 2019::Untitled\

View Proc Object | Print Name Freeze | Estimate Rotate Score | Stats

Factor Score Summary
Factor: FACTOR_PRINCIPAL_COMPONENT
Date: 10/10/21   Time: 14:30
Exact scoring coefficients
Method: Regression (based on rotated loadings)
Standardize observables using moments from estimation
Sample: 1 100
Included observations: 100

Factor Coefficients:

	F1	F2	F3	F4
DISCUS_THOW	-0.024045	0.498430	0.015493	0.130775
HIGH_JUMP	0.053698	-0.037128	0.568906	0.126537
HURDLES_M110	0.343206	-0.100152	0.147582	0.002259
JAVELIN_THROW	0.079897	0.380767	0.138498	-0.331739
LONG_JUMP	-0.266474	0.024810	0.297021	0.073455
M100	0.413216	0.007486	0.085009	-0.120737
M400	0.296859	-0.007464	-0.003433	0.384697
M1500	-0.030263	0.031975	0.055355	0.721987
POLE_VAULT	0.063440	0.025082	0.460710	-0.161151
SHOT_PUT	-0.105139	0.450654	-0.161314	0.045146

图 19.14　因子得分输出结果

第一个公共因子得分的计算式如式 19.17 所示。

$$F_1 = -0.024 \cdot \text{Discus\_throw}^* + 0.054 \cdot \text{High\_jump}^* - 0.343 \cdot \text{Hurdles\_M100}^*$$
$$+ 0.080 \cdot \text{Javelin\_thow}^* - 0.266 \cdot \text{Long\_jump}^* + 0.413 \cdot \text{M100}^*$$
$$+ 0.297 \cdot \text{M400}^* - 0.030 \cdot \text{M1500}^* + 0.063 \cdot \text{Pole\_vault}^* - 0.105 \cdot \text{Shot\_put}^* \tag{19.17}$$

式中，星号标记的变量为经过标准化变换的变量。在计算公共因子得分时，先将原始的观测变量经过标准化变换，再代入式 19.17 中，计算出公共因子得分。

如图 19.13 所示，若在"Display"列表框中选择"Spreadsheet"，将以表格形式呈现 4 个公共因子得分，如图 19.15 所示。

Factor: FACTOR_PRINCIPAL_COMPONENT   Workfile: DECALTHLON 2019::Unt

View Proc Object | Print Name Freeze | Estimate Rotate Score | Stats

	F1	F2	F3	F4
1	-3.271	1.705	-0.264	-0.333
2	0.558	2.572	1.109	-2.963
3	0.288	1.306	2.898	-0.435
4	-0.544	1.240	2.163	0.238
5	-0.872	2.787	0.500	1.104
6	-2.160	0.247	2.078	1.287
7	-1.925	0.495	0.925	-0.652
8	-1.821	0.653	0.980	-0.620

图 19.15　公共因子得分列表

在"Display"列表框中还可选择绘制公共因子得分的线图（Line graph）、散点图（Scatter graph）或因子得分及载荷图（Biplot graph）。

本节 Eviews 实战技巧

● 要进行因子分析，需要先创建因子对象，因子对象在工作文件窗口中的图标是大写字母 F。

- 在"Factor Specification"对话框中设定因子分析模型和因子载荷的求解方法,在实践中,可多尝试几种求解方法,选择因子含义最明确的结果。
- 在因子对象的窗口中单击"Rotated"按钮,可对因子载荷进行旋转,简化因子载荷的结构,让因子的含义更加明确。
- 在因子对象的窗口中单击"Score"按钮,可以计算因子得分,并绘制因子得分散点图。

19.4　因子分析的命令

本节介绍与因子分析有关的命令,主要包括 factor 命令、eigen 命令、loadings 命令、rotate 命令和 scores 命令。

1. factor

(1)语法

factor factor_name.method(options) specification

factor_name:因子名称。

method:因子载荷的估计方法,常用的方法有似然函数法(" ")、主因子法("pf")、迭代主因子法("ipf")、分块协方差矩阵法(PACE)。

options:详见表 19.2。

表 19.2　factor 命令中的"options"参数

参　　数	含　　义
n=arg	保留因子个数的方法:Kaiser-Guttman 方法("kaiser")、最小特征值法("minieigen")、方差贡献比例法("varfrac")
eiglimit=number	设置最小特征值,默认值为 1
varlimit=number	设置方差贡献比例,默认值为 0.5
cov=arg	求解因子载荷的矩阵:协方差矩阵("cov")、皮尔逊相关矩阵("corr")、斯皮尔曼秩协方差矩阵("rcov")、斯皮尔曼秩相关矩阵("rcorr")、肯得尔 tau-b("taub")、肯得尔 tau-a("taua")。默认值是"corr"
priors=arg	设置初始共性方差:复相关系数的平方("smc")、相关系数绝对值的最大值("max")、监测矩阵对角线元素的比例("frac")等
priorfrac=number	设置观测矩阵对角线元素的比例,介于 0 至 1 的数值
cov=arg	求解特征值和特征向量的矩阵:皮尔逊协方差矩阵("corr")、皮尔逊相关系数矩阵("cov")、斯皮尔曼秩相关矩阵("rcov")默认值是"corr"

注:1.arg 等于双引号中的字符。

2. 多个参数之间用逗号隔开。

3. 完整参数设置见 Eviews Command Reference。

specification: 进行因子分析的观测变量。

（2）举例

```
factor factor1.pf(n=kaiser, priors=frac, priorfrac=1) discus_thow high_
jump Hurdles_M110 Javelin_throw LONG_JUMP M100 M400 M1500 POLE_VAULT SHOT_PUT
```

说明：创建因子 factor1，因子载荷的估计方法是主因子法（pf），保留因子个数的方法是 Kaiser-Guttman 方法，初始共性方差采用观测变量的相关系数矩阵对角线上的元素的比例，比例设置为 1。观测变量是 Discus_thow、High_jump、Hurdles_M110、Javelin_throw、Long_jump、M100、M400、M1500、Pole_vault、Shot_put。

2. eigen

（1）语法

```
factor_name.eigen(options)
```

factor_name：因子名称。

options：详见表 19.3。

表 19.3　eigen 命令中的"options"参数

参　　数	含　　义
source=arg	求解特征值和特征向量的矩阵：观测变量的协方差矩阵（"observed"）、观测变量的相关系数矩阵（"scaled"）默认值是"observed"
eigvecs	显示特征向量
matrix	显示观测矩阵
scree	显示碎石图

注：1. arg 等于双引号中的字符。

　　2. 多个参数之间用逗号隔开。

　　3. 完整参数设置详见 Eviews Command Reference.

（2）举例

```
factor1.eigen
```

说明：显示因子模型中观测变量协方差矩阵的特征值。

```
factor1.eigen(source=scaled, eigvecs)
```

说明：显示因子模型中观测变量相关系数矩阵的特征值和特征向量。

```
factor1.eigen(scree)
```

说明：显示因子模型中观测变量协方差矩阵（相关系数矩阵）的碎石图。

3. loadings

```
factor1.loadings(graph)
```

说明：显示因子 factor1 的因子载荷图。

```
factor1.loadings(graph,unrotated)
```

说明：显示因子 factor1 的未经旋转的因子载荷图。

4. rotate

（1）语法

```
factor_name.rotate(options)
```

factor_name：因子名称。

options：旋转方法。type=arg，正交旋转（"orthog"）、斜交旋转（"oblique"），默认值是"orthog"。method=arg，方差最大法（"varimax"）、等量最大法（"equamax"）、四次幂极大法（"quartimax"）、最优斜交法（"promax"），默认值是"varimax"。

（2）举例

```
factor1.rotate
```

说明：因子 factor1 采用方差最大法旋转后的载荷。

5. scores

（1）语法

```
factor_name.scores(options) [graph_list]
```

factor_name：因子名称。

options：设置因子得分的输出形式。详见表 19.4。

表 19.4　scores 命令的 options 设置

参　　数	含　　义
out=arg	设置因子得分的输出格式：因子得分系数（"table"）、各个公共因子得分列表（"sheet"）、各个因子得分的线图（"graph"）、因子得分的散点图（"scat"）、因子得分和因子载荷的复合图像（"biplot"）。默认值是"table"
coef=arg	设置求解因子得分系数的方法：Thurstone 回归法（"reg"）、Bartlett 加权法（"wls"）、Anderson-Rubin-McDonald 方法（"Anderson"）。默认值是"reg"
matrix	显示观测矩阵
scree	显示碎石图

注：1. arg 等于双引号中的字符。

2. 多个参数之间用逗号隔开。

3. 完整参数设置详见 Eviews Command Reference.

（2）举例

```
factor1.scores
```

说明：因子 factor1 的因子得分系数。

```
factor1.scores(out=sheet)
```

说明：因子 factor1 的各个公共因子得分列表。

```
factor1.scores(out=graph)
```

说明：因子 factor1 的各个公共因子得分的线图。

```
factor1.scores(out=scat)
```

说明：因子 factor1 的公共因子得分的散点图。

```
factor1.scores(out=biplot)
```

说明：因子 factor1 的公共因子载荷图及因子得分散点图。

第 4 篇
时间序列

　　本篇介绍如何利用 Eviews 对时间序列进行分析。在 Eviews 中，时间序列的工作文件和截面数据的工作文件的结构不同。时间序列工作文件要定义其观测起点和终点、观测频率。截面数据只需指定观测单元的个数。这两类工作文件能调用的分析工具也不相同。本篇首先介绍时间序列的基础性分析工具，包括日期函数和时间序列虚拟变量的创建、时间序列回归模型的估计和检验；然后介绍单变量时间序列 ARIMA 模型的识别、估计、诊断和预测；最后介绍 GARCH 模型的应用。

● **本篇内容安排如下。**

◎ 第 20 章 时间序列的基础性分析。

◎ 第 21 章 ARIMA 模型。

◎ 第 22 章 GARCH 模型。

第 20 章　时间序列的基础性分析

时间序列是在不同的时空上对观测单元进行跟踪观测而形成的一系列的观测值。分析时间序列时，要关注序列中是否存在长期趋势、季节效应、自相关性等时间序列独有的特征。本章将介绍 Eviews 中对时间序列最常用的操作，包括长期趋势的分析、季节虚拟变量的引入、自相关的识别和检验等。

本章的主要内容包括：

● 日期函数和虚拟变量。

● 时间序列回归模型。

20.1　实战案例：宏观经济指标分析

实战案例：本案例的数据来自美国联邦储备系统发布的 1960 年 1 月至 2019 年 12 月美国宏观经济月度数据，包括货币供应量、工业总产值指数、三月期国债利率和消费者价格指数 [①]。

货币供应量是指流通中的现金和活期存款总量，该序列已经消除了物价指数的影响，是以 1982—1984 年美元不变价格表示的实际货币供应量。工业总产值指数反映的是美国工业总产值的变化，该指数以 2017 年为基期，即 2017 年等于 100。三月期国债利率是指二级市场三月期国债的利率。消费者价格指数反映的是消费品价格的整体波动，该指数以 2015 年为基期，即 2015 年的物价水平等于 100。

分析目标：

● 日期函数的调用。

● 创建时间序列虚拟变量。

● 对时间序列回归模型进行估计和诊断。

本案例使用工作文件"fred.wf1"。表 20.1 列出了工作文件"fred.wf1"中变量的含义。

表 20.1　工作文件"fred.wf1"中变量的含义

变 量 名 称	变 量 含 义	单　　位
M1	货币供应量 M1	10 亿美元
Indpro	工业总产值指数	
CPI	消费者价格指数	
Tbill	三月期国债利率	%

---

① https://www.federalreserve.gov/datadownload。

20.2　日期函数和虚拟变量

本节介绍 Eviews 中常用的日期函数，以及如何为时间序列创建反映年份、季度、月份属性的虚拟变量。

1. 日期函数

Eviews 内置了大量的日期函数，通过调用这些日期函数可以提取观测值的年份、季度或者月度信息，生成观测时期有关的虚拟变量。表 20.2 罗列了常用的日期函数。

表 20.2　常用的日期函数

函 数 名 称	函 数 含 义
@year	返回年份
@quarter	返回季度
@month	返回月份
@day	返回日期
@hour	返回小时
@minute	返回分钟
@second	返回秒
@weekday	返回星期
@seas(q)	创建季度虚拟变量
@before（"date"）	创建虚拟变量，"date"之前的记录为 1，"date"之后的记录为 0
@after（"date"）	创建虚拟变量，"date"之后的记录为 1，"date"之间的记录为 0
@during（"date1 date2"）	创建虚拟变量，"date1"和"date2"之间的记录为 1，其他记为 0
@trend	生成序列 0，1，2，…，n

2. 虚拟变量

打开工作文件"fred.wf1"，在命令框中输入命令，创建虚拟变量。

1）创建年度虚拟变量

```
series dum1=@year>2008
```

说明：创建序列 dum1，若年份大于 2008 年，dum1 等于 1，否则 dum1 等于 0。

```
series dum2=@after（"2008"）
```

说明：创建序列 dum2，若年份在 2008 年之后，dum2 等于 1，否则 dum2 等于 0。

```
series dum3=@before（"2009"）
```

说明：创建序列 dum3，若年份在 2009 年之前，dum3 等于 1，否则 dum3 等于 0。

```
series dum4=@during（"2000 2010"）
```

说明：创建序列 dum4，若年份介于 2000 年至 2010 年之间，dum4 等于 1，否则 dum4 等于 0。

2）创建月度虚拟变量

```
series dum5=@month=1
```

说明：创建序列 dum5，若月份等于 1 月，dum5 等于 1，否则 dum5 等于 0。

```
group g1 @expand(@month)
```

说明：创建组 g1，组 g1 包括 12 个反映月份的虚拟变量。

```
group g2 @expand(@month,@dropfirst)
```

说明：创建组 g2，组 g2 包括 11 个反映月份的虚拟变量，分别是 @month=2，@month=3，…，@month=12。

```
group g3 @expand(@month,@droplast)
```

说明：创建组 g3，组 g3 包括 11 个反映月份的虚拟变量，分别是 @month=1，@month=2，…，@month=11。

3）创建季度虚拟变量

```
group g4 @expand(@quarter)
```

说明：创建组 g4，组 g4 包括 4 个反映季度的虚拟变量，分别是 @quarter=1，@quarter=2，@quarter=3 和 @quarter=4。

```
group g5 @expand(@quarter,@dropfirst)
```

说明：创建组 g5，组 g5 包括 3 个反映季度的虚拟变量，分别是 @quarter=2，@quarter=3 和 @quarter=4。

```
group g6 @expand(@quarter,@droplast)
```

说明：创建组 g6，组 g6 包括 3 个反映季度的虚拟变量，分别是 @quarter=1，@quarter=2 和 @quarter=3。

20.3　时间序列回归模型

本节介绍时间序列回归方程的估计、自相关的诊断和自相关的补救。首先，绘制"fred.wf1"工作文件中货币供给量（M1）、工业总产值指数（Indpro）、消费者价格指数（CPI）和三月期国债利率（Tbill）这 4 个序列的趋势图。

打开工作文件"fred.wf1"，在命令窗口中运行以下命令，得到时间序列的趋势图，如图 20.1 所示。

```
group group1 m1 indpro cpi tbill
group1.line(m)
```

如图 20.1 所示，货币供给量（M1）呈现长期增加的趋势，在 2008 年后增速明显加快；工业总产值指数（Indpro）和消费者价格指数（CPI）也呈现长期增加的趋势，二者的变化趋势相似；三月期国债利率（Tbill）呈现出明显的波动，与其他 3 个序列的变化明显不同。

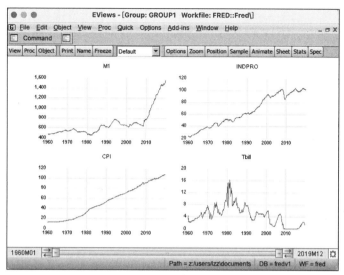

图 20.1　时间序列的趋势图

1. 时间序列回归方程的估计

时间序列回归方程的估计与第 12 章介绍的截面数据回归模型的估计基本相同，本节主要介绍如何将趋势变量、滞后变量、虚拟变量引入模型。

1）趋势变量

在命令窗口中运行以下命令：

```
equation eq1.ls log(m1) c log(indpro) log(cpi) tbill
equation eq2.ls log(m1) c log(indpro) log(cpi) tbill @trend
```

方程 eq1 和方程 eq2 的估计结果如图 20.2 所示。与方程 eq1 相比，方程 eq2 中增加了时间趋势变量 @trend。序列 @trend 是一个 0,1,2,…,719 的序列。对比两个方程中的系数，解释变量的系数的符号是相反的。

Equation: EQ1 Workfile: FRED::Fred

Dependent Variable: LOG(M1)
Method: Least Squares
Date: 12/19/21　Time: 14:34
Sample: 1960M01 2019M12
Included observations: 720

Variable	Coefficient	Std. Error	t-Statistic	Prob.
C	5.358975	0.121550	44.08863	0.0000
LOG(INDPRO)	0.192636	0.059028	3.263494	0.0012
LOG(CPI)	0.138597	0.035163	3.941548	0.0001
TBILL	-0.039050	0.002094	-18.64837	0.0000

R-squared	0.707894	Mean dependent var	6.493951
Adjusted R-squared	0.706671	S.D. dependent var	0.303573
S.E. of regression	0.164415	Akaike info criterion	-0.767309
Sum squared resid	19.35506	Schwarz criterion	-0.741869
Log likelihood	280.2313	Hannan-Quinn criter.	-0.757488
F-statistic	578.3897	Durbin-Watson stat	0.011619
Prob(F-statistic)	0.000000		

Equation: EQ2 Workfile: FRED::Fred

Dependent Variable: LOG(M1)
Method: Least Squares
Date: 12/19/21　Time: 14:34
Sample: 1960M01 2019M12
Included observations: 720

Variable	Coefficient	Std. Error	t-Statistic	Prob.
C	9.680146	0.151991	63.68877	0.0000
LOG(INDPRO)	-0.672864	0.045579	-14.76256	0.0000
LOG(CPI)	-0.552565	0.030539	-18.09370	0.0000
TBILL	0.005803	0.001897	3.058236	0.0023
@TREND	0.004529	0.000138	32.92763	0.0000

R-squared	0.883919	Mean dependent var	6.493951
Adjusted R-squared	0.883270	S.D. dependent var	0.303573
S.E. of regression	0.103718	Akaike info criterion	-1.687362
Sum squared resid	7.691556	Schwarz criterion	-1.655562
Log likelihood	612.4504	Hannan-Quinn criter.	-1.675086
F-statistic	1361.129	Durbin-Watson stat	0.006676
Prob(F-statistic)	0.000000		

图 20.2　时间序列回归方程的估计结果

货币供给量（M1）、工业总产值指数（Indpro）和消费者价格指数（CPI）都有长期增加的趋势，直接在三者之间建立回归模型容易形成伪回归。因此，方程 eq1 中的解释变量系数不能反映解释变量对被解释变量的真实影响，模型的设定是错误的。

方程 eq2 引入了趋势变量，一方面改进了模型的拟合效果，另一方面揭示了工业总产值指数（CPI）、三月期国债利率（Tbill）和货币供给量（M1）的真实关系。

2）滞后变量

在命令窗口中运行以下命令：

```
equation eq3.ls m1 c cpi cpi(-1) cpi-2 @trend
equation eq4.ls m1 c cpi(0 to -12) @trend
equation eq5.ls m1 c pdl(cpi, 12, 3) @trend
```

方程 eq3 中的 cpi(-1)、cpi(-2) 代表滞后 1 期、滞后 2 期的 cpi。方程 eq4 中的 cpi(0 to -12) 代表当期的 cpi，以及滞后 1 期到滞后 12 期的 cpi，一共有 13 项。

由于方程 eq4 中的 cpi 及其 12 项滞后项之间存在高度的多重共线性，可采用多项分布滞后项（Polynomial Distributed Lag，PDL）来减少模型要估计的参数。通过估计少数几个多项分布滞后项的系数，再推算出 cpi 及其 12 项滞后项的系数，以减弱多重共线性的影响。方程 eq5 中 pdl(cpi, 12, 3) 括号里的第一项是序列名，第二项是滞后项的期数，第三项是多项分布的滞后项。

方程 eq4 和方程 eq5 的输出结果如图 20.5 所示。方程 eq4 中 cpi 及其 12 项滞后项中系数显著的只有 cpi 和 cpi(-12)。方程 eq5 通过引入 4 个多项分布滞后项来代替 cpi 及其 12 项滞后项，4 个多项分布滞后项中有 2 项是显著的。cpi 及其 12 项滞后项中显著的有 cpi、cpi(-1)、cpi(-4)、cpi(-7)、cpi(-8)、cpi(-11) 和 cpi(-12)。

图 20.3   含有滞后项的回归方程的估计结果

3）年度虚拟变量

如图 20.1 所示，货币供给量（M1）呈现长期增加的趋势，在 2008 年后增速明显加快。因此，引入年度虚拟变量，以反映货币供给量（M1）在这两个阶段变化趋势的差异。下面举例说明如何在回归模型中引入年度虚拟变量。

```
equation eq6.ls log(m1) c log(indpro) log(cpi) tbill @trend @year>2008
```

说明：@year>2008 代表引入虚拟变量，当年份大于 2008 时，虚拟变量的值为 1，否则为 0。

```
series dum1=@year>2008
equation eq7.ls log(m1) c log(indpro) log(cpi) tbill @trend dum1 dum1*@trend
```

说明：方程 eq7 引入了反映年份在 2008 年之前或之后的虚拟变量 dum1，以及该虚拟变量与时间趋势变量的交互项 dum1*@trend。

```
equation eq8.ls log(m1) c log(indpro) log(cpi) tbill @trend @during（"1988m01 1993m12"）
equation eq9.ls log(m1) c log(indpro) log(cpi) tbill @trend @during（"1988 1993"）
```

说明：方程 eq8 中的 @during（"1988m01 1993m12"）和方程 eq9 中的 @during（"1988 1993"）含义相同，代表在这一段时期内虚拟变量的值为 1，否则为 0。

4）季度虚拟变量

```
equation eq10.ls log(m1) c log(indpro) log(cpi) tbill @trend @seas(2) @seas(3) @seas(4)
equation eq11.ls log(m1) c log(indpro) log(cpi) tbill @trend @expand(@quarter, @dropfirst)
```

说明：方程 eq10 中的 @seas(2) @seas(3) @seas(4) 和方程 eq11 中的 @expand(@quarter, @dropfirst) 含义相同，代表是否属于第二季度、第三季度和第四季度的三个虚拟变量。

5）月度虚拟变量

```
equation eq12.ls log(m1) c log(indpro) log(cpi) tbill @trend @month=1 @month=2 @month=3 @month=4 @month=5 @month=6 @month=7 @month=8 @month=9 @month=10 @month=11
equation eq13.ls log(m1) c log(indpro) log(cpi) tbill @trend @expand(@month, @droplast)
```

说明：方程 eq12 和方程 eq13 的模型设定完全相同。@month=1 代表一月份，该虚拟变量的值为 1，其他月份的值为 0。利用 @expand(@month, @droplast) 来代表 11 个反映月份信息的虚拟变量，命令更简洁。

2. 自相关的诊断

自相关是指回归模型中的误差项存在序列相关，违背了古典线性回归模型中误差项之间不相关的假定。当模型存在自相关时，OLS 估计量不再是有效的，OLS 估计量的方差也是有偏的。本节以方程 eq2 为例，介绍自相关的诊断方法。

1）残差的图形诊断

在命令窗口中运行以下命令：

```
eq2.makeresid resid_eq2
scat resid_eq2(-1) resid_eq2
```

如图 20.4 所示，方程 eq2 的滞后 1 期的残差和当期的残差之间正相关。

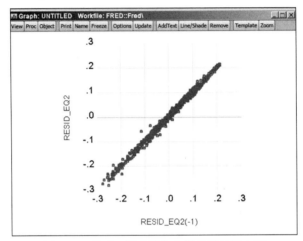

图 20.4　滞后 1 期残差和当期残差的散点图

2）Durbin-Watson 检验

Durbin-Watson 检验构造了 d 统计量。在大样本中，d 统计量的值近似等于 2*(1- 自相关系数)。当自相关系数的值越接近于 1 时，d 统计量的值越接近于 0；当自相关系数的值越接近于 -1 时，d 统计量的值越接近于 4。因此，若 d 统计量的值越接近于 0 或者 4，表明存在自相关；若 d 统计量的值接近于 2，表明不存在自相关。

方程 eq2 的估计结果报告了 Durbin-Watson 检验的 d 统计量的值为 0.006，可以判定该方程存在自相关问题。

3）相关图和 Q 统计量

打开方程 eq2，单击方程窗口中依次的 "View/Residual Diagnostics/Correlogram-Q-statistics..."，设置 "lags to include"，默认的滞后项数是 36，单击 "OK" 按钮，输出结果如图 20.5 所示。每一行最前方的数值代表阶数。数值 1 这一行的 AC 代表方程 eq2 的当期残差和滞后 1 期残差的相关系数，即一阶自相关系数。PAC 代表一阶偏自相关系数。从图 20.5 中可以看出，不同滞后期的自相关系数都超过了 0.9，表明存在自相关问题。Q-Stat 是 Ljung-Box Q 检验中的统计量，该检验的原假设是 "序列不存在自相关"，P 值接近于 0，代表拒绝原假设。

4）LM 检验

Breusch 和 Godfrey 在 1978 年提出了拉格朗日乘数检验（Lagrange Multiplier Test, LM 检验）。该检验克服了 Durbin-Watson 检验的诸多局限，在实践中应用更广泛。LM 检验构造了一个关于残差的辅助回归模型，解释变量包括原模型的解释变量和残差的滞后项。若残差的滞后项的系数不同时为 0，则表明原模型存在自相关问题。LM 检验中的检验统计量是观测值的个数乘以辅助回归模型的判定系数。

Equation: EQ2 Workfile: FRED::Fred\
View Proc Object Print Name Freeze Estimate Forecast Stats Resids
Correlogram of Residuals

Date: 12/19/21 Time: 16:42
Sample: 1960M01 2019M12
Included observations: 720

Autocorrelation	Partial Correlation		AC	PAC	Q-Stat	Prob
		1	0.996	0.996	717.22	0.000
		2	0.991	-0.175	1427.7	0.000
		3	0.984	-0.108	2129.9	0.000
		4	0.976	-0.142	2822.1	0.000
		5	0.968	-0.054	3502.9	0.000
		6	0.958	-0.150	4170.5	0.000
		7	0.946	-0.071	4823.3	0.000
		8	0.934	-0.028	5460.6	0.000
		9	0.921	-0.073	6081.1	0.000

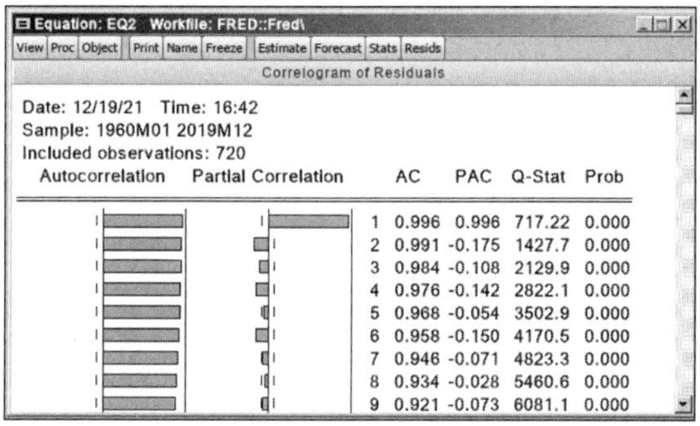

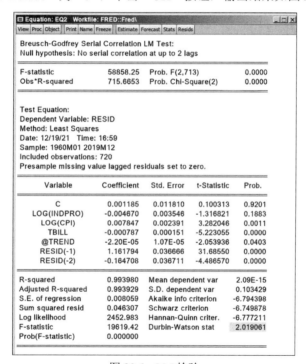

图 20.5　残差的相关图

打开方程 eq2，依次单击方程窗口中的“View|Residual Diagnostics|Serial Correlation LM test...”，设置“lags to include”为“3”，单击“OK”按钮，输出结果如图 20.6 所示。

Equation: EQ2 Workfile: FRED::Fred\
View Proc Object Print Name Freeze Estimate Forecast Stats Resids

Breusch-Godfrey Serial Correlation LM Test:
Null hypothesis: No serial correlation at up to 2 lags

F-statistic	58858.25	Prob. F(2,713)	0.0000
Obs*R-squared	715.6653	Prob. Chi-Square(2)	0.0000

Test Equation:
Dependent Variable: RESID
Method: Least Squares
Date: 12/19/21 Time: 16:59
Sample: 1960M01 2019M12
Included observations: 720
Presample missing value lagged residuals set to zero.

Variable	Coefficient	Std. Error	t-Statistic	Prob.
C	0.001185	0.011810	0.100313	0.9201
LOG(INDPRO)	-0.004670	0.003546	-1.316821	0.1883
LOG(CPI)	0.007847	0.002391	3.282046	0.0011
TBILL	-0.000787	0.000151	-5.223055	0.0000
@TREND	-2.20E-05	1.07E-05	-2.053936	0.0403
RESID(-1)	1.161794	0.036666	31.68550	0.0000
RESID(-2)	-0.164708	0.036711	-4.486570	0.0000

R-squared	0.993980	Mean dependent var	2.09E-15
Adjusted R-squared	0.993929	S.D. dependent var	0.103429
S.E. of regression	0.008059	Akaike info criterion	-6.794398
Sum squared resid	0.046307	Schwarz criterion	-6.749878
Log likelihood	2452.983	Hannan-Quinn criter.	-6.777211
F-statistic	19619.42	Durbin-Watson stat	2.019061
Prob(F-statistic)	0.000000		

图 20.6　LM 检验

如图 20.6 所示，输出结果的第一部分是标题栏，显示了检验的名称，即 Breusch-Godfrey 序列相关 LM 检验，该检验的原假设是“不存在二阶自相关”。LM 检验统计量等于“Obs*R-squared”，其值约为 715.6，P 值接近于 0，因此拒绝原假设，说明原模型存在自相关问题。

3. 自相关的补救

发现回归方程存在自相关问题后，常用的补救措施有重新设定模型，如在模型中引入 AR(p) 项，或者使用 HAC 标准误差。下面介绍上述方法在 Eviews 中的实现。

1）引入 AR(p) 项

在命令窗口中运行以下命令：

```
equation eq14.ls log(m1) c log(indpro) log(cpi) tbill @trend ff
```

当方程的设定中包含 AR(p) 项时，Eviews 默认的估计方法是 ARMA 极大似然法。ar(1) 和 ar(2) 代表滞后 1 期和滞后 2 期的误差项。方程 eq14 的估计结果如图 20.7 所示。

```
Equation: EQ14    Workfile: FRED::Fred\
View Proc Object | Print Name Freeze | Estimate Forecast Stats Resids

Dependent Variable: LOG(M1)
Method: ARMA Maximum Likelihood (BFGS)
Date: 12/19/21   Time: 23:49
Sample: 1960M01 2019M12
Included observations: 720
Convergence achieved after 8 iterations
Coefficient covariance computed using outer product of gradients
```

Variable	Coefficient	Std. Error	t-Statistic	Prob.
C	8.735111	0.336242	25.97863	0.0000
LOG(INDPRO)	-0.113428	0.028491	-3.981237	0.0001
LOG(CPI)	-0.893848	0.063947	-13.97796	0.0000
TBILL	-0.000238	0.000625	-0.380419	0.7037
@TREND	0.004559	0.000359	12.71000	0.0000
AR(1)	1.145439	0.020055	57.11402	0.0000
AR(2)	-0.147795	0.019569	-7.552481	0.0000
SIGMASQ	4.82E-05	1.16E-06	41.36279	0.0000

R-squared	0.999476	Mean dependent var		6.493951
Adjusted R-squared	0.999471	S.D. dependent var		0.303573
S.E. of regression	0.006980	Akaike info criterion		-7.072722
Sum squared resid	0.034691	Schwarz criterion		-7.021842
Log likelihood	2554.180	Hannan-Quinn criter.		-7.053080
F-statistic	194172.8	Durbin-Watson stat		2.045080
Prob(F-statistic)	0.000000			

Inverted AR Roots	1.00	.15	

图 20.7　引入 AR(p) 项的回归方程的估计结果

方程 eq14 的估计表达式如式 20.1 所示。

$$\text{Ln M1}_t = 8.735 - 0.113\text{Ln Indpro}_t - 0.894\text{Ln cpi} - 0.0002\text{Tbill} + 0.005T + e_t$$
$$e_t = 1.145 e_{t-1} - 0.148 e_{t-2} + v_t \tag{20.1}$$

在命令窗口中运行以下命令：

```
equation eq15.ls(ARMA=CLS) log(m1) c log(indpro) log(cpi) tbill @trend ar(1 to 3)
```

ARMA=CLS 代表估计方法为条件最小二乘法，ar(1 to 3) 代表包含误差的 3 期滞后项。

引入 AR(p) 项后，还需要对该模型进行自相关诊断，以确定是否消除了自相关问题。在本例中对 eq14 进行 LM 检验，可以发现自相关问题仍然存在。此时，就需要另寻他法。

2）使用 HAC 标准误差

当模型存在自相关问题时，OLS 估计量仍然是无偏的，但是 OLS 估计量的标准误差是有偏的。Newey-West 提出了在大样本下对 OLS 估计量的标准误差进行校正的方法，称作 HAC 标准误差。该方法考虑了自相关问题和异方差的存在，得到的估计量的方差是无偏的。Eviews 内置了这一方法，只需在 ls 后添加 (n)，就可以报告 HAC 标准误差。在命令窗口中运行以下命令：

```
equation eq16.ls(n) log(m1) c log(indpro) log(cpi) tbill
```

方程 eq2 和方程 eq16 的输出结果如图 20.8 所示。通过对比可知，两个方程的系数的估计值完全相同，方程 eq16 输出结果的标题栏中有一行提示"HAC standard errors & covariance"。

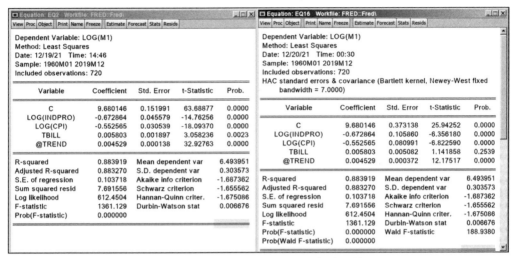

图 20.8　OLS 标准误差和 HAC 标准误差

当方程存在自相关问题时，若样本容量很大，建议报告 HAC 标准误差，克服自相关导致的 OLS 估计量的标准误差有偏的问题。若样本容量较小，可以尝试引入 AR(p) 项，或者重新设定模型，但要注意对重新设定的模型再进行自相关检验，以确认重新设定的模型不再有自相关问题。

本节 Eviews 实战技巧

- 调用日期函数可以生成反映不同年度、不同季度或者不同月度的虚拟变量。
- @trend 函数可以生成一个 0，1，…，n 的序列，并可引入回归模型作为长期趋势解释变量。
- LM 检验可用于诊断回归模型是否存在自相关问题。
- 若模型存在自相关问题，可在模型中引入 AR(p) 项，或者使用 HAC 标准误差。

第 21 章　ARIMA 模型

对于截面数据，研究者需要寻找对因变量有关键影响的解释变量，在因变量与另一个或者几个解释变量之间建立回归模型。对于时间序列，研究者可利用时间序列的历史来预测其未来，关注时间序列本身的变化规律。若研究时间序列时不考虑其他的外生解释变量，这类分析称为单变量时间序列分析，最典型的模型就是 ARIMA（Autoregressive Integrated Moving Average）模型。ARIMA 模型专注于刻画时间序列自身的随机性和变换特征。与传统回归模型不同的是，ARIMA 模型中没有外生解释变量。ARIMA 模型利用因变量的滞后项、当期的误差项和滞后的误差项来解释因变量的变化。

本章将介绍如何利用 Eviews 来实现 ARIMA 方程的识别、估计、诊断和预测。

本章的主要内容包括：

- ARIMA 模型简介。
- ARIMA 方程的识别。
- ARIMA 方程的估计。
- ARIMA 方程的诊断。
- ARIMA 方程的预测。
- ARIMA 方程的命令。

21.1　ARIMA 模型简介

时间序列回归模型容易出现自相关问题，随机误差项之间的相关性会破坏 OLS 估计量的有效性，导致 OLS 估计量的标准误差有偏。ARIMA 模型从自相关的角度揭示时间序列的发展规律，是现代时间序列分析的主流方法。根据模型是否包含自回归项、移动平均项、季节效应，ARIMA 模型有以下 5 种典型形式。

1. ARIMA 模型的典型形式

1）AR 模型

AR 模型的一般形式如式 21.1 所示。

$$Y_t = X_i' \beta + u_t$$
$$u_t = \rho_1 u_{t-1} + \rho_2 u_{t-2} + \cdots + p_p u_{t-p} + \varepsilon_t \tag{21.1}$$

式中，$X_i' \beta$ 代表外生解释变量，ϵ_t 是白噪声。在单变量时间序列模型中，没有外生解释变量，$X_t' \beta$ 可以视为常数项。将式 21.1 改写成式 21.2。

$$Y_t = X_t' \beta + \sum_{j=1}^{p} \rho_j (Y_{t-j} + X_{t-j}' \beta) + \epsilon_t \tag{21.2}$$

用 L 代表滞后算子，$LY_t = Y_{t-1}$，$L^2 Y_t = Y_{t-2}$，$L^j Y_t = Y_{t-j}$，可将式 21.2 写成式 21.3 所示形式。

$$\left(1-\sum_{j=1}^{p}\rho_j L^j\right)\left(Y_t - X_t'\beta\right) = \in_t \tag{21.3}$$

将 AR 模型中的自相关结构记为自相关多项式 $\rho(L)$，如式 21.4 所示。

$$\rho(L) = 1 - \sum_{j=1}^{p}\rho_j L^j \tag{21.4}$$

式 21.3 所示的 AR 模型可以表达为式 21.5 所示的形式。

$$\rho(L)(Y_t - X_t'\beta) = \in_t \tag{21.5}$$

单变量时间序列模型不包含外生解释变量 $X_t'\beta$，因此 AR 模型可以表达为式 21.6 所示形式。

$$\rho(L)(Y_t - \mu) = \in_t \tag{21.6}$$

2）MA 模型

MA（Moving Average）模型用时间序列滞后的残差来解释时间序列的变化。MA（q）模型如式 21.7 所示。

$$Y_t = \in_t + \theta_1 \in_{t-1} + \rho\theta_2 \in_{t-2} + \ldots + \theta_q Y_{t-q} \tag{21.7}$$

$$= \in_t + \sum_{j=1}^{q}\theta_j \in_{t-j} = \theta(L)\in_t$$

式中，$\theta(L)$ 称为移动平均算子，反映了 MA 模型中的移动平均结构，将其记作式 21.8。

$$\theta(L) = 1 + \sum_{j=1}^{q}\theta_j L^j \tag{21.8}$$

若在模型中引入常数项，则得到如下均值调整后的 MA 模型，如式 21.9 所示。

$$Y_t - \mu = \theta(L)\in_t \tag{21.9}$$

3）ARMA 模型

ARMA（Autoregressive Moving Average）模型同时整合了 AR 模型和 MA 模型，ARMA 模型如式 21.10 所示。

$$\rho(L)(Y_t - \mu) = \theta(L)\in_t \tag{21.10}$$

其详细表达式如式 21.11 所示。

$$\left(1-\sum_{j=1}^{p}\rho_j L^j\right)(Y_t - \mu) = \left(1+\sum_{j=1}^{q}\theta_j L^j\right)\in_t \tag{21.11}$$

4）SARMA 模型

Box 和 Jenkins（1976）指出对于季度或月度时间序列，同一个季度或月度的数据在不同年份之间可能存在相关性，可尝试在 ARMA 模型中引入季度自回归（Seasonal Autoregressive，SAR）项或者季节移动平均（Seasonal Moving Average，SMA）项。

若在 AR 模型中引入 SAR 项，则表示在 AR 模型的左边再乘以 SAR 滞后算子 $(1-\phi_P L^P)$，如式 21.12 所示。

$$\rho(L)(1-\phi_P L^P)(Y_t-\mu)=\varepsilon_t \tag{21.12}$$

若在 MA 模型中引入 SMA 项，则表示在 MA 模型的右边再乘以 SMA 滞后算子 $(1+\omega_Q L^Q)$，如式 21.13 所示。

$$Y_t-\mu=\theta(L)(1+\omega_Q L^Q)\varepsilon_t \tag{21.13}$$

若在 ARMA 模型中引入 SAR 项、SMA 项，SARMA 模型的表达式如式 21.14 所示。

$$\left(1-\sum_{j=1}^{p}\rho_j L^j\right)\left(1-\phi_P L^P\right)\left(Y_t-\mu\right)=\left(1+\sum_{j=1}^{q}\theta_j L^j\right)\left(1+\omega_Q L^Q\right)\varepsilon_t \tag{21.14}$$

将式 21.14 记为 SARMA(p,q)(P,Q)，p、q 代表自回归项和移动平均项的阶数，P、Q 代表季节自回归项和季节移动平均项的阶数。

注意： 通常情况下，模型中有自回归项，才引入季节自回归项；模型中有移动平均项，才引入季节移动平均项。

5）ARIMA 模型

ARMA 模型要求 y_t 是一个平稳序列。y_t 的期望和方差不随时间而改变，任何两期的观测值之间不相关。若一个序列不是平稳序列，需要先对其进行变换，得到平稳序列后，再使用 ARMA 模型。

Box 和 Jenkins 在 AR 模型、MA 模型、ARMA 模型的基础上构造了 ARIMA（Autoregressive Integrated Moving Average）模型。

将不平稳序列转换为平稳序列，最常见的变换是差分变换。若序列 y_t 不是平稳序列，对其进行一阶差分变换 $\Delta y_t=y_t-y_{t-1}$；若 Δy_t 是一个平稳序列，则称 y_t 是一阶单整序列，记为 $y_t \sim I(1)$。

不平稳序列 y_t 需要经过 d 次差分才能成为一个平稳序列。若这个序列的 $d-1$ 次差分是不平稳的，那么称 y_t 是 d 阶单整序列，记为 $y_t \sim I(d)$。

ARIMA 模型记为 ARIMA(p,d,q)，p 代表自回归的阶数，d 代表单整的阶数，q 代表移动平均的阶数。如果 p、d、q 中有等于 0 的值，则可以省略 ARIMA 中相应的部分。例如，ARIMA(1,0,0) 即 AR(1)，ARIMA(0,1,0) 即 I(1)，ARIMA(0,0,1) 即 MA(1)。

关于上述 5 类模型的估计方法，可以参见时间序列相关教材。若着重于学习上述模型在实践中的应用，读者可不必深究估计方法的具体细节，但需要熟悉各种模型的形式，这样有助于理解 Eviews 报告的模型估计结果。

2. 实战案例：CPI 趋势预测

实战案例：以我国居民消费价格指数（CPI）的月度时间序列为例，介绍如何利用 Eviews 实现 ARIMA 模型的识别、估计、诊断和预测。

使用工作文件"cpi.wf1"，序列 CPI 中保存了 2001 年 1 月至 2021 年 10 月全国居民消费价格指数。该序列以 2001 年 1 月为基期，即 2001 年 1 月的 CPI 等于 100，其余各个月份的指数反映了该月的物价水平相对于 2001 年 1 月的变化。

分析目标：

● 建立序列 CPI 的 ARMA 模型，识别序列 CPI 的平稳性和 ARMA 模型的阶数。

● ARMA 模型的估计。

21.2 ARIMA 方程的识别和估计

本节首先介绍 ARIMA 方程的识别，包括考察序列是否平稳、确定 ARIMA 方程的阶数，然后介绍 ARIMA 方程的估计。

1. ARIMA 方程的识别

ARIMA 方程的识别包括两部分：一是考察序列是否平稳，二是确定 ARIMA 方程的阶数。

1）考察序列是否平稳

首先，考察序列是否平稳。打开工作文件 "cpi.wf1"，在命令窗口中运行 "cpi.line"，绘制序列 CPI 的时序图，如图 21.1 所示。

如图 21.1 所示，CPI 呈长期增加趋势，是一个非平稳序列。因此，对 CPI 进行一阶差分变换，然后检验 CPI 的一阶差分序列的平稳性。双击序列 CPI，单击 "View/Unit Root Test/Standard Unit Root Tests..."，打开 "Unit Root Test" 对话框，如图 21.2 所示。

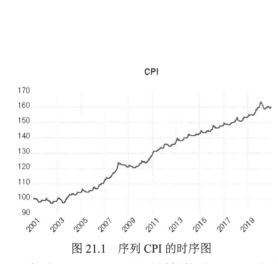

图 21.1 序列 CPI 的时序图

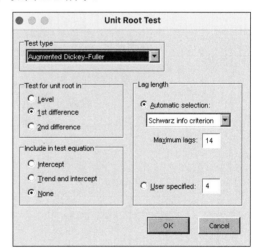

图 21.2 "Unit Root Test" 对话框

在 "Unit Root Test" 对话框的 "Test type" 下拉列表中选择 "Augmented Dickey-Fuller"，即进行 ADF 检验。在 "Test for unit root in" 选项组中勾选 "1st difference"，对 CPI 的一阶差分序列进行检验。单击 "OK" 按钮，输出结果如图 21.3 所示。

ADF 检验的 P 值约为 0.08，拒绝 "D(CPI) 序列有单位根，是不平稳序列" 的原假设。因此，D(CPI) 是平稳序列，接下来将围绕 D(CPI) 序列建立 ARMA 模型。

Null Hypothesis: D(CPI) has a unit root
Exogenous: None
Lag Length: 11 (Automatic - based on SIC, maxlag=14)

		t-Statistic	Prob.*
Augmented Dickey-Fuller test statistic		-1.707489	0.0831
Test critical values:	1% level	-2.575189	
	5% level	-1.942230	
	10% level	-1.615768	

*MacKinnon (1996) one-sided p-values.

图 21.3　单位根检验结果

2）确定 ARIMA 方程的阶数

研究者总结了依据自相关系数图、偏自相关系数图的特征来确定 p 和 q 的经验方法。例如，当自相关函数（Autocorrelation Function，ACF）拖尾，偏自相关函数（Partial Autocorrelation Function，PACF）在 p 阶截尾时，使用 AR 模型。当自相关函数在 q 阶截尾，偏自相关函数拖尾时，使用 MA 模型。若自相关函数和偏自相关函数都拖尾，则使用 ARMA 模型。

在实践中，自相关函数和偏自相关函数的拖尾或截尾特征有时并不明显，此时较难使用前述经验方法。研究者会选取不同的 p 和 q 进行尝试，再根据模型的 AIC、SIC、HQ 信息准则，选择一个相对最优的模型。这个尝试的过程是比较烦琐的。尤其是对于 SARMA$(p,q)(P,Q)$ 模型，还需要考虑季节自回归项和季节移动平均项的阶数 P 和 Q。

Eviews 为研究者提供了自动选择 p、q、P、Q 的工具，下面就将介绍这一工具的使用方法。

打开序列 CPI，在序列窗口中单击"Proc/ Automatic ARIMA Forecasting..."，打开图 21.4 所示的对话框。

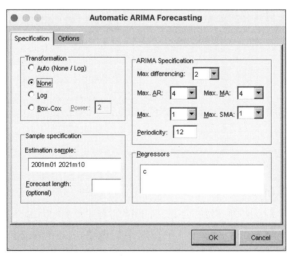

图 21.4　"Automatic ARIMA Forecasting" 对话框的 "Specification" 选项卡

"Automatic ARIMA Forecasting" 对话框中有 "Specification" 和 "Options" 两张选项卡。"Specification" 选项卡用于设置模型的形式，"Options" 选项卡用于设置模型的估计方法。

在"Specification"选项卡中，"Transformation"选项组中有对序列是否进行变换的 4 个选项。"Auto"代表对序列不采取变换或对数变换，选择此项，Eviews 将根据估计结果自动选择不变化或者对数变换。"None"代表对序列不施加变换。"Log"代表对序列进行对数变换，"Box-Cox"代表对序列进行 Box-Cox 变换。

在"Sample specification"选项组中，"Estimation sample"用于设置样本区间，默认的范围是所有样本。"forecast length"用于设置预测期数，但要注意在填写预测期数时，需要先将工作文件的范围也扩展到此区间，这样预测的序列才能保存到工作文件中。

"ARIMA Specification"选项组用于设置最大差分阶数（Max differencing）、最大自回归项阶数（Max. AR）、最大移动平均项阶数（Max. MA）、最大自回归项阶数（Max. SMA）、最大移动平均回归项阶数（Max）。"Periodicity"用于设置时间序列的季节周期的长度，因本例中的 CPI 序列是月度数据，以一年为一个周期，所以此项设置为"12"。

"Regressors"选项组用于设置模型是否包括其他解释变量和常数项。在本例中，各项设置如图 21.4 所示。

单击"Options"选项卡，如图 21.5 所示。"ARMA model selection|averaging"选项组用于设置模型选择标准，默认选项是"Akaike Info. Criterion"。单击下拉按钮，还可以选择施瓦茨信息准则（Schwarz Info. Criterion）、HQ 准则（Hanna-Quinn）或均方误差（Mean Square Error）。"Differencing selection"代表通过 KPSS 方法来检验序列是否平稳，若序列不平稳，就对其进行差分变换，再将其纳入 ARMA 模型。

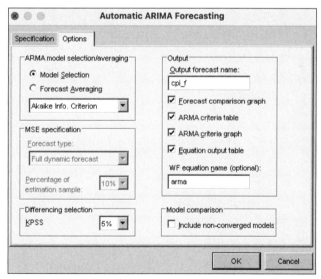

图 21.5 "Automatic ARIMA Forecasting"对话框的"Options"选项卡

在"Output forecast name"编辑框中可输入预测序列的名称，勾选其下方 4 个复选框，将在输出结果中报告预测序列的图像、ARMA 选择的进程表、ARMA 模型的输出结果。这 4 个复选框默认是没有勾选的，建议读者将其勾选，这样 Eviews 会报告其自动选择的 ARIMA 模型的详细输出结果。

在"WF equation name (optional):"编辑框中输入方程的名称，Eviews 将把自动选择的 ARIMA 模型作为一个方程对象保存在工作文件中。

单击"OK"按钮，输出结果如图 21.6 所示。输出结果有 4 部分。

第一部分"Summary"的第一栏报告了模型的设置，也就是在"Specification"选项卡中设置的项目。需要注意的是，"Selected depend variable"报告了模型中被解释变量的形式，本例中是"D(CPI)"。因为序列 CPI 是非平稳的，经一阶差分变换后是平稳的，模型的被解释变量是 D(CPI)。

第二栏显示估计了 100 个模型，因为在本例 Eviews 尝试的模型中，自回归项和移动平均项的阶数可取 0 ~ 4，各有 5 种可能；季节自回归项和季节移动平均项的阶数是 0 和 1，各有 2 种可能，所以一共有 5×5×2×2=100 种组合。根据 AIC 最小的标准，Eviews 从这 100 个特选模型中选取了模型 ARMA(4,3)(1,1)，该模型的 AIC 值约为 1.719。

对于序列 CPI 而言，该模型可以表达为 SARIMA(4,1,3)(1,1)。(4,1,3) 中的 4 代表自回归的阶数，1 代表 CPI 是一阶单整，3 代表移动平均阶数。(1,1) 代表包含一项季节自回归项和一项季节移动平均项。

第二部分"Equation Output"报告了方程的估计结果，这一部分与普通回归方程的输出形式相似。最下方报告了自回归特征方程的逆特征根（Inverted AR Roots）和移动平均特征方程的逆特征根（Inverted MA Roots）。

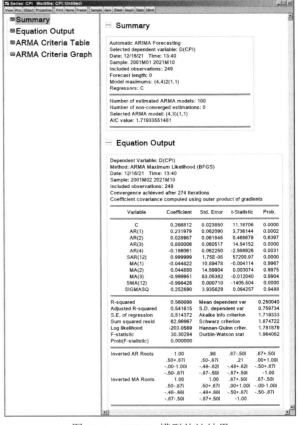

图 21.6   ARIMA 模型估计结果

当自回归特征方程的逆特征根的模都小于 1，即逆特征根都位于单位圆内时，自回归过程才是平稳的。若逆特征根位于单位圆外，将显示"AR process is nonstationary"。

当移动平均特征方程的逆特征根都位于单位圆内时，移动平均过程可以收敛为一个无穷阶的自回归过程，此时称该移动平均过程是可逆的。若自回归特征方程的逆特征根位于单位圆外，将显示"MA process is non invertible"。

因此，要关注 ARIMA 模型估计结果的下方是否有自回归项不平稳或者移动平均项不可逆的提示。若有该提示，需要重新设定该模型。

第三部分如图 21.7 所示，"ARMA Criteria Table"报告了尝试的 100 个模型的对数似然函数值（LogL）、AIC 值、BIC 值和 HQ 值。在 AIC 右上角标记了星号，选择模型的标准是 AIC。

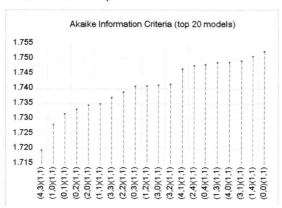

图 21.7　ARMA 模型的选择标准

第四部分如图 21.8 所示，"ARMA Criteria Graph"报告了 AIC 值最小的 20 个模型，横轴是模型的形式，纵轴是 AIC 值。

图 21.8　ARMA 模型的 AIC 图像

单击序列 CPI 窗口中的"Freeze"按钮，将上述输出结果冻结为"Spool"对象，对其命名，将该对象保存在工作文件中，可反复查看。

2. ARIMA 方程的估计

依据 21.1 节中对 ARIMA 方程阶数的自动识别，构建 SARIMA(4,1,3)(1,1) 模型。单击 Eviews 主菜单"Quick\Estimate Equation..."，打开"Equation Estimation"对话框，如图 21.9 所示。

在"Specification"选项卡的"Equation specification"编辑框中输入方程的设定。"d(cpi)"代表被解释变量，"ar(1 to 4)"代表 ar(1)、ar(2)、ar(3)、ar(4)4 个自回归项。因为本例中是月度数据，要用"sar(12)"和"sma(12)"代表季节自回归和季节移动平均项。"ma(1 to 3)"代表 ma(1)、ma(2)、ma(3)3 个移动平均项。

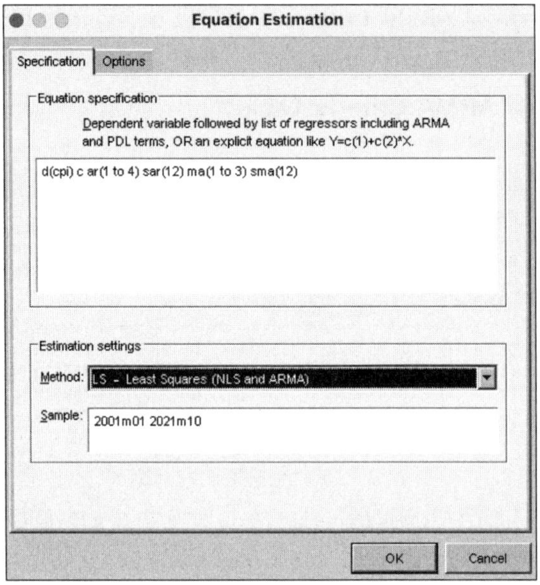

图 21.9   SARIMA(4,1,3)(1,1) 方程的设定

单击"Options"选项卡，设置系数协方差的信息矩阵的方法。在"Info matrix"的下拉列表中有"OPG (outer product of the gradients)"和"Hessian observed"备选。"Estimation algorithm"栏目下设置优化方法（Optimization）、步长（Step method）、最大迭代次数（Maximum iterations）以及收敛准则（Convergence tolerance）。本例中的设置如图 21.10 所示，最优化方法设置为"BFGS"，其余的选项都是 Eviews 的默认设置。

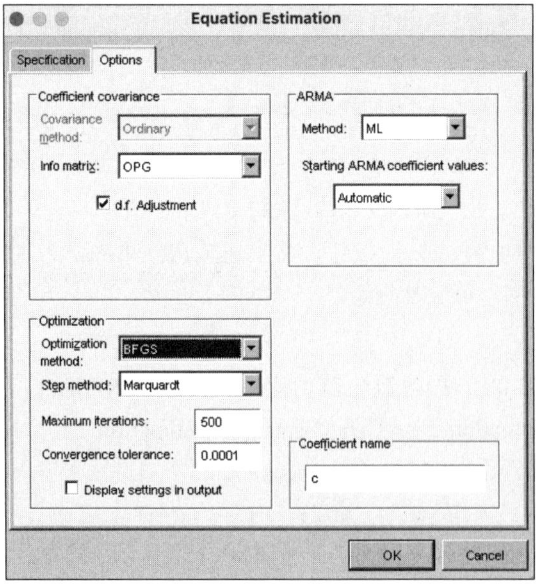

图 21.10   SARIMA(4,1,3)(1,1) 方程的估计方法选项

单击"OK"按钮，输出结果如图 21.11 所示。图 21.11 显示，估计迭代次数为 289 次，而在图 21.6 中，迭代次数是 274 次。Eviews 每次在估计时会自动选择初始值，所以每一次估计迭代次数会有所不同，但估计的系数数值会非常接近。

Dependent Variable: D(CPI)
Method: ARMA Maximum Likelihood (BFGS)
Date: 12/16/21   Time: 16:46
Sample: 2001M02 2021M10
Included observations: 249
Convergence achieved after 289 iterations
Coefficient covariance computed using outer product of gradients
d.f. adjustment for standard errors & covariance

Variable	Coefficient	Std. Error	t-Statistic	Prob.
C	0.266806	0.024363	10.95131	0.0000
AR(1)	0.231828	0.063502	3.650727	0.0003
AR(2)	0.028975	0.063148	0.458841	0.6468
AR(3)	0.879971	0.061537	14.29988	0.0000
AR(4)	-0.185858	0.063610	-2.921840	0.0038
SAR(12)	0.999996	2.95E-05	33902.81	0.0000
MA(1)	-0.044861	6.683386	-0.006712	0.9947
MA(2)	0.044864	8.938882	0.005019	0.9960
MA(3)	-0.999929	50.78255	-0.019690	0.9843
SMA(12)	-0.996842	0.001718	-580.2878	0.0000
SIGMASQ	0.253290	1.603029	0.158007	0.8746

R-squared	0.559403	Mean dependent var		0.250040
Adjusted R-squared	0.540891	S.D. dependent var		0.759734
S.E. of regression	0.514778	Akaike info criterion		1.719333
Sum squared resid	63.06910	Schwarz criterion		1.874722
Log likelihood	-203.0569	Hannan-Quinn criter.		1.781879
F-statistic	30.21764	Durbin-Watson stat		1.963782
Prob(F-statistic)	0.000000			

图 21.11　SARIMA(4,1,3)(1,1) 模型的估计结果

SARIMA(4,1,3)(1,1) 模型的表达式如式 21.15 和式 21.16 所示。

$$\Delta \text{CPI}_t = 0.267 + u_t(1 - 0.231L - 0.029L^2 - 0.880L^3 + 0.186L^4)(1 - L^{12})u_t \tag{21.15}$$

$$= (1 - 0.045L + 0.045L^2 - L^3)(1 - 0.997L^{12})\varepsilon_t \tag{21.16}$$

本节 Eviews 实战技巧

- 在构建 ARIMA 方程之前，首先要检验序列的平稳性，在序列窗口中依次单击"View/Unit Root Tests..."进行平稳性检验。

- 在序列窗口中单击"Proc/Automatic ARIMA Forecasting..."可自动选择 ARIMA 方程的阶数。

21.3　ARIMA 方程的诊断

对 ARIMA 方程的诊断主要包括两类：一是残差的平稳性检验，二是方程的平稳性和可逆性检验。在 21.3 节中，对我国居民消费价格指数（CPI）序列构建了 SARIMA(4,1,3)(1,1) 模型。该模型的被解释变量是 D（CPI），即对 CPI 进行了一阶差分变换，解释变量中包含季节自回归项 SAR(12) 和季节移动平均项 SMA(12)。本节将对 SARIMA(4,1,3)(1,1) 模型进行诊断，是一个对 SARIMA 方程进行诊断的场景。本节介绍的诊断方法也适用于一般的 ARIMA 方程。

1. 残差的平稳性检验

如果 ARIMA 模型的设定是正确的，那么其残差应该是一个平稳序列。将图 21.11 中的方程命名为"SARIMA4311"，对该方程的残差进行 ADF 检验，输出结果如图 21.12 所示。

Null Hypothesis: RESIDUAL_SARIMA4311 has a unit root
Exogenous: None
Lag Length: 0 (Automatic - based on SIC, maxlag=15)

		t-Statistic	Prob.*
Augmented Dickey-Fuller test statistic		-15.43045	0.0000
Test critical values:	1% level	-2.574320	
	5% level	-1.942110	
	10% level	-1.615846	

*MacKinnon (1996) one-sided p-values.

图 21.12　残差的 ADF 检验

ADF 检验的 P 值接近于 0，拒绝了"有单位根，是不平稳序列"的原假设，可以认为残差是平稳序列。

2. 方程的平稳性和可逆性检验

ARIMA 模型的平稳性是指自回归特征方程的逆特征根都位于单位圆中。ARIMA 模型的可逆性是指模型中的移动平均过程可以收敛为一个无穷阶的自回归过程，自回归特征方程的逆特征根都位于单位圆中。

打开方程 SARIMA4311，依次单击"View/ARIMA Structure..."，打开"ARIMA Diagnostic Views"对话框，如图 21.13 所示。在"Select a diagnostic"列表框中选择"Roots"，在"Display"选项组中点选"Graph"单选按钮。

单击"OK"按钮，输出结果如图 21.14 所示。图 21.14 显示了自回归特征方程和移动平均特征方程的逆特征根都在单位圆中，表明方程 SARIMA4311 满足平稳性和可逆性。

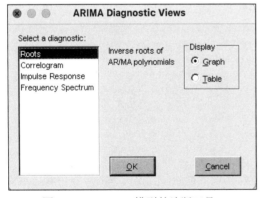

图 21.13　ARIMA 模型的诊断工具

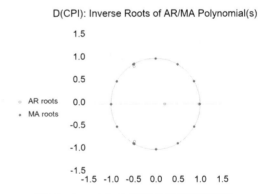

图 21.14　ARIMA 模型的逆特征根图像

若在图 21.13 所示的"ARIMA Diagnostic View"对话框的"Display"选项组中点选"Table"单选按钮，则输出结果如图 21.5 所示，报告了逆特征根（Inverse Roots）的详细结果，以及对 ARIMA 模型的平稳性和可逆性的诊断结论。

Inverse Roots of AR/MA Polynomial(s)
Specification: D(CPI) C AR(1 TO 4) SAR(12) MA(1
　　TO 3) SMA(12)
Date: 12/16/21　Time: 20:49
Sample: 2001M01 2021M10
Included observations: 249

AR Root(s)	Modulus	Cycle
-0.866025 ? 0.500000i	1.000000	2.400000
1.000000	1.000000	
-0.500000 ? 0.866025i	1.000000	3.000000
0.500000 ? 0.866025i	1.000000	6.000000
0.866025 ? 0.500000i	1.000000	12.00000
-1.000000	1.000000	
1.94e-16 ? 1.000000i	1.000000	4.000000
0.980077	0.980077	
-0.478890 ? 0.822019i	0.951342	2.994407
0.209531	0.209531	

No root lies outside the unit circle.
ARIMA model is stationary.

MA Root(s)	Modulus	Cycle
-0.477557 ? 0.878575i	0.999977	3.037290
0.999975	0.999975	
-0.499868 ? 0.865797i	0.999736	3.000000
-4.16e-16 ? 0.999736i	0.999736	4.000000
0.999736	0.999736	
0.499868 ? 0.865797i	0.999736	6.000000
0.865797 ? 0.499868i	0.999736	12.00000
-0.865797 ? 0.499868i	0.999736	2.400000
-0.999736	0.999736	

No root lies outside the unit circle.
ARMA model is invertible.

图 21.15　ARIMA 模型的逆特征根

21.4　ARIMA 方程的预测

打开方程 "SARIMA4311"，单击方程窗口中的 "Forecast" 按钮，打开 "Forecast" 对话框，如图 21.16 所示进行设置。在 "Method" 选项组中选择静态预测（Static forecast），是指预测时利用观测值或观测到的滞后值进行预测。在 "Output" 选项组中选择 "Forecast & Actuals"，将绘制时间序列的观测值和预测值。勾选 "Forecast evaluation" 复选框，将报告预测的评估效果。

单击 "OK" 按钮，输出结果如图 21.17 所示。

在 CPI 序列的静态预测图中，蓝色实线代表 CPI 的静态预测序列，红色虚线代表预测值的置信区间，绿色实线代表 CPI 的观测值。右侧矩形框显示了各种形式的预测误差，包括均方误差的平方根（Root Mean Squared Error）、平均绝对误差（Mean Absolute Error）、平均绝对百分比误差（Mean Abs. Percent Error）、Theil 不等系数（Theil Inequality Coef.）等。该方程的 Theil 不等系数约为 0.021，预测值和观测值十分接近，表明方程的预测效果很好。

若在图 21.16 所示的 "Forecast" 对话框中选择动态预测，需要将 "Forecast sample" 设置为 "2002M07 2021M10"。利用观测值计算出第一个预测值后，后面各期的预测值均利用前期的预测值来预测。因为在对 CPI 进行静态预测后，图 21.17 显示"Adjusted sample"是"2002M06 2021M10"，即第一个静态预测值对应的时期是 2002M06。进行动态预测，要利用前一期的预测值，所以动态预测只能从 2002M07 开始。

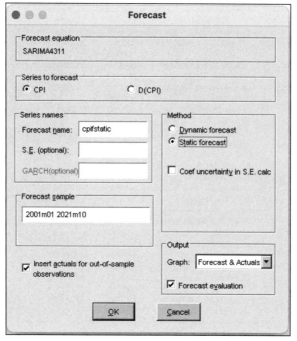

图 21.16　ARMA 方程的预测

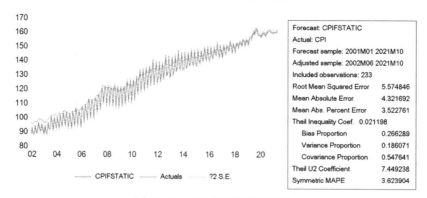

图 21.17　CPI 序列的静态预测

若选择动态预测，但"Forecast sample"仍然沿用默认选项，使用工作文件的样本区间，将会出现错误提示："Unable to compute due to missing data"。因此，在进行动态预测时，需要注意对"Forecast sample"进行合理设置。

图 21.18 显示了 CPI 序列的动态预测，从预测效果来看，动态预测的预测误差比静态预测的预测误差要大。

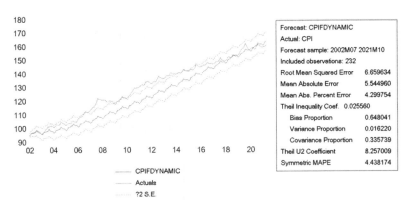

图 21.18 CPI 序列的动态预测

本节 Eviews 实战技巧

- 在 ARIMA 方程窗口中依次单击"View/ARIMA Structure…"诊断模型的平稳性和可逆性。
- 在 ARIMA 方程窗口中单击"Forecast"按钮，报告方程的预测误差，评估方程的预测效果。

21.5 ARIMA 方程的命令

本节介绍 ARIMA 方程识别、估计、诊断和预测的 Eviews 命令。

1. autoarma

（1）语法

```
series.autoarma(options) forecast_name [exogenous_regressors]
```

series：序列名。

options：详见表 21.1。

forecast_name：预测序列的名称。

[exogenous_regressors]：外生解释变量，如果主方程包含截距项，需要列出 C。

表 21.1 autoarma 命令中的"options"参数

参 数	含 义
tform=arg	设置被解释变量的形式：在对数或不变换两者之间自动选择（"auto"）、不变换（"none"）、对数变换（"log"）、Box-Cox 变换（"bc"）
bc=int	设置 Box-Cox 变换的次数
diff=int	设置差分变换的阶数，默认值为 2
maxar=int	设置自回归项的最大阶数，默认值为 4
maxma=int	设置移动平均项的最大阶数，默认值为 4
maxsar=int	设置季节自回归项的最大阶数，默认值为 0

续表

参　　数	含　　义
maxsma=int	设置季节移动平均项的最大阶数，默认值为 0
periods=int	设置季节效应一个周期的期数，默认值是工作文件中一年时长所含的期数
select=key	设置模型选择标准：AIC 信息准则（"aic"）、SIC 信息准则（"sic"）、Hannan-Quinn 准则（"hq"）、均方误差准则（"mse"）
fgraph	输出方程的预测图像
atable	输出方程的信息准则表
agraph	输出方程的信息准则图像
etable	输出自动选择的方程的估计结果
eqname=name	将自动选择的方程保存为名称为 "name" 的方程对象
seed=num	设置随机数种子

　　注：1. arg 等于双引号中的字符。

　　　　2. 多个参数之间用逗号隔开。

　　　　3. 完整参数设置详见 Eviews Command Reference.

（2）举例

```
wfopen cpi.wf1
cpi.autoarma(tform=none, maxsar=1, maxsma=1, select=aic, fgraph, atable,
agraph, etable, eqname=eq_autoarma) cpi_f c
```

　　说明：autoarma 命令为序列 CPI 自动选择 ARIMA 方程的阶数。"tform=none" 代表序列 CPI 不做变换。"maxsar=1, maxsma=1" 代表自回归项的最大阶数是 4，移动平均项的最大阶数是 4，季节自回归项的最大阶数是 1，季节移动平均项的最大阶数是 1。"fgraph, atable, agraph, etable" 代表输出方程的预测图像、信息准则表、信息准则图像、ARIMA 方程的输出结果。将方程保存为方程对象 "eq_autoarma"。将 CPI 的预测值保存为序列 "cpi_f"。ARIMA 方程中的外生解释变量是常数项 C。

```
pagestruct(end=2022M10)
smpl 2001M01 2021M10
cpi.autoarma(tform=none, maxsar=1, maxsma=1, select=aic,
forclen=12,fgraph, atable, agraph, etable, eqname=eq_autoarma) cpi_f c
```

　　说明：第 1 行命令将工作文件的范围扩大为 "2001M01 2022M10"，以便存放自 2021M11 开始的 12 期预测值。

　　第 2 行命令将估计 ARIMA 方程的样本设置为 "2001M01 2021M10"。

　　第 3 行命令中的 "forclen=12" 设置预测的期数为 12 期。

2. ARIMA 方程的估计

（1）语法

```
eq_name.ls(options) specification
```

eq_name：ARIMA 方程名称。

specification：ARIMA 方程的设定。

（2）举例

```
equation sarima4311.ls d(cpi) c ar(1 to 4) sar(12) ma(1 to 3) sma(12)
```

说明：创建方程 sarima4311，被解释变量是 d(cpi)，解释变量包括常数项 C，自回归项 ar(1 to 4) 代表 ar(1)、ar(2)、ar(3) 和 ar(4)，季节自回归项为 sar(12)，移动平均项 ma(1 to 3) 代表 ma(1)、ma(2) 和 ma(3)，季节移动平均项为 sma(12)。

3. ARIMA 方程的诊断

（1）语法

```
eq_name.arma(type=arg[,options])
```

eq_name：ARIMA 方程的名称

type=arg：ARIMA 方程的逆特征根（"root"），自相关和偏自相关（"acf"），脉冲响应（"imp"）。

t：以表格的形式呈现结果。Eviews 默认以图形的形式呈现结果。

save=arg：arg 为自定义名称，将逆特征根保存在矩阵对象中。

（2）举例

```
sarima4311.arma
```

说明：以图像形式报告方程 sarima4311 的 ARIMA 特征方程的逆特征根。

```
sarima4311.arma(t)
```

说明：以表格形式报告方程 sarima4311 的 ARIMA 特征方程的逆特征根。

```
sarima4311.arma(type=acf)
```

说明：以图像形式报告方程 sarima4311 残差的 ACF、PACF。

```
sarima4311.arma(type=acf, t)
```

说明：以表格形式报告方程 sarima4311 残差的 ACF、PACF。

4. ARIMA 方程的动态预测

（1）语法

```
eq_name.forecast(options) yhat
```

eq_name：ARIMA 方程的名称

options：绘制预测值及其两倍标准误的置信带（"g"），绘制预测值和观测值两个序列的图像（"ga"），报告评估预测误差（"e"），不报告系数的不确定性（"n"）。

yhat：保存预测值的序列名称。

（2）举例

```
sarima4311.forecast(n, e, g) cpif_dynamic
```

说明：基于方程 sarima4311 对时间序列 CPI 进行动态预测，将预测值保存在序列 cpif_dynamic 中，绘制预测值及其置信带，报告预测误差，不报告系数的不确定性。

5. ARIMA 方程的静态预测

（1）语法

`eq_name.fit(options) yhat`

eq_name：ARIMA 方程名称。

options：绘制预测值及其两倍标准误差的置信带（"g"），绘制预测值和观测值两个序列的图像（"ga"），报告评估预测误差（"e"），不报告系数的不确定性（"n"）。

yhat：保存预测值的序列名称。

（2）举例

`sarima4311.fit(n, e, g, ga) cpif`

说明：基于方程 sarima4311 对时间序列 CPI 进行静态预测。

第 22 章　GARCH 模型

广义自回归条件异方差（Generalized Autoregressive Conditional Heteroskedasticity, GARCH）模型是在自回归条件异方差（Autoregressive Conditional Heteroskedasticity, ARCH）模型的基础上发展而来的。1982 年，恩格尔提出了 ARCH 模型。1986 年，伯勒斯勒夫和泰勒将其扩展为 GARCH 模型，并逐渐衍生出 EGARCH、ARCH-M 等模型。

GARCH 模型利用 ARMA 模型刻画误差项的方差的变化规律，在金融工程、风险管理中有广泛的应用。为什么要研究误差项的波动特征呢？第一，在金融风险中，可用某项资产（如股票）或期权收益率的波动来衡量其风险；第二，在时间序列的预测中，预测序列的置信区间是随时间变化的，考察模型误差项的方差，有利于提高模型预测的精度；第三，建立模型时考虑误差项方差的形式，能够得到更有效的估计量。

本章首先简要介绍 GARCH 模型及其扩展，然后介绍如何利用 Eviews 实现 GARCH 的估计，以及相关 Eviews 命令。

本章的主要内容包括：

● GARCH 模型及其扩展。
● GARCH 方程的估计、预测、诊断。
● GARCH 模型的命令。

22.1　GARCH 模型及其扩展

在构建 GARCH 模型时，需要进行三个方面的设定：一是条件均值方程，二是条件方差方程，三是随机误差项的条件分布。本节介绍 GARCH(1,1) 模型、GARCH(q, p) 模型、GARCH-M 模型及其扩展形式。

1. GARCH(1,1) 模型

GARCH(1,1) 模型的设定如式 22.1 和式 22.2 所示。

$$Y_t = X_t' \theta + \varepsilon_t \tag{22.1}$$

$$\sigma_t^2 = \omega + \alpha \varepsilon_{t-1}^2 + \beta \sigma_{t-1}^2 \tag{22.2}$$

式 22.1 是条件均值方程，其中的 X_t' 代表外生解释变量，ε_t 是误差项。σ_t^2 是误差项 ε_t 的方差，也称为条件方差。

式 22.2 是条件方差方程，ω 代表常数项。ε_{t-1}^2 代表 ARCH 项，即上一期造成数据波动的消息。σ_{t-1}^2 代表 GARCH 项，即上一期的误差项的方差。

GARCH(1,1) 括号中的第一个"1"代表模型包含一阶自回归 GARCH 项 σ_{t-1}^2，第二个"1"代表模型包含一阶移动平均 ARCH 项 ε_{t-1}^2。

ARCH 模型是 GARCH 模型的一种特例，也就是条件方差方程不含有误差项方差的滞后项。ARCH(1) 模型就是 GARCH(0,1) 模型。

对式 22.2 进行迭代处理，可以将其转化为式 22.3 所示形式。

$$\sigma_t^2 = \frac{\omega}{(1-\beta)} + \alpha \sum_{j=1}^{\infty} \beta^{j-1} \varepsilon_{t-j}^2 \tag{22.3}$$

式 22.3 将第 t 期的条件方差 σ_t^2 表达为所有滞后期的误差项平方的加权平均，离第 t 期越远的滞后项，其权重越小。

记 $v_t = \varepsilon_t^2 - \sigma_t^2$，则有 $\varepsilon_{t-1}^2 = v_{t-1} + \sigma_{t-1}$，将其代入式 22.2，则得到式 22.4。

$$\varepsilon_t^2 = \omega + (\alpha + \beta)\varepsilon_{t-1}^2 + v_t - \beta v_{t-1} \tag{22.4}$$

式 22.4 表示误差项的平方服从 ARMA(1,1) 过程。自回归方程的特征根等于 $(\alpha+\beta)$。$(\alpha+\beta)$ 的和越接近于 1，代表冲击消失得越缓慢。

2. GARCH(q, p) 模型

高阶 GARCH 模型记为 GARCH(q, p)，q 代表自回归 GARCH 项的阶数，p 代表移动平均 ARCH 项的阶数。GARCH(q, p) 模型中的条件方差方程如式 22.5 所示。

$$\sigma_t^2 = \omega + \sum_{j=1}^{q} \beta_j \sigma_{t-j}^2 + \sum_{i=1}^{p} \alpha_i \varepsilon_{t-i}^2 \tag{22.5}$$

3. GARCH-M 模型

普通 GARCH 模型中的条件均值方程只包含外生解释变量或者前定变量，如果在条件均值方程中引入条件方差或条件标准差，则构成了 GARCH-M（GARCH-in-Mean）模型，其形式如式 22.6 所示。

$$Y_t = X_t' \theta + \lambda \sigma_t^2 + \varepsilon_t \tag{22.6}$$

GARCH-M 模型在金融领域应用广泛。例如，在预测某项资产的收益时，在均值方程中引入 σ_t^2 代表该项资产的风险，那么 σ_t^2 的系数代表风险对收益的影响效应。

GARCH-M 模型还有两种扩展形式，即将 σ_t^2 替换为 σ_t 或者 $\log(\sigma_t^2)$，如式 22.7 和式 22.8 所示。

$$Y_t = X_t' \theta + \lambda \sigma_t + \varepsilon_t \tag{22.7}$$

$$Y_t = X_t' \theta + \lambda \log(\sigma_t^2) + \varepsilon_t \tag{22.8}$$

4. 扩展 GARCH 模型

在条件方差方程（式 22.2）中也可以引入外生解释变量和前定变量，得到扩展的 GARCH 模型，如式 22.9 所示。

$$\sigma_t^2 = \omega + \sum_{j=1}^{q} \beta_j \sigma_{t-j}^2 + \sum_{i=1}^{p} \alpha_i \varepsilon_{t-i}^2 + Z_t' \pi \tag{22.9}$$

GARCH 模型的第三项设定是对误差项 ε_t 条件分布的设定。常用的关于分布的假定有正态分布、t 分布、广义误差分布（Generalized Error Distribution，GED）。在不同的分布假定下，GARCH 模型有不同的极大似然函数形式，模型的估计结果也会不同。Eviews 对误差项的条件分布的默认设置是正态分布。

除了上述 GARCH 模型之外，Eviews 还可以估计 Integrated GARCH 模型（IGARCH）、Threshold GARCH 模型（TGARCH）、Exponential GARCH 模型（EGARCH）等，感兴趣的读者可以参考 Eviews 用户手册。

22.2　实战案例：上证指数收益率分析

本案例的数据来自中国股票市场日收盘指数，包括上证综合指数、深证综合指数、中证港股通指数，样本是 2017 年 1 月 1 日至 2021 年 12 月 16 日之间的 1185 个交易日。本案例使用工作文件"stock index.wf1"。表 22.1 列示了工作文件"stock index.wf1"中的变量及其含义。

表 22.1　工作文件"stock index.wf1"中的变量及其含义

变 量 名 称	变 量 含 义
date	交易日
sh	上证综合日收盘指数
sz	深证综合日收盘指数
hk	中证港股通日收盘指数

分析目标：
- 估计上证综合日收盘指数收益率的 ARCH 模型。
- 估计上证综合日收盘指数收益率的 GARCH 模型。
- 估计上证综合日收盘指数收益率的扩展 GARCH 模型。

22.3　GARCH 方程的估计

股票市场指数收益率的计算方式有两种：第 t 期的收益率 =（第 t 期指数 - 第 $t-1$ 期指数）/第 $t-1$ 期指数；第 t 期的收益率 =log(第 t 期指数 / 第 $t-1$ 期指数 /)=log(第 t 期指数)-log(第 $t-1$ 期指数)。在实践中，第 2 种形式更加常用，该形式对收益率做对数变换，再取一阶差分，是时间序列常用的变换。因此，在本列中，上证综合日收盘指数收益率在 Eviews 中的表达式即 log(sh)=log(sh)-log(sh(-1))。

打开工作文件"stock index.wf1"，依次单击主菜单"Quick/Estimate Equation..."，打开"Equation Estimation"对话框。在"Method"下拉列表中选择"ARCH – Autoregressive Conditional Heteroskedasticity"，如图 22.1 所示，"Estimate Equation..."对话框将显示 GARCH 模型特有的设置栏目。

1. 设置条件均值方程

"Specification"选项卡的第一栏是"Mean equation"，在编辑框中输入条件均值方程的表达式，被解释变量写在最前面，然后是解释变量。注意：如果方程中有常数项，需要用 C 代表。

若要创建 ARCH-M 模型，可在 ARCH-M 下拉列表中选择将误差项的方差（Variance）、标准差（the Std. Dev.）或者方差的对数（Log(Var)）引入均值方程。

2. 设置条件方差方程

"Specification"选项卡的第二栏是"Variance and distribution specification"。"Model"用于设置条件方差方程。若要估计一个标准的 GARCH 模型,选择"GARCH/TARCH"。在"Model"下拉列表中还可以选择 EGARCH、PARCH、FIGARCH 等模型。

"Order"下方设置 GARCH 模型的阶数,"ARCH"和"GARCH"的默认值都是 1,也就是 GARCH(1,1)模型,这是最常用的设置。若要估计 TARCH 模型,则需要设置阈值阶数(Threshold order)。

"Variance regressors"下方输入需要引入条件方差方程的外生解释变量。注意,Eviews 会自动在条件方差方程中引入常数项,因此在外生解释变量中不需要添加常数项 C。

3. 设置误差项的条件分布

单击"Error distribution"下拉按钮,可将误差项的条件分布设置为正态分布(Normal (Gaussian))、t 分布(Student's t)、广义误差(Generalized Error)等分布。

"Options"选项卡用于设置最优化方法、步长、最大迭代次数、收敛准则、系数的协方差矩阵的估计方法、初始值等。

在本例中创建关于上证指数日收益率的 GARCH(1, 1)模型。"Specification"选项卡的各项设置如图 22.1 所示,"Options"选项卡中使用 Eviews 的默认设置。单击"OK"按钮,输出结果如图 22.2 所示,将方程命名为"eq_garch"。

图 22.1 GARCH 模型的设定   图 22.2 GARCH(1,1) 模型估计结果

在图 22.2 中,输出结果的标题栏报告了模型的被解释变量、估计方法、样本容量、迭代次数、协方差矩阵等常规信息。GARCH 模型的结果被分成了两栏,上面一栏是均值方程,下面一栏是方差方程。

ARCH 项 RESID(-1)^2 的 P 值接近于 0,表明 ARCH 效应显著,过去的冲击对条件方差有显著影响。GARCH（-1）的 P 值也接近于 0，表明 GARCH 效应显著，滞后 1 期的误差方差对当期的误差方差有显著影响。

注意：当均值方程中只有常数项时，R-squared 没有实际意义。

本例 GARCH(1,1) 模型的估计结果的表达式如式 22.10 和式 22.11 所示。

$$D(Ln(sh))=0.000282+\varepsilon_t \tag{22.10}$$

$$\sigma_t^2=1.79\times10^{-8}+0.1058\varepsilon_{t-1}^2+0.8882\sigma_{t-1}^2 \tag{22.11}$$

本节 Eviews 实战技巧

- 在"Equation Estimation"对话框中，要先在"Method"下拉列表中选择"ARCH-Autoregressive Conditional Heteroskedasticity"，对话框才会显示针对 GARCH 模型的设定栏目。
- 在设定"Mean equation"时，若要引入常数项，需要输入 C；在设定"Variance regressors"时，默认包含常数项，不需要再输入 C。

22.4　GARCH 方程的预测

单击方程窗口中的"Forecast"按钮，设置预测方法为静态预测（Static forecast），设置输出形式为"Forecast & Actuals"，输出结果如图 22.3 所示。方程 eq_garch 的静态预测的平均绝对百分比误差为 3.52%，预测效果很好。然而，该方程的动态预测的误差为 19.4%。该模型还有改进的空间。

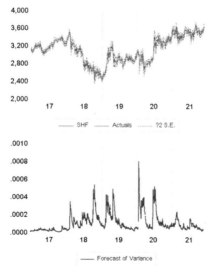

图 22.3　方程 eq_garch 的静态预测

为了进一步优化 GARCH 模型，在均值方程和方差方程中同时引入深证综合指数日收益率、中证港股通指数日收益率，因为深证综合指数、中证港股通指数是上证综合指数的关联指数，其变动会对上证综合指数及上证综合指数的波动产生影响。

如图 22.4 进行 GARCH 模型的设定，在均值方程和方差方程的解释变量中都引入 dlog(sz) 和 dlog(hk)。

图 22.4   引入外生解释变量的 GARCH 模型的设定

单击"OK"按钮，估计结果如图 22.5 所示，将其保存为方程"eq_garch_sz_hk"。

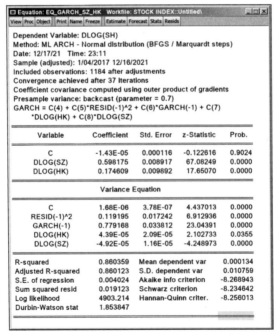

图 22.5   方程 eq_garch_sz_hk 的估计结果

如图 22.5 所示，均值方程中的 dlog(sz) 和 dlog(hk) 的系数都显著，表明深证综合指数日收益率、中证港股通指数日收益率对上证综合指数日收益率有显著影响。方差方程中的 ARCH 效应和 GARCH 效应也都显著，表明深证综合指数日收益率、中证港股通指数日收益率的波动也有显著影响。

方程 eq_garch_sz_hk 的静态预测的平均绝对百分之比误差为 0.29%，动态预测的为 3.72%，比方程 eq_garch 的预测效果更好。

22.5　GARCH 方程的诊断

对 GARCH 方程进行估计后，还需对方程的残差进行诊断，以确保 GARCH 方程的合理性。下面将以方程 eq_garch_sz_hk 为例，介绍 Eviews 提供的 GARCH 方程的诊断工具。

1. 残差的序列相关诊断

如果均值方程的设定正确，那么残差序列应该不存在自相关问题，Q statistic 应该不显著。在方程 eq_garch_sz_hk 窗口中依次单击"View/Residual Diagnostics/Correlogram-Q statistic"，输出结果如图 22.6 所示，表明残差不存在序列相关问题，均值方程的设定是合适的。

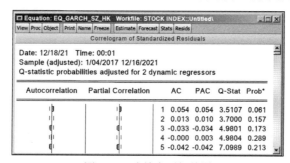

图 22.6　残差序列相关图

2. 残差平方的序列相关诊断

如果方差方程的设定正确，那么残差平方序列中应该不存在自相关问题，Q statistic 应该不显著。在方程 eq_garch_sz_hk 窗口中依次单击"View/Residual Diagnostics/Correlogram Squared Residuals"，输出结果如图 22.7 所示，表明残差方差不存在序列相关问题，方差方程的设定是合适的。

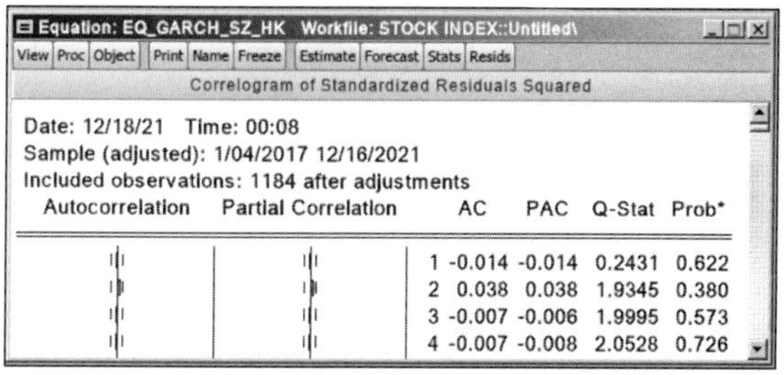

图 22.7　残差平方的序列相关图

3. 条件异方差检验

在方程 eq_garch_sz_hk 窗口中依次单击"View|Residual Diagnostics|ARCH LM Test",进行拉格朗日乘数 LM 检验,输出结果如图 22.8 所示,P 值很大,表明方差方程不存在额外的 ARCH 效应。

图 22.8　条件异方差检验

4. Sign-Bias 检验

Sign-Bias 检验的思想如下:定义一个虚拟变量反映残差是大于 0 还是小于 0。建立当期残差的平方关于滞后 1 期虚拟变量的回归模型。若虚拟变量的系数不显著,则表明滞后 1 期的残差的符号对当期的残差的平方没有影响,意味着 GARCH 模型的设定是正确的。

在方程 eq_garch_sz_hk 窗口中依次单击"View/Residual Diagnostics/Sign-Bias Test",输出结果如图 22.9 所示,P 值很大,表明 GARCH 模型的设定是正确的。

图 22.9　Sign-Bias 检验

本节 Eviews 实战技巧

● 在 GARCH 方程窗口中依次单击"View/Residual Diagnostics/Correlogram-Q statistic",

检验 GARCH 方程的残差是否存在序列相关问题。

- 在 GARCH 方程窗口中依次单击 "View/Residual Diagnostics/Correlogram Squared Residuals"，检验 GARCH 方程的残差的平方项。
- 在 GARCH 方程窗口中依次单击 "View/Residual Diagnostics/ARCH LM Test"，进行拉格朗日乘数 LM 检验。若该检验的 P 值很大，说明方差方程不存在额外的 ARCH 效应。
- 在 GARCH 方程窗口中依次单击 "View/Residual Diagnostics/Sign-Bias Test"，进行 Sign-Bias 检验。若该检验的 P 值很大，表明 GARCH 方程是合理的。

22.6 GARCH 方程的命令

本节介绍估计和诊断 GARCH 方程的命令。

1. GARCH 方程的估计

（1）语法

```
equation eq_name.arch(p,q,options) y [x1 x2 x3] [@ p1 p2]
```

eq_name：方程名称。

arch：估计 GARCH(p,q) 模型，若不指定 p 和 q，则报告 GARCH(1,1) 模型。

p：ARCH 项的阶数，最大可设置为 9，最小值是 1。

q：GARCH 项的阶数，最大可设置为 9，最小值是 1。

options：Exponential GARCH（"egarch"），Component GARCH（"cgarch"），

y：被解释变量。

[x1 x2 x3]：均值方程中的解释变量。

[@ p1 p2]：条件方差方程中的解释变量。

（2）举例

```
wfopen stock index.wf1
equation eq1.arch dlog(sh) c
```

说明：创建 GARCH(1,1) 方程 eq1。

```
equation eq2.arch dlog(sh) c dlog(sz) dlog(hk) @ dlog(sz) dlog(hk)
```

说明：创建扩展的 GARCH(1,1) 方程 eq2。

2. GARCH 方程的诊断

（1）语法

```
eq_name.correl
```

eq_name：方程名称。

correl：报告方程的残差的相关图、偏相关图、Q 统计量。

```
eq_name.correlsq
```

eq_name：方程名称。

correlsq：报告方程的残差的平方的相关图、偏相关图、Q 统计量。

```
eq_name.archtest(order)
```

eq_name：方程名称。

archtest：报告方程的条件异方差检验。

Order：条件异方差检验中滞后项的阶数。

（2）举例

```
equation eq1.arch dlog(sh) c
```

说明：创建 GARCH(1,1) 方程 eq1。

```
eq1.correl
```

说明：报告方程 eq1 的残差的相关图、偏相关图、Q 统计量。

```
eq1.correlsq
```

说明：报告方程 eq1 的残差的平方的相关图、偏相关图、Q 统计量。

```
eq1.archtest(4)
```

说明：对 eq1 进行自相关条件异方差检验，括号中的数值代表滞后项的阶数。

Eviews

第 5 篇

面板数据

　　本篇介绍如何利用 Eviews 对面板数据进行分析。面板数据是二维结构的数据，反映了研究对象在时间单元和空间单元上的变化，比截面数据、时间序列包含的数据信息更加丰富。本篇是全书的最后一章，由于篇幅所限，本篇主要介绍面板数据回归模型的设定、估计和检验。本篇内容安排如下。

◎　第 23 章 面板数据模型。

第 23 章　面板数据模型

面板数据是截面数据与时间序列的结合，是多个监测单元在不同监测时间的数据的集合。若监测单元数远远大于监测期数，如 10000 个家庭在 2017 年至 2019 年 3 年的数据，这类数据称为微观面板数据。若监测期数大于监测单元数，如 10 个国家在 1990 年至 2019 年 30 年的数据，这类数据称为宏观面板或者纵向数据。面板数据比截面数据、时间序列包含更多的信息，监测单元之间的差异更大。建立面板数据模型探究变量之间的关系，可以同时利用空间和时间两个维度的数据，可以得到比截面数据模型或时间序列模型更加可靠的估计值。

本章介绍 Eviews 中面板数据模型的估计和诊断。

本章的主要内容包括：

● 面板数据模型简介。

● 创建面板数据工作文件。

● 面板数据方程的估计。

● 面板数据方程的诊断。

● 面板数据方程的命令

23.1　面板数据模型简介

常用的面板数据模型有混合回归模型、个体固定效应模型、时期固定效应模型、双向固定效应模型、随机效应模型。

1. 混合回归模型

混合回归模型将不同时期的观测单元混合在一起，如式 23.1 所示：

$$y_{it}=\alpha+X_{it}^{'}\beta+u_{it} \quad i=1,\cdots,n \ ; \ t=1,\cdots,T \tag{23.1}$$

式 23.1 中的下标 i 代表观测单元，t 代表观测时期，α 代表截距项，β 代表解释变量的系数。在混合回归模型中没有考虑个体效应或者时期效应，不同个体在不同时期有完全相同的截距项。本质上混合回归模型与截面数据回归模型没有差别，只是样本容量扩大至 $n\times T$。然而，现实中个体差异、时期差异都会对被解释变量有影响，并且个体效应、时期效应与模型中的解释变量有相关性。混合回归中忽略了个体效应或时期效应，存在遗漏变量偏差，OLS 估计量是有偏的，在实践中很少使用。

2. 个体固定效应模型

个体固定效应模型引入了不可监测的个体效应，在模型中考虑了个体差异对被解释变量的影响，其设定如式 23.2 所示：

$$y_{it}=\alpha+X_{it}^{'}\beta+u_i+v_{it} \quad i=1,\cdots,n \ ; \ t=1,\cdots,T \tag{23.2}$$

式 23.2 中 μ_i 代表个体效应，每一个观测单元有不同的截距项 $\alpha+\mu_i$。假定 $\sum_{i=1}^{n}\mu_i=0$，每个观测单元对 y_{it} 会产生正向或负向的冲击。整体而言，这些正向或负向的冲击会相互抵消，所有观测单元的个体效应之和等于 0。v_{it} 代表随机误差项，$v_{it}\sim IID(0,\sigma_v^2)$。

对个体固定效应模型，可采用引入虚拟变量，来估计模型参数。模型中有 n 个截面单元，引入 $n-1$ 个虚拟变量，此时模型称作最小二乘虚拟变量模型（least squares dummy variable，简称 LSDV）。LSDV 模型比混合回归要多估计 $n-1$ 个参数，当截面单元数特别多 n 特别大时，将消耗太多的自由度。

对式 23.2 取 T 个时期的平均，得式 23.3：

$$\bar{y}_{i.}=\alpha+\bar{X}_{i.}^{'}\beta+\mu_i+\bar{v}_{i.} \tag{23.3}$$

用式 23.2 减去式 23.3 得式 23.4：

$$y_{it}-\bar{y}_{i.}=\left(X_{it}^{'}-\bar{X}_{i.}^{'}\right)\beta+\left(v_{it}-\bar{v}_{i.}\right) \tag{23.4}$$

式 23.4 中不再含有个体固定效应 μ_i，可用 OLS 方法进行估计。

对式 23.2 取所有观测单元和观测时期的平均值，得式 23.5

$$\bar{y}_{..}=\alpha+\bar{X}_{..}^{'}\beta+\bar{v}_{..} \tag{23.5}$$

将从式 23.4 中估计的 $\hat{\beta}$，代入式 23.5，得 $\hat{\alpha}=\bar{y}_{..}-\bar{X}_{..}^{'}\beta+\bar{v}_{..}$，再将 $\hat{\beta}$ 和 $\hat{\alpha}$ 代入式 23.3 中，估计出各个观测单元的个体效应，如式 23.6 所示

$$\hat{\mu}_i=\bar{y}_{i.}-\hat{\alpha}-\bar{X}_{i.}^{'}\hat{\beta} \tag{23.6}$$

在个体固定效应中，实际上是利用 OLS 方法估计式 23.4，如果解释变量是不随时变的变量（time-invariant variable），x_{it} 和 $\bar{x}_{i.}$ 相等，会导致 $(x_{it}-\bar{x}_{i.})$ 等于 0。不随时变的变量将不会出现在式 23.4 中，也就无法估计该变量的系数。所以在个体固定效应模型中，不能包含不随时变的变量，例如每人的性别、人种等。

3. 时期固定效应模型

时期固定效应模型引入了不可观测的时期效应，在模型中考虑了不同时期对被解释变量的影响，其设定如式 23.7 所示：

$$y_{it}=\alpha+X_{it}^{'}\beta+\lambda_t+v_{it} \quad i=1,\cdots,n\,;\,t=1,\cdots,T \tag{23.7}$$

式 23.7 中 λ_t 代表时期效应，对于每一个截面都有不同的截距项 $\alpha+\lambda_t$。假定 $\sum_{t=1}^{T}\lambda_t=0$，每个截面对 y_{it} 会产生正向或负向的冲击，整体而言这些正向或负向冲击会相互抵消，所有截面单元的时期效应之和等于 0。v_{it} 代表随机误差项，$v_{it}\sim IID(0,\sigma_v^2)$。

对式 23.7 求 n 个截面单元的平均，得式 23.8

$$\overline{y}_{.t} = \alpha + \overline{X}'_{.t}\beta + \lambda_t + \overline{v}_{.t} \tag{23.8}$$

用式 23.7 减式 23.8 得式 23.9：

$$y_{it} - \overline{y}_{.t} = \left(X'_{it} - \overline{X}'_{.t} \right)\beta + \left(v_{it} - \overline{v}_{.t} \right) \tag{23.9}$$

式 23.9 中不再含有时期固定效应 λ_t，可用 OLS 方法进行估计 β。

对式 23.7 取所有观测单元和观测时期的平均值，得式 23.10：

$$\overline{y}_{..} = \alpha + \overline{X}'_{..}\beta + \overline{v}_{..} \tag{23.10}$$

将从式 23.9 中估计得到的 $\hat{\beta}$ 代入式 23.10，得 $\hat{\alpha} = \overline{y}_{..} - \overline{X}'_{..}\hat{\beta} + \overline{v}_{..}$，将 $\hat{\beta}$ 和 $\hat{\alpha}$ 代入式 23.8 中，估计各个截面的时期效应，如式 23.6 所示：

$$\hat{\lambda}_t = \overline{y}_{.t} - \hat{\alpha} - \overline{X}'_{.t}\hat{\beta} \tag{23.11}$$

在时期固定效应中，实际上是利用 OLS 方法估计式 23.9，如果解释变量是不随个体而变的变量（individual-invariant variable），x_{it} 和 $\overline{x}_i$ 相等，会导致 $(x_{it} - \overline{x}_i)$ 等于 0。不随个体而变的变量将不会出现在式 23.4 中，也就无法估计该变量的系数。所以在时期固定效应模型中，不能引入不随个体而变的变量。

4. 双向固定效应模型

双向固定效应模型同时引入了不可观测的个体效应和时期效应，其设定如式 23.12 所示：

$$y_{it} = \alpha + X'_{it}\beta + \mu_i + \lambda_i + v_{it} \quad i = 1, \cdots, n\,; t = 1, \cdots, T \tag{23.12}$$

对式 23.12 求 T 个时期的平均，得式 23.13：

$$\overline{y}_{i.} = \alpha + \overline{X}'_{i.}\beta + \mu_i + \overline{v}_{i.} \tag{23.13}$$

对式 23.12 求 n 个截面单元的平均，得式 23.12：

$$\overline{y}_{.t} = \alpha + \overline{X}'_{.t}\beta + \lambda_t + \overline{v}_{.t} \tag{23.14}$$

对式 23.12 求所有观测单元和观测时期的平均，得式 23.14：

$$\overline{y}_{..} = \alpha + \overline{X}'_{..}\beta + \overline{v}_{..} \tag{23.15}$$

式 23.12 减式 23.13，再减式 23.14，然后加式 23.15，得式 23.16：

$$\left(y_{it} - \overline{y}_{i.} - \overline{y}_{.t} + \overline{y}_{..} \right) = \left(X'_{it} - \overline{X}'_{i.} - \overline{X}'_{.t} + \overline{X}'_{..} \right)\beta + \left(v_{it} - \overline{v}_{i.} - \overline{v}_{.t} + \overline{v}_{..} \right) \tag{23.16}$$

式 23.16 中不再含有个体效应 μ_i 和时期效应 λ_t，可用 OLS 方法进行估计 β。

对式 23.12 取所有观测单元和观测时期的平均值，得式 23.17：

$$\overline{y}_{..} = \alpha + \overline{X}'_{..}\beta + \overline{v}_{..} \tag{23.17}$$

将从式 23.16 中估计得 $\hat{\beta}$ 代入式 23.17，得 $\hat{\alpha} = \overline{y}_{..} - \overline{X}'_{..}\hat{\beta} + \overline{v}_{..}$，各个观测单元的个体效应如式 23.18 所示：

$$\hat{\mu}_i = \left(\overline{y}_{i.} - \overline{y}_{..} \right) - \left(\overline{X}'_{i.} - \overline{X}'_{..} \right)\hat{\beta} \tag{23.18}$$

将 $\hat{\beta}$ 和 $\hat{\alpha}$ 代入式 23.14 中，估计各个截面的时期效应，如式 23.19 所示：

$$\lambda_t = \left(\overline{y}_{\cdot t} - \overline{y}_{\cdot \cdot}\right) - \left(\overline{X}_{\cdot t}^{'} - \overline{X}_{\cdot \cdot}^{'}\right)\beta \tag{23.19}$$

在双向固定效应中，实际上是利用 OLS 方法估计式 23.16。式 23.16 中的解释变量 $\left(x_{it} - \overline{x}_{i\cdot} - \overline{x}_{\cdot t} + \overline{x}_{\cdot\cdot}\right) = \left(x_{it} - \overline{x}_{i\cdot}\right) - \left(\overline{x}_{\cdot t} - \overline{x}_{\cdot\cdot}\right)$。如果某个解释变量不随时变，$x_{it}$ 和 $\overline{x}_{i\cdot}$ 相等，$\left(x_{it} - \overline{x}_{i\cdot}\right)$ 等于 0。第 t 期的均值 $\overline{x}_{\cdot t}$ 和总均值 $\overline{x}_{\cdot\cdot}$ 相等，$\left(\overline{x}_{\cdot t} - \overline{x}_{\cdot\cdot}\right)$ 等于 0。因此，不随时变的变量不能引入双向固定效应模型。

式 23.16 中的解释变量 $\left(x_{it} - \overline{x}_{i\cdot} - \overline{x}_{\cdot t} + \overline{x}_{\cdot\cdot}\right) = \left(x_{it} - \overline{x}_{\cdot t}\right) - \left(\overline{x}_{i\cdot} - \overline{x}_{\cdot\cdot}\right)$。如果解释变量不随个体而变，$x_{it}$ 和第 t 期的均值 $\overline{x}_{\cdot t}$ 相等，$\left(x_{it} - \overline{x}_{\cdot t}\right)$ 等于 0。第 i 个截面单元的均值 $\overline{x}_{i\cdot}$ 与总均值 $\overline{x}_{\cdot\cdot}$ 相等，$\left(\overline{x}_{i\cdot} - \overline{x}_{\cdot\cdot}\right)$ 等于 0。因此，不随个体而变的解释变量不能引入双向固定效应模型。

若对于所有的观测单元，变量 x_{it} 随时间的变化趋势都一致，例如个人的工龄，随着年份的推移，每个人的工龄都增加 1 年，每一个观测单元在时间维度上的波动是一致的。第 i 个截面单元在第 t 期的观测值 x_{it} 与该截面单元在 T 个时期均值 $\overline{x}_{i\cdot}$ 的离差 $\left(x_{it} - \overline{x}_{i\cdot}\right)$，将等于所有截面单元在第 t 期的均值 $\overline{x}_{\cdot t}$ 与总均值 $\overline{x}_{\cdot\cdot}$ 的离差 $\left(\overline{x}_{\cdot t} - \overline{x}_{\cdot\cdot}\right)$。所以这类变量的 $\left(x_{it} - \overline{x}_{i\cdot} - \overline{x}_{\cdot t} + \overline{x}_{\cdot\cdot}\right)$ 等于 0，也不会在式 23.16 中出现。因此，双向固定效应模型中不能包括这类所有的观测单元的时间趋势都一致的变量。

5. 随机效应模型

固定效应模型假定个体效应 μ_i、时期效应 λ_t 和解释变量之间 X_{it} 是相关的，而随机效应模型个体效应 μ_i、时期效应 λ_t 与解释变量是相互独立的。随机效应模型的形式如式 23.20 所示

$$y_{it} = \alpha + X_{it}^{'}\beta + \mu_i + \lambda_t + v_{it} \quad i = 1,\cdots,n\,;\ t = 1,\cdots,T \tag{23.20}$$

假定 $\mu_i \sim \mathrm{IID}(0,\sigma_\mu^2), \lambda_t \sim \mathrm{IID}(0,\sigma_\lambda^2), v_{it} \sim \mathrm{IID}(0,\sigma_v^2)$，$\mu_i$、$\lambda_t$ 和 v_{it} 相互独立，并且 X_{it} 与 μ_i、λ_t 和 v_{it} 相互独立。由于随机效应模型中假定个体效应、时期效应与解释变量不相关，这个假定在现实中通常都不成立，因此在实践中随机效应模型很少使用。关于其估计方法，在此不再赘述，可参考 Wooldridge (2016)。

23.2　实战案例：个人特征对工资的影响效应分析

本章案例的数据来自康威尔和鲁皮特（1988），该文献利用美国家庭动态跟踪调查（Panel Study of Income Survey，PSID）对工资的影响进行了研究[①]。PSID 由美国密歇根大学调查中心开展，从 1968 年开始运行，是目前运行时间最长的动态家庭跟踪调查。该调查覆盖大约 5000 个家庭，约 18000 个个人，收集了关于就业、消费、健康、婚姻、子女及教育等大量的微观数据。本案例的样本是 1976 至 1982 年跟踪调查的 595 个人。本案例使用工作文件，表 23.1 列示了工作

---

① Cornwell, Christopher and Rupert, Peter, 1988, Efficient Estimation with Panel Data: An Empirical Comparison of Instrumental Variables Estimators, *Journal of Applied Econometrics*, 3, issue 2, 149-155.

文件"psid1982.wf1"中的变量及其含义。

分析目标：

● 建立关于工资的混合回归模型。

● 建立关于工资的个体固定效应模型。

● 建立关于工资的时期固定效应模型。

● 建立关于工资的双向固定效应模型。

● 对固定效应模型进行检验和诊断。

表 23.1　工作文件"psid.wf1"中的变量及其含义

变 量 名 称	变 量 含 义	单 　 位
id	个人代码	
year	年份	
wage	周工资（以 1982—1984 年不变价格衡量的实际工资）	美元
exper	工龄	年
ed	受教育年限	
occ	职业类型，occ=1，蓝领工人，occ=0，其他	
ind	行业类型，ind=1，制造业，ind=0，其他	
south	是否地处南方，south=1，是，south=0，否	
smsa	是否地处城市（Standard Metroplitan Statistical Area, SMSA，人口超过 50000 人的调查单元），smsa=1，是，smsa=0，否	
ms	是否已婚，ms=1，是，ms=0，否	
union	是否是工会会员，union=1，是，union=0，否	
ind	是否在制造业工作，ind=1，是，ind=0，否	
fem	是否是女性，fem=1，是，fem=0，否	
blk	是否是黑人，blk=1，是，blk=0，否	

23.3　创建面板数据工作文件

Eviews 将工作文件的数据结构划分为截面数据、时间序列和面板数据 3 种主要类型。不同数据结构的工作文件可执行的操作也不同。因此，要对面板数据进行分析，首先要创建面板数据工作文件。

首先，在 Excel 中创建一个数据表单存储面板数据，然后将 Excel 格式的数据导入 Eviews。图 23.1 所示数据是按截面单元堆叠的面板数据，id 代表观测单元，year 代表观测时间。

图 23.2 所示数据是按时间单元堆叠的面板数据。

下面将以本章实战案例的 Excel 数据文件"psid.xlsx"为例，介绍面板数据工作文件的创建。

依次单击 Eviews 主菜单"File/Open/Foreign Data as Workfile..."，进入读取 Excel 文件的向导，选择要打开的文件"psdi.xlsx"，单击"Next"按钮，进入第 4 步，如图 23.3 所示。

id	year	wage	exper	ed	occ	south	smsa	ms	union	ind	fem	blk
1	1976	260	3	9	0	1	0	1	0	0	0	0
1	1977	305	4	9	0	1	0	1	0	0	0	0
1	1978	402	5	9	0	1	0	1	0	0	0	0
1	1979	402	6	9	0	1	0	1	0	0	0	0
1	1980	429	7	9	0	1	0	1	0	1	0	0
1	1981	480	8	9	0	1	0	1	0	1	0	0
1	1982	515	9	9	0	1	0	1	0	1	0	0
…												
595	1976	295	1	12	0	0	1	0	0	0	1	0
595	1977	350	2	12	0	0	1	0	0	0	1	0
595	1978	385	3	12	0	0	1	0	0	0	1	0
595	1979	430	4	12	0	0	1	0	0	0	1	0
595	1980	500	5	12	0	0	1	0	0	0	1	0
595	1981	540	6	12	0	0	1	0	0	0	1	0
595	1982	585	7	12	0	0	1	0	0	0	1	0

图 23.1　按截面单元堆叠的面板数据

id	year	wage	exper	ed	occ	south	smsa	ms	union	ind	fem	blk
1	1976	260	3	9	0	1	0	1	0	0	0	0
2	1976	475	30	11	1	0	0	1	0	0	0	0
3	1976	285	6	12	1	0	0	1	1	1	0	0
…	…	…	…	…	…	…	…	…	…	…	…	…
595	1976	295	1	12	0	0	1	0	0	0	1	0
1	1977	305	4	9	0	1	0	1	0	0	0	0
…	…	…	…	…	…	…	…	…	…	…	…	…
595	1977	350	2	12	0	0	1	0	0	0	1	0
…	…	…	…	…	…	…	…	…	…	…	…	…
1	1982	515	9	9	0	1	0	1	0	1	0	0
…	…	…	…	…	…	…	…	…	…	…	…	…
595	1982	585	7	12	0	0	1	0	0	0	1	0

图 23.2　按时间单元堆叠的面板数据

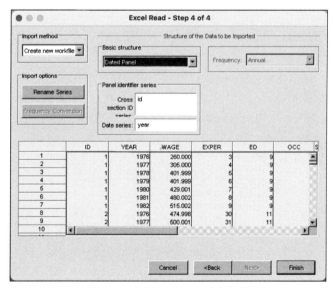

图 23.3　创建面板数据工作文件

在第 4 步设置面板数据工作文件的结构，在"Basic structure"下拉列表中选择"Dated Panel"，在"Panel identifier series"选项组的"Cross section ID series"编辑框中输入"id"，在"Date series"编辑框中输入"year"。单击"OK"按钮，工作文件窗口如图 23.4 所示。

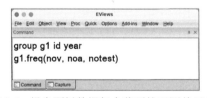

图 23.4　面板数据工作文件窗口

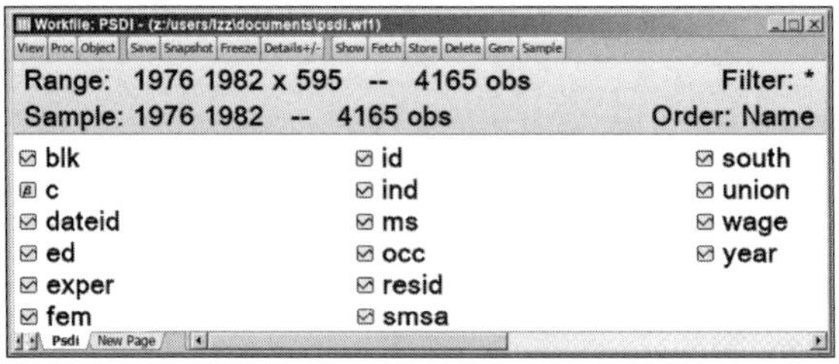

若在 Excel 文件中将截面单元和日期变量放在数据表单的最左边两列，Eviews 将自动将这两列识别成"Cross section ID series"和"Date series"，无须手动输入。

将工作文件保存为"psdi.wf1"，工作文件窗口"Range"栏显示"1976 1982×595"，反映了时间维度和截面单元的个数，一共有 4165 个观测值。将序列 wage、exper、ed 以组的形式打开，如图 23.5 所示，窗口的最左边显示了"截面单元 - 时期"，这种显示方式是面板数据工作文件的独有特征。

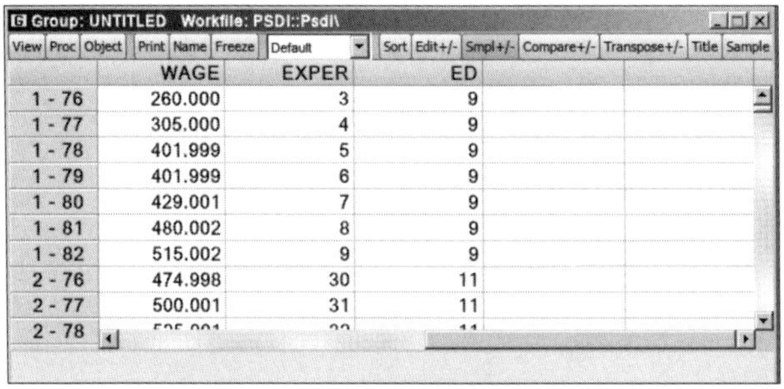

图 23.5　面板数据中序列的行名：截面单元 - 时期

本例使用平衡面板数据，即对 595 个个案连续跟踪观测了 7 年。若使用非平衡面板数据，可执行图 23.6 所示的命令，报告"Cross section ID series"和"Date series"的频数分布表，以考察每个截面的观测单元个数。

图 23.6　报告面板数据每个截面的观测单元个数

本节 Eviews 实战技巧

- 将数据在 Excel 中整理成按截面单元堆叠或按日期单元堆叠的形式，将第 1 列设置为截面单元序列，将第 2 列设置为日期序列，导入 Eviews 中形成面板数据结构的工作文件。
- 在工作文件窗口中依次单击"Proc/Copy/Extract from Current Page/By Value to New

Page or Workfile...",创建新的页,剔除原始数据中的缺失值。

● 剔除缺失值后,利用"freq"命令报告截面单元序列和日期序列的频数分布表,查看面板数据的数据结构。

23.4 面板数据方程的估计

面板数据模型可以分为混合回归模型、一阶差分回归模型、固定效应模型和随机效应模型。关于上述模型的理论介绍,可参考经济计量学教材。本节基于 23.2 节中的实战案例介绍面板数据方程的估计。本节使用工作文件"psdi.wf1"。

1. 混合回归方程的估计

建立关于工资的混合回归方程,如式 23.21 所示。

$$Ln(wage_{it})=\beta_0+\beta_1 Ln(exper_{it})+\beta_2 fem_{it}\times Ln(exper_{it})+\beta_3 blk_{it}\times Ln(exper_{it})+\beta_4 Ln(ed_{it})$$
$$+\beta_5 fem_{it}+\beta_6 blk_{it}+\beta_7 occ_{it}+\beta_8 south_{it}+\beta_9 smsa_{it}+\beta_{10} ms_{it}+\beta_{11} union_{it}+\beta_{12} ind_{it}+u_{it} \qquad (23.21)$$

打开工作文件"psdi.wf1",依次单击主菜单"Quick/Estimate Equation...",打开"Equation Estimation"对话框,该对话框有 3 张选项卡:"Specification"选项卡用于设定方程形式、估计方法和样本范围,"Panel Options"选项卡用于设置个体效应、时期效应、协方差求解方法,"Options"选项卡用于设置迭代算法。

如图 23.7 所示,在"Equation specification"中设定方程形式,"Method"使用默认项"LS – Least Squares (LS and AR)"。

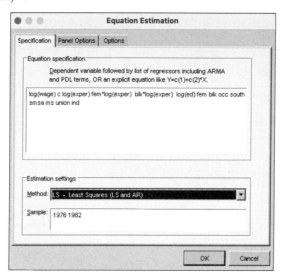

图 23.7 混合回归方程的"Specificaiton"的设置

"Panel Options"选项卡的设置如图 23.8 所示,在"Effect specification"选项组的"Cross-section"下拉列表中选择"None",在"Period"下拉列表中选择"None",即混合回归方程不存在个体效应和时期效应。

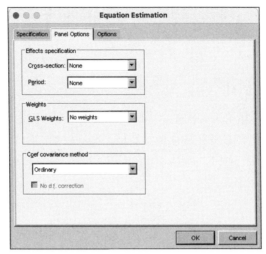

图 23.8　混合回归方程"Panel Options"的设置

单击"OK"按钮，得到图 23.9 所示的结果，将该方程保存为"eq_pooled"。

图 23.9　混合回归方程 eq_pooled 的估计结果

2. 个体固定效应方程的估计

建立关于工资的固定效应模型，如式 23.22 所示。

$$\text{Ln}(wage_{it})=\beta_0+\beta_1\text{Ln}(exper_{it})+\beta_2 fem_{it}\times\text{Ln}(exper_{it})+\beta_3 blk_{it}\times\text{Ln}(exper_{it})+\beta_4 occ_{it}$$
$$+\beta_5 south_{it}+\beta_6 smsa_{it}+\beta_7 ms_{it}+\beta_8 union_{it}+\beta_9 ind_{it}+\mu_i+v_{it} \tag{23.22}$$

因为性别、人种和受教育年限都是不随时变的变量，不能作为解释变量纳入个体固定效应模型。个体效应模型（式 23.22）与混合回归模型（式 23.21）的区别在于：第一，缺少 Ln(ed)、 fem 和 blk 这 3 个解释变量；第二，引入了观测单元的个体效应 μ_i。

　　单击主菜单"Quick/Estimate Equation..."，打开"Equation Estimation"对话框，如图 23.10 所示，在"Equation Specification"编辑框中输入方程的设定，"Method"使用默认选项"LS – Least Squares (LS and AR)"。

图 23.10　个体固定效应方程"Specification"的设置

　　单击"Panel Options"选项卡，如图 23.11 所示，在"Cross-section"下拉列表中选择"Fixed"，在"Period"下拉列表中选择"None"，代表存在个体固定效应，不存在时期固定效应。"GLS Weights"使用默认选项"No weights"。"Coef covariance method"选项组用于设置协方差矩阵的估计方法，在下拉列表中选择"Cross-section SUR (PCSE)"，克服模型潜在的异方差问题。本案例的观测单元是个人，个体之间存在明显差异，模型容易存在异方差问题。采用"Cross-section SUR (PCSE)"方法，可消除异方差对系数估计标准误差的影响，提高估计结果的可靠性。

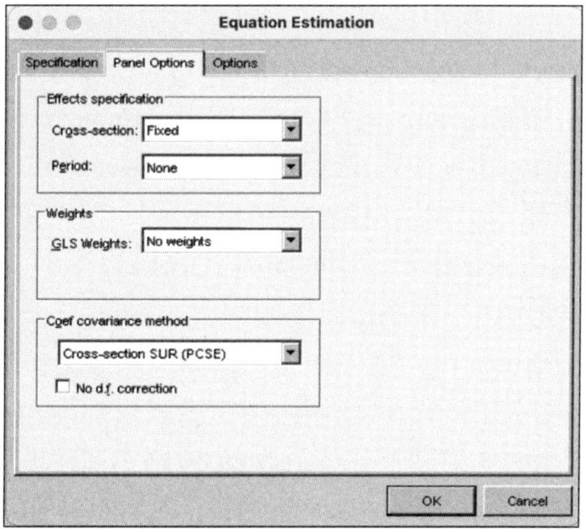

图 23.11　个体固定效应方程"Panel Options"的设置

单击"OK"按钮，得到图 23.12 所示的输出结果，将该方程保存为"eq_fixed_id"。

从图 23.12 中可以发现，当模型引入了个体固定效应以后，模型的判定系数达到 0.864，混合回归模型的判定系数只有 0.418，模型的拟合效果得到明显改善。

```
☐ Equation: EQ_FIXED_ID   Workfile: PSID::Cornwell\            ▢▢☒
View Proc Object  Print Name Freeze  Estimate  Forecast Stats  Resids

Dependent Variable: LOG(WAGE)
Method: Panel Least Squares
Date: 01/04/22   Time: 10:08
Sample: 1976 1982
Periods included: 7
Cross-sections included: 595
Total panel (balanced) observations: 4165
Cross-section SUR (PCSE) standard errors & covariance (d.f.
    corrected)

   Variable        Coefficient   Std. Error    t-Statistic     Prob.

        C            4.212610     0.102656     41.03617      0.0000
   LOG(EXPER)        0.924612     0.027738     33.33405      0.0000
 FEM*LOG(EXPER)     -0.233639     0.043088     -5.422340     0.0000
 BLK*LOG(EXPER)      0.073772     0.028917      2.551182     0.0108
       OCC          -0.010877     0.016181     -0.672185     0.5015
      SOUTH          0.026154     0.037742      0.692972     0.4884
       SMSA         -0.080801     0.022960     -3.519259     0.0004
        MS          -0.051340     0.020949     -2.450782     0.0143
      UNION          0.028727     0.022923      1.253187     0.2102
       IND           0.022000     0.015240      1.443579     0.1489

                       Effects Specification

Cross-section fixed (dummy variables)

R-squared            0.863407    Mean dependent var      6.676346
Adjusted R-squared   0.840277    S.D. dependent var      0.461512
S.E. of regression   0.184445    Akaike info criterion  -0.409567
Sum squared resid    121.1454    Schwarz criterion       0.509046
Log likelihood       1456.923    Hannan-Quinn criter.   -0.084610
F-statistic          37.32846    Durbin-Watson stat      1.211532
Prob(F-statistic)    0.000000
```

图 23.12　个体固定效应方程的估计结果

3. 时期固定效应方程的估计

时期固定效应模型可以包括不随时变的解释变量，不能包括不随个体而变的解释变量。因此，关于工资的时期固定效应模型可以纳入性别、人种和受教育年限这 3 个不随时变的变量，其设定如式 23.23 所示。

$$Ln(wage_{it}) = \beta_0 + \beta_1 Ln(exper_{it}) + \beta_2 fem_{it} \times Ln(exper_{it}) + \beta_3 blk_{it} \times Ln(exper_{it}) + \beta_4 Ln(ed_{it})$$

$$+\beta_5 fem_{it} + \beta_6 blk_{it} + \beta_7 occ_{it} + \beta_8 south_{it} + \beta_9 smsa_{it} + \beta_{10} ms_{it} + \beta_{11} union_{it} + \beta_{12} ind_{it} + \lambda_t + v_{it} \quad （23.23）$$

如图 23.13 所示，在"Panel Options"选项卡的"Cross-section"下拉列表中选择"None"，在"Period"下拉列表中选择"Fixed"，代表不存在个体固定效应，存在时期固定效应。在"Coef covariance method"选项组中选择"Period SUR (PCSE)"。

单击"OK"按钮，得到图 23.14 所示的输出结果，将该方程保存为"eq_fixed_year"。

4. 双向固定效应方程的估计

双向固定效应模型不能引入不随时变、不随个体的解释变量。因此，工资的双向固定效应模型不能包括性别、人种和受教育年限这 3 个不随时变的解释变量，其设定如式 23.24 所示。

$$Ln(wage_{it}) = \beta_0 + \beta_1 Ln(exper_{it}) + \beta_2 fem_{it} \times Ln(exper_{it}) + \beta_3 blk_{it} \times Ln(exper_{it}) + \beta_4 occ_{it}$$

$$+\beta_5 south_{it} + \beta_6 smsa_{it} + \beta_7 ms_{it} + \beta_8 union_{it} + \beta_9 ind_{it} + \mu_i + \lambda_t + v_{it} \quad （23.24）$$

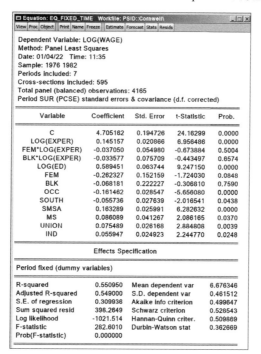

图 23.13　时期固定效应方程"Panel Options"的设置

Dependent Variable: LOG(WAGE)
Method: Panel Least Squares
Date: 01/04/22　Time: 11:35
Sample: 1976 1982
Periods included: 7
Cross-sections included: 595
Total panel (balanced) observations: 4165
Period SUR (PCSE) standard errors & covariance (d.f. corrected)

Variable	Coefficient	Std. Error	t-Statistic	Prob.
C	4.705162	0.194726	24.16299	0.0000
LOG(EXPER)	0.145157	0.020866	6.956486	0.0000
FEM*LOG(EXPER)	-0.037050	0.054980	-0.673884	0.5004
BLK*LOG(EXPER)	-0.033577	0.075709	-0.443497	0.6574
LOG(ED)	0.589451	0.063744	9.247150	0.0000
FEM	-0.262327	0.152159	-1.724030	0.0848
BLK	-0.068181	0.222227	-0.306810	0.7590
OCC	-0.161462	0.028547	-5.656080	0.0000
SOUTH	-0.055736	0.027639	-2.016541	0.0438
SMSA	0.163289	0.025991	6.282632	0.0000
MS	0.086089	0.041267	2.086165	0.0370
UNION	0.075489	0.026168	2.884808	0.0039
IND	0.055947	0.024923	2.244770	0.0248

Effects Specification

Period fixed (dummy variables)

R-squared	0.550950	Mean dependent var	6.676346
Adjusted R-squared	0.549000	S.D. dependent var	0.461512
S.E. of regression	0.309936	Akaike info criterion	0.499647
Sum squared resid	398.2649	Schwarz criterion	0.528543
Log likelihood	-1021.514	Hannan-Quinn criter.	0.509869
F-statistic	282.6010	Durbin-Watson stat	0.362669
Prob(F-statistic)	0.000000		

图 23.14　时期固定效应方程 eq_fixed_year 估计结果

　　双向固定效应模型同时引入了个体效应 μ_i 和时期效应 λ_t，方程设定与图 23.10 中一致。单击"Panel Options"选项卡，如图 23.15 所示，将"Cross-section"和"Period"都设置为"Fixed"，意为存在个体固定效应和时期固定效应。将"Coef covariance method"设置为"Cross-section SUR (PCSE)"。

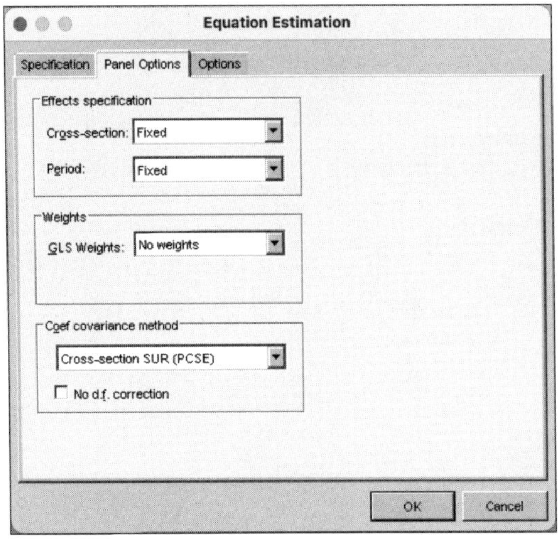

图 23.15　双向固定效应方程"Panel Options"的设置

单击"OK"按钮，得到图 23.16 所示的输出结果，将该方程保存为"eq_fixed_twoway"。

5. 随机效应方程的估计

随机效应模型可引入不随时变的解释变量，因此沿用 23.3.1 节混合回归模型中所有的解释变量，设定模型如式 23.25。

$$\text{Ln}(wage_{it})=\beta_0+\beta_1\text{Ln}(exper_{it})+\beta_2fem_{it}\times\text{Ln}(exper_{it})$$
$$+\beta_3blk_{it}\times\text{Ln}(exper_{it})+\beta_4\text{Ln}(ed_{it})+\beta_5fem_{it}$$
$$+\beta_6blk_{it}+\beta_7occ_{it}+\beta_8south_{it}+\beta_9smsa_{it}+\beta_{10}ms_{it}$$
$$+\beta_{11}union_{it}+\beta_{12}ind_{it}+\mu_i+\lambda_t+v_{it} \quad (23.25)$$

随机效应模型假定个体效应 μ_i、时期效应 λ_t 与解释变量是相互独立的。在估计随机效应模型时，模型中待估计的参数的个数不能超过面板数据的期数，否则会出现参数无法估计的问题。

式 23.23 中一共有 13 个待估参数，而本例的面板数据只有 7 期。为了保证参数可估计，不能将时期效应设置为随机效应，而需要将时期效应设置为固定效应，将个体效应设置为随机效应。因此，式 23.23 采用了个体随机效应、时期固定效应的形式。

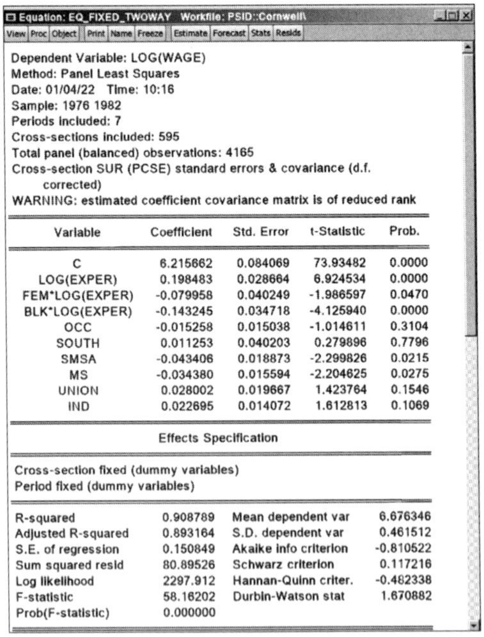

在"Equation Estimation"对话框中设定方程，如图 23.17 所示：

单击"Panel Options"选项卡，如图 23.18 所示，将"Cross-section"设置为"Random"，将"Period"设置为"Fixed"，将"Coef covariance method"设置为"Cross-section SUR (PCSE)"。

图 23.16　双向固定效应方程的估计效果

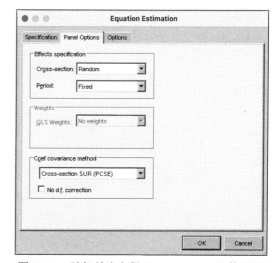

图 23.17　随机效应方程"Specification"的设置　　图 23.18　随机效应方程"Panel Options"的设置

单击"OK"按钮，得到图 23.19 所示的输出结果，将该方程保存为"eq_random"。

6. 面板数据方程估计结果对比

为了对比 23.3.1 节至 23.3.5 节中 5 个模型的估计结果，调用 Eviews 的"EqTabs"插件，将 5 个模型的估计结果报告在同一张表格中。

单击 Eviews 主菜单"Add-ins|Download add-ins …"，打开图 23.20 所示的对话框，单击"Available"选项卡，在列表框中选择"EqTabs"，然后单击"Install"按钮，完成"EqTabs"插件的安装。

单击 Eviews 主菜单"Add-ins/Equation Output Table (Summary Form)"，打开图 23.21 所示的对话框，在编辑框中输入"eq_*"，"*"代表通配符，意思是输出所有名称中以"eq_"开头的方程的估计结果。

单击"OK"按钮，打开图 23.22 所示的对话框，设置输出表格的标题栏，勾选"Equation Titles"复选框和"Dependent Variables"复选框，标题栏将包括方程的名称和被解释变量的名称。

单击"OK"按钮，打开图 23.23 所示的对话框，勾选表格中需要包括的统计量，备选的统计量有系数的标准误差、t 值、观测值个数、R 平方（判定系数）、F 值和 F 检验的 P 值。

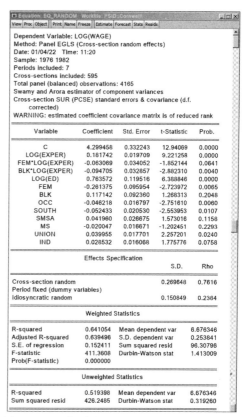

图 23.19　随机效应方程 eq_random 的估计结果

单击"OK"按钮，打开图 23.24 所示的对话框，设置表格中统计量的格式，包括系数的标准误差或 t 值是否加括号、对显著的系数是否加星号标注、小数位数。

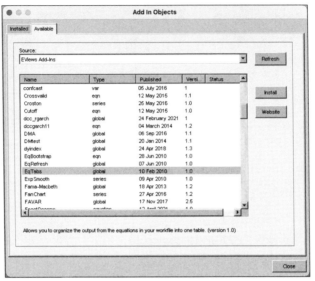

图 23.20　安装"EqTabs"插件

图 23.21　设置要报告的方程名称

图 23.22　设置输出表格的标题栏

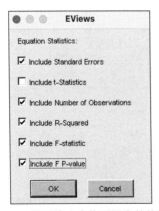

图 23.23　设置输出表格要报告的统计量

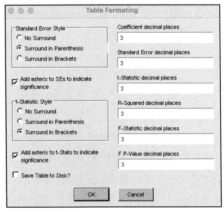

图 23.24　设置表格中统计量的格式

单击"OK"按钮，打开表格对象窗口，如图 23.25 所示，将其命名为"results"。

Eq Name: Dep. Var:	EQ_FIXED_ID LOG(WAGE)	EQ_FIXED_TIME LOG(WAGE)	EQ_FIXED_TWOWAY LOG(WAGE)	EQ_POOLED LOG(WAGE)	EQ_RANDOM LOG(WAGE)
C	4.213 (0.054)**	4.705 (0.195)**	6.216 (0.084)**	4.458 (0.090)**	4.299 (0.332)**
LOG(EXPER)	0.925 (0.017)**	0.145 (0.021)**	0.198 (0.029)**	0.212 (0.009)**	0.182 (0.020)**
FEM*LOG(EXPER)	-0.234 (0.042)**	-0.037 (0.055)	-0.080 (0.040)*	-0.029 (0.027)	-0.063 (0.034)
BLK*LOG(EXPER)	0.074 (0.071)	-0.034 (0.076)	-0.143 (0.035)**	-0.032 (0.036)	-0.095 (0.033)**
OCC	-0.011 (0.017)	-0.161 (0.029)**	-0.015 (0.015)	-0.165 (0.014)**	-0.046 (0.017)**
SOUTH	0.026 (0.042)	-0.056 (0.028)*	0.011 (0.040)	-0.050 (0.013)**	-0.052 (0.021)*
SMSA	-0.081 (0.024)**	0.163 (0.026)**	-0.043 (0.019)	0.149 (0.012)**	0.042 (0.027)
MS	-0.051 (0.023)*	0.086 (0.041)*	-0.034 (0.016)*	0.049 (0.021)*	-0.020 (0.017)
UNION	0.029 (0.018)	0.075 (0.026)**	0.028 (0.020)	0.082 (0.013)**	0.040 (0.018)*
IND	0.022 (0.019)	0.056 (0.025)*	0.023 (0.014)	0.049 (0.012)**	0.029 (0.016)
LOG(ED)		0.589 (0.064)**		0.630 (0.029)**	0.764 (0.120)**
FEM		-0.262 (0.152)		-0.301 (0.074)**	-0.261 (0.096)**
BLK		-0.068 (0.222)		-0.082 (0.105)	0.117 (0.092)
Observations:	4165	4165	4165	4165	4165
R-squared:	0.863	0.551	0.909	0.418	0.641
F-statistic:	37.328	282.601	58.162	248.849	411.3
Prob(F-stat):	0.000	0.000	0.000	0.000	0.00

图 23.25　调用插件"EqTabs"报告的 5 个方程的估计结果

在图 23.25 中，表格中的 * 代表在 0.05 的水平下显著，** 代表在 0.01 的水平下显著。没有标注星号的系数代表对该系数进行显著性检验，t 检验的 P 值大于 0.05。

图 23.25 罗列了 5 个模型的估计结果，可以对比 5 个模型的估计结果。混合回归方程（eq_pooled）的判定系数（R-squared）最小，因为该模型忽视了个体效应和时期效应，所以拟合效果最差。双向固定效应方程（eq_fixed_twoway）的判定系数（R-squared）达到 0.909，拟合效果最好。在双向固定效应方程中，ln(exper)、fem*ln(exper) 和 blk*ln(exper) 的系数都显著，符号也符合预期，初步来看，可以接受该方程的估计结果。

本节 Eviews 实战技巧

- 估计面板数据回归方程，在"Estimate Equation"对话框中单击"Panel Options"选项卡，在"Cross-section"下拉列表和"Period"下拉列表中选择"Fixed""Random"或"None"，设置个体效应和时期效应的形式。
- 估计面板数据模型时为了克服异方差或者自相关的影响，在"Estimate Equation"对话框中单击"Panel Options"选项卡，在"Coef covariance method"下拉列表中选择"Cross-section SUR (PCSE)""White cross-section (period cluster)""White period cross-section (cross-section cluster)"等方法报告回归系数的稳健标准误差。

- 当估计面板数据固定效应模型时，若出现"Near singular matrix"，需要检查模型中的解释变量。个体固定效应模型不能包含不随时变的解释变量。时期固定效应模型不能包含不随个体而变的解释变量。双向固定效应模型除了不能包含不随时变、不随个体而变的解释变量，还不能包括对所有观测单元的变化趋势都一致的变量。
- 调用"EqTabs"插件，以表格呈现多个方程的估计结果。

23.5　面板数据方程的诊断

本节介绍面板数据方程的诊断，介绍 3 个常用的检验方法：第一，固定效应检验；第二，随机效应检验；第三，Hausman 检验。

1. 固定效应检验

对于面板数据固定效应模型，需要检验个体固定效应和时期固定效应是否显著，也就是检验模型中所有的 μ_i 和所有的 λ_t 是否同时为 0。

打开方程"eq_fixed_twoway"，如图 23.26 所示，依次单击方程窗口中的"View|Fixed|Random Effects Testing/Redundant Fixed Effects-Likelihood Ratio"。

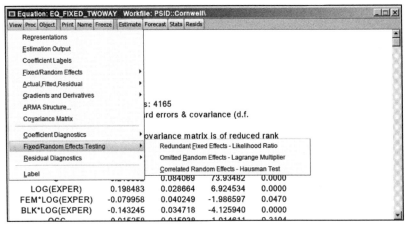

图 23.26　固定效应检验菜单

输出结果如图 23.27 所示，表格的第一行"Cross-section F"检验的原假设是个体固定效应是不显著的，即反映个体效应的 μ_i 同时都等于 0。F 检验的 P 值接近于 0，拒绝原假设，即 μ_i 不同时为 0，个体固定效应显著。

表格的第二行"Cross-section Chi-square"也是检验个体效应的 μ_i 是否同时都等于 0，采用似然比检验，构造的检验统计量服从卡方分布，其检验结论与 F 检验相同。

表格的第三行"Period F"检验的原假设是时期固定效应不显著，即反映时期效应的 λ_t 同时都等于 0。F 检验的 P 值接近于 0，拒绝原假设，即 λ_t 不同时为 0，时期固定效应显著。

表格的第五行"Cross – Section/Period F"检验的原假设是个体固定效应和时期固定效应都不显著，即所有的 μ_i 和所有的 λ_t 都同时等于 0。F 检验的 P 值接近于 0，拒绝原假设。

Redundant Fixed Effects Tests
Equation: EQ_FIXED_TWOWAY
Test cross-section and period fixed effects

Effects Test	Statistic	d.f.	Prob.
Cross-section F	27.456115	(594,3555)	0.0000
Cross-section Chi-square	7166.093188	594	0.0000
Period F	294.803759	(6,3555)	0.0000
Period Chi-square	1681.979054	6	0.0000
Cross-Section/Period F	36.400740	(600,3555)	0.0000
Cross-Section/Period Chi-square	8189.284343	600	0.0000

图 23.27 方程 eq_fixed_twoway 的固定效应检验结果

因此，方程 eq_fixed_twoway 中的个体固定效应和时期固定效应都是显著的，采取双向固定效应模型是合适的。

单击方程窗口中的“View/Fixed/Random Effects”，报告每个观测单元的个体效应和每个截面的时期效应。

注意：该检验只适用于固定效应模型，对混合回归模型、随机效应模型不适用。若在混合回归方程、随机效应方程的窗口使用该工具，将弹出错误警告“Test requires equation estimated with fixed effects. Please re-estimate equation.”

2. 随机效应检验

随机效应检验可以检验混合回归方程中是否遗漏了随机效应。打开方程“eq_pooled”，依次单击方程窗口中的“View/Fixed/Random Effects Testing/Omitted Random Effects – Lagrange Multiplier”，输出结果如图 23.28 所示。

Lagrange Multiplier Tests for Random Effects
Null hypotheses: No effects
Alternative hypotheses: Two-sided (Breusch-Pagan) and one-sided (all others) alternatives

	Test Hypothesis		
	Cross-section	Time	Both
Breusch-Pagan	3830.504	55996.43	59826.93
	(0.0000)	(0.0000)	(0.0000)
Honda	61.89106	236.6356	211.0903
	(0.0000)	(0.0000)	(0.0000)
King-Wu	61.89106	236.6356	241.6386
	(0.0000)	(0.0000)	(0.0000)
Standardized Honda	62.62828	257.7451	207.3659
	(0.0000)	(0.0000)	(0.0000)
Standardized King-Wu	62.62828	257.7451	259.3502
	(0.0000)	(0.0000)	(0.0000)
Gourieroux, et al.	--	--	59826.93
			(0.0000)

图 23.28 方程 eq_pooled 随机效应检验的结果

图 23.28 报告了随机效应拉格朗日乘数检验的结果。表中数据分为 3 列，对个体随机效应、时期随机效应、个体时期双向随机效应分别进行了检验，这些检验的原假设是不存在随机效应。表格中的"Breusch-Pagan""Honda""King-Wu"等代表不同的学者构造了不同形式的检验统计量，这些检验的 P 值都接近于 0，代表拒绝"不存在随机效应的"原假设。这表明在混合回归模型和随机效应模型中应该选择随机效应模型。

注意：该检验只适合于混合回归模型，不适用于固定效应模型、随机效应模型。若对固定效应方程、随机效应方程使用该工具，将弹出错误警告"Not available for panel equations with estimated effects."

3. Hausman 检验

Hausman 在 1978 年提出了检验个体效应与解释变量是否相关的检验，该检验的原假设是"个体效应与解释变量不相关"，备择假设是"个体效应与解释变量相关"。若拒绝原假设，则应该使用固定效应模型。若不拒绝原假设，则使用随机效应模型。在实践中，Hausman 检验不拒绝原假设实际上意味着固定效应模型与随机效应模型的系数的估计值非常接近，没有显著差异。此时可选用这两个模型中的任何一个。

Wooldridge (2010) 指出，若面板数据的观测单元是行政单元（如城市、省区或者或国家等），应该使用固定效应模型。这类面板数据以行政单元为载体，变量值通常是汇总数据。在这些研究场景中，个体效应往往是与解释变量高度相关的。

打开方程"eq_random"，单击方程窗口中的"View/Fixed/Random Effects Testing/Correlated Random Effects - Hausman Test"，输出结果如图 23.29 所示。

图 23.29　方程 eq_random 的 Hausman 检验结果

在图 23.29 中第一张表格报告了对个体随机效应的检验结果：卡方检验统计量的值为 0。该表格下方有两个注释。第一个注释是"截面随机效应检验中的方差失效，Hausman 检验统计量的值被设置为 0"。第二张表格列出来固定效应模型和随机效应模型中各个解释变量的系数的估计值，以及两个模型中对应的系数的差值的方差（Var(Diff.)）。OCC、SMSA、MS 和 IND 4 个变量在固定效应模型和随机效应模型中的系数之差的方差为负数，导致 Hausman 检验失效。

第二个注释是警告方程 eq_random 中使用了稳健标准误差（robust standard errors），违背了 Hausman 检验的假定。这是因为估计方程 eq_random 采用了"Cross-section SUR (PCSE)"方法计算系数向量的协方差矩阵。然而，Hausman 检验不能使用稳健标准误差，因此需要重新估计一个报告普通标准误差的随机效应方程。

打开"psdi.wfl"工作文件窗口，单击方程"eq_random"，将其复制、粘贴为一个新的对象，命名为"eq_random_ordinary"。单击方程"eq_random_ordinary"窗口中的"Estimate"按钮，打开"Equation Estimation"对话框，单击"Panel Options"选项卡，在"Coefficient covariance method"下拉列表中选择"Ordinary"，单击"OK"按钮。再对方程"eq_random_ordinary"重新执行 Hausman 检验，输出结果如图 23.30 所示。

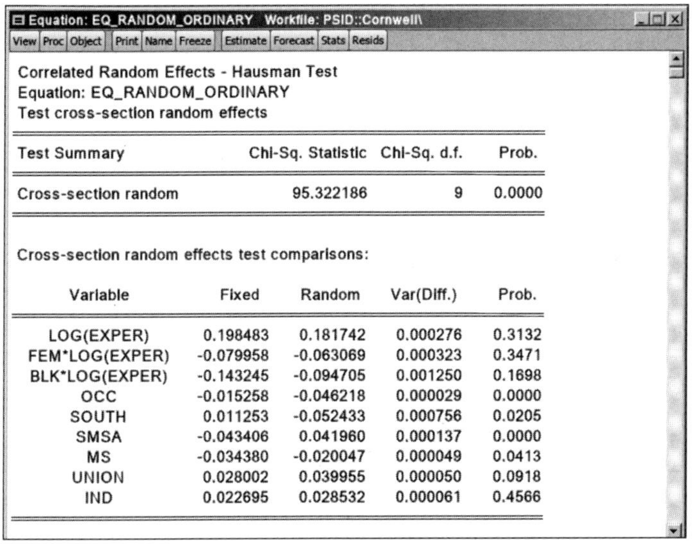

```
Equation: EQ_RANDOM_ORDINARY   Workfile: PSID::Cornwell\
View Proc Object  Print Name Freeze  Estimate Forecast Stats Resids

Correlated Random Effects - Hausman Test
Equation: EQ_RANDOM_ORDINARY
Test cross-section random effects

Test Summary            Chi-Sq. Statistic  Chi-Sq. d.f.   Prob.

Cross-section random         95.322186           9         0.0000


Cross-section random effects test comparisons:

    Variable          Fixed        Random     Var(Diff.)    Prob.

  LOG(EXPER)        0.198483      0.181742     0.000276     0.3132
  FEM*LOG(EXPER)   -0.079958     -0.063069     0.000323     0.3471
  BLK*LOG(EXPER)   -0.143245     -0.094705     0.001250     0.1698
  OCC              -0.015258     -0.046218     0.000029     0.0000
  SOUTH             0.011253     -0.052433     0.000756     0.0205
  SMSA             -0.043406      0.041960     0.000137     0.0000
  MS               -0.034380     -0.020047     0.000049     0.0413
  UNION             0.028002      0.039955     0.000050     0.0918
  IND               0.022695      0.028532     0.000061     0.4566
```

图 23.30　方程"eq_random_ordinary"的 Hausman 检验结果

在图 23.30 中，第一张表格报告了 Hausman 检验中卡方统计量的值约为 95.322，自由度为 9，P 值接近于 0。从第二张表格中可以看出 OCC、SMSA 两个变量的系数在固定效应模型和随机效应模型中的系数有显著差异。Hausman 检验拒绝了"个体效应与解释变量不相关"的原假设，即拒绝了随机效应模型，应该使用固定效应模型。

注意：Hausman 检验只适用于随机效应模型，不适用于固定效应模型、混合回归模型。若对固定效应模型、混合回归模型使用该检验，将弹出警告"Test requires equation estimated with random effects. Please re-estimate equation."。

本节 Eviews 实战技巧

- 依次单击面板数据固定效应方程窗口中的"View/Fixed/Random Effects Testing| Redundant Fixed Effects – Likelihood Ratio",检验固定效应的显著性。
- 依次单击混合回归方程窗口中的"View/Fixed|Random Effects Testing|Omitted Random Effects – Lagrange Multiplier",检验随机效应的显著性。
- 依次单击面板数据随机效应方程窗口中的"View|Fixed|Random Effects Testing| Correlated Random Effects – Hausman Test",进行 Hausman 检验。若 Hausman 检验的 P 值小于 0.05,表明应使用固定效应模型。

23.6　面板数据方程的命令

本节介绍面板数据方程的命令。

1. ls

（1）语法

```
equation eq_name.ls(options) y x1 [x2 x3]
```

eq_name：方程名称。

ls：估计面板数据回归方程的方法,包括 least squares、cross-section weighed least squares、feasible GLS、固定效应模型和随机效应模型。

options：面板数据回归方程的参数,详见表 23.2。

x1 [x2 x3]：解释变量。若模型包括常数项,需用 C 代表常数项。

y：被解释变量。

表 23.2　面板数据回归方程 ls 命令中的"options"参数

参　　数	含　　义
cx=arg	个体效应：不存在个体效应（默认值）,固定效应（"cx=f"）,随机效应（"cx=r"）
per=arg	时期效应：不存在时期效应（"none",默认值）,固定效应（"per=f"）,随机效应（"per=r"）
cov=arg	系数协方差估计方法：普通（默认值） White cross-section system (period clustering) robust（"cov=cxwhite" or "cov=percluster"） White period system (cross-section clustering) robust（"cov=perwhite" or "cov=cxcluster"） White two-way cluster robust (cov=bothcluster") Cross-section system robust/PCSE（"cov=cxsur"） Period system robust/PCSE（"cov=persur"）

注：1. arg 等于双引号中的字符。

　　2. 多个参数之间用逗号隔开。

　　3. 完整参数设置详见 Eviews Command Reference.

（2）举例

```
equation eq_pooled.ls log(wage) c log(exper) fem*log(exper) blk*log(exper)
log(ed) fem blk occ south smsa ms union ind
```

说明：估计面板数据混合回归方程"eq_pooled"。

equation eq_fixed_id.ls(cx=f) log(wage) c log(exper) fem*log(exper) blk*log(exper) occ south smsa ms union ind

说明：估计面板数据个体效应方程"eq_fixed_id"。

equation eq_fixed_id.ls(cx=f, cov=cxsur) log(wage) c log(exper) fem*log(exper) blk*log(exper) occ south smsa ms union ind

说明：估计面板数据个体效应方程"eq_fixed_id"，报告 Cross-section system/PCSE 稳健标准误差。

equation eq_fixed_time.ls(per=f, cov=persur) log(wage) c log(exper) fem*log(exper) blk*log(exper) log(ed) fem blk occ south smsa ms union ind

说明：估计面板数据时期固定效应方程"eq_fixed_time"，报告 Period system/PCSE 稳健标准误差。

equation eq_fixed_twoway.ls(cx=f, per=f, cov=cxsur) log(wage) c log(exper) fem*log(exper) blk*log(exper) occ south smsa ms union ind

说明：估计面板数据双向固定效应方程"eq_fixed_twoway"，报告 Cross-section system/PCSE 稳健标准误差。

equation eq_random.ls(cx=r, per=f, cov=cxsur) log(wage) c log(exper) fem*log(exper) blk*log(exper) log(ed) fem blk occ south smsa ms union ind

说明：估计面板数据个体随机效应时期固定效应方程"eq_random"，报告 Cross-section system/PCSE 稳健标准误差。

2. effects

（1）语法

eq_name.effects(period)

eq_name：方程名称。

effects：报告个体固定效应。

period：报告时期固定效应，若缺失该项参数，则报告个体固定效应。

（2）举例

eq_fixed_twoway.effects

说明：报告双向固定效应方程"eq_fixed_twoway"的个体固定效应。

eq_fixed_twoway.effects(period)

说明：报告双向固定效应方程"eq_fixed_twoway"的时期固定效应。

3. fixedtest

（1）语法

eq_name.fixedtest

eq_name：方程名称。

fixedtest：检验固定效应方程的固定效应是否显著。

（2）举例

`eq_fixed_twoway.fixedtest`

说明：检验固定效应方程"eq_fixed_twoway"的固定效应是否显著。

注意：该命令只对固定效应方程适用。

4. rcomptest

（1）语法

`eq_name.rcomptest`

eq_name：方程名称。

rcomptest：检验混合回归方程是否遗漏了随机效应。

（2）举例

`eq_pooled.rcomptest`

说明：检验混合回归方程"eq_pooled"是否遗漏了随机效应。

注意：该命令只对混合回归方程适用。

5. ranhaus

（1）语法

`eq_name.ranhaus`

eq_name：方程名称。

rcomptest：检验随机效应方程是否遗漏了随机效应。

（2）举例

`eq_random_ordinary.ranhaus`

说明：对随机效应方程"eq_random_ordinary"进行 Hausman 检验。

注意：该命令只对随机效应方程适用。

参 考 文 献

[1] GREENE W H. Econometric Analysis [M]. 5th ed. New Jersey: Pearson Education,2003.

[2] IHS Markit. Eviews online help[EB/OL].(2020-11-10)[2022-9-24]. https://eviews.com/help/helpintro.html.

[3] STARTZ R. Eviews illustrated[EB/OL].(2020-11-10)[2022-3-24]. https://eviews.com/illustrated/illustrated.html.

[4] STOCK J H, WATSON M W. Introduction to Econometrics[M]. 3rd ed. New Jersey: Pearson Education, 2015.

[5] WOOLDRIDGE J M. Introductory econometrics: A modern approach[M]. 6th ed. Boston: Cengage learning, 2015.

后　记

笔者自 2001 年开始使用 Eviews，至今已有二十余年。从 Eviews 3 到 Eviews 12，Eviews 每一个版本的更新都给用户带来诸多惊喜：越来越人性化的交互界面、美观的图表输出、不断丰富的功能，对统计学、经济计量学、金融计量学前沿方法的融合。笔者非常荣幸亲历了 Eviews 的进步，也在这个过程中积累了一些能与读者朋友分享的使用经验。

本书的第一位读者是我的母亲向好极女士。母亲主要参与了本书的校对工作，承担了从标点、遣词造句、公式图表编号到字体排版的校对核实。母亲严谨细致、一丝不苟的工作态度让笔者十分感佩。

本书的出版要特别感谢罗雨露老师，笔者在写作中每每遇到问题时，罗老师总是在第一时间提供热心的帮助。罗老师的敬业精神和职业素养让笔者敬佩。

感谢 Eviews 开发团队的首席经济计量学家 Glenn Sueyoshi 给予本书写作的帮助。

感谢笔者所在的工作单位华南农业大学经济管理学院为本书创作提供了良好环境，感谢经济计量学教学团队、统计学教学团队的支持。感谢笔者任教的经济计量学、统计学、多元统计课程的学生，在教学相宜的良性互动中积累了本书写作的诸多素材。

Eviews 软件的运用是一个广阔的领域，由于本人所学尚浅，书中错误及不当之处难免，敬请各位专家学者、读者朋友予以批评指正！

李宗璋

2023 年 3 月

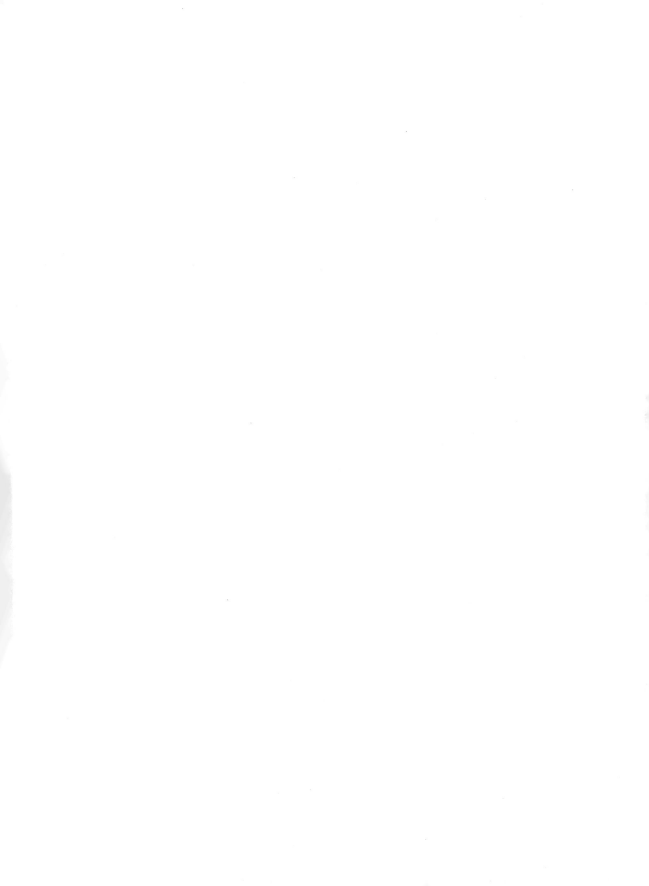